SK그룹 생산직

SK가스 · SK케미칼 · SK실트론

고졸/전문대졸 필기시험

통합기본서

시대에듀

2026 최신판 시대에듀 SK그룹 생산직 필기시험 통합기본서

Always **with you**

사람의 인연은 길에서 우연하게 만나거나 함께 살아가는 것만을 의미하지는 않습니다.
책을 펴내는 출판사와 그 책을 읽는 독자의 만남도 소중한 인연입니다.
시대에듀는 항상 독자의 마음을 헤아리기 위해 노력하고 있습니다. 늘 독자와 함께하겠습니다.

머리말 PREFACE

SK그룹은 한국전쟁 중 폐허가 된 직물공장에서 시작하여 한국 경제의 성장과 맥을 같이 하면서 국가 경제의 기본이 되는 기간산업부터 차세대 핵심사업 분야에 이르기까지, 다양하고 폭넓은 분야에 기업의 역량을 집중하여 국가 경제 발전에 기여해 왔다.

SK그룹은 1978년에 국내 기업 최초로 인적성검사를 도입하였으며, 이후 객관적으로 공정한 채용절차를 실현하기 위해 꾸준히 개정 작업을 진행해 왔다. 이에 따라 2013년부터 대졸사원 모집에는 SKCT(SK Competency Test)를 도입하였으며, 고졸 및 전문대졸 채용에서는 따로 필기시험을 시행하고 있다.

SK그룹의 고졸 및 전문대졸 생산직 채용을 위한 필기시험은 계열사와 직무의 특성에 따라 크게 영어와 수학, 한자성어와 회사상식을 다루는 기초지식 영역이 있으며, 이외에도 언어이해, 패턴이해, 상황판단 그리고 화학과 물리를 다루는 기초과학 영역과 인성검사로 구성되어 있다.

이에 시대에듀에서는 SK그룹 생산직으로 입사하고자 하는 수험생들에게 좋은 길잡이가 되어주고자 다음과 같은 특징을 가진 도서를 출간하게 되었다.

도서의 특징

1. 2025~2021년에 출제된 5개년 기출복원문제를 수록하여 최근 출제경향을 파악할 수 있도록 하였다.
2. 영역별 핵심이론과 적중예상문제를 수록하여 체계적인 학습이 가능하도록 하였다.
3. 최종점검 모의고사 2회분과 온라인 모의고사 2회분을 제공하여 실전과 같은 연습이 가능하도록 하였다.
4. 인성검사부터 면접까지 채용 관련 내용을 꼼꼼하게 다루어 본서 한 권으로 마지막 관문까지 무사히 통과할 수 있도록 구성하였다.

끝으로 본서를 통해 SK그룹 생산직 입사를 준비하는 여러분 모두에게 합격의 기쁨이 있기를 진심으로 기원한다.

SDC(Sidae Data Center) 씀

SK그룹 기업분석 INTRODUCE

◇ 경영철학

구성원의 지속적 행복

SK 경영의 궁극적 목적은 구성원 행복이다.

SK는 구성원이 지속적으로 행복을 추구하기 위한 터전이자 기반으로서, 구성원 행복과 함께 회사를 둘러싼 이해관계자 행복을 동시에 추구해 나간다. 이를 위해 회사가 창출하는 모든 가치가 곧 사회적 가치이다.

SK는 이해관계자 간 행복이 조화와 균형을 이루도록 노력하고, 장기적으로 지속 가능하도록 현재와 미래의 행복을 동시에 고려해야 한다.

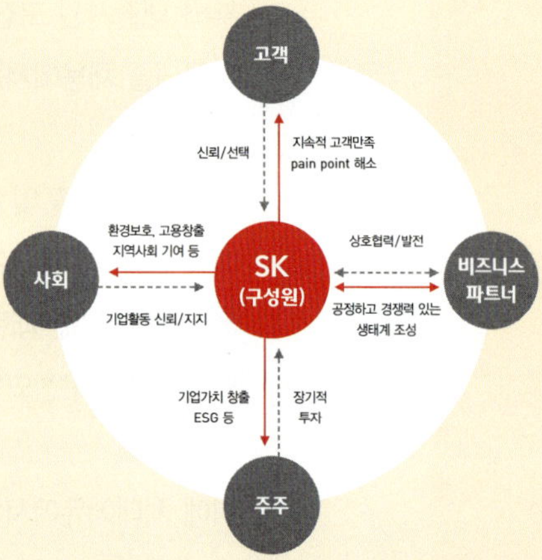

VWBE를 통한 SUPEX 추구

구성원 전체 행복을 지속적으로 키워나가면 구성원 개인의 행복이 더 커질 수 있다는 것을 믿고 실천할 때 구성원은 자발적(Voluntarily)이고 의욕적(Willingly)인 두뇌활용(Brain Engagement)을 하게 된다.

VWBE한 구성원은 SUPEX* 추구를 통해 구성원 행복과 이해관계자 행복을 지속적으로 창출해 나간다.

* Super Excellent Level의 줄임말로 인간의 능력으로 도달할 수 있는 최고의 수준

◇ 사업영역

ADVANCED MATERIALS 첨단 소재

반도체를 중심으로 글로벌 첨단 소재 산업의 발전에 기여한다.
SK하이닉스, SK실트론, SK주식회사 머티리얼즈, SKC

GREEN 그린

글로벌 Net Zero 달성에 기여하는 그린 산업의 리더로 도약한다.
SK이노베이션, SK에코플랜트, SK케미칼, SK가스

DIGITAL 디지털

통신 인프라와 ICT 기술을 활용해 산업의 디지털 전환을 선도한다.
SK텔레콤, SK스퀘어, SK주식회사 AX, SK브로드밴드, SK네트웍스

BIO 바이오

백신과 신약 개발, 의약품 생산 사업으로 인류의 건강한 삶에 기여한다.
SK바이오팜, SK팜테코, SK바이오사이언스

◇ 인재상

스스로가 더 행복해질 수 있도록
자발적이고 의욕적으로 도전하는 **패기 있는 인재**

기업경영의 주체는 구성원	SK 경영철학에 대한 믿음과 확신	패기 있게 행동

신입사원 채용 안내 INFORMATION

◇ 모집시기

계열사별 수시채용 실시

◇ 지원방법

SK그룹 채용 홈페이지(www.skcareers.com)를 통한 온라인 지원

◇ 지원자격

❶ 고등학교 졸업자, 전문대학 졸업자 및 졸업 예정자

※ 졸업 예정자인 경우에는 최종 입사일 전까지 졸업이 가능한 자

❷ 남자의 경우, 군필 또는 면제자

※ 군복무 중인 자는 최종 입사일 전까지 전역이 가능한 자

❸ 해외여행에 결격사유가 없는 자

◇ 전형절차

❶ **지원서 접수** : 채용 홈페이지를 통한 온라인 지원서 접수

❷ **서류전형** : 지원자격 및 자기소개서 기반의 심층평가 진행

❸ **필기전형** : 직무 수행상 요구되는 기본 소양 검증

❹ **면접전형** : 인성 관련 심층 검증

❺ **신체검사** : 신체검사 후 계약직 또는 정규직으로 입사

◇ 시험진행

구분	영역	문항 수	제한시간
필기시험	기초지식	100문항	90분
	언어이해		
	패턴이해		
	상황판단		
	기초과학		

❖ 채용절차 및 전형은 채용유형과 직무, 시기 등에 따라 변동될 수 있으므로 반드시 발표되는 채용공고를 확인하기 바랍니다.

2025년 기출분석 ANALYSIS

총평

2025년 SK그룹 생산직 필기시험은 전반적으로 지난해와 비슷한 수준으로 진행되었다. 기초지식 영역은 평이한 수준이었으나, 그중 한자성어 유형은 비교적 까다롭게 느껴져 시간 관리에 유념해야 했다. 언어이해 영역은 명제, 어휘, 독해 등 익숙한 유형이 출제되어 체감 난이도는 높지 않았다. 올해 시험에서 가장 어려웠던 영역은 패턴이해로, 도형의 규칙에 대한 빠른 판단력이 요구되었다. 기초과학은 예년과 비슷하게 기본 개념 중심의 상식 수준에서 출제되어 무난하게 풀 수 있었을 것이다.

◇ 영역별 출제비중

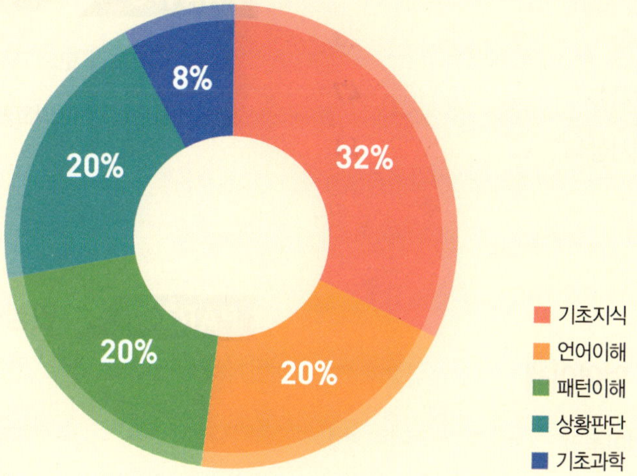

◇ 영역별 출제특징

구분	영역		출제특징
필기시험	기초지식	영어	• 제시된 단어의 관계를 파악하고 알맞은 어휘를 고르는 문제
		수학	• 사칙연산 등을 활용하여 제시된 식을 계산하는 문제
		한자성어	• 한자성어의 뜻과 독음을 고르는 문제
		회사상식	• SK그룹과 관련된 상식 및 이슈 전반에 대해 묻는 문제
	언어이해	언어추리	• 제시문을 읽고 주어진 명제가 참인지, 거짓인지, 알 수 없는지 고르는 문제
		언어유추	• 제시된 단어의 관계를 파악하고 빈칸에 들어갈 알맞은 단어를 고르는 문제
		언어논리	• 제시된 문단의 흐름을 파악하고 이에 맞춰 순서대로 나열하는 문제
	패턴이해	도형추리	• 제시된 도형의 규칙을 파악하고 빈칸에 들어갈 알맞은 도형을 고르는 문제
		지각속도	• 제시된 문자와 일치하는 것을 고르는 문제
	상황판단		• 제시된 상황의 대처 방법 중 가장 바람직한 것을 고르는 문제
	기초과학	화학	• 산과 염기의 종류에 대해 묻는 문제
		물리	• 힘과 운동의 관계에 대해 묻는 문제

이 책의 차례 CONTENTS

Add+

5개년 기출복원문제

※ 기출복원문제는 수험생들의 후기를 통해 시대에듀에서 복원한 문제로 실제 문제와 다소 차이가 있을 수 있으며, 본 저작물의 무단전재 및 복제를 금합니다.

Add+ 5개년 기출복원문제

01 기초지식

※ 다음 제시된 단어와 같거나 비슷한 뜻을 가진 것을 고르시오. [1~2]

| 2025년

01

assist

① speak ② help
③ communicate ④ terminate

| 2025년

02

courage

① rage ② panic
③ pleasure ④ bravery

정답 및 해설

01 assist와 help 모두 '돕다'를 의미한다.

오답분석

① 말하다
③ 대화하다
④ 끝나다

02 courage와 bravery 모두 '용기'를 의미한다.

오답분석

① 분노
② 공황
③ 기쁨

01 ② 02 ④ 정답

※ 다음 제시된 단어와 반대되는 의미를 가진 단어를 고르시오. **[3~10]**

| 2024년

03

guilt

① responsibility
② innocence
③ hope
④ expectation

| 2024년

04

familiar

① friendly
② gloomy
③ strange
④ wild

정답 및 해설

03 제시된 단어의 의미는 '유죄'로, 이와 반대되는 의미를 가진 단어는 'innocence(무죄)'이다.

오답분석

① 책임, 책무
③ 희망
④ 기대

04 제시된 단어의 의미는 '익숙한'으로, 이와 반대되는 의미를 가진 단어는 'strange(낯선)'이다.

오답분석

① 친절한
② 우울한
④ 야생의

03 ② 04 ③ 정답

| 2023년

05

ill

① suffer
② energy
③ worth
④ healthy

| 2023년

06

suspect

① trust
② doubt
③ suppose
④ guess

정답 및 해설

05 제시된 단어의 의미는 '아픈'으로, 이와 반대되는 의미를 가진 단어는 'healthy(건강한)'이다.

오답분석

① 시달리다
② 에너지
③ ~할 가치가 있는

06 제시된 단어의 의미는 '불신하다, 의심하다'로, 이와 반대되는 의미를 가진 단어는 'trust(신뢰하다, 믿다)'이다.

오답분석

② 의심하다
③ 가정하다
④ 추측하다

05 ④ 06 ① 정답

07 | 2023년

cold

① suppress ② warm
③ mitigate ④ abuse

08 | 2023년

fragile

① weak ② delicate
③ durable ④ flexible

정답 및 해설

07 제시된 단어의 의미는 '추운, 차가운'으로, 이와 반대되는 의미를 가진 단어는 'warm(따뜻한)'이다.

오답분석
① 진압하다
③ 완화하다
④ 남용하다

08 제시된 단어의 의미는 '부서지기 쉬운'으로, 이와 반대되는 의미를 가진 단어는 'durable(내구성이 있는)'이다.

오답분석
① 약한
② 섬세한
④ 유연한

07 ② 08 ③ 정답

| 2022년

09

defeat

① victory
② defense
③ cause
④ virtue

| 2022년

10

promote

① raise
② demote
③ upgrade
④ elevate

정답 및 해설

09 제시된 단어의 의미는 '패배'로, 이와 반대되는 의미를 가진 단어는 'victory(승리)'이다.

오답분석

② 방어
③ 원인
④ 미덕

10 제시된 단어의 의미는 '인상하다, 높이다'로, 이와 반대되는 의미를 가진 단어는 'demote(강등시키다)'이다.

오답분석

① (양이나 수준 등을) 올리다, 인상하다
③ 증가, 상승, 향상
④ 올리다, 높이다

09 ① 10 ② 정답

※ 다음 제시된 의미를 가진 단어로 가장 적절한 것을 고르시오. [11~16]

| 2025년

11

황량한

① promote
② desolate
③ genetic
④ compulsive

| 2025년

12

견디다

① staple
② ferment
③ endure
④ relieve

정답 및 해설

11 '황량한'을 뜻하는 단어는 ②이다.

오답분석

① 촉진하다, 고취하다
③ 유전의, 유전학의
④ 강박적인, 조절이 힘든, 상습적인

12 '견디다'를 뜻하는 단어는 ③이다.

오답분석

① 주된, 주요한
② 발효되다, 발효시키다
④ 없애주다, 안도하게 하다

11 ② 12 ③ 정답

| 2024년

13

구조물

① cage
② portrait
③ space
④ structure

| 2024년

14

정비공

① actor
② mechanic
③ athlete
④ surgeon

정답 및 해설

13 '구조물'을 뜻하는 단어는 'structure'이다.

오답분석
① 우리, 새장
② 초상화
③ 공간, 우주

14 '정비공'을 뜻하는 단어는 'mechanic'이다.

오답분석
① 배우
③ 운동선수
④ 외과의사

13 ④ 14 ② 정답

15 | 2021년

대상, 물건

① curriculum ② restriction
③ proficient ④ object

16 | 2021년

경쟁력 있는

① accustomed ② foster
③ cultivate ④ competitive

정답 및 해설

15 '대상, 물건'을 뜻하는 단어는 'object'이다.

오답분석
① 교육과정
② 제한, 규제
③ 능숙한, 능한

16 '경쟁력 있는'을 뜻하는 단어는 'competitive'이다.

오답분석
① 익숙한, 평상시의
② 조성하다, 발전시키다
③ 경작하다, 재배하다

15 ④ 16 ④ 정답

※ 다음 글의 빈칸 (A), (B)에 들어갈 말로 가장 적절한 것을 고르시오. **[17~20]**

| 2025년

17

Do you know one of the best remedies for coping with family tension? Two words: “I’m sorry.” It’s amazing how hard some people find them to say. They think it implies weakness or defeat. Nothing of the kind. In fact, it is exactly the ___(A)___. Another good way of relieving tension is a *row! The sea is ever so much calmer after a storm. A row has another ___(B)___. When tempers are raised, unspoken truths usually come out. They may hurt a bit, especially at the time. Yet, at the end, you know each other a bit better. Lastly, most of the tensions and quarrels between children are natural. Even when they seem to be constant, wise parents don’t worry too much.

*row 말다툼

	(A)	(B)
①	same	advantage
②	opposite	advantage
③	opposite	disadvantage
④	same	disadvantage

정답 및 해설

17 (A) 빈칸의 바로 앞 문장에서 ‘Nothing of the kind’라고 나와 있으므로 (A)에는 ‘반대’라는 의미의 ‘opposite’이 들어가야 한다.

(B) ‘Yet, … better’라는 문장을 통해 말다툼이 주는 또 하나의 긍정적 효과를 알 수 있다. 따라서 ‘advantage’가 빈칸에 들어갈 말로 가장 적절하다.

| 해석 |

가족 간의 갈등에 대처하는 데 가장 좋은 처방 중 하나를 아는가? “I’m sorry.”라는 두 단어이다. 몇몇 사람들이 그 말을 하는 것을 얼마나 어려워하는지는 놀랍다. 그들은 그것이 약함이나 패배를 의미한다고 생각한다. 전혀 그렇지 않다. 사실, 정확하게 (A) 반대이다. 갈등을 덜어 주는 또 다른 좋은 방법은 말다툼이다. 바다는 폭풍 후에 훨씬 더 잔잔해진다. 말다툼은 또 다른 (B) 이점을 갖고 있다. 화가 날 때, 입 밖에 내지 않은 진실이 일반적으로 나오게 된다. 그것들은 특히 그 순간에 약간 감정을 상하게 할 수도 있다. 그러나 끝에 가서는 서로를 조금 더 잘 알게 된다. 마지막으로 아이들 간의 갈등과 싸움의 대부분은 자연스러운 것이다. 그것들이 지속적인 것처럼 보일 때조차, 현명한 부모는 지나치게 걱정하지 않는다.

17 ② 정답

18

At certain times in history, cultures have taken it for granted that a person was not fully human unless he or she learned to master thoughts and feelings. In ancient Sparta, in Republican Rome, and among the British upper classes of the Victorian era, ___(A)___, people were held responsible for keeping control of their emotions. Anyone who lost his or her temper too easily was deprived of the right to be accepted as a member of the community. In other historical periods such as the one in which we are now living, ___(B)___, the ability to control oneself is not always highly respected. People who attempt it are often thought to be odd.

	(A)	(B)
①	for example	therefore
②	for example	however
③	on the contrary	however
④	on the contrary	therefore

정답 및 해설

18 (A) '역사상의 특정 시기'와 그 예인 '고대 스파르타', '로마 공화국', '빅토리아 시대' 사이에 들어갈 알맞은 연결사는 'for example'이다.

(B) 역사상 어떤 시기에는 개인이 감정을 통제할 책임이 없는 사람은 공동체의 일원이 될 자격이 없다는 내용과 오늘날과 같이 역사상 또 다른 시기에는 감정을 통제하는 것이 이상하게 여겨졌다는 상반되는 내용 사이에 들어갈 알맞은 연결사는 'however'이다.

| 해석 |

역사적으로 특정한 시기에, 여러 문화들은 한 사람이 사상이나 감정을 통제하는 법을 배우지 않으면 그 사람은 완전한 인간이 아니라는 것을 당연하게 받아들였다. (A) 예를 들어 고대 스파르타, 로마 공화국, 그리고 빅토리아 시대의 영국 상류층들의 사이에서, 사람들은 자신의 감정을 통제할 책임을 지고 있었다. 너무 쉽게 성질을 내는 사람은 누구나 공동체의 일원으로서 인정될 권리를 박탈당했다. (B) 그러나 오늘날 우리가 살고 있는 것과 같은 역사적으로 다른 시기에서는, 자기 자신을 통제하는 능력이 언제나 크게 존중되는 것은 아니다. 감정을 통제하려고 시도하는 사람들은 종종 이상하게 여겨진다.

18 ② 《정답

19

When people gossip, they generally criticize other people, mostly for breaking social and moral *codes. This may hurt people's feelings or lead to misunderstandings. ___(A)___, gossip plays an important social role by reinforcing community values: it makes people feel closer to each other; it unifies people who follow the rules; it helps people get a sense of the values of their community. ___(B)___, it's not a very nice thing to do, and I always felt bad after a gossipy conversation, even though I enjoyed it at the time. I want to stop telling unkind stories or being too curious about sensitive subjects.

*code : 규범

	(A)	(B)
①	Nevertheless	However
②	Nevertheless	Therefore
③	For example	In short
④	For example	In addition

정답 및 해설

19 (A) 험담의 일반적 악영향에 대한 내용과 험담의 순기능을 언급하는 내용 사이에 들어갈 알맞은 연결사는 'Nevertheless'이다.

(B) 험담의 순기능에 대한 내용과 필자가 느끼는 험담의 악영향을 언급하는 내용 사이에 들어갈 알맞은 연결사는 'However'이다.

| 해석 |

사람들은 험담할 때, 대부분 사회적, 도덕적인 규범을 위반한 것에 대하여 다른 사람을 비난하게 된다. 이것은 사람들의 감정을 상하게 하거나 오해를 불러일으킬 수 있다. (A) 그럼에도 불구하고, 험담은 공동체 가치를 강화시켜 줌으로써 중요한 사회적 역할을 한다. 즉, 험담은 서로 간의 사이를 더 가깝게 하고, 규칙을 잘 지키는 사람들을 결속시키며, 사람들에게 그들이 살고 있는 공동체의 가치관을 이해하도록 도와준다. (B) 그러나, 험담은 그렇게 좋은 일이 아니며, 나는 험담을 할 당시에는 즐겼음에도, 험담을 하고 나서는 항상 기분이 좋지 않았다. 나는 매정한 이야기를 하는 것 혹은 민감한 주제에 대해 지나치게 관심을 가지는 것을 그만두고 싶다.

19 ① 정답

20

In most people, emotions are situational. Something in the here and now makes you mad. The emotion itself is ___(A)___ to the situation in which it originates. As long as you remain in that emotional situation, you're likely to stay angry. If you leave the situation, the opposite is true. The emotion begins to ___(B)___ as soon as you move away from the situation. Moving away from the situation prevents it from taking hold of you. Counselors often advise clients to get some emotional distance from whatever is bothering them. One easy way to do that is to geographically separate yourself from the source of your anger.

	(A)	(B)
①	tied	disappear
②	tied	appear
③	included	appear
④	unrelated	disappear

정답 및 해설

20 (A) 첫 문장에서 감정은 상황적이라고 언급하였다. 따라서 감정 자체가 그것이 일어나는 상황과 연결되어(tied) 있다고 하는 것이 자연스럽다.

(B) 처한 상황에서 벗어나면, 그 상황과 연결되어 있던 감정은 사라지게(disappear) 된다.

| 해석 |

대부분의 사람에게 있어 감정은 상황적이다. 현 시점의 무언가가 여러분을 화나게 한다. 그 감정 자체는 그것이 일어나는 상황과 (A) 연결되어 있다. 그 감정의 상황 속에 남아 있는 한, 여러분은 화가 난 상태에 머물기 쉽다. 여러분이 그 상황을 벗어나면 정반대가 사실이 된다. 여러분이 그 상황에서 벗어나자마자 그 감정은 (B) 사라지기 시작한다. 그 상황에서 벗어나게 되면 그 감정은 여러분을 붙잡지 못한다. 상담자는 내담자에게 그들을 괴롭히고 있는 그 어떤 것과 어느 정도 감정적 거리를 두라고 자주 충고한다. 그것을 이행하는 한 가지 쉬운 방법은 본인 화의 근원으로부터 여러분 자신을 지리적으로 떼어놓는 것이다.

20 ① 《정답

※ 다음 대화에서 빈칸에 들어가기에 가장 적절한 말을 고르시오. [21~22]

| 2021년

21

A : Do you mind closing the door?
B : ________________ for we have enough fresh air.

① Yes, I can
② No, I don't
③ I want to do
④ Yes, of course

| 2021년

22

A : Would you like some cake with your tea?
B : No, thank you. And don't put any sugar in my tea. ________________

① I'm on a diet.
② I'm not very thirsty.
③ I'd rather have coffee.
④ I don't feel like drinking tea now.

정답 및 해설

21 빈칸에 이어지는 내용이 '신선한 공기가 충분하기 때문에'라는 의미이므로 빈칸에는 허락한다는 말이 와야 한다. 'Do you mind ~?'에 대한 대답으로 허락할 때에는 부정으로 대답해야 한다.

| 해석 |

A : 문을 닫아도 될까?
B : 응. 신선한 공기가 충분해서 괜찮아.

22 빈칸 앞에 설탕을 넣지 말아달라는 내용이 나왔으므로 빈칸에는 그에 대한 이유가 나와야 한다. 'be on a diet'는 '다이어트 중이다'라는 뜻을 가지고 있다.

| 해석 |

A : 케이크와 차를 드시겠어요?
B : 아니, 괜찮아요. 그리고 차에 설탕은 넣지 마세요. 전 다이어트 중이거든요.

21 ② 22 ① 정답

| 2025년

23 2, 5, 13의 어느 것으로 나누어도 1이 남는 수 중, 가장 작은 세 자리 자연수는?

① 111 ② 121
③ 131 ④ 141

| 2023년

24 20보다 작은 연속된 세 수의 합이 12로 나누어떨어지는 모든 경우의 수는?

① 3가지 ② 4가지
③ 5가지 ④ 6가지

정답 및 해설

23 2, 5, 13으로 모두 나누어지는 수에 1을 더하면, 세 수 중 어느 것으로 나누어도 1이 남는다. 따라서 2, 5, 13의 공배수에 1을 더하면 된다. 세 수의 최소공배수는 130이므로 문제의 조건을 만족하는 가장 작은 세 자리 자연수는 131이다.

24 12로 나눌 때 나누어떨어지는 수는 12의 배수이다.
- $12=12\times1=4\times3$이므로 $3+4+5=12$이다.
- $24=12\times2=8\times3$이므로 $7+8+9=24$이다.
- $36=12\times3$이므로 $11+12+13=36$이다.
- $48=12\times4=16\times3$이므로 $15+16+17=48$이다.
- $60=12\times5=20\times3$이므로 $19+20+21=60$이지만 21은 20보다 크다.

따라서 구하고자 하는 경우의 수는 모두 4가지이다.

23 ③ 24 ② 《정답

※ 다음 주어진 식을 계산한 값으로 옳은 것을 고르시오. [25~30]

| 2025년

25

$$2,424 \div 2^2 \times 3 + 121$$

① 1,939　　② 1,949
③ 1,959　　④ 1,969

| 2024년

26

$$(423,475 - 178,475) \div 70 \times 91$$

① 308,500　　② 318,500
③ 328,500　　④ 338,500

정답 및 해설

25 $2,424 \div 2^2 \times 3 + 121 = 2,424 \div 4 \times 3 + 121 = 606 \times 3 + 121 = 1,818 + 121 = 1,939$

26 $(423,475 - 178,475) \div 70 \times 91 = 245,000 \div 70 \times 91 = 3,500 \times 91 = 318,500$

25 ①　26 ②　정답

| 2024년

27

$$4,543+2,331-11^2-12^2$$

① 6,609
② 6,709
③ 6,809
④ 6,909

| 2023년

28

$$0.8213+1.8124-2.4424$$

① 0.1913
② 0.1923
③ 0.1933
④ 0.1943

정답 및 해설

27 $4,543+2,331-11^2-12^2=6,874-121-144=6,609$

28 $0.8213+1.8124-2.4424=2.6337-2.4424=0.1913$

27 ① 28 ① 정답

| 2022년

29

$$12^2+13^2-6^2-5^2$$

① 222
② 232
③ 242
④ 252

| 2021년

30

$$(182,100-86,616)\div 146$$

① 624
② 654
③ 687
④ 691

정답 및 해설

29 $12^2+13^2-6^2-5^2=144+169-36-25=252$

30 $(182,100-86,616)\div 146=95,484\div 146=654$

29 ④ 30 ② 《정답

※ 다음 빈칸에 들어갈 수로 옳은 것을 고르시오. [31~32]

| 2022년

31

$$0.71<(\quad)<\frac{9}{12}$$

① $\frac{3}{4}$　② $\frac{695}{1,000}$

③ 0.705　④ $\frac{145}{200}$

| 2021년

32

$$\sqrt{8}<(\quad)<\sqrt{18}$$

① $\frac{7}{2}$　② 2.7

③ $\frac{30}{7}$　④ 4.3

정답 및 해설

31 $0.71<(\quad)<\frac{9}{12} \rightarrow 0.71<(\quad)<0.75$

따라서 빈칸에는 $\frac{145}{200}=0.725$가 들어갈 수 있다.

오답분석

① $\frac{3}{4}=0.75$, ② $\frac{695}{1,000}=0.695$

32 $\sqrt{8}=2\sqrt{2}\fallingdotseq 1.414\times2=2.828$, $\sqrt{18}=3\sqrt{2}\fallingdotseq 1.414\times3=4.242$

따라서 빈칸에는 $\frac{7}{2}=3.5$가 들어갈 수 있다.

오답분석

③ $\frac{30}{7}\fallingdotseq 4.286$

31 ④　32 ① 정답

| 2025년

33 농도 10%의 소금물 300g을 농도 15%로 만들기 위해서는 몇 g의 물을 증발시켜야 하는가?

① 75g　　② 100g

③ 125g　　④ 150g

| 2025년

34 민지, 용수, 현주가 일렬로 줄을 설 때 양 끝에 민지와 현주가 서게 될 확률은?

① $\frac{1}{6}$　　② $\frac{1}{5}$

③ $\frac{1}{4}$　　④ $\frac{1}{3}$

정답 및 해설

33 증발시키기 전과 후의 소금의 양은 같으므로 증발시키는 물의 양을 xg이라고 하면 다음과 같은 식이 성립한다.

$300\times\frac{10}{100}=(300-x)\times\frac{15}{100}$

→ $3,000=4,500-15x$

→ $15x=1,500$

$\therefore\ x=100$

따라서 농도 10%의 소금물 300g을 농도 15%로 만들기 위해서는 100g의 물을 증발시켜야 한다.

34
- 세 사람이 일렬로 줄을 서는 경우의 수 : $3\times2\times1=6$가지
- 민지와 현주가 양 끝에 서는 경우의 수 : 2가지

따라서 양 끝에 민지와 현주가 서게 될 확률은 $\frac{2}{6}=\frac{1}{3}$이다.

33 ②　34 ④ 《정답

| 2024년

35 영희는 산에 올라갈 때는 2km/h의 속력으로 걸었고, 내려갈 때는 4km/h의 속력으로 걸어서 총 3시간이 걸렸다. 올라갈 때 이용한 길보다 내려갈 때 이용한 길이 3km 더 길었다면, 영희가 등산한 총거리는?

① 8km ② 9km
③ 10km ④ 12km

| 2024년

36 인수가 집에서 2km 떨어진 도서관에 갈 때, 처음에는 50m/min의 속력으로 걷다가 늦을 것 같아 속력을 2배로 올렸더니 총 30분이 걸렸다. 인수가 50m/min의 속력으로 걸은 거리는?

① 900m ② 1,000m
③ 1,100m ④ 1,200m

정답 및 해설

35 올라갈 때의 거리를 $x$km라고 하면 내려갈 때의 거리는 $(x+3)$km이므로 다음과 같은 식이 성립한다.

$\frac{x}{2}+\frac{x+3}{4}=3$

$\rightarrow 2x+x+3=12$

$\rightarrow 3x=9$

$\therefore x=3$

따라서 영희가 등산한 총거리는 $x+2x=3+6=9$km이다.

36 50m/min의 속력으로 걸은 거리를 xm라고 하면, 2배로 올린 100m/min의 속력으로 걸은 거리는 $(2,000-x)$m이므로 다음과 같은 식이 성립한다.

$\frac{x}{50}+\frac{2,000-x}{100}=30$

$\rightarrow 2x+2,000-x=3,000$

$\therefore x=1,000$

따라서 인수가 50m/min의 속력으로 걸은 거리는 1,000m이다.

35 ② 36 ② 정답

| 2024년

37 주머니에 흰 공 5개, 검은 공 3개가 들어있다. 이 주머니에서 공을 연속하여 2개 꺼낼 때, 모두 흰 공이거나 모두 검은 공일 확률은?(단, 꺼낸 공은 다시 넣지 않는다)

① $\frac{9}{28}$ ② $\frac{11}{32}$

③ $\frac{13}{28}$ ④ $\frac{15}{32}$

| 2024년

38 농도 5%의 소금물 20g에 농도 2%의 소금물 몇 g을 넣어야 농도 3%의 소금물이 되는가?

① 32g ② 35g

③ 38g ④ 40g

정답 및 해설

37

• 둘 다 흰 공을 꺼낼 확률 : $\frac{5}{8}\times\frac{4}{7}=\frac{5}{14}$

• 둘 다 검은 공을 꺼낼 확률 : $\frac{3}{8}\times\frac{2}{7}=\frac{3}{28}$

따라서 공을 연속하여 2개 꺼낼 때, 모두 흰 공이거나 모두 검은 공일 확률은 $\frac{5}{14}+\frac{3}{28}=\frac{10}{28}+\frac{3}{28}=\frac{13}{28}$이다.

38 농도 2% 소금물의 양을 xg이라고 하면 다음과 같은 식이 성립한다.

$$\frac{\frac{5}{100}\times 20+\frac{2}{100}\times x}{20+x}\times 100=3$$

$\rightarrow \frac{100+2x}{20+x}=3$

$\rightarrow 100+2x=3(20+x)$

$\rightarrow 100+2x=60+3x$

$\therefore x=40$

따라서 농도 2%의 소금물 40g을 넣으면 농도 3%의 소금물이 된다.

37 ③ 38 ④ 정답

| 2022년

39 어떤 시험에서 A ~ C 세 사람이 합격할 확률은 각각 $\frac{1}{3}$, $\frac{1}{4}$, $\frac{1}{5}$ 이다. B만 합격할 확률은?

① $\frac{1}{60}$ ② $\frac{1}{4}$
③ $\frac{2}{15}$ ④ $\frac{3}{5}$

| 2022년

40 어느 학교의 모든 학생이 n대의 버스에 나누어 타면 한 대에 45명씩 타야 하고, $(n+2)$대의 버스에 나누어 타면 한 대에 40명씩 타야 한다. 이 학교의 학생은 모두 몇 명인가?(단, 빈자리가 있는 버스는 없다)

① 600명 ② 640명
③ 680명 ④ 720명

정답 및 해설

39 B만 합격한다는 것은 A와 C는 불합격한다는 뜻이므로 다음과 같은 식이 성립한다.

$$\left(1-\frac{1}{3}\right)\times\frac{1}{4}\times\left(1-\frac{1}{5}\right)=\frac{2}{15}$$

따라서 구하고자 하는 확률은 $\frac{2}{15}$ 이다.

40 빈자리가 있는 버스는 없으므로 한 대에 45명씩 n대 버스에 나누어 탈 때와 한 대에 40명씩 $(n+2)$대 버스에 나누어 탈 때의 전체 학생 수는 같다. 그러므로 다음과 같은 식이 성립한다.

$45n=40(n+2)$

$\rightarrow 5n=80$

$\therefore\ n=16$

따라서 이 학교의 학생 수는 $16\times45=720$명이다.

39 ③ 40 ④ 정답

| 2021년

41 A가 시속 30km로 $x$km를 가는 데 걸린 시간은 B가 시속 40km로 30km를 갔을 때보다 5분 짧다. A가 이동한 거리는?

① 15km ② 20km
③ 25km ④ 30km

| 2021년

42 수학시험에서 동일이는 101점, 나정이는 105점, 윤진이는 108점을 받았다. 천포의 점수까지 합친 평균이 105점일 때 천포의 점수는?

① 105점 ② 106점
③ 107점 ④ 108점

정답 및 해설

41 • B가 이동할 때 걸린 시간 : $\frac{30}{40}\times60=45$

• A가 이동할 때 걸린 시간 : $\frac{x}{30}\times60=45-5 \rightarrow 2x=40 \rightarrow x=20$

따라서 A가 이동한 거리는 20km이다.

42 천포의 점수를 x점이라고 하자. 네 사람의 평균이 105점이므로 다음과 같은 식이 성립한다.

$\frac{101+105+108+x}{4}=105$

$\rightarrow x+314=420$

$\therefore x=106$

따라서 천포의 점수는 106점이다.

41 ② 42 ② 《정답

※ 다음 한자와 반대의 뜻을 가진 한자를 고르시오. [43~45]

| 2024년

43

遠

① 近　② 根
③ 勤　④ 園

| 2023년

44

晝

① 玄　② 暗
③ 寒　④ 夜

| 2022년

45

尊重

① 愛情　② 尊敬
③ 孝道　④ 無視

정답 및 해설

43 제시된 한자는 '멀 원(遠)'이고, 반대의 의미를 가진 것은 '가까울 근(近)'이다.

오답분석

② 根(뿌리 근), ③ 勤(부지런할 근), ④ 園(동산 원)

44 제시된 한자는 '낮 주(晝)'이고, 반대의 의미를 가진 것은 '밤 야(夜)'이다.

오답분석

① 검을 현(玄), ② 어두울 암(暗), ③ 찰 한(寒)

45 제시된 한자어는 '높이고 중히 여김'이라는 뜻의 '존중(尊重)'이고, 반대의 의미를 가진 것은 '사람을 깔보거나 업신여김'이라는 뜻의 '무시(無視)'이다.

오답분석

① 愛情(애정) : 사랑하는 마음. 또는 남녀 사이에 서로 그리워하는 정
② 尊敬(존경) : 존중히 여겨 공경하는 일
③ 孝道(효도) : 부모를 잘 섬기는 도리. 또는 부모를 정성껏 잘 섬기는 일

43 ① 44 ④ 45 ④ 정답

※ 다음 한자와 같은 뜻을 가진 한자를 고르시오. [46~48]

| 2023년

46

協

① 助 ② 動

③ 男 ④ 勉

| 2023년

47

思

① 恩 ② 急

③ 想 ④ 悲

| 2022년

48

示

① 感 ② 監

③ 想 ④ 戀

정답 및 해설

46 제시된 한자는 '도울 협(協)'이고, 같은 의미를 가진 것은 '도울 조(助)'이다.

오답분석

② 움직일 동(動), ③ 사내 남(男), ④ 힘쓸 면(勉)

47 제시된 한자는 '생각 사(思)'이고, 같은 의미를 가진 것은 '생각 상(想)'이다.

오답분석

① 은혜 은(恩), ② 급할 급(急), ④ 슬플 비(悲)

48 제시된 한자는 '볼 시(示)'이고, 같은 의미를 가진 것은 '볼 감(監)'이다.

오답분석

① 느낄 감(感), ③ 생각할 상(想), ④ 그리워할 연(戀)

46 ① 47 ③ 48 ② 《정답

| 2025년

49 다음 한자 중 우리말 독음이 나머지와 다른 하나는?

① 玟　　② 晩
③ 珉　　④ 敏

| 2021년

50 다음 중 한자의 음과 뜻의 연결이 옳지 않은 것은?

① 喜 : 기쁠 희　　② 受 : 받을 수
③ 努 : 성낼 노　　④ 炅 : 빛날 경

| 2021년

51 다음 중 '전화위복'을 한자로 쓸 때 포함되는 한자가 아닌 것은?

① 轉　　② 禍
③ 僞　　④ 爲

정답 및 해설

49 ②는 늦을 만(晩)이므로, 우리말 독음은 '만'이고, ①, ③, ④의 우리말 독음은 '민'이다.

오답분석
① 아름다울 돌 민(玟)
③ 옥돌 민(珉)
④ 민첩할 민(敏)

50 '努'는 '힘쓸 노'이고, '성낼 노'는 '怒'이다.

51 轉禍爲福(전화위복)은 '화가 바뀌어 오히려 복이 된다.'는 뜻이다. 각각의 한자는 轉(구를 전), 禍(재앙 화), 爲(할 위), 福(복 복)이므로 僞(거짓 위)는 포함되지 않는다.

49 ②　50 ③　51 ③ 《정답

02 언어이해

※ 다음 제시된 단어의 대응 관계로 볼 때, 빈칸에 들어가기에 가장 적절한 것을 고르시오. [1~10]

| 2025년

01

제한하다 : 통제하다 = 만족하다 : (　　)

① 번잡하다　② 부족하다
③ 탐탁하다　④ 모자라다

| 2025년

02

보리 : 맥주 = 쌀 : (　　)

① 효모　② 사과
③ 막걸리　④ 밀

정답 및 해설

01 제시된 단어는 유의 관계이다.
'만족하다'의 유의어는 '탐탁하다'이다.

02 제시된 단어는 재료와 결과물의 관계이다.
'보리'로 '맥주'를 만들고, '쌀'로 '막걸리'를 만든다.

01 ③　02 ③　정답

| 2024년

03

응분 : 과분 = 겸양하다 : (   )

① 강직하다
② 너그럽다
③ 젠체하다
④ 겸손하다

| 2024년

04

공항 : (   ) = 항구 : 선박

① 비행기
② 정류장
③ 면세점
④ 승무원

정답 및 해설

03 제시된 단어는 반의 관계이다.
'응분'은 어떤 정도나 분수에 맞음을 의미하는 말로 '과분'과 반대되는 의미를 가지며, '겸양하다'는 겸손한 태도로 양보하거나 사양한다는 의미의 말로 잘난 체한다는 의미의 '젠체하다'와 반대되는 의미를 가진다.

04 제시된 단어는 장소와 이동수단의 관계이다.
'공항'에서 '비행기'를 타고, '항구'에서 '선박'을 탄다.

03 ③ 04 ① 《정답

| 2023년

05

쌀 : 송편 = 도토리 : (   )

① 단오 ② 묵
③ 밤 ④ 밀

| 2023년

06

고무 : (   ) = 포도 : 발사믹 식초

① 냄비 ② 화선지
③ 나무 ④ 지우개

정답 및 해설

05 제시된 단어는 재료와 음식의 관계이다.
'쌀'로 가루를 내어 '송편'을 만들고, '도토리'로 가루를 내어 '묵'을 만든다.

06 제시된 단어는 재료와 결과물의 관계이다.
'포도'로 '발사믹 식초'를 만들고, '고무'로 '지우개'를 만든다.

05 ② 06 ④ 정답

| 2022년

07

유사 : 근사 = (　　) : 미래

① 준비　　② 장래
③ 현재　　④ 과거

| 2022년

08

학생 : 중학생 = (　　) : 전철

① 기차　　② 자전거
③ 대중교통　　④ 버스

정답 및 해설

07 제시된 단어는 유의 관계이다.
'유사'는 '근사'와 유사한 의미를 가지며, '미래'는 '장래'와 유사한 의미를 가진다.

08 제시된 단어는 상하 관계이다.
'중학생'은 '학생'에 포함되며, '전철'은 '대중교통'에 포함된다.

07 ② 08 ③ 《정답

| 2021년

09

우유 : 치즈 = (　　) : 빵

① 쌀　　② 밀가루
③ 버터　　④ 떡

| 2021년

10

(　　) : 비단 = 닭 : 오믈렛

① 누에　　② 장신구
③ 귀걸이　　④ 한복

정답 및 해설

09 제시된 단어는 재료와 음식의 관계이다.
'치즈'는 '우유'로 만들고, '빵'은 '밀가루'로 만든다.

10 제시된 단어는 재료를 생성하는 생물과 그 재료로 만든 결과물의 관계이다.
'누에'가 생성한 실로 '비단'을 만들고, '닭'이 생성한 계란으로 '오믈렛'을 만든다.

09 ② 10 ① 《정답

※ 주어진 명제가 모두 참일 때, 다음 빈칸에 들어갈 명제로 가장 적절한 것을 고르시오. [11~16]

| 2025년

11

- 책상을 정리하면 업무 효율이 높아진다.
- 지각을 하지 않으면 책상을 정리한다.
- ______________________

① 업무 효율이 높아지면 지각을 하지 않은 것이다.
② 지각을 하지 않으면 업무 효율이 높아지지 않는다.
③ 책상을 정리하지 않으면 지각을 한 것이다.
④ 지각을 하지 않으면 업무 효율이 높아진다.

| 2025년

12

- 포유류는 새끼를 낳아 키운다.
- 고양이는 포유류이다.
- ______________________

① 포유류는 고양이이다.
② 고양이는 새끼를 낳아 키운다.
③ 새끼를 낳아 키우는 것은 고양이이다.
④ 새끼를 낳아 키우는 것은 포유류가 아니다.

정답 및 해설

11 '책상을 정리한다.'를 A, '업무 효율이 높아진다.'를 B, '지각을 한다.'를 C라고 하면 첫 번째 명제는 A → B, 두 번째 명제는 ~C → A이다. 삼단논법에 의해 ~C → A → B가 성립하므로 마지막 명제는 ~C → B나 ~B → C이다. 따라서 '지각을 하지 않으면 업무 효율이 높아진다.'가 옳다.

12 고양이는 포유류이고, 포유류는 새끼를 낳아 키운다.
따라서 '고양이는 새끼를 낳아 키운다.'가 옳다.

11 ④ 12 ② 《정답

| 2024년

13

> • 날씨가 좋으면 야외활동을 한다.
> • 날씨가 좋지 않으면 행복하지 않다.
> • ______________________________

① 날씨가 좋으면 행복한 것이다.
② 야외활동을 하지 않으면 행복하지 않다.
③ 행복하지 않으면 날씨가 좋지 않은 것이다.
④ 날씨가 좋지 않으면 야외활동을 하지 않는다.

| 2023년

14

> • 비가 오면 한강 물이 불어난다.
> • 비가 오지 않으면 보트를 타지 않은 것이다.
> • ______________________________
> • 자전거를 타지 않으면 한강 물이 불어난 것이다.

① 보트를 타면 자전거를 탄다.
② 자전거를 타면 비가 오지 않는다.
③ 자전거를 타지 않으면 보트를 탄다.
④ 한강 물이 불어나면 보트를 타지 않은 것이다.

정답 및 해설

13 '날씨가 좋다.'를 p, '야외활동을 한다.'를 q, '행복하다.'를 r이라고 하면 각 명제는 순서대로 $p \rightarrow q$, $\sim p \rightarrow \sim r$이고, 두 명제를 연결하면 $r \rightarrow p \rightarrow q$이다. 그러므로 $r \rightarrow q$, $\sim q \rightarrow \sim r$이 성립한다.
따라서 '야외활동을 하지 않으면 행복하지 않다.'가 옳다.

14 '비가 온다.'를 p, '한강 물이 불어난다.'를 q, '보트를 탄다.'를 r, '자전거를 탄다.'를 s라고 하면 각 명제는 순서대로 $p \rightarrow q$, $\sim p \rightarrow \sim r$, $\sim s \rightarrow q$이고, 앞의 두 명제를 연결하면 $r \rightarrow p \rightarrow q$이다. 그러므로 $\sim s \rightarrow r$이라는 명제가 필요하다.
따라서 '자전거를 타지 않으면 보트를 탄다.'가 옳다.

13 ② 14 ③ 《정답

| 2023년

15

- 음악을 좋아하는 사람은 미술을 좋아한다.
- 사회를 좋아하는 사람은 음악을 좋아한다.
- ______________________________

① 음악을 좋아하는 사람은 사회를 좋아한다.
② 사회를 좋아하지 않는 사람은 미술을 좋아한다.
③ 미술을 좋아하는 사람은 사회를 좋아하지 않는다.
④ 미술을 좋아하지 않는 사람은 사회를 좋아하지 않는다.

| 2021년

16

- 음악을 좋아하는 사람은 상상력이 풍부하다.
- 음악을 좋아하지 않는 사람은 노란색을 좋아하지 않는다.
- ______________________________

① 노란색을 좋아하는 사람은 상상력이 풍부하다.
② 노란색을 좋아하지 않는 사람은 음악을 좋아한다.
③ 상상력이 풍부한 사람은 노란색을 좋아하지 않는다.
④ 음악을 좋아하지 않는 사람은 상상력이 풍부하지 않다.

정답 및 해설

15 '음악을 좋아한다.'를 p, '미술을 좋아한다.'를 q, '사회를 좋아한다.'를 r이라고 하면 각 명제는 순서대로 $p \rightarrow q$, $r \rightarrow p$이고, 두 명제를 연결하면 $r \rightarrow p \rightarrow q$이다. 그러므로 $r \rightarrow q$, $\sim q \rightarrow \sim r$이 성립한다.
따라서 '미술을 좋아하지 않는 사람은 사회를 좋아하지 않는다.'가 옳다.

16 '음악을 좋아한다.'를 p, '상상력이 풍부하다.'를 q, '노란색을 좋아한다.'를 r이라고 하면 각 명제는 순서대로 $p \rightarrow q$, $\sim p \rightarrow \sim r$이고, 두 명제를 연결하면 $r \rightarrow p \rightarrow q$이다. 그러므로 $r \rightarrow q$, $\sim q \rightarrow \sim r$이 성립한다.
따라서 '노란색을 좋아하는 사람은 상상력이 풍부하다.'가 옳다.

15 ④ 16 ① 정답

※ 주어진 명제가 모두 참일 때, 다음 중 반드시 참인 것을 고르시오. [17~20]

| 2025년

17

- 어떤 책은 낙서가 되어 있다.
- 낙서가 되어 있는 것은 대부분 벽지이다.
- 모든 벽지는 분홍색이다.

① 모든 책은 분홍색이다.
② 분홍색인 것은 모두 책이다.
③ 어떤 책은 분홍색이다.
④ 낙서가 되어 있는 것은 모두 벽지이다.

| 2025년

18

- 사탕을 좋아하는 사람은 밥을 좋아한다.
- 초밥을 좋아하는 사람은 짬뽕을 좋아한다.
- 밥을 좋아하지 않는 사람은 짬뽕을 좋아하지 않는다.

① 사탕을 좋아하지 않는 사람은 짬뽕을 좋아한다.
② 밥을 좋아하는 사람은 짬뽕을 좋아하지 않는다.
③ 짬뽕을 좋아하는 사람은 사탕을 좋아하지 않는다.
④ 초밥을 좋아하는 사람은 밥을 좋아한다.

정답 및 해설

17 어떤 책 → 낙서가 되어 있다. → (대부분) 벽지이다. → (모두) 분홍색이다.
따라서 '어떤 책은 분홍색이다.'는 반드시 참이다.

18 마지막 명제의 대우는 '짬뽕을 좋아하는 사람은 밥을 좋아한다.'이다.
따라서 두 번째 명제와 연결하면 '초밥을 좋아하는 사람은 밥을 좋아한다.'는 명제를 얻을 수 있다.

17 ③ 18 ④ 정답

| 2024년

19

- 조선 시대의 대포 중 천자포의 사거리는 1,500보이다.
- 현자포의 사거리는 천자포의 사거리보다 700보 짧다.
- 지자포의 사거리는 현자포의 사거리보다 100보 길다.

① 천자포의 사거리가 가장 길다.
② 현자포의 사거리가 가장 길다.
③ 지자포의 사거리가 가장 짧다.
④ 현자포의 사거리는 지자포의 사거리보다 길다.

| 2024년

20

- 아메리카노는 카페라테보다 많이 팔린다.
- 유자차는 레모네이드보다 덜 팔린다.
- 카페라테는 레모네이드보다 많이 팔리지만, 녹차보다는 덜 팔린다.
- 녹차는 스무디보다 덜 팔리지만, 아메리카노보다 많이 팔린다.

① 녹차가 가장 많이 팔린다.
② 유자차가 가장 안 팔리지는 않는다.
③ 가장 많이 팔리는 음료는 스무디이다.
④ 카페라테보다 덜 팔리는 음료는 3개이다.

정답 및 해설

19 천자포의 사거리는 1,500보, 현자포의 사거리는 800보, 지자포의 사거리는 900보로, 사거리 길이가 긴 순서에 따라 나열하면 '천자포 – 지자포 – 현자포'의 순서이다.
따라서 천자포의 사거리가 가장 긴 것을 알 수 있다.

20 아메리카노를 A, 카페라테를 B, 유자차를 C, 레모네이드를 D, 녹차를 E, 스무디를 F라 하고 각각의 명제를 정리해 보면 A>B, D>C, E>B>D, F>E>A가 된다. 이를 정리하면 F>E>A>B>D>C이다.
따라서 가장 많이 팔리는 음료는 F, 즉 스무디이다.

19 ① 20 ③ 정답

※ 주어진 명제가 모두 참일 때, 다음 중 참이 아닌 것을 고르시오. [21~24]

| 2025년

21

- 컴퓨터 게임을 잘하는 사람은 똑똑하다.
- 모바일 게임을 잘하는 사람은 컴퓨터 게임도 잘한다.
- 똑똑한 사람은 상상력이 풍부하다.
- 상상력이 풍부하면 수업에 방해된다.

① 모바일 게임을 잘하는 사람은 수업에 방해된다.
② 똑똑한 사람은 수업에 방해된다.
③ 모바일 게임을 잘하는 사람은 똑똑하다.
④ 컴퓨터 게임을 잘하는 사람은 수업에 방해되지 않는다.

| 2025년

22

- 많이 먹으면 살이 찐다.
- 살이 찐 사람은 체내에 수분이 많다.
- 체내에 수분이 많으면 술에 잘 취하지 않는다.

① 술에 잘 취하지 않는 사람은 체내에 수분이 많다.
② 많이 먹으면 체내에 수분이 많다.
③ 체내에 수분이 많지 않은 사람 많이 먹지 않는다.
④ 살이 찌지 않은 사람은 많이 먹지 않는다.

정답 및 해설

21 명제들을 통해서 모바일 게임을 잘하는 사람은 컴퓨터 게임을 잘하고, 컴퓨터 게임을 잘하면 똑똑하다. 똑똑한 사람은 상상력이 풍부하고, 상상력이 풍부하면 수업에 방해되는 것을 알 수 있다.
따라서 컴퓨터 게임을 잘하는 사람은 수업에 방해가 되므로 ④는 참이 아니다.

오답분석
① 두 번째 명제, 첫 번째 명제, 세 번째 명제, 마지막 명제를 통해 추론할 수 있다.
② 세 번째 명제, 마지막 명제를 통해 추론할 수 있다.
③ 두 번째 명제, 첫 번째 명제를 통해 추론할 수 있다.

22 체내에 수분이 많으면 술에 잘 취하지 않지만, 역의 성립 여부를 알 수 없으므로 술에 잘 취하지 않는다고 해서 체내에 수분이 많은 것은 아니다.

오답분석
② 첫 번째 명제, 두 번째 명제를 통해 추론할 수 있다.
③ 첫 번째 명제, 두 번째 명제, 마지막 명제의 대우를 통해 추론할 수 있다.
④ 첫 번째 명제의 대우를 통해 추론할 수 있다.

21 ④ 22 ① 정답

| 2022년

23

> • 비가 많이 내리면 습도가 높아진다.
> • 겨울보다 여름에 비가 더 많이 내린다.
> • 습도가 높으면 먼지가 잘 나지 않는다.
> • 습도가 높으면 정전기가 잘 일어나지 않는다.

① 겨울은 여름보다 습도가 낮다.
② 먼지는 여름이 겨울보다 잘 난다.
③ 여름에는 겨울보다 정전기가 잘 일어나지 않는다.
④ 비가 많이 오면 정전기가 잘 일어나지 않는다.

| 2022년

24

> • 책을 읽는 사람은 어휘력이 풍부하다.
> • 끝말잇기를 잘하는 사람은 어휘력이 풍부하다.
> • 자유시간이 많을수록 책을 읽는다.
> • 어휘력이 풍부하면 발표를 잘한다.

① 책을 읽는 사람은 발표를 잘한다.
② 발표를 못하는 사람은 책을 읽지 않았다.
③ 발표를 못하는 사람은 끝말잇기도 못한다.
④ 자유시간이 많으면 끝말잇기를 잘한다.

정답 및 해설

23 주어진 명제를 정리하면 '여름은 겨울보다 비가 많이 내림 → 비가 많이 내리면 습도가 높음 → 습도가 높으면 먼지와 정전기가 잘 일어나지 않음'으로 정리할 수 있다.
따라서 비가 많이 오지 않는 겨울이 여름보다 먼지가 잘 난다는 것을 알 수 있다.

오답분석
① 첫 번째와 두 번째 명제로 추론할 수 있다.
③ 첫 번째와 두 번째 그리고 마지막 명제로 추론할 수 있다.
④ 첫 번째와 마지막 명제로 추론할 수 있다.

24 주어진 명제를 정리하면 '자유시간이 많음 → 책을 읽음 → 어휘력이 풍부함 → 발표를 잘함'과 '끝말잇기를 잘함 → 어휘력이 풍부함 → 발표를 잘함'으로 정리할 수 있다. 그러나 자유시간이 많으면 끝말잇기를 잘한다는 것은 제시된 명제만으로는 알 수 없다.

23 ② 24 ④ 정답

※ 다음 문장 또는 문단을 논리적 순서대로 바르게 나열한 것을 고르시오. [25~27]

| 2025년

25

(가) 문화재(문화유산)는 옛 사람들이 남긴 삶의 흔적이다. 그 흔적에는 유형의 것과 무형의 것이 모두 포함된다. 문화재 가운데 가장 가치 있는 것으로 평가받는 것은 다름 아닌 국보이며, 현행 문재재보호법 체계상 국보에 무형문화재는 포함되지 않는다. 즉 국보는 유형문화재만을 대상으로 한다.

(나) 국보 선정 기준에 따라 우리의 전통 문화재 가운데 최고의 명품으로 꼽힌 문화재로는 국보 1호 숭례문이 있다. 숭례문은 현존 도성 건축물 중 가장 오래된 건물이다. 다음으로 온화하고 해맑은 백제의 미소로 유명한 충남 서산 마애여래삼존상은 국보 84호이다. 또한 긴 여운의 신비하고 그윽한 종소리로 유명한 선덕대왕신종은 국보 29호, 유네스코 세계유산으로도 지정된 석굴암은 국보 24호이다. 이렇듯 우리나라 전통문화의 상징인 국보는 다양한 국보 선정의 기준으로 선발된 것이다.

(다) 문화재보호법에 따르면 국보는 특히 "역사적・학술적・예술적 가치가 큰 것, 제작 연대가 오래되고 그 시대를 대표하는 것, 제작 의장이나 제작 기법이 우수해 그 유례가 적은 것, 형태 품질 용도가 현저히 특이한 것, 저명한 인물과 관련이 깊거나 그가 제작한 것" 등을 대상으로 한다. 이것이 국보 선정의 기준인 셈이다.

(라) 이처럼 국보 선정의 기준으로 선발된 문화재는 지금 우리 주변에서 여전히 숨쉬고 있다. 우리와 늘 만나고 우리와 늘 교류한다. 우리에게 감동과 정보를 주기도 하고, 때로는 이 시대의 사람들과 갈등을 겪기도 한다. 그렇기에 국보를 둘러싼 현장은 늘 역동적이다. 살아있는 역사라 할 수 있다. 문화재는 그 스스로 숨쉬면서 이 시대와 교류하기에, 우리는 그에 어울리는 시선으로 국보를 바라볼 필요가 있다.

① (가) – (나) – (라) – (다)
② (가) – (다) – (나) – (라)
③ (다) – (가) – (나) – (라)
④ (다) – (나) – (가) – (라)

정답 및 해설

25 제시문은 문화재 가운데 가장 가치 있는 것으로 평가받는 국보에 대하여 설명하는 글이다. 따라서 (가) 문화재의 종류와 국보에 대한 설명 – (다) 국보의 선정 기준 – (나) 국보 선정 기준으로 선발된 문화재의 종류 – (라) 국보 선정 기준으로 선발된 문화재가 지니는 의미 순으로 나열하는 것이 적절하다.

25 ② 《정답

| 2024년

26

(가) 그런데 자연의 일양성은 선험적으로 알 수 있는 것이 아니라 경험에 기대어야 알 수 있는 것이다. 즉, '귀납이 정당한 추론이다.'라는 주장은 '자연은 일양적이다.'라는 다른 지식을 전제로 하는데, 그 지식은 다시 귀납에 의해 정당화되어야 하는 경험 지식이므로 귀납의 정당화는 순환 논리에 빠져 버린다는 것이다. 이것이 귀납의 정당화 문제이다.

(나) 귀납은 논리학에서 연역이 아닌 모든 추론, 즉 전제가 결론을 개연적으로 뒷받침하는 모든 추론을 가리킨다. 귀납은 기존의 정보나 관찰 증거 등을 근거로 새로운 사실을 추가하는 지식 확장적 특성을 지닌다.

(다) 이와 관련하여 흄은 과거의 경험을 근거로 미래를 예측하는 귀납이 정당한 추론이 되려면 미래의 세계가 과거에 우리가 경험해 온 세계와 동일하다는 자연의 일양성, 곧 한결같음이 가정되어야 한다고 보았다.

(라) 이 특성으로 인해 귀납은 근대 과학 발전의 방법적 토대가 되었지만, 한편으로 귀납 자체의 논리 한계를 지적하는 문제들에 부딪히기도 한다.

① (가) – (다) – (나) – (라)
② (나) – (다) – (가) – (라)
③ (나) – (다) – (라) – (가)
④ (나) – (라) – (다) – (가)

| 2021년

27

(가) 우리가 선택해야 할 문제는 우주 개발을 어떻게 해야 할 것인가이다.

(나) 인류가 의식을 갖게 되면서부터 우주를 꿈꾸어 왔다는 증거는 세계 여러 민족의 창세신화에서 발견된다.

(다) 이제 인류는 우주의 시초를 밝히게 되었고, 우주의 끄트머리를 바라볼 수 있게 되었으며, 우주 공간에 인류의 거주지를 만들 수 있게 되었다.

(라) 그리고 그 결과가 오늘날의 우주 개발이라는 현실로 다가온 것이다.

(마) 그러므로 우주 개발을 해야 할 것이냐 말아야 할 것이냐는 이제 문제의 핵심이 아니다.

(바) 우주를 개발하려는 시도가 최근에 등장한 것은 아니다.

① (나) – (다) – (마) – (가) – (바) – (라)
② (나) – (마) – (가) – (다) – (바) – (라)
③ (바) – (나) – (라) – (다) – (마) – (가)
④ (바) – (나) – (마) – (가) – (라) – (다)

정답 및 해설

26 제시문은 귀납과 관련하여 설명하고 있는 것으로, 먼저 귀납이 무엇인지 설명하고 있는 (나) 문단이 온다. 다음으로 그러한 특성으로 인해 귀납의 논리적 한계가 나타난다는 (라) 문단이 오며, 이후 이러한 한계에 대한 흄의 의견인 (다) 문단과 이에 따라 귀납의 정당화 문제에 대해 설명하는 (가) 문단이 차례로 오는 것이 적절하다. 따라서 (나) – (라) – (다) – (가) 순으로 나열하는 것이 적절하다.

27 (바)에서 언급한 내용의 근거로 (나)의 세계 여러 민족의 창세신화를 들고 있으며, (라)에서 순접 기능의 접속어 '그리고'를 매개로 우주에 대한 꿈이 현실이 되었다고 서술한 후, (다)에서 (라)의 언급한 내용을 구체화하고 있다. 다음으로, (마)에서 인과 기능의 접속어 '그러므로'를 매개로 이제 우주 개발의 여부가 문제의 핵심이 아니라고 하면서 (가)로 이어지며 우주 개발의 방법이 핵심이라고 주장하고 있다. 따라서 (바) – (나) – (라) – (다) – (마) – (가) 순으로 나열하는 것이 적절하다.

26 ④ 27 ③ 정답

※ 다음 글의 내용으로 적절하지 않은 것을 고르시오. [28~30]

| 2025년

28

> 많은 사람들은 소비에 대한 경제적 결정을 내리기 전에 가격과 품질을 고려한다. 하지만 이러한 결정은 때로는 소비자가 인식하지 못한 다른 요소에 의해 영향을 받는다. 바로 마케팅과 광고의 효과이다. 광고는 제품이나 서비스에 대한 정보를 전달하는 데 사용되는 매개체로 소비자의 구매 결정에 큰 영향을 준다.
> 마케팅 회사들은 광고를 통해 제품을 매력적으로 보이도록 디자인하고, 소비자들이 해당 제품을 원하도록 만들어 여러 가지 특징들을 강조한다. 예를 들어 소비자가 직면한 문제에 대해 자사의 제품이 효과적인 해결책이라고 제시하거나, 유니크한 디자인, 고급 소재 등을 사용한다고 강조하는 것이다. 이렇게 광고는 소비자들에게 제품에 대한 긍정적인 이미지를 형성하게 하여 구매 욕구를 자극해 제품의 판매량을 증가시키는 데 도움이 된다.
> 그러므로 현명한 소비를 하기 위해서는 광고에 의해 형성된 이미지에 속지 않고, 실제 제품의 가치와 품질을 충분히 검토해야 한다. 소비를 함에 있어 광고에만 의존한다면 실제로는 자신에게 필요하지 않은 제품이나 서비스를 마치 꼭 필요한 것처럼 착각하여 제품이나 서비스를 구매하게 될 수도 있다. 따라서 경제적인 결정을 내리기 전에 광고 외에도 가격, 품질, 필요성 등 다양한 요소를 종합적으로 고려해야 한다.

① 판매자는 광고를 통해 자사 제품의 긍정적인 이미지를 만들어 낼 수 있다.
② 광고는 현명한 소비를 함에 있어서 도움이 되지 않는다.
③ 제품을 구입할 때 자신에게 꼭 필요한 물건인지 파악하는 것은 현명하게 소비하는 것이다.
④ 광고는 소비자의 구매 결정에 큰 영향을 준다.

정답 및 해설

28 광고는 해당 제품이 가진 여러 가지 정보를 담고 있다. 따라서 현명한 소비를 하기 위해서 광고에 의존해서는 안 되지만, 기본적인 정보 습득에 있어 전혀 도움이 되지 않는 것은 아니다.

오답분석

① 광고는 제품에 대한 긍정적인 이미지를 형성하여 소비자의 구매 욕구를 자극한다.
③ 현명한 소비를 하기 위해서는 광고에 의해 형성된 이미지에 속지 않고, 가격, 품질, 필요성 등 다양한 요소를 종합적으로 고려해야 한다.
④ 광고는 제품이나 서비스에 대한 정보를 전달하는 데 사용되는 매개체로 소비자의 구매 결정에 큰 영향을 준다.

28 ② 정답

| 2024년

29

> 프로이트는 정신병 환자를 치료하는 과정에서 다른 결론에 다다랐다. 인간은 자기 자신을 결코 완벽하게 통제할 수 없다는 것이다. 도덕적 양심조차 통제의 장치로는 충분하지 못하다. 프로이트는 인간 심리의 다른 영역, 즉 무의식이 인간을 조종한다고 보았다. 무의식은 인간의 의식과 행위를 결정하는 중심 토대였다. 이로써 모든 확실한 인식은 의식에서 출발한다고 생각했던 전통 철학은 위기를 맞게 되었다.

① 전통 철학에서는 도덕적 양심도 의식에서 출발한다고 설정하였다.
② 인간의 도덕적 양심은 무의식에서부터 자유롭지 못하다.
③ 인간은 확실한 인식을 통하여 무의식을 통제할 수 있다.
④ 프로이트는 인간의 의식에 대한 새로운 이해 방식을 제공하였다.

| 2021년

30

> 현재의 특허법은 생명체나 생명체의 일부분이라도 그것이 인위적으로 분리·확인된 것이라면 발명으로 간주하고 있다. 따라서 유전자도 자연으로부터 분리·정제되어 이용 가능한 상태가 된다면 화학 물질이나 미생물과 마찬가지로 특허의 대상으로 인정된다. 그러나 유전자 특허 반대론자들은 생명체 진화 과정에서 형성된 유전자를 분리하고 그 기능을 확인했다는 이유만으로 독점적 소유권을 인정하는 일은 마치 한마을에서 수십 년 동안 함께 사용해 온 우물물의 독특한 성분을 확인했다는 이유로 특정한 개인에게 독점권을 준다는 논리만큼 부당하다고 주장한다.

① 현재의 특허법은 자연 자체에 대해서도 소유권을 인정한다.
② 유전자 특허 반대론자는 비유를 이용하여 주장을 펼치고 있다.
③ 유전자 특허 반대론자에 따르면 유전자는 특허의 대상이 아니다.
④ 현재의 특허법은 대상보다는 특허권 신청자의 인위적 행위의 결과에 중점을 둔다.

정답 및 해설

29 프로이트는 무의식이 인간을 조종한다고 보았으므로 ③은 적절하지 않다.

30 제시문의 첫 번째 문장에 따르면 현재의 특허법은 생명체나 생명체의 일부분이 인위적으로 분리·확인된 것을 발명으로 간주하는 것을 알 수 있다.

29 ③ 30 ① 《정답

| 2025년

31 다음 글의 빈칸에 들어갈 내용으로 적절하지 않은 것은?

> 어머니의 사랑은 본질적으로 무조건적이다. 어머니가 갓난애를 사랑하는 것은 이 애가 어떤 특수한 조건을 만족시켜 주었거나 특별한 기대를 충족시켜 주었기 때문이 아니라, 이 애가 그녀의 애이기 때문이다. 반면에 아버지의 사랑은 조건이 있는 사랑이다.
> 아버지의 사랑의 원칙은 "________________, 나는 너를 사랑한다."는 것이다.
> 어린애에 대한 어머니와 아버지의 태도는 어린애 자신의 욕구와 일치한다. 갓난애는 정신적으로나 육체적으로나 어머니의 무조건적 사랑과 보호를 요구한다. 6세 이후의 어린애는 아버지의 사랑, 아버지의 권위와 지도를 요구하기 시작한다. 어머니의 사랑은 어린애의 생명을 안전하게 하는 기능을 하고, 아버지의 사랑은 이 어린애가 태어난 특수 사회가 직면하게 하는 문제들을 처리하도록 어린애를 가르치고 지도하는 기능을 하고 있다.

① 너는 장래성이 있기 때문에　　② 너는 내 아이로 태어났기 때문에
③ 너는 네 의무를 다하고 있기 때문에　　④ 너는 나의 기대를 충족시켜 주기 때문에

| 2022년

32 다음 글의 빈칸에 들어갈 내용으로 가장 적절한 것은?

> 현대인들이 부족한 잠으로 인해 만성 피로를 겪고 있다. 성인 평균 권장 수면시간은 7 ~ 8시간이지만, 이를 지키는 이들은 우리나라 성인 기준 단 4%에 불과하다. 국가별 일평균 수면시간 조사에 따르면, 한국인의 하루 평균 수면시간은 7시간 41분으로 OECD 18개 회원국 중 최하위를 기록했다. 또한, 직장인의 수면시간은 이보다도 짧은 6시간 6분, 권장 수면시간에 2시간 가까이 부족한 수면시간으로 현대인 대부분이 수면 부족에 시달린다 해도 과언이 아닐 정도이다.
> 수면시간 총량이 적은 것도 문제지만 더 심각한 점은 ________________ 즉 수면의 질 또한 높지 않다는 것이다. 수면장애 환자는 '단순히 일이 많아서', 또는 '잠버릇 때문에' 발생한 일시적인 가벼운 증상 정도로 여기는 사회적 분위기를 고려하면 실제 더 많을 것으로 추정된다. 특히 대표적인 수면장애인 '수면무호흡증'은 피로감·불안감·우울감은 물론 고혈압·당뇨병과 심혈관질환·뇌졸중까지 다양한 합병증을 유발할 수 있다는 점에서 진단과 치료가 요구된다.

① '어떻게 잘 잤는지'이다.　　② '언제 잠을 잤는지'이다.
③ '어디서 잠을 잤는지'이다.　　④ '얼마만큼 많이 잤는지'이다.

정답 및 해설

31 빈칸은 아버지의 사랑에 대한 것이다. 아버지의 사랑은 조건이 있고, 어린애를 가르치고 지도하는 기능이 있는 반면에, 어머니의 사랑은 무조건적이며 어린애의 생명을 안전하게 하는 기능을 한다. 따라서 '너는 내 아이로 태어났기 때문에'는 '무조건적인 사랑'인 어머니의 사랑이므로 빈칸에 들어갈 내용으로 적절하지 않다.

32 빈칸의 뒷부분에서는 수면장애가 다양한 합병증을 유발할 수 있다는 점을 언급하며 낮은 수면의 질이 문제가 되고 있음을 설명하고 있다. 따라서 빈칸에 들어갈 내용으로 수면의 질과 관련된 '어떻게 잘 잤는지'가 가장 적절하다.

31 ② 32 ① 정답

33 다음 글의 제목으로 가장 적절한 것은?

> 주식 투자를 하는 대부분의 목적은 자산을 증식하는 것이지만, 항상 이익을 낼 수는 없으며 이익에 대한 기대에는 언제나 손해에 따른 위험이 동반된다. 이러한 위험을 줄이기 위해 일반적으로 투자자는 포트폴리오를 구성하는데, 이때 전반적인 시장상황에 상관없이 나타나는 위험인 '비체계적 위험'과 시장 상황에 연관되어 나타나는 위험인 '체계적 위험' 두 가지를 동시에 고려해야 한다.
> 비체계적 위험이란 종업원의 파업, 경영 실패, 판매의 부진 등 개별 기업의 특수한 상황과 관련이 있는 것으로 '기업 고유 위험'이라고도 한다. 기업의 특수 사정으로 인한 위험은 예측하기 어려운 상황에서 돌발적으로 일어날 수 있는 것들로, 여러 주식에 분산 투자함으로써 제거할 수 있다. 반면에 체계적 위험은 시장의 전반적인 상황과 관련한 것으로, 예를 들면 경기 변동, 인플레이션, 이자율의 변화, 정치 사회적 환경 등 여러 기업들에 공통으로 영향을 주는 요인들에 기인한다. 체계적 위험은 주식 시장 전반에 관한 위험이기 때문에 비체계적 위험에 대응하는 분산투자의 방법으로도 감소시킬 수 없으므로 '분산 불능 위험'이라고도 한다.
> 그렇다면 체계적 위험에 대응할 방법은 없을까? '베타 계수'를 활용한 포트폴리오 구성으로 투자자는 체계적 위험에 대응할 수 있다. 베타 계수란 주식 시장 전체의 수익률 변동이 발생했을 때 이에 대해 개별 기업의 주가 수익률이 얼마나 민감하게 반응하는가를 측정하는 계수로, 종합주가지수의 수익률이 1% 변할 때 개별 주식의 수익률이 얼마나 변하는가를 나타내며, 수익률의 민감도로 설명할 수 있다. 따라서 투자자는 주식시장이 호황에 진입할 경우 베타 계수가 큰 종목의 투자 비율을 높이지만 불황이 예상되는 경우에는 베타 계수가 작은 종목의 투자 비율을 높여 위험을 최소화할 수 있다.

① 비체계적 위험과 체계적 위험의 사례 분석
② 비체계적 위험을 활용한 경기 변동의 예측 방법
③ 비체계적 위험과 체계적 위험을 고려한 투자 전략
④ 종합주가지수 변동에 민감한 비체계적 위험의 중요성

정답 및 해설

33 제시문은 첫 번째 문단에서 비체계적 위험과 체계적 위험을 나누어 살핀 후 두 번째 문단에서는 비체계적 위험 아래에서의 투자 전략과 체계적 위험 아래에서의 투자 전략을 제시하고 있다. 그리고 세 번째 문단에서는 베타 계수를 활용하여 체계적 위험에 대응하는 내용이 전개되고 있다. 따라서 글의 제목으로 가장 적절한 것은 '비체계적 위험과 체계적 위험을 고려한 투자 전략'이다.

33 ③ 《정답

03 패턴이해

※ 다음 제시된 문자와 같은 것의 개수를 구하시오. **[1~8]**

| 2025년

01

0.58

0.75	0.24	0.58	0.18	0.67	0.28	0.56	0.48	0.62	0.53	0.82	0.58
0.18	0.48	0.11	0.53	0.49	0.58	0.98	0.82	0.71	0.58	0.64	0.82
0.51	0.85	0.51	0.53	0.82	0.38	0.68	0.18	0.26	0.49	0.45	0.27
0.58	0.61	0.79	0.82	0.38	0.53	0.49	0.58	0.48	0.28	0.14	0.53

① 2개 ② 3개
③ 5개 ④ 6개

| 2025년

02

FX

FX	PB	FP	FD	FO	FP	PX	FX	FO	FP
FB	PX	FX	FB	PB	PX	PB	FD	PB	FB
FP	FB	FP	FD	PX	FX	FB	FP	PX	FX

① 5개 ② 6개
③ 7개 ④ 8개

정답 및 해설

01

0.75	0.24	0.58	0.18	0.67	0.28	0.56	0.48	0.62	0.53	0.82	0.58
0.18	0.48	0.11	0.53	0.49	0.58	0.98	0.82	0.71	0.58	0.64	0.82
0.51	0.85	0.51	0.53	0.82	0.38	0.68	0.18	0.26	0.49	0.45	0.27
0.58	0.61	0.79	0.82	0.38	0.53	0.49	0.58	0.48	0.28	0.14	0.53

02

FX	PB	FP	FD	FO	FP	PX	FX	FO	FP
FB	PX	FX	FB	PB	PX	PB	FD	PB	FB
FP	FB	FP	FD	PX	FX	FB	FP	PX	FX

01 ④ 02 ① 정답

03 | 2024년

ぎ

ぎ	ぎ	き	し	ち	し	ぢ	じ	き	ぢ	ぎ	じ
ち	し	ぢ	き	じ	し	ぎ	し	じ	し	き	し
し	じ	き	ぎ	じ	ぢ	ぎ	き	じ	き	ぢ	ぎ
ぎ	き	じ	し	ち	ぎ	き	ぢ	ぎ	ぢ	し	き

① 8개
② 9개
③ 10개
④ 11개

04 | 2024년

farm

film	face	film	fast	farm	fall	fail	face	fast	fall	face	farm
fast	fail	fall	face	film	fast	farm	fella	film	film	fall	fail
face	film	farm	fella	fail	face	fast	farm	fella	fail	fast	film
fail	fall	fella	farm	face	film	fall	fella	face	fella	farm	farm

① 8개
② 9개
③ 10개
④ 11개

정답 및 해설

03

ぎ	**ぎ**	き	し	ち	し	ぢ	じ	き	ぢ	**ぎ**	じ
ち	し	ぢ	き	じ	し	**ぎ**	し	じ	し	き	し
し	じ	き	**ぎ**	じ	ぢ	**ぎ**	き	じ	き	ぢ	**ぎ**
ぎ	き	じ	し	ち	**ぎ**	き	ぢ	**ぎ**	ぢ	し	き

04

film	face	film	fast	**farm**	fall	fail	face	fast	fall	face	**farm**
fast	fail	fall	face	film	fast	**farm**	fella	film	film	fall	fail
face	film	**farm**	fella	fail	face	fast	**farm**	fella	fail	fast	film
fail	fall	fella	**farm**	face	film	fall	fella	face	fella	**farm**	**farm**

03 ③ 04 ① 정답

| 2023년

05

샤프

사프	사포	사브	샤프	사포	서프	셰프	사포	샤프	사브	샤파	사프
사포	시프	사프	사피	수프	샤파	스프	소포	소프	사포	사포	서프
소프	셰프	스프	사프	샤파	시프	서프	스프	사브	사프	시프	샤프
샤프	서프	시프	스프	사피	사브	사피	수프	사포	수프	셰프	소프

① 1개　　② 2개
③ 3개　　④ 4개

| 2023년

06

置

値	苴	置	直	道	置	罟	栢	値	罟	偱	直
直	道	栢	値	値	百	冑	百	筐	置	直	道
冑	偱	罟	冑	筐	置	苴	直	値	道	筐	罟
道	置	栢	百	罟	偱	筐	冑	栢	百	冑	置

① 4개　　② 5개
③ 6개　　④ 7개

정답 및 해설

05

사프	사포	사브	샤프	사포	서프	셰프	사포	샤프	사브	샤파	사프
사포	시프	사프	사피	수프	샤파	스프	소포	소프	사포	사포	서프
소프	셰프	스프	사프	샤파	시프	서프	스프	사브	사프	시프	샤프
샤프	서프	시프	스프	사피	사브	사피	수프	사포	수프	셰프	소프

06

値	苴	置	直	道	置	罟	栢	値	罟	偱	直
直	道	栢	値	値	百	冑	百	筐	置	直	道
冑	偱	罟	冑	筐	置	苴	直	値	道	筐	罟
道	置	栢	百	罟	偱	筐	冑	栢	百	冑	置

05 ④　**06** ③ 정답

07 | 2022년

⇦

⇧	♡	◇	⇨	⇩	☆	⇨	△	♡	⇔	♡	⇧
△	⇨	⇦	☆	♡	⇨	♤	⇧	⇩	◇	⇨	⇩
⇦	♤	☆	♡	⇧	⇩	◇	♡	☆	⇦	△	⇔
⇔	⇩	⇔	△	♡	◇	⇩	⇔	⇨	♡	⇩	☆

① 1개 ② 2개
③ 3개 ④ 4개

08 | 2021년

keT

kEt	koT	ket	keT	keI	KeI	KET	KeT	keT	keI	keT	Ket
kOT	keT	kel	ket	KET	Kei	keT	koT	KeT	kET	ksT	koT
KeT	kEt	keT	KeI	keI	ket	EeT	kET	keT	kOT	Ket	koI
ket	keI	kET	keT	Ket	kET	kel	ket	KET	kei	keP	KET

① 5개 ② 6개
③ 7개 ④ 8개

정답 및 해설

07

⇧	♡	◇	⇨	⇩	☆	⇨	△	♡	⇔	♡	⇧
△	⇨	**⇦**	☆	♡	⇨	♤	⇧	⇩	◇	⇨	⇩
⇦	♤	☆	♡	⇧	⇩	◇	♡	☆	**⇦**	△	⇔
⇔	⇩	⇔	△	♡	◇	⇩	⇔	⇨	♡	⇩	☆

08

kEt	koT	ket	**keT**	keI	KeI	KET	KeT	**keT**	keI	**keT**	Ket
kOT	**keT**	kel	ket	KET	Kei	**keT**	koT	KeT	kET	ksT	koT
KeT	kEt	**keT**	KeI	keI	ket	EeT	kET	**keT**	kOT	Ket	koI
ket	keI	kET	**keT**	Ket	kET	kel	ket	KET	kei	keP	KET

07 ③ 08 ④ 정답

※ 다음 표에 제시되지 않은 문자를 고르시오. [9~10]

| 2022년

09

sorry	soil	single	sell	sick	salt	sin	sunny	song	sink
sail	spray	same	switch	swim	size	seek	seize	select	safe
same	sunny	swim	sail	sorry	switch	soil	seek	seize	sin
salt	size	safe	select	spray	song	single	sink	sick	sell

① sick
② seem
③ sunny
④ swim

| 2021년

10

콩	쿵	칸	쿡	쿨	콘	키	캔	켐	캳	콜	켠
켸	캥	퀘	쾌	쾨	쾡	쿳	캅	쿤	캘	컵	쿵
퀘	콜	쿤	컵	캘	칸	켐	쿨	키	캅	쾨	캳
쿵	캥	콘	켸	콩	쾌	쿡	쾡	쿰	켠	캔	쿳

① 켐
② 캡
③ 켸
④ 쿡

정답 및 해설

09

sorry	soil	single	sell	sick	salt	sin	sunny	song	sink
sail	spray	same	switch	swim	size	seek	seize	select	safe
same	sunny	swim	sail	sorry	switch	soil	seek	seize	sin
salt	size	safe	select	spray	song	single	sink	sick	sell

10

콩	쿵	칸	쿡	쿨	콘	키	캔	켐	캳	콜	켠
켸	캥	퀘	쾌	쾨	쾡	쿳	캅	쿤	캘	컵	쿵
퀘	콜	쿤	컵	캘	칸	켐	쿨	키	캅	쾨	캳
쿵	캥	콘	켸	콩	쾌	쿡	쾡	쿰	켠	캔	쿳

09 ② 10 ② 정답

| 2021년

11 다음 중 제시된 문자의 배열에서 찾을 수 없는 것은?

GVnVkOEbLUArTQyu

① b ② s
③ n ④ r

※ 다음 제시된 문자 또는 숫자와 같은 것을 고르시오. [12~13]

| 2025년

12

1⑤89③②47③①2

① 1⑤89③②473①2 ② 1⑤69③②47③①2
③ 1⑤89③②④7③①2 ④ 1⑤89③②47③①2

| 2023년

13

Violin Sonata BB.124-Ⅲ

① Violin Sonata BB.124-Ⅲ ② Violin Sonota BB.124-Ⅲ
③ Violin Sonata BB.124-Ⅱ ④ Violin Sonata BP.124-Ⅲ

정답 및 해설

11 GVnVkOEbLUArTQyu

12 오답분석

① 1⑤89③②473①2
② 1⑤69③②47③①2
③ 1⑤89③②④7③①2

13 오답분석

② Violin Sonota BB.124-Ⅲ
③ Violin Sonata BB.124-Ⅱ
④ Violin Sonata BP.124-Ⅲ

11 ② 12 ④ 13 ① 《정답

※ 다음 중 제시된 도형과 같은 것을 고르시오(단, 도형은 회전이 가능하다). **[14~17]**

| 2025년

14

① 

② 

③ 

④ 

정답 및 해설

14 제시된 도형을 180° 회전한 것이다.

14 ① 《정답

15

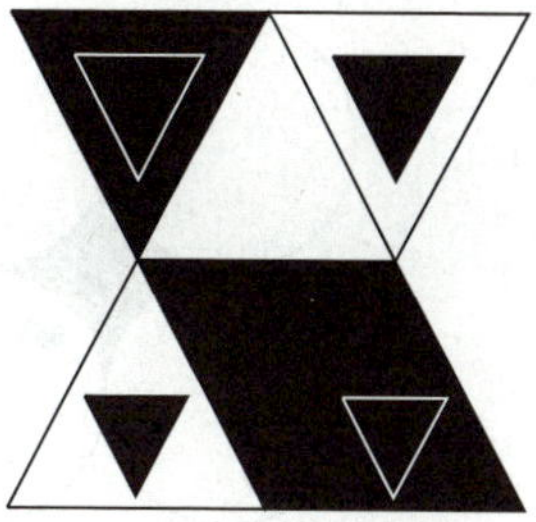

① 

② 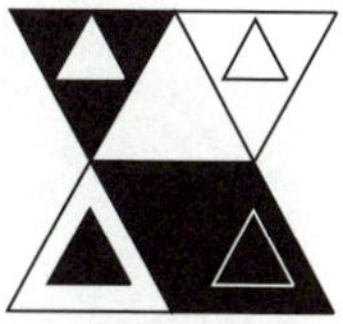

③ 

④ 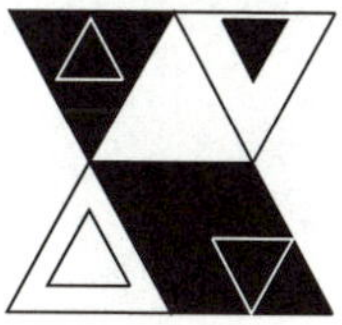

정답 및 해설

15 제시된 도형을 180° 회전한 것이다.

15 ① 정답

16

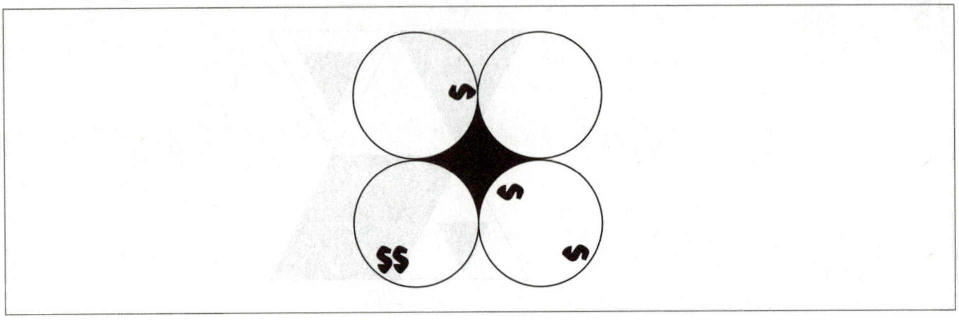

① 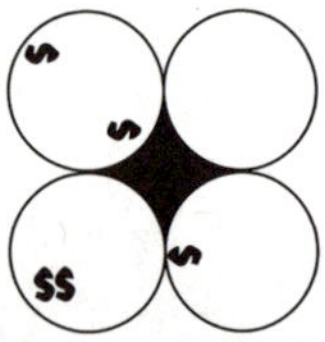

② 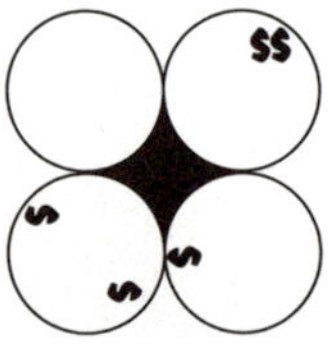

③ 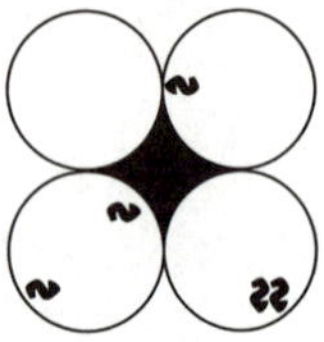

④ 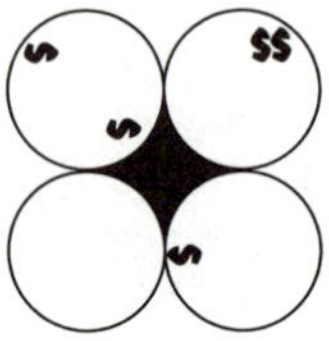

정답 및 해설

16 제시된 도형을 180° 회전한 것이다.

16 ④ 정답

17

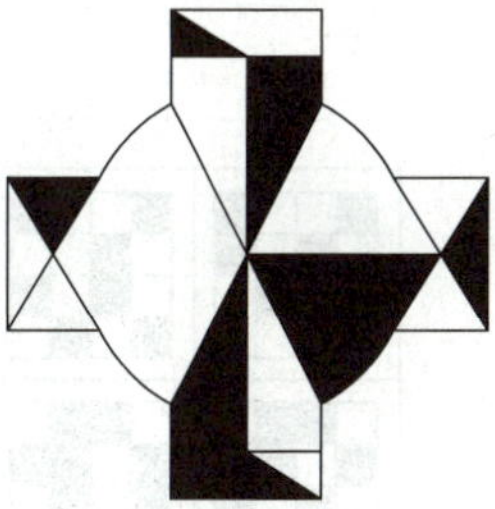

①

②

③

④

정답 및 해설

17 제시된 도형을 시계 방향으로 90° 회전한 것이다.

17 ④ 《정답

※ 다음 중 물음표에 들어갈 도형으로 적절한 것을 고르시오. [18~21]

| 2025년

18

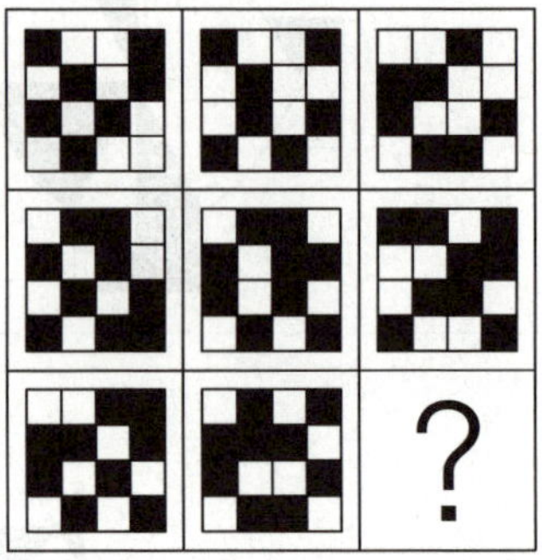

① 

② 

③ 

④ 

정답 및 해설

18 규칙은 세로로 적용된다.
첫 번째 도형을 색 반전한 것이 두 번째 도형이고, 이를 시계 방향으로 270° 회전한 것이 세 번째 도형이다.

18 ④ 《정답

19

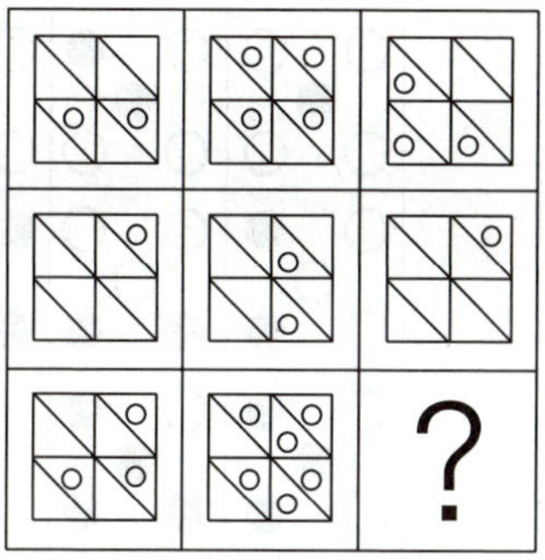

① 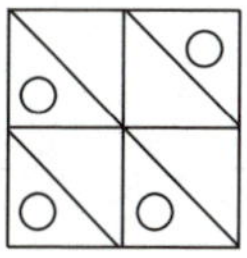

② 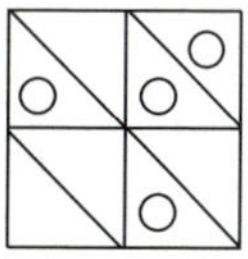

③ 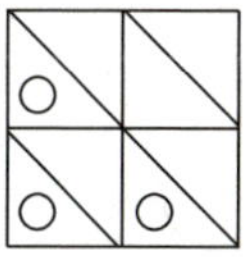

④ 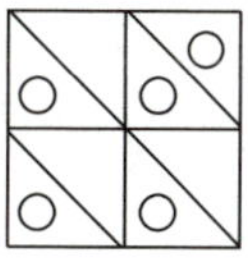

정답 및 해설

19 규칙은 세로로 적용된다.
첫 번째 도형과 두 번째 도형을 겹치면 세 번째 도형이 된다.

19 ① 《정답

| 2022년

20

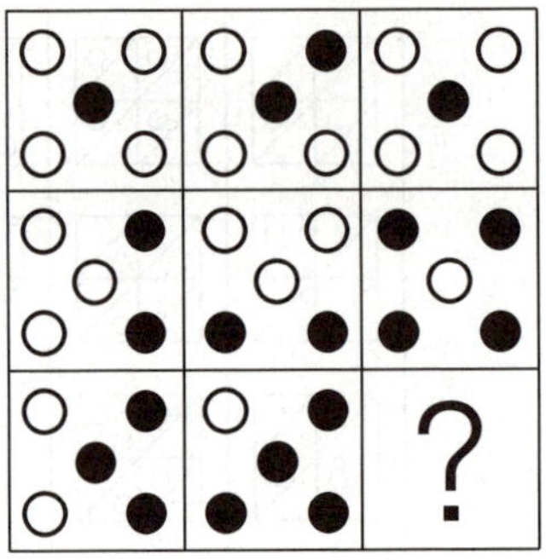

① 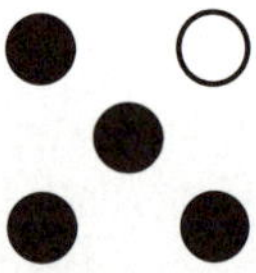

② 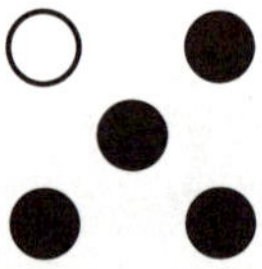

③ 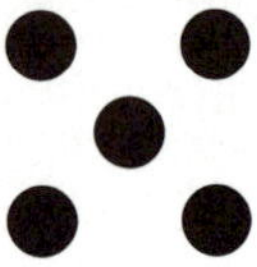

④ 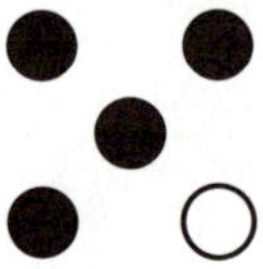

정답 및 해설

20 규칙은 세로로 적용된다.
첫 번째 도형과 두 번째 도형을 겹치면 세 번째 도형이 된다.

20 ③ 《정답

21

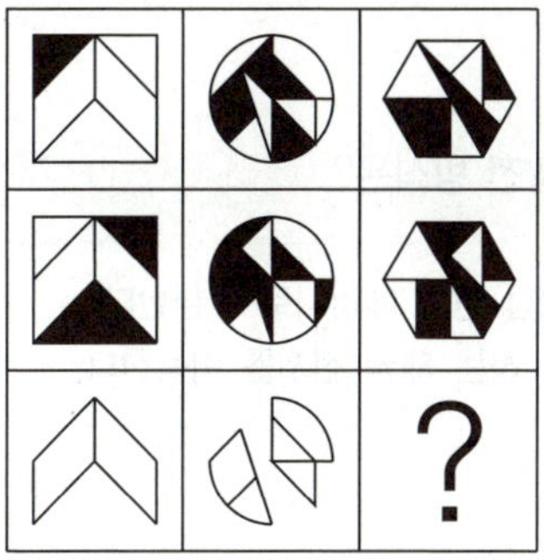

① 

② 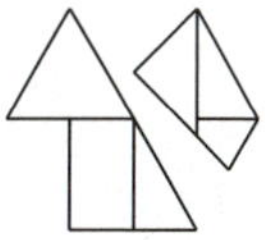

③ 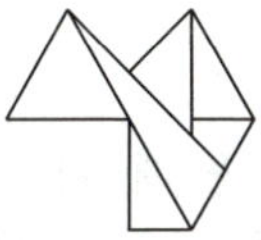

④ 

정답 및 해설

21 규칙은 세로로 적용된다.
첫 번째 도형과 두 번째 도형의 색이 같은 부분만을 남긴 도형이 세 번째 도형이다.

21 ④ 정답

| 2025년

01 다음 설명에 해당하는 발전 방식은?

• 태양의 빛에너지를 직접 전기 에너지로 전환한다.
• 광전 효과를 기반으로 하는 태양 전지를 이용한다.

① 조력 발전
② 풍력 발전
③ 원자력 발전
④ 태양광 발전

| 2025년

02 다음 그림 A～C와 같이 높이 h에서 가만히 놓은 공이 경사면을 따라 내려올 때, 지면에 도달하는 순간의 속력에 대한 설명으로 옳은 것은?(단, 공은 모두 동일하고, 모든 마찰은 무시한다)

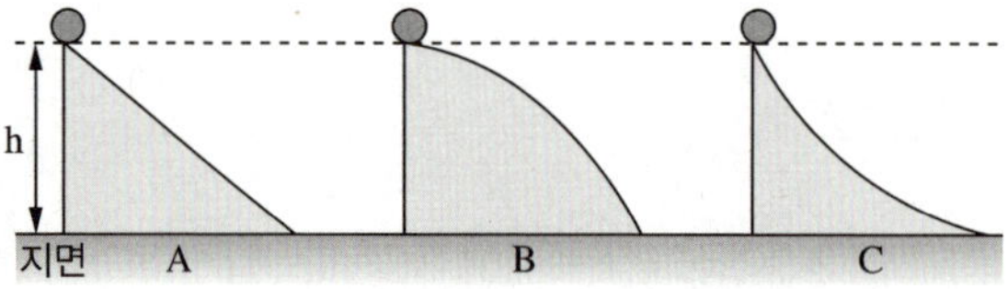

① A에서 가장 빠르다.
② B에서 가장 빠르다.
③ C에서 가장 빠르다.
④ 모두 같다.

정답 및 해설

01 태양광 발전은 발전기의 도움 없이 태양 전지를 이용하여 태양의 빛에너지를 직접 전기 에너지로 전환시키는 발전 방식이다. 태양광을 이용하면 고갈될 염려가 없고, 환경오염 물질을 배출하지 않아서 친환경 발전이라 할 수 있다.

02 모든 마찰과 저항을 무시할 경우 경사면과 상관없이 공이 지면에 도달하는 순간 속력은 모두 동일하다. 역학적에너지 보존 법칙(역학적에너지=위치에너지+운동에너지)에 따라 처음 출발할 때는 운동에너지가 0이고, 나중 지면에 도달한 순간은 위치에너지가 0이 된다(h=0m). 따라서 처음 위치에너지는 지면에 도달한 순간 모두 운동에너지로 전환되어 물체의 무게와 상관없이 같은 높이에서 속력이 같음을 알 수 있다.

01 ④ 02 ④ 정답

03 다음 그림과 같이 저항을 연결하였다. 〈보기〉의 설명 중 옳은 것을 모두 고르면?

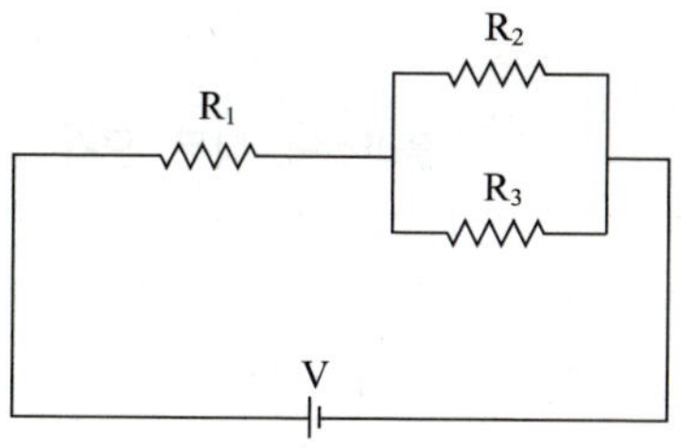

보기

가. R_1을 증가시키면 전체 합성저항은 증가한다.
나. R_2를 증가시키면 R_3에 흐르는 전류는 증가한다.
다. R_2를 증가시키면 R_1에 걸리는 전압은 감소한다.

① 가
② 가, 나
③ 가, 다
④ 가, 나, 다

정답 및 해설

03 R_2를 증가시키면 R_2에 흐르는 전류는 감소하고 반대로 R_3에 흐르는 전류는 증가하게 된다. R_2를 증가시키면 R_2와 R_3의 합성저항이 커지므로 전체 합성저항은 증가하고 R_1에 걸리는 전압은 감소하게 된다.

03 ④ 《정답

| 2025년

04 **다음 중 〈보기〉에 있는 물질의 단단함 정도와 구부러지는 정도의 순서가 옳은 것은?(단, 비교대상은 강화되지 않은 기본적인 물질이다)**

> **보기**
>
> 플라스틱, 나무, 금속, 고무

① 단단함 정도 : 금속 > 나무 > 플라스틱 > 고무
② 구부러지는 정도 : 고무 > 플라스틱 > 나무 > 금속
③ 단단함 정도 : 고무 > 플라스틱 > 금속 > 나무
④ 구부러지는 정도 : 플라스틱 > 고무 > 나무 > 금속

| 2024년

05 **수도꼭지에서 물이 나오고 있을 때 대전된 물체를 가까이 대면 물이 대전된 물체가 있는 방향으로 휘어진다. 다음 중 이 현상에 대한 설명으로 옳지 않은 것은?**

① 물은 극성을 띤다.
② 극성 분자는 전기적 성질을 가진다.
③ 극성 분자는 무극성 용매에 잘 용해된다.
④ 극성 분자에는 염화수소, 암모니아 등이 있다.

정답 및 해설

04 • 단단함 정도 : 금속 > 플라스틱 > 나무 > 고무
• 구부러지는 정도 : 고무 > 플라스틱 > 나무 > 금속

05 극성 분자는 극성 용매에 잘 용해되고, 무극성 분자는 무극성 용매에 잘 용해된다.

04 ② 05 ③ 정답

| 2024년

06 다음 그림은 마찰이 없는 수평면에서 크기가 다른 두 힘이 한 물체에 작용하고 있는 것을 나타낸 것이다. 이 물체의 가속도 크기는?

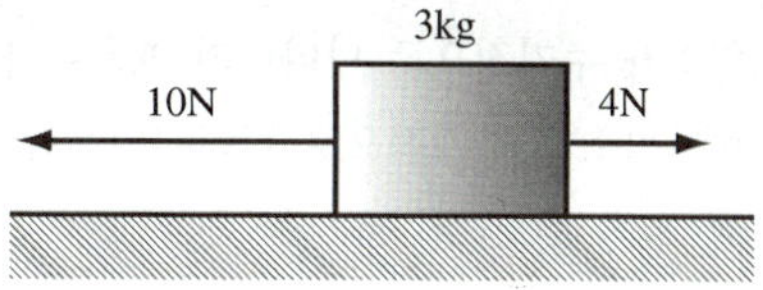

① $1m/s^2$ ② $2m/s^2$
③ $3m/s^2$ ④ $4m/s^2$

| 2023년

07 다음 설명에 해당하는 현상은?

- 물질이 산소와 결합하는 것이다.
- 나무가 타는 것, 철이 녹스는 것 등이 이에 해당한다.

① 산화 ② 환원
③ 핵분열 ④ 핵융합

정답 및 해설

06 서로 반대되는 힘의 합력은 다음과 같다.
$-10+4=-6N$(단, $-$는 힘의 방향을 뜻한다)
뉴턴의 운동 제2법칙(가속도의 법칙)에 따르면 $F=m\times a$이다.
$\therefore\ a=\frac{F}{m}=\frac{6}{3}=2m/s^2$
따라서 물체의 가속도 크기는 $2m/s^2$이다.

07 산소를 얻거나 수소를 잃는 현상을 산화라고 하며, 산소와 결합한 물질이 타거나 녹이 스는 것 등이 이에 해당한다.

오답분석
② 환원 : 산화의 반대로 산소를 잃거나 수소를 얻는 현상
③ 핵분열 : 질량수가 크고 무거운 원자핵이 다량의 에너지를 방출하고 같은 정도의 둘 이상의 핵으로 분열하는 현상
④ 핵융합 : 높은 온도와 압력 하에서 두 가벼운 원소가 충돌해 하나의 무거운 핵으로 변하면서 많은 에너지가 방출되는 현상

06 ② 07 ① 《정답

| 2023년

08 다음 중 원소의 주기율의 원인이 되는 것은?

① 원자의 크기가 주기적으로 변하기 때문이다.
② 원자량이 주기적으로 변하기 때문이다.
③ 양성자 수가 같은 원소가 주기적으로 나타나기 때문이다.
④ 최외각 전자수가 같은 원소가 주기적으로 나타나기 때문이다.

| 2022년

09 다음 설명에 해당하는 물질은?

- 이 물질의 고체 상태는 드라이아이스이다.
- 탄소 원자 1개와 산소 원자 2개가 결합된 물질이다.

① 수소 ② 오존
③ 이산화탄소 ④ 폴리에틸렌

정답 및 해설

08 같은 족의 원자는 같은 수의 최외각 전자수를 갖는다.

09 탄소 원자 1개와 산소 원자 2개가 결합된 물질인 이산화탄소를 단열 팽창하여 얻은 고체를 드라이아이스라 하고, 이는 냉동제로 사용된다.

오답분석

②·④ 오존은 산소 원자 3개, 폴리에틸렌은 수소 원자 4개와 탄소 원자 2개로 결합된 물질이다.

08 ④ 09 ③ 정답

| 2022년

10 다음 그림은 수소 원자와 염소 원자의 결합 과정을 모형으로 나타낸 것이다. 이 과정에서 나온 생성물에 대한 〈보기〉의 설명 중 옳은 것을 모두 고르면?

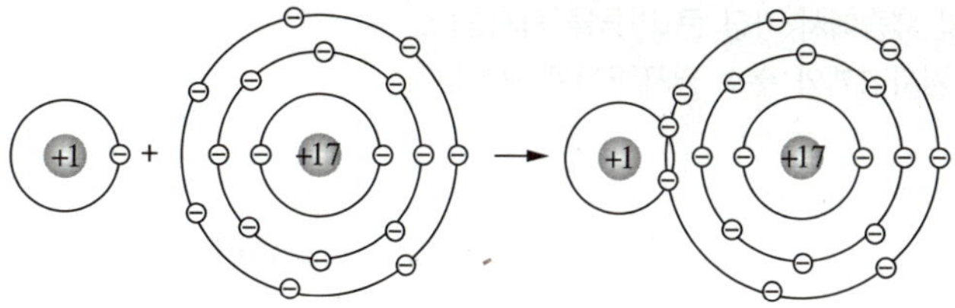

보기

㉠ 이온 결합 물질이다.
㉡ 공유 전자쌍은 3개이다.
㉢ 단일 결합을 가지고 있다.

① ㉠　　② ㉡
③ ㉢　　④ ㉠, ㉡

정답 및 해설

10 수소 원자와 염소 원자는 비금속 원소이므로 공유 결합을 통해 분자를 생성한다. 이때 옥텟 규칙을 만족시키기 위해 최외각 전자를 각각 1개씩 공유하여 단일 결합을 형성한다. 이런 과정에서 생성된 염화수소에는 1개의 공유 전자쌍과 3개의 비공유 전자쌍이 있다.

10 ③ 정답

| 2021년

11 **다음 설명에 해당하는 물질은?**

> • 끓으면 수증기로 변한다.
> • 사람의 체중에서 가장 큰 비율을 차지한다.
> • 산소 원자 1개와 수소 원자 2개로 구성된다.

① 물 ② 염소
③ 헬륨 ④ 메테인

| 2021년

12 **다음 중 오늘날 사용되는 주기율표에서 원소들의 배열 순서를 결정하는 것은?**

① 원자 번호 ② 원자량
③ 질량수 ④ 중성자 수

정답 및 해설

11 물은 산소 원자 1개와 수소 원자 2개로 구성되어 있으며, 사람의 체중에서 가장 큰 비율을 차지하고, 끓으면 수증기로 변하는 성질을 가지고 있다.

12 주기율표는 원소를 원자 번호 순서대로 나열한 것이다.

11 ① 12 ① 정답

| 2021년

13 다음은 액체 혼합물을 분리하기 위한 장치이다. 이에 대한 설명으로 옳은 것은?

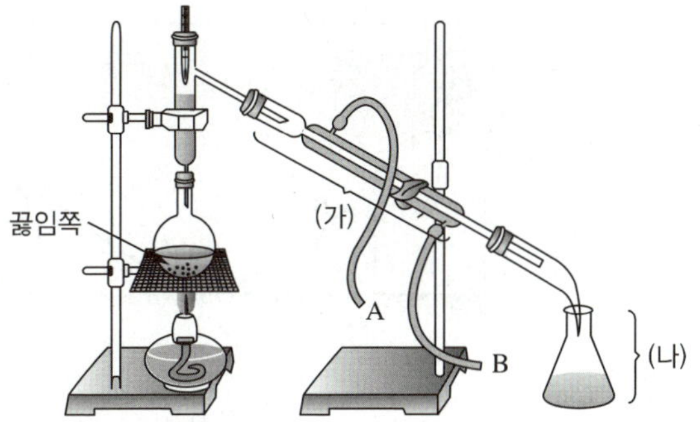

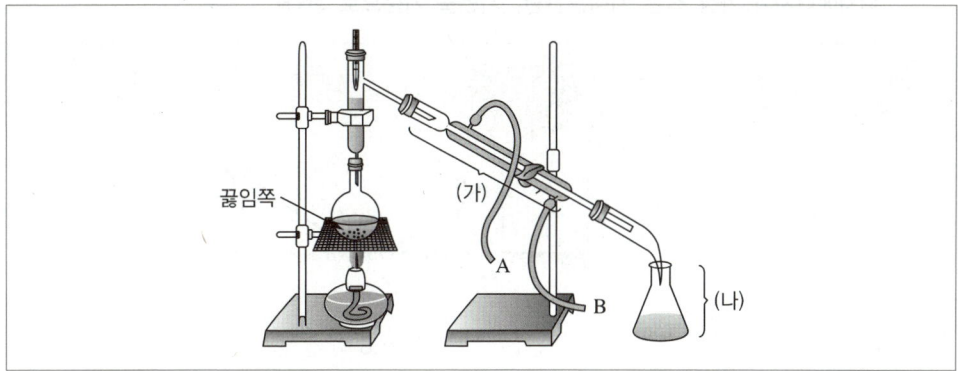

① 밀도 차이를 이용한 분리 방법이다.

② 기화된 물질은 (가)에서 액체로 변한다.

③ 찬물은 A로 들어가 B로 나오도록 장치한다.

④ 끓는점이 높은 물질이 먼저 분리되어 (나)에 모아진다.

정답 및 해설

13 오답분석

① 분별 증류는 액체 혼합물의 끓는점 차이를 이용하여 분리하는 방법이다.

③ (가)에서 냉각 효과를 높이려면 찬물은 B로 들어가 A로 나오도록 장치해야 한다.

④ 분별 증류 결과 끓는점이 낮은 물질이 먼저 분리되어 나온다.

13 ② 정답

| 2023년

14 다음 그림과 같이 쇠구슬이 A에서 D로 레일을 따라 굴러갈 때, A ~ D 중 중력에 의한 쇠구슬의 위치에너지가 가장 작은 지점은?(단, 지면을 기준으로 한다)

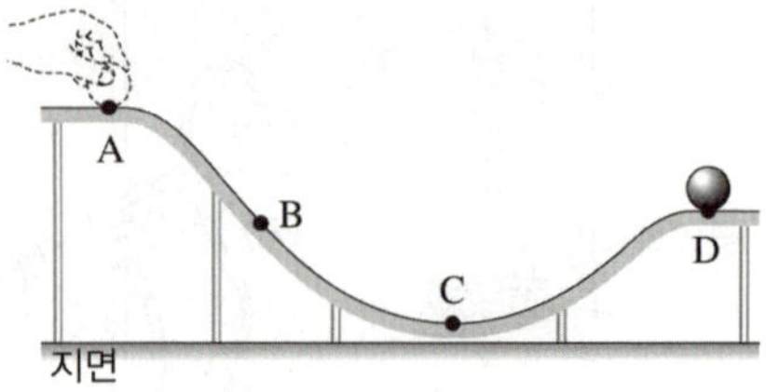

① A ② B
③ C ④ D

| 2021년

15 다음 그림은 건물 옥상에서 수평으로 던진 공의 운동 경로를 나타낸 것이다. A ~ C 세 지점에서 공의 운동에 대한 설명으로 옳은 것은?(단, 공기 저항은 무시한다)

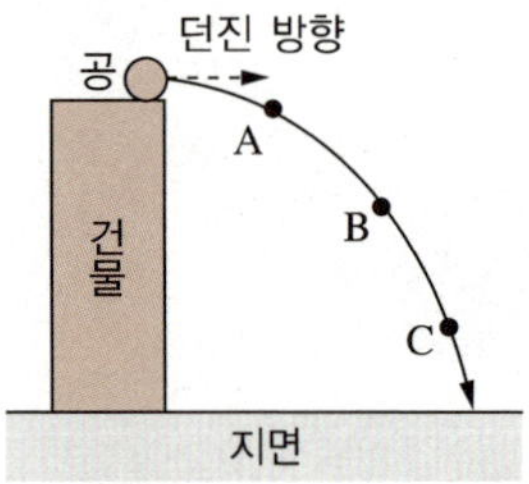

① 속도가 가장 빠른 지점은 A이다.
② 위치에너지가 가장 큰 지점은 B이다.
③ 운동에너지가 가장 작은 지점은 C이다.
④ 모든 지점에서 역학적에너지의 크기는 같다.

정답 및 해설

14 지구에서의 위치에너지는 지표면과 멀어질수록 증가한다.
따라서 위치에너지가 가장 작은 지점은 지면과 가장 가까이 있는 C지점이다.

15 건물 옥상에서 수평으로 던진 공은 위치에너지와 운동에너지가 계속 변화하지만 위치에너지와 운동에너지의 합은 항상 일정한 값을 유지한다. 따라서 물체가 가지는 운동에너지와 위치에너지의 합인 역학적에너지는 변하지 않고 보존된다.

14 ③ 15 ④ 《정답

16 **다음과 같이 용수철상수가 100N/m인 용수철에 질량이 3kg인 물체를 연결한 후, 잡고 있던 손을 놓았더니 0.1m 늘어난 상태로 지면에 정지하였다. 이에 대한 〈보기〉의 설명 중 옳은 것을 모두 고르면?(단, 중력가속도는 $10m/s^2$ 이다)**

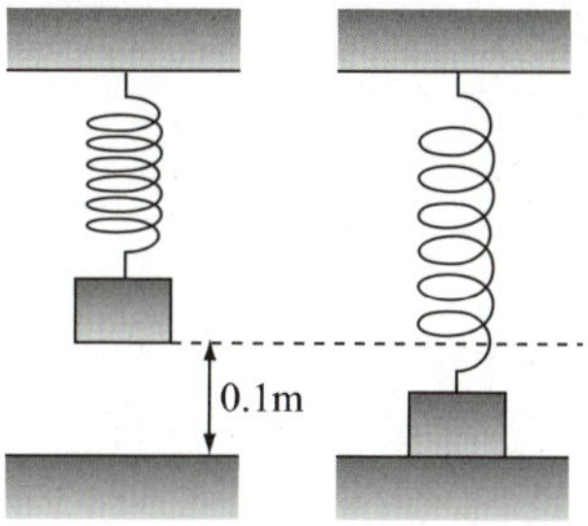

보기

㉠ 물체가 지면을 누르는 힘은 20N이다.
㉡ 물체에 작용하는 중력과 수직항력은 평형을 이룬다.
㉢ 용수철상수가 3배 커질 경우 질량이 3kg인 물체를 매달아도 용수철의 늘어난 길이는 같다.

① ㉠, ㉡ ② ㉠, ㉢
③ ㉡, ㉢ ④ ㉠, ㉡, ㉢

정답 및 해설

16 오답분석

㉡ 현재 0.1m 늘어난 상태에서 지면에 멈춰 있으므로 위로 수직항력과 함께 탄성력이 작용하고 있다.

16 ② 《정답

시대에듀

M E M O

PART

1

기초지식

CHAPTER 01 영어

CHAPTER 02 수학

CHAPTER 03 한자성어

CHAPTER 04 회사상식

CHAPTER 01 영어 핵심이론

01 어휘의 관계

제시된 단어와 상관관계를 파악하고, 유사・반의・종속 등의 관계를 갖는 적절한 어휘를 찾는 문제이다. 일반적으로 제시된 한 쌍의 단어와 같은 관계를 가진 단어를 찾는 문제, 4개의 보기 중 다른 관계를 가진 단어를 찾는 등의 문제가 출제된다. 어휘의 의미를 정확하게 이해하고 주어진 어휘와의 관계를 추리하는 능력을 길러야 한다.

자주 출제되는 유형
- 다음 중 두 단어의 관계가 나머지와 다른 것은?
- 다음 문장이 서로 동일한 관계가 되도록 빈칸에 들어갈 알맞은 것을 고르시오.

02 문법

문법의 경우 어휘 및 기본적인 문법을 제대로 익히고 있는지 평가하는 부분으로, 가장 다양한 유형으로 문제가 출제된다. 문법의 범위가 굉장히 다양해서 공부를 어떻게 해야 할지 난감할 수도 있지만, 어렵지 않은 수준에서 문제들이 출제되고 있으므로 숙어를 정리하면서 단어에 부합하는 전치사 및 품사를 정리하는 방법으로 공부를 한다면 그리 어렵지 않게 문제를 풀 수 있다.

자주 출제되는 유형
- 다음 빈칸에 들어갈 말로 적절한 것을 고르시오.
- 다음 밑줄 친 부분이 적절하지 않은 것은?

03 회화

영어능력의 경우, 직접 대화하는 것이 아니라면 필기시험만으로 정확한 영어능력을 테스트하기란 사실 어렵다. 최근 들어 회화 문제의 출제비중이 높아지는 것이 이러한 단점을 보완하기 위해서이다. 회화 문제를 통해 독해 및 문법 수준을 복합적으로 테스트할 수 있기 때문이다.

회화 문제는 대화의 흐름상 알맞은 말이 무엇인지, 질문에 대한 대답은 어떤 것인지 등을 질문함으로써 간단한 생활영어 수준을 테스트하는 문제이다. 주어진 문장에 대한 의미를 정확하게 파악할 수만 있다면 어렵지 않게 풀 수 있으므로 기본적인 어휘능력 및 독해능력을 바탕으로 문제를 풀면 된다.

자주 출제되는 유형
- 다음 질문의 대답으로 적절하지 않은 것은?
- 다음 질문의 가장 적절한 답은?
- 다음 대화의 빈칸에 들어갈 말로 가장 적절한 것은?
- 다음 중 어색한 대화는?

PART 1

04 직업 고르기

글에서 제시되는 특정 직업을 묘사하는 어구나 특정 직업과 관계되는 어휘를 통하여 하나의 직업을 유추하는 문제이다. 다양한 직업에 해당하는 영어 단어를 숙지하고, 각각의 직업의 특징을 대표할 만한 어휘를 미리 파악해 두는 것이 좋다.

다양한 직업
- minister : 목사, 장관
- scholar : 학자
- biologist : 생물학자
- physician : 내과의사
- chemist : 화학자
- mechanic : 정비공
- engineer : 기술자
- custodian : 관리인
- plumber : 배관공
- carpenter : 목수
- gardener : 정원사
- assembler : 조립공
- actor : 배우
- actress : 여배우
- clerk : 점원
- businessman : 사업가
- manager : 경영자
- merchant : 상인
- writer : 작가
- vice president : 부통령
- president : 대통령
- statesman : 정치가
- mayor : 시장
- professor : 교수
- journalist : 신문기자
- prosecutor : 검사
- electrician : 전기공
- editor : 편집자
- official : 공무원
- veterinarian : 수의사
- architect : 건축가
- musician : 음악가
- cashier : 출납원
- salesperson : 판매원
- lawyer : 변호사
- fisher : 어부
- inspector : 조사관
- hairdresser : 미용사
- magician : 마술사
- counselor : 상담원
- director : 감독
- novelist : 소설가
- sailor : 선원
- mailman : 우체부

자주 출제되는 유형
- 다음 글의 분위기는?
- 다음 글에 나타난 사람의 직업은?

05 지칭 추론

앞 문장에서 나온 인물이나 사물, 행위의 목적과 결과, 장소, 수치, 시간 등을 지칭하는 지시어나 대명사의 관계를 올바르게 파악하고 찾아내는 문제이다.
문맥의 흐름 파악을 통해 지시어가 가리키는 대상을 구체적으로 찾아야 한다. 글의 내용을 잘못 파악하게 되면 지시어나 대명사가 원래 가리키는 것을 찾는 데 혼동을 가져오기 쉬우므로 글을 읽을 때 주의한다. 대상이 사람일 경우 단수인지 복수인지, 남성인지 여성인지 정확하게 구분하는 것도 잊어서는 안 된다.

자주 출제되는 유형
• 다음 글을 읽고 밑줄 친 (A), (B)가 가리키는 것을 고르면?

06 문장 나열하기

앞에 제시된 문장에 이어지는 글의 순서를 정하는 문제로, 글의 논리적 흐름과 연결사, 시간 및 공간적 순서에 따른 적절한 나열을 요구한다.

1. 제시된 문장이 있는 경우

제시된 문장을 읽고 다음에 이어질 내용을 추론한다. 연결사, 지시어, 대명사, 시간 표현 등을 활용하여 문장의 순서를 논리적으로 결정한다.

① **지시어** : this, that, these, those 등
② **연결사** : but, and, or, so, yet, unless 등
③ **접속부사** : in addition(게다가), afterwards(나중에), as a result(결과적으로), for example(예를 들어), fortunately(운 좋게도), otherwise(그렇지 않으면), therefore(그러므로), however(그러나), moreover(더욱이) 등
④ **부정대명사** : one(사람이나 사물의 불특정 단수 가산명사를 대신 받음), some(몇몇의, 약간의), another(지칭한 것 외의 또 다른 하나), other(지칭한 것 외의 몇몇) 등

2. 주어진 문장이 없는 경우

대개 일반적 사실이 글의 서두에 나오고, 이어서 앞에서 언급했던 사실에 대한 부가적 내용이나 개념 정리 등이 나올 수 있다. 대신 지시어나 대명사가 출제되는 문장이나 앞뒤 문장의 상반된 내용을 연결하는 역접 연결사 및 예를 설명하는 연결사가 포함된 문장은 글의 서두에 나오기 어렵다. 이밖에 문맥의 흐름과 상관없거나 문맥상 어색한 문장을 고르는 문제 유형이 나올 수도 있다.
문맥의 흐름과 상관없는 문장을 고르는 문제는 주제문과 이를 뒷받침하는 문장들의 관계에 있어 글의 흐름상 통일성이 결여된 문장을 찾아낸 후, 그 문장을 제외한 후에도 글의 내용이 자연스럽게 흘러가는지 살펴봐야 한다.

문맥상 어색한 문장을 고르는 문제의 경우 우선적으로 글을 꼼꼼하게 읽어 볼 필요가 있으며, 그 다음에 주제문을 파악한 후 이와 어울리지 않는 내용을 골라내는 순서로 문제를 해결한다.

자주 출제되는 유형
- 글의 흐름상 주어진 문장에 이어질 내용을 순서대로 바르게 나열한 것을 고르시오.
- 다음 글에서 전체 흐름과 관계없는 문장을 고르시오.

07 중심내용과 제목 유추하기

글의 중심어를 포함하면서 간결하게 나타낸 것이 글의 주제나 제목이 되는데, 필자가 이야기하려는 핵심 목적을 파악하는 것이 중요하다.
글의 중심 사건을 바탕으로 주제와 핵심 어휘를 파악한다. 글을 읽다가 모르는 단어가 나와도 당황하지 말고 우선 넘기고 나서 문장의 전체적인 의미를 이해한 후에 어휘의 구체적 의미를 유추한다.
제목은 제시된 글의 내용의 범위보다 지나치게 넓거나 좁아서는 안 된다. 또한 제시된 내용에 근거하지 않고 상식적인 정황을 바탕으로 추측에 의해 성급하게 내린 결론은 결코 제목이 될 수 없다.
지문에 해당하는 질문을 먼저 읽고 해당 내용을 글에서 찾아 이를 위주로 읽어나가는 것도 시간을 절약하는 좋은 방법이다.

자주 출제되는 유형
- 다음 글의 제목으로 가장 적절한 것을 고르시오.
- 다음 글의 요지로 가장 적절한 것을 고르시오.

08 세부내용 유추하기

글의 도입, 전개, 결론 등의 흐름을 올바르게 파악하고, 세부적인 사항까지 기억해야 하는 문제이다. 글을 읽으면서 중요 어휘에는 표시를 해두거나, 반대로 보기 문항을 먼저 읽어보고 글을 읽으면서 질문에 부합하는지 따져보는 것도 하나의 방법이다.
글의 내용과 일치하지 않는 것을 고르는 문제는 글의 내용과 반대로 말하거나 글에서 언급하지 않은 것을 골라내야 한다. 객관성에 근거하여 판단하도록 하고, 섣부른 추측은 금물이다.

자주 출제되는 유형
- 글의 내용으로 적절하지 않은 것을 고르시오.
- 다음 글의 내용으로 적절한 것을 고르시오.

CHAPTER 01 영어 적중예상문제

정답 및 해설 p.002

대표유형 1 어휘

다음 제시된 단어의 대응 관계로 볼 때, 빈칸에 들어가기에 가장 적절한 것은?

fast : quick = ( ) : repair

① rest ② fix
③ work ④ break

| 해설 | fast(빠른)와 quick(신속한)은 유의 관계이다.
따라서 '고치다'라는 뜻을 가지는 repair의 유의어는 fix이다.

오답분석
① rest : 쉬다
③ work : 일하다
④ break : 깨어지다, 부수다

정답 ②

※ 다음 제시된 단어와 같거나 비슷한 뜻을 가진 것을 고르시오. **[1~4]**

01

district

① area ② conversation
③ trust ④ park

02

intelligent

① bright
② clever
③ chance
④ contest

03

common

① noisy
② unfair
③ general
④ foreign

04

abundant

① rich
② finish
③ faithful
④ gratitude

※ 다음 중 제시된 단어와 반대되는 의미를 가진 것을 고르시오. **[5~8]**

05

share

① apologize ② allow
③ imitate ④ monopolize

06

reduce

① increase ② appear
③ consume ④ recharge

07

night

① earth ② bright
③ day ④ argue

08

shallow

① tall ② fat
③ deep ④ large

※ 다음 제시된 단어의 의미로 가장 적절한 것을 고르시오. [9~10]

09

exhausted

① 모호한
② 지친
③ 주요한
④ 할당된

10

neglect

① 조각나다
② 고소하다
③ 소홀히 하다
④ 구별하다

※ 다음 중 나머지 셋과 다른 것을 고르시오. [11~12]

11 ① zebra
② dandelion
③ rabbit
④ alligator

12 ① jewel
② office
③ zoo
④ gallery

대표유형 2 문법

다음 빈칸에 들어갈 말로 가장 적절한 것은?

I climbed up a mountain, ________ top was covered with snow.

① who　　② what
③ which　　④ whose

| 해설 |
소유격 관계대명사에 대해 묻는 문법 문제이다.
제시된 문장에서 whose가 이끄는 관계대명사 절은 수동태 형태로 완전한 문장이므로 목적어가 올 필요가 없다.

| 어휘 |
• climbed : 오르다, 등산을 가다
• be covered with : ~에 덮이다

| 해석 |
「나는 등산을 했는데, 그 산의 정상은 눈으로 덮여 있었다.」

오답분석
① who : 바로 앞의 선행사를 수식하므로 뒤에는 명사가 올 수 없다.

정답 ④

※ 다음 빈칸에 들어갈 말로 가장 적절한 것을 고르시오. [13~17]

13

Seojin can't ski well, and ________.

① so am I　　② so can I
③ neither am I　　④ neither can I

14

If any signer of the Constitution ________ return to life for a day, his opinion of our amendments would be interesting.

① was to　　② were to
③ had to　　④ should have

15

It is difficult for ________ to do my homework without any help from my sister.

① I
② my
③ me
④ mine

16

That is ________ I want to say.

① and
② that
③ what
④ which

17

As soon as she finished ________, she started for school.

① eat
② eating
③ to eat
④ has eaten

대표유형 3 회화

다음 대화의 빈칸에 들어갈 말로 적절한 것은?

A : Hanna, you look very fashionable today.
B : You think so? I just bought this dress yesterday.
A : Seriously, it looks really nice on you. Where did you get it?
B : ______________________________

① Actually, the dress is made of silk.
② It went on sale.
③ I bought this from the department in downtown.
④ I'm going to buy it someday.

| 해석 |
「A : Hanna, 너 오늘 아주 멋져 보여.
B : 그래? 나 이 옷을 어제 막 샀어.
A : 진짜, 너에게 정말 잘 어울려. 어디서 구한 거야?
B : <u>번화가에 있는 백화점에서 샀어.</u>」

오답분석
① 실제로 이 옷은 실크로 만들어졌어.
② 세일하고 있었어.
④ 언젠가 그것을 살 거야.

정답 ③

18 다음 대화에서 알 수 있는 A의 심경으로 가장 적절한 것은?

A : I shouldn't have bought a cap.
B : Do you mean you don't like the cap?
A : I don't need it. I should have been more careful when spending money.

① bored
② joyful
③ scared
④ regretful

※ 다음 대화에서 A와 B의 관계로 가장 적절한 것을 고르시오. [19~20]

19

A : I like that painting. How much is it?
B : You have a good eye! It is $200.
A : What? I didn't think it'd cost that much.

① 고객 – 점원
② 교사 – 학생
③ 배우 – 기자
④ 의사 – 환자

20

A : Hello. Can I help you?
B : Yes. I'm calling to reserve a single room.
A : Sure. How long do you want to stay?
B : For six nights.

① 경찰 – 시민
② 교수 – 학생
③ 호텔 직원 – 고객
④ 택시 기사 – 승객

※ 다음 대화의 빈칸에 들어갈 말로 적절한 것을 고르시오. [21~22]

21

A : How far is it to the bank?
B : _______ about 6 minutes on foot.

① It takes
② It likes
③ It sold
④ It use

22

> A : May I help you?
> B : No, thank you. ________________ Maybe later I might need your help.
> A : I hope you will. Take your time. We have a lot more upstairs.

① It is too expensive.
② I'm just looking around.
③ How much does it cost?
④ You are welcome.

※ 다음 주어진 문장에 이어질 대화의 순서를 바르게 나열한 것을 고르시오. **[23~24]**

23

> Which club are you going to join?

> (A) Why do you like that one?
> (B) I'd like to join the Magic Club.
> (C) Because I want to learn some magic tricks.

① (A) – (B) – (C)
② (B) – (A) – (C)
③ (C) – (A) – (B)
④ (C) – (B) – (A)

24

> How long are you planning to stay?

> (A) Just ten days.
> (B) I'm here on a tour.
> (C) What's the purpose of your trip?

① (A) – (B) – (C)
② (A) – (C) – (B)
③ (B) – (A) – (C)
④ (B) – (C) – (A)

대표유형 4 독해

다음 글의 제목으로 가장 적절한 것은?

> There are many ways to save the environment. First, recycle a can. Then you can save enough energy to run a TV for two hours. Second, try to walk, ride a bike, or use a bus or a subway. Also, take a shorter shower. These can save the Earth.

① Take a Walk!

② Enjoy Your Life!

③ Brush Your Teeth!

④ Help the Environment!

| 해설 |

제시문은 환경을 보호하는 방법에 대한 글이므로 ④가 적절하다.

| 해석 |

「환경을 보전하는 여러 방법들이 있습니다. 첫째로, 깡통을 재활용하세요. 그렇게 하면 텔레비전을 두 시간 동안 작동할 수 있는 에너지를 절약할 수 있습니다. 둘째로, 걷거나 자전거를 타거나 버스나 지하철을 이용하도록 노력해 보세요. 또한, 샤워는 보다 짧게 하세요. 이런 것들이 지구를 구할 수 있습니다.」

오답분석

① 산책하세요!

② 삶을 즐기세요!

③ 이를 닦으세요!

정답 ④

25 다음 글에서 밑줄 친 It이 공통으로 가리키는 것은?

> <u>It</u> is a kind of sport game for two people or two partner players. <u>It</u> is played on the ground. Players use rackets to hit a small ball back and forth across a low net.

① soccer ② tennis

③ baseball ④ volleyball

26 다음 글에서 밑줄 친 They가 가리키는 것은?

A good writer is wise in his choice of subjects and exhaustive in his accumulation of materials. A good writer must have an irresistible confidence in himself and in his ideas. Good writers know how to excavate significant facts from masses of information. The toughest thing for a writer is to maintain the vigor and fertility of his imagination. Most writers fail simply because they lack the indispensible qualification of the genuine writer. They are intensely prejudiced. Their horizon, in spite of their education, is a narrow one.

① Genuine writers
② Good writers
③ Best writers
④ Failed writers

27 다음 글에서 밑줄 친 the same thing과 관계없는 것은?

Not everyone can become a Newton. However, we can learn from his example. He connected the falling apple to the moon. A genius does not like old ways of looking at things. He or she goes beyond old ideas to make creative connections. To be creative, we must do the same thing. Do not take anything for granted. You may not be born a genius like Newton, but you can make great discoveries on your own.

① relating the falling apple to the moon
② getting rid of old ways of thinking
③ not taking anything as it is given
④ making new, imaginative connections between things

※ 다음 내용과 일치하지 않는 것을 고르시오. [28~29]

28

> Public Bath
>
> Hot and cold pools, saunas, exercise rooms, and reading rooms. Free Towels. Available for 450 people at once. Women till 10 p.m. only. No children allowed.

① 사우나와 독서실 등이 있다.
② 목욕 수건은 무료로 사용할 수 있다.
③ 최대 수용 인원은 450명이다.
④ 어린이는 오후 10시까지 이용할 수 있다.

29

> Dear Kevin
> Hello! My name is Soy Jeong and I am a freshman at a girl's high school. I would like to become your friend. I got your address from my friend. This is my first letter in English. That's why I am a little nervous now. I hope you will understand.

① Soy가 Kevin에게 보낸 편지이다.
② Soy는 고등학교 1학년 신입생이다.
③ Soy가 영어편지를 쓰는 것은 처음이다.
④ Soy는 언니를 통해 Kevin의 주소를 알았다.

※ 다음 글에서 설명하는 사람의 직업을 고르시오. [30~31]

30

> What I do is say, "hello" to the customers when they come up to my window. When they come up to me, I usually say to them, "Can I help you?" and then I transact their business which amounts to taking money from them and putting it in their account or giving them money out of their account.

① computer programmer ② accountant
③ doorman ④ teller

31

> This man is someone who performs dangerous acts in movies and television, often as a carrier. He may be used when an actor's age precludes a great amount of physical activity or when an actor is contractually prohibited from performing risky acts.

① conductor
② host
③ acrobat
④ stunt man

※ 다음 글의 중심 내용으로 가장 적절한 것을 고르시오. [32~33]

32

> Whenever you feel tired out, you should take a day or two off. In other words, you should refresh yourself regularly for your better life. In short, you could read a book, or chat with friends on weekends. Then you can feel your energy increase, and feel yourself refreshed.

① 휴가는 하루나 이틀 정도가 좋다.
② 피곤할 때 영양제를 복용하는 것이 좋다.
③ 주기적으로 쉬면서 에너지를 보충해야 한다.
④ 독서 클럽을 통해 사교 활동의 범위를 넓힐 수 있다.

33

> Some people insist that children's baseball leagues should use baseballs that are softer than those used by adult and professional leagues. Yet both kinds of balls have their risks. A softer baseball is less likely to cause harm if it hits a child's head at high speed. However, both kinds of balls can cause a sudden stopping of the heart when they hit a child in the chest. In fact, research has shown that a softer ball can also cause the heart to stop. Furthermore, in some circumstances, the softer ball triggers this rare but dangerous response even more than a harder ball does. In addition, a softer ball poses the same risk for eye injury. A softer ball may prevent a serious head injury, but a fast-moving ball of any type is likely to damage the eye socket, seriously hurting the eye.

① 어린이가 사용하는 야구공의 강도를 규제해야 한다.
② 어린이는 성인용 야구공으로 야구를 해서는 안 된다.
③ 어린이에게는 어떤 종류의 야구공이든 위험할 수 있다.
④ 어린이의 안전을 위해 새로운 야구공을 개발해야 한다.

※ 다음 글의 내용과 일치하지 않는 것을 고르시오. [34~35]

34

One Sunday morning, Jane and her sister Mary were talking about Christmas in the living room. Then their mother came into the room with a box. It was a very big box. "This box is a present from your aunt in Seoul," she said. There were two pretty Korean dolls in it. Mary cried, "How happy we are!" Their mother said to Jane and Mary, "Write a letter to her immediately."

① Jane과 Mary는 거실에서 이야기를 나누고 있었다.
② 매우 큰 상자에는 예쁜 한국 인형이 두 개 들어 있었다.
③ Jane과 Mary는 어머니에게 감사의 편지를 썼다.
④ 숙모는 크리스마스 선물을 Jane과 Mary에게 주었다.

35

For the people of the old days, a fire was very important for three reasons. It kept them warm. It also frightened wild animals. They would not come near the people if they were near a fire. Then another thing was discovered. If you cook food, it tastes much better.

① 불은 몸을 따뜻하게 유지시켜 주었다.
② 불로 음식을 익혀 먹었다.
③ 야생 동물들은 불을 보고 놀랐다.
④ 어둠을 밝히는 데 불을 사용했다.

※ 다음 글의 목적으로 가장 적절한 것을 고르시오. [36~37]

36

Our volunteer service center has many great activities for you. These activities give you a chance to help others. We hope to see you join us.

① 감사　② 권유
③ 동의　④ 항의

37

Because children take stories so seriously and believe in them as if they were real life, the author must evaluate with utmost care whether a sad ending is truly justified. Good children's stories are considerate of the reader as well as of the facts of life and the world. They may show how life and the world are, how problems are solved, or they may teach, comfort, inspire, or entertain. But none of these goals is successfully achieved when the reader is left discouraged when he finishes reading. To a child, unhappiness creates a problem. It is as if the action of the story had not been completed: The child can be confused or even frustrated. A children's story should allow the child to leave the story with confidence that the characters will continue successfully in their lives after the end of the story.

① 비평 ② 지시
③ 논쟁 ④ 비교

※ 다음 글의 주제로 가장 적절한 것을 고르시오. [38~39]

38

Dr. Smith gives his patients good medical advice. But he doesn't just tell his patients what to do. He also to them on TV! In his own weekly TV show, he sings a song and then gives medical advice. After that, he sings another song.

① A TV show ② A lazy doctor
③ A singing doctor ④ A doctor's favorite song

39

According to one sociologist, Theodore Caplow, the accident of birth often plays a large role in determining what occupation people choose. Children follow their parents' occupations : farmers are recruited from farmers' offspring, teachers from the children of teachers. The parent "passes" an occupation on to the child. Furthermore, such factors as time and place of birth, race, nationality, social class, and the expectations of parents are all accidental, that is, not planned or controlled. They all influence choice of occupation.

① 우연이 직업 선택에 미치는 역할 ② 부모의 직업을 따라가는 아이들
③ 교육이 직업 선택에 미치는 요소 ④ 계획을 통한 직업 선택의 중요성

40 다음 글에서 'Nature'의 의도로 가장 적절한 것은?

The enjoyment of life, pleasure, is the natural object of all human efforts. Nature, however, also wants us to help one another to enjoy life. She's equally anxious for the welfare of every member of the species. So she tells us to make quite sure that we don't pursue our own interests at the expense of other people's.

① 행복하기 위해서는 노력해야 한다.
② 행복을 위한 노력은 자연스러운 현상이다.
③ 자신을 위해 타인의 이익을 희생시키지 마라.
④ 자연 앞에서 만인은 평등하다.

41 다음 중 소년이 밑줄 친 부분처럼 말한 이유는?

A boy walked into a farmer's *melon patch. "Is there anything I can do for you?" asked the farmer. The boy asked the price of a fine big melon. "That's forty cents", said the farmer. "I have just four cents", the boy told him.
With a smile the farmer said, "Well, how about this one?" pointing to a very small and very green melon. "Fine, I'll take it", the humorous boy said, "<u>but don't cut it off the vine. I'll come to get it in a week or two</u>"

*melon patch : 참외밭

① 부족한 돈을 더 가져오기 위해서
② 농부가 제값을 받도록 해주기 위해서
③ 참외가 더 커졌을 때 가져가기 위해서
④ 참외가 얼마나 컸는지 알아보기 위해서

42 다음 중 'Jane Goodall'에 대한 내용으로 적절하지 않은 것은?

> As a child, Jane Goodall loved all kinds of animals. When she grew up, she wanted to become a scientist and go to Africa to study the wild animals there. She wasn't able to go to a university because her parents were poor. So she became a secretary instead.

① 어렸을 때 동물을 좋아했다.
② 어른이 되어서 야생동물을 연구하고 싶었다.
③ 가정형편 때문에 대학에 가지 못했다.
④ 대학도서관 사서로 일했다.

43 다음 글 바로 뒤에 이어질 내용으로 가장 적절한 것은?

> Today, tomatoes are one of the most common foods in the world. They are served alone or with your favorite dishes such as pizza and spaghetti. Here are some various recipes for tomatoes.

① 토마토의 가격
② 토마토의 요리법
③ 토마토의 생산지
④ 토마토의 재배 방법

CHAPTER 02 수학 핵심이론

PART 1

1. 수의 관계

(1) 약수와 배수

a가 b로 나누어떨어질 때, a는 b의 배수, b는 a의 약수

> **여러 가지 수의 배수**
> - 2(5)의 배수 : 일의 자리의 수가 0이거나 2(5)의 배수로 되어 있는 수
> - 4의 배수 : 끝의 두 자리의 수가 00이거나 4의 배수로 되어 있는 수
> - 3(9)의 배수 : 각 자리의 숫자의 합이 3(9)의 배수로 되어 있는 수

(2) 소인수분해

① **소수** : 1보다 큰 자연수 중에서 약수가 1과 자기 자신뿐인 수

② **합성수** : 1보다 큰 자연수 중에서 소수가 아닌 수

※ 모든 소수의 약수는 2개, 합성수의 약수는 3개 이상이다.

③ **거듭제곱** : 같은 수나 문자를 여러 번 곱한 것을 간단히 나타낸 것

㉠ 2^2, 2^3, 2^4, …을 통틀어 2의 거듭제곱이라고 한다.

㉡ 2^2, 2^3, 2^4, …에서 곱하는 수 2를 거듭제곱의 밑이라고 하고, 곱한 횟수 2, 3, 4, …를 지수라고 한다.

④ **인수와 소인수**

㉠ 자연수 a, b, c에 대하여 $a=b\times c$일 때, a의 약수 b, c를 a의 인수라고 한다.

㉡ 소인수 : 인수 중에서 소수인 인수

⑤ **소인수분해** : 1보다 큰 자연수를 소인수만의 곱으로 나타내는 것

⑥ **소인수분해 방법** : 몫이 소수가 될 때까지 계속 나누어 소수들만의 곱으로 나타낸다. 같은 소수가 한 번 이상 곱해지면 거듭제곱으로 나타낸다.

예
```
2 ) 90
3 ) 45
3 ) 15
     5
```
$\therefore 90=2\times 3^2\times 5$

⑦ $a^p\times b^q$의 약수의 개수(a, b는 서로 다른 소수, p, q는 자연수) : $\{(p+1)(q+1)\}$개

(3) 공약수와 최대공약수

① **공약수** : 2개 이상의 자연수의 공통인 약수

② **최대공약수** : 공약수 중에서 가장 큰 수

③ **최대공약수의 성질** : 두 개 이상의 자연수의 공약수는 그 수들의 최대공약수의 약수이다.

④ **서로소** : 최대공약수가 1인 두 자연수

⑤ **최대공약수를 구하는 방법** : 소인수분해를 이용하거나 몫의 공약수가 1이 될 때까지 1이 아닌 공약수로 각 수를 나누어 나눈 공약수를 곱한다.

예

$$\begin{array}{r|rrr} 2 & 24 & 36 & 84 \\ \hline 6 & 12 & 18 & 42 \\ \hline & 2 & 3 & 7 \end{array}$$

∴ (최대공약수)$=2\times6=12$

(4) 공배수와 최소공배수

① **공배수** : 2개 이상의 자연수의 공통인 배수

② **최소공배수** : 공배수 중에서 가장 작은 수

③ **최소공배수의 성질**

㉠ 2개 이상의 자연수의 공배수는 그 수들의 최소공배수의 배수이다.

㉡ 서로소인 두 자연수의 최소공배수는 두 수의 곱과 같다.

④ **최소공배수를 구하는 방법** : 소인수분해를 이용하거나 공약수로 각 수를 나누어 어느 두 수에서도 공약수가 없게 한 다음, 나눈 공약수와 마지막 몫을 모두 곱한다.

예

$$\begin{array}{r|rrr} 3 & 18 & 24 & 45 \\ \hline 3 & 6 & 8 & 15 \\ \hline 2 & 2 & 8 & 5 \\ \hline & 1 & 4 & 5 \end{array}$$

∴ (최소공배수)$=3\times3\times2\times1\times4\times5=360$

(5) 최대공약수와 최소공배수의 관계

두 자연수 A, B에 대하여, 최소공배수와 최대공약수를 각각 L, G라고 하면 $A\times B=L\times G$가 성립한다.

2. 기본 계산

(1) 곱셈 기호와 나눗셈 기호의 생략

① 문자와 수의 곱에서는 곱셈 기호 ×를 생략하고, 수를 문자 앞에 쓴다.

예 $x \times 4 = 4x$

② 문자와 문자의 곱에서는 곱셈 기호 ×를 생략하고, 보통 알파벳 순으로 쓴다.

예 $b \times (-3) \times a = -3ab$

③ 같은 문자의 곱은 거듭제곱의 꼴로 나타낸다.

예 $x \times x \times x = x^3$

④ 문자가 섞여 있는 나눗셈에서는 나눗셈 기호 ÷는 쓰지 않고 분수의 모양으로 나타낸다.

예 $a \div 2 = \frac{a}{2}$, $a \times b \div c = \frac{ab}{c}$ $(c \neq 0)$

(2) 사칙연산

① 덧셈(+)

㉠ 같은 부호일 때 : 절댓값의 합에 공통인 부호를 붙인다.

㉡ 서로 다른 부호일 때 : 절댓값의 차에 절댓값이 큰 수의 부호를 붙인다.

② 뺄셈(−) : 빼는 수의 부호를 바꾸어서 덧셈으로 고쳐서 계산한다.

③ 곱셈(×)

㉠ 같은 부호일 때 : 절댓값의 곱에 양의 부호를 붙인다.

㉡ 서로 다른 부호일 때 : 절댓값의 곱에 음의 부호를 붙인다.

④ 나눗셈(÷)

㉠ 같은 부호일 때 : 절댓값의 나눗셈의 몫에 양의 부호를 붙인다.

㉡ 서로 다른 부호일 때 : 절댓값의 나눗셈의 몫에 음의 부호를 붙인다.

> **덧셈(+) · 뺄셈(−) · 곱셈(×) · 나눗셈(÷)의 혼합 계산**
>
> 거듭제곱 → 괄호 → 곱셈 · 나눗셈 → 덧셈 · 뺄셈
>
> ※ 괄호 : ( ) → { } → [ ]의 순서

⑤ 계산법칙

㉠ 교환법칙 : $a+b=b+a$

$a \times b = b \times a$

㉡ 결합법칙 : $(a+b)+c=a+(b+c)$

$(a \times b) \times c = a \times (b \times c)$

㉢ 분배법칙 : $a \times (b+c) = a \times b + a \times c$

$(a+b) \times c = a \times c + b \times c$

㉣ 곱셈법칙

- $(a+b)^2 = a^2+2ab+b^2$

  $(a-b)^2 = a^2-2ab+b^2$
- $(a+b)(a-b) = a^2-b^2$
- $(x+a)(x+b) = x^2+(a+b)x+ab$

- $(ax+b)(cx+d)=acx^2+(ad+bc)x+bd$
- $(a+b+c)^2=\{(a+b)+c\}^2=(a+b)^2+2(a+b)c+c^2=a^2+b^2+c^2+2ab+2bc+2ca$

(3) 대입과 식의 값

① 대입 : 문자를 사용한 식에서 문자에 어떤 수를 바꾸어 넣는 것

② 식의 값 : 문자를 사용한 식에서 문자에 어떤 수를 대입하여 계산한 값

③ 식의 값 구하기 : 생략된 곱셈기호가 있는 식의 경우 곱셈 기호를 다시 쓴 후, 문자에 주어진 수를 대입하여 계산한다.

(4) 일차식의 계산

① 일차식의 덧셈과 뺄셈 : 괄호가 있으면 분배법칙을 이용하여 괄호를 푼 후, 동류항끼리 모아서 더한다.

예 $(3x+4)-(5x-2)=3x+4-5x+2$
$=3x-5x+4+2$
$=(3-5)x+(4+2)$
$=-2x+6$

> 괄호 앞에
> +가 있으면 괄호 안의 부호는 그대로
> −가 있으면 괄호 안의 부호를 반대로

② (수)×(일차식) : 분배법칙을 이용하여 일차식의 각 항에 수를 곱한다.

③ (일차식)÷(수) : 분배법칙을 이용하여 나누는 수의 역수를 이차식의 각 항에 곱한다.

예 $(8x+4)\div\frac{4}{3}=8x\times\frac{3}{4}+4\times\frac{3}{4}=6x+3$

3. 등식과 방정식

(1) 등식과 방정식

① 등식 : 등호(=)를 사용하여 수량 사이의 관계를 나타낸 식

※ 등호의 왼쪽 부분을 좌변, 등호의 오른쪽 부분을 우변, 좌변과 우변을 합하여 양변이라고 한다.

② 방정식 : x의 값에 따라 참이 되기도 하고, 거짓이 되기도 하는 등식을 x에 관한 방정식이라고 한다.

㉠ 방정식을 참이 되게 하는 미지수 x의 값을 그 방정식의 '해' 또는 '근'이라고 한다.

㉡ 방정식의 해(근)를 구하는 것을 '방정식을 푼다.'라고 한다.

③ 항등식 : 미지수에 어떤 값을 대입해도 항상 참이 되는 등식

④ 등식의 성질

㉠ 양변에 같은 수를 더해도 등식은 성립한다.

㉡ 양변에서 같은 수를 빼어도 등식은 성립한다.

㉢ 양변에 같은 수를 곱해도 등식은 성립한다.

㉣ 양변을 0이 아닌 같은 수로 나누어도 등식은 성립한다.

(2) 일차방정식의 풀이

① **일차방정식 :** 등식의 모든 항을 좌변으로 이항하여 정리한 식이 (일차식)=0의 꼴로 나타나는 방정식

> **이항**
> 등식의 성질을 이용하여 등식의 한 변에 있는 항을 그 항의 부호를 바꾸어 다른 변으로 옮기는 것
> [항의 부호]
> $+\triangle$를 이항 → $-\triangle$, $-\triangle$를 이항 → $+\triangle$
>
> 예 $x-1=5$ $x=5+1$

② 일차방정식의 풀이 순서

❶ 계수가 분수나 소수이면 정수로 고친다.
- 소수이면 10, 100, ⋯을 곱한다.
- 분수이면 분모의 최소공배수를 곱한다.

❷ 괄호가 있으면 분배법칙을 이용하여 괄호를 풀고 정리한다.
❸ x를 포함한 항은 좌변으로, 상수항은 우변으로 각각 이항한다.
❹ 양변을 x의 계수로 나누어 $x=$(수)의 꼴로 나타낸다.
❺ 구한 해가 일차방정식을 참이 되게 하는지 확인한다.

예 $\frac{x}{4}-\frac{x-5}{2}=3$

양변에 분모의 최소공배수 4를 곱하면

$x-2(x-5)=12$, $x-2x+10=12$

$\rightarrow -x=2$

$\therefore x=-2$

(3) 일차방정식의 활용 순서

❶ 문제의 뜻을 파악한 다음 구하고자 하는 값을 x로 놓는다.
❷ 문제의 뜻에 맞게 방정식을 세운다.
❸ 일차방정식을 푼다.
❹ 구한 해가 문제의 뜻에 맞는지 확인한다.

(4) 연립일차방정식

① **미지수가 2개인 일차방정식 :** 미지수가 2개이고, 그 차수가 모두 1인 방정식

② **미지수가 2개인 일차방정식의 해 :** 미지수가 x, y인 일차방정식을 참이 되게 하는 x, y의 값 또는 그 순서쌍 (x, y)

(5) 연립방정식의 풀이

① 가감법 또는 대입법을 이용하여 푼다.

㉠ 가감법 : 두 방정식을 변끼리 더하거나 빼어서 연립방정식을 푸는 방법

㉡ 대입법 : 한 방정식을 하나의 미지수에 대한 식으로 나타낸 다음 다른 방정식에 대입하여 푸는 방법

예 $\begin{cases} 3x-y=-4 & \cdots ㉠ \\ x+2y=1 & \cdots ㉡ \end{cases}$

> 가감법
> ㉠×2를 하면 $6x-2y=-8$ ⋯ ㉢
> ㉡+㉢을 하면 $7x=-7$
> $\therefore x=-1$
> 이 값을 ㉠의 식이나 ㉡의 식에 대입하여 풀면 $y=1$이다.
>
> 대입법
> ㉠의 식을 $y=3x+4$로 바꾼 후
> ㉡의 식에 대입하여 풀면
> $x+2(3x+4)=1$, $7x=-7$
> $\therefore x=-1$, $y=1$

② 괄호가 있는 경우 괄호를 풀고 동류항을 정리하여 푼다.

(6) 해가 특수한 연립방정식의 풀이

x, y에 관한 연립방정식 $\begin{cases} ax+by+c=0 \\ a'x+b'y+c'=0 \end{cases}$에서

① $a=a'$, $b=b'$, $c=c'$ $\left(\dfrac{a}{a'}=\dfrac{b}{b'}=\dfrac{c}{c'}\right)$일 때 해가 무수히 많다.

② $a=a'$, $b=b'$, $c\neq c'$ $\left(\dfrac{a}{a'}=\dfrac{b}{b'}\neq\dfrac{c}{c'}\right)$일 때 해가 없다.

③ 계수가 소수나 분수인 경우 계수를 정수로 고쳐서 푼다.

④ $A=B=C$의 꼴인 방정식의 풀이는 다음 중 어느 것을 택하여 풀어도 그 해는 같다.

$\begin{cases} A=B \\ A=C \end{cases}$ $\begin{cases} A=B \\ B=C \end{cases}$ $\begin{cases} A=C \\ B=C \end{cases}$

4. 방정식의 활용

(1) 날짜 · 요일 · 시계

① 날짜 · 요일

㉠ 1일=24시간=1,440분=86,400초

㉡ 날짜 · 요일 관련 문제는 대부분 나머지를 이용해 계산한다.

② 시계

㉠ 시침이 1시간 동안 이동하는 각도 : 30°

㉡ 시침이 1분 동안 이동하는 각도 : 0.5°

㉢ 분침이 1분 동안 이동하는 각도 : 6°

(2) 거리 · 속력 · 시간

① (거리)=(속력)×(시간)

㉠ 기차가 터널을 통과하거나 다리를 지나가는 경우
: (기차가 움직인 거리)=(기차의 길이)+(터널 또는 다리의 길이)

㉡ 두 사람이 반대 방향 또는 같은 방향으로 움직이는 경우
: (두 사람 사이의 거리)=(두 사람이 움직인 거리의 합 또는 차)

② $(\text{속력})=\frac{(\text{거리})}{(\text{시간})}$

㉠ 흐르는 물에서 배를 타는 경우
: (하류로 내려갈 때의 속력)=(배 자체의 속력)+(물의 속력)
(상류로 올라갈 때의 속력)=(배 자체의 속력)−(물의 속력)

③ $(\text{시간})=\frac{(\text{거리})}{(\text{속력})}$

(3) 나이 · 인원 · 개수

구하고자 하는 것을 미지수로 놓고 식을 세운다. 동물의 경우 다리의 개수에 유의해야 한다.

(4) 원가 · 정가

① (정가)=(원가)+(이익), (이익)=(정가)−(원가)

② a원에서 $b\%$ 할인한 가격$=a\times\left(1-\frac{b}{100}\right)$

PART 1

(5) 일률 · 톱니바퀴

① 일률

전체 일의 양을 1로 놓고, 시간 동안 한 일의 양을 미지수로 놓고 식을 세운다.

- $(\text{일률})=\dfrac{(\text{작업량})}{(\text{작업기간})}$
- $(\text{작업기간})=\dfrac{(\text{작업량})}{(\text{일률})}$
- $(\text{작업량})=(\text{일률})\times(\text{작업기간})$

② 톱니바퀴

(톱니 수)×(회전수)=(총 맞물린 톱니 수)

즉, A, B 두 톱니에 대하여, (A의 톱니 수)×(A의 회전수)=(B의 톱니 수)×(B의 회전수)가 성립한다.

(6) 농도

① $(\text{농도})=\dfrac{(\text{용질의 양})}{(\text{용액의 양})}\times 100$

② $(\text{용질의 양})=\dfrac{(\text{농도})}{100}\times(\text{용액의 양})$

(7) 수 I

① 연속하는 세 자연수 : $x-1$, x, $x+1$

② 연속하는 세 짝수(홀수) : $x-2$, x, $x+2$

(8) 수 II

① 십의 자릿수가 x, 일의 자릿수가 y인 두 자리 자연수 : $10x+y$

이 수에 대해, 십의 자리와 일의 자리를 바꾼 수 : $10y+x$

② 백의 자릿수가 x, 십의 자릿수가 y, 일의 자릿수가 z인 세 자리 자연수 : $100x+10y+z$

(9) 증가 · 감소에 관한 문제

① x가 $a\%$ 증가 : $\left(1+\dfrac{a}{100}\right)x$

② y가 $b\%$ 감소 : $\left(1-\dfrac{b}{100}\right)y$

5. 일차부등식

(1) 부등식과 그 해

① 부등식 : 부등호 <, >, ≤, ≥를 사용하여 수 또는 식의 대소 관계를 나타낸 식

$x+3 > 7$

좌변 우변

양변

② 부등식의 해 : 미지수를 포함한 부등식이 참이 되게 하는 미지수의 값

③ 부등식을 푼다 : 부등식의 해를 모두 구하는 것

(2) 부등식의 성질

① 부등식의 양변에 같은 수를 더하거나 양변에서 같은 수를 빼어도 부등호의 방향은 변하지 않는다.

② 부등식의 양변에 같은 양수를 곱하거나 양변을 같은 양수로 나누어도 부등호의 방향은 변하지 않는다.

③ 부등식의 양변에 같은 음수를 곱하거나 양변을 같은 음수로 나누면 부등호의 방향이 반대가 된다.

부등식의 성질

$a<b$일 때

① $a+c<b+c$, $a-c<b-c$

② $c>0$이면 $ac<bc$, $\frac{a}{c}<\frac{b}{c}$

③ $c<0$이면 $ac>bc$, $\frac{a}{c}>\frac{b}{c}$

이때 부등호 "<"를 "≤"로 바꾸어도 위의 성질이 성립한다.

(3) 일차부등식과 풀이

① 일차부등식 : 부등식의 모든 항을 좌변으로 이항하여 정리한 식이 (일차식)<0, (일차식)>0, (일차식)≤ 0, (일차식)≥ 0 중 어느 하나의 꼴로 나타나는 부등식

② 일차부등식의 풀이 순서

❶ 계수가 소수나 분수이면 계수를 정수로 고친다.

❷ 괄호가 있으면 괄호를 푼다.

❸ x의 항은 좌변, 상수항은 우변으로 이항한다.

❹ $ax>b$, $ax\ge b$, $ax<b$, $ax\le b$ $(a\ne 0)$의 꼴로 만든다.

❺ 양변을 x의 계수 a로 나눈다. 이때, a가 음수이면 부등호의 방향은 바뀐다.

6. 경우의 수 · 확률

(1) 경우의 수

① 경우의 수 : 어떤 사건이 일어날 수 있는 모든 가짓수

② 합의 법칙

㉠ 두 사건 A, B가 동시에 일어나지 않을 때, A가 일어나는 경우의 수를 m, B가 일어나는 경우의 수를 n이라고 하면, 사건 A 또는 B가 일어나는 경우의 수는 $m+n$이다.

㉡ '또는', '~이거나'라는 말이 나오면 합의 법칙을 사용한다.

③ 곱의 법칙

㉠ A가 일어나는 경우의 수를 m, B가 일어나는 경우의 수를 n이라고 하면, 사건 A와 B가 동시에 일어나는 경우의 수는 $m \times n$이다.

㉡ '그리고', '동시에'라는 말이 나오면 곱의 법칙을 사용한다.

④ 여러 가지 경우의 수

㉠ 동전 n개를 던졌을 때, 경우의 수 : 2^n

㉡ 주사위 m개를 던졌을 때, 경우의 수 : 6^m

㉢ 동전 n개와 주사위 m개를 던졌을 때, 경우의 수 : $2^n \times 6^m$

㉣ n명을 한 줄로 세우는 경우의 수 : $n! = n \times (n-1) \times (n-2) \times \cdots \times 2 \times 1$

㉤ n명 중 m명을 뽑아 한 줄로 세우는 경우의 수 : ${}_nP_m = n \times (n-1) \times \cdots \times (n-m+1)$

㉥ n명을 한 줄로 세울 때, m명을 이웃하여 세우는 경우의 수 : $(n-m+1)! \times m!$

㉦ 0이 아닌 서로 다른 한 자리 숫자가 적힌 n장의 카드에서, m장을 뽑아 만들 수 있는 m자리 정수의 개수 : ${}_nP_m$

㉧ 0을 포함한 서로 다른 한 자리 숫자가 적힌 n장의 카드에서, m장을 뽑아 만들 수 있는 m자리 정수의 개수 : $(n-1) \times {}_{n-1}P_{m-1}$

㉨ n명 중 자격이 다른 m명을 뽑는 경우의 수 : ${}_nP_m$

㉩ n명 중 자격이 같은 m명을 뽑는 경우의 수 : ${}_nC_m = \frac{{}_nP_m}{m!}$

㉪ 원형 모양의 탁자에 n명을 앉히는 경우의 수 : $(n-1)!$

⑤ 최단거리 문제 : A에서 B 사이에 P가 주어져 있다면, A와 P의 최단거리, B와 P의 최단거리를 각각 구하여 곱한다.

(2) 확률

① (사건 A가 일어날 확률)$=\frac{\text{(사건 A가 일어나는 경우의 수)}}{\text{(모든 경우의 수)}}$

② 여사건의 확률

㉠ 사건 A가 일어날 확률이 p일 때, 사건 A가 일어나지 않을 확률은 $(1-p)$이다.

㉡ '적어도'라는 말이 나오면 주로 사용한다.

③ 확률의 계산

㉠ 확률의 덧셈

두 사건 A, B가 동시에 일어나지 않을 때, A가 일어날 확률을 p, B가 일어날 확률을 q라고 하면, 사건 A 또는 B가 일어날 확률은 $(p+q)$이다.

㉡ 확률의 곱셈

A가 일어날 확률을 p, B가 일어날 확률을 q라고 하면, 사건 A와 B가 동시에 일어날 확률은 $(p\times q)$이다.

④ 여러 가지 확률

㉠ 연속하여 뽑을 때, 꺼낸 것을 다시 넣고 뽑는 경우 : 처음과 나중의 모든 경우의 수는 같다.

㉡ 연속하여 뽑을 때, 꺼낸 것을 다시 넣지 않고 뽑는 경우 : 나중의 모든 경우의 수는 처음의 모든 경우의 수보다 1만큼 작다.

㉢ (도형에서의 확률)$=\frac{\text{(해당하는 부분의 넓이)}}{\text{(전체 넓이)}}$

PART 1

CHAPTER 02 수학 적중예상문제

정답 및 해설 p.009

대표유형 1 기초계산

01 다음 식의 값을 구하면?

$$1,210 \div 121 + 1,212 - 787$$

① 405　② 415
③ 425　④ 435

| 해설 | $1,210 \div 121 + 1,212 - 787 = 10 + 425 = 435$

정답 ④

02 1할은 몇 리인가?

① 10,000리　② 1,000리
③ 100리　④ 10리

| 해설 | 1푼=0.1할, 1리=0.01할, 1모=0.001할이므로 1할=100리이다.

정답 ③

※ 다음 식의 값을 구하시오. [1~10]

01

$$35.4 \div 4 + 0.05 \times 3$$

① 6　② 7
③ 8　④ 9

02

$$0.342+0.465+0.646-1.242$$

① 0.011
② 0.111
③ 0.211
④ 0.311

03

$$0.28+2.4682-0.9681$$

① 1.8701
② 1.7801
③ 1.7601
④ 1.5601

04

$$2{,}620+1{,}600\div 80$$

① 28.20
② 2,820
③ 26.40
④ 2,640

05

$$565\div 5+44\times 3$$

① 215
② 225
③ 235
④ 245

06

$$4.7+22\times5.4-2$$

① 121.5　② 120
③ 132.4　④ 136

07

$$493-24\times5$$

① 373　② 390
③ 874　④ 276

08

$$(984-216)\div48$$

① 16　② 17
③ 18　④ 19

09

$$(48+48+48+48)\times\frac{11}{6}\div\frac{16}{13}$$

① 286　② 289
③ 314　④ 332

10

$$27\times\frac{12}{9}\times\frac{1}{3}\times\frac{3}{2}$$

① 8　② 14
③ 18　④ 20

※ 다음 중 계산 결과가 주어진 식과 같은 것을 고르시오. **[11~13]**

11

$$41+42+43$$

① $6\times6\times6$　② $5\times4\times9$
③ $7\times2\times3$　④ $3\times2\times21$

12

$$(178-302)\div(-1)$$

① $571+48-485$　② $95+147-118$
③ $78\times2-48\div2$　④ $36+49+38$

13

$$3\times8\div2$$

① $7+6$　② $77\div7$
③ $3\times9-18+3$　④ $1+2+3+4$

14 다음 중 계산 결과가 다른 하나는 무엇인가?

① $8-5\div2+2.5$　② $14-5\times2$
③ $10\div4+3\div2$　④ $6\times2-10+2$

※ 다음 빈칸에 들어갈 수로 옳은 것을 고르시오. **[15~17]**

15

1.138 > (　　) > 1.119

① $\frac{16}{13}$　② $\frac{17}{15}$

③ $\frac{19}{17}$　④ $\frac{21}{20}$

16

0.7 < (　　) < 0.8

① $\frac{2}{3}$　② $\frac{5}{8}$

③ $\frac{7}{9}$　④ $\frac{8}{13}$

17

$\frac{1}{5}$ < (　　) < $\frac{5}{7}$

① $\frac{1}{7}$　② $\frac{12}{35}$

③ $\frac{21}{25}$　④ $\frac{1}{6}$

18 두 실수 a, b에 대하여 연산 ◇를 $a◇b=\begin{cases} a-b(a \geq b) \\ a+b(a < b) \end{cases}$로 정의할 때, (6◇2)◇(2◇6)의 값은?

① 8　② 10

③ 12　④ 14

19 2,580kg을 g(그램)과 t(톤)으로 올바르게 변환한 것은?

	g	t		g	t
①	258,000	2.58	②	258,000	0.258
③	2,580,000	2.58	④	2,580,000	0.258

20 두 집합 $A=\{2, 3, x^2+4\}$, $B=\{x+1, 4, 2x+3\}$에 대하여 $A\cap B=\{2, 5\}$일 때, 실수 x의 값은?

① -1
② 0
③ 1
④ 2

21 49의 3할 9푼 3리는 얼마인가?

① 19.257
② 192.57
③ 20.257
④ 202.57

22 S회사에서 M부품을 만드는데 200개 중 5개가 불량이라고 할 때, M부품의 불량률은 얼마인가?

① 5푼
② 1할 2푼 5리
③ 2할 5리
④ 2푼 5리

PART 1

대표유형 2 날짜 · 요일 · 시계

2시와 3시 사이에 시침과 분침이 60°가 되는 시간은 언제인가?(단, 정각은 제외한다)

① 2시 $\frac{150}{11}$분
② 2시 $\frac{190}{11}$분
③ 2시 $\frac{220}{11}$분
④ 2시 $\frac{240}{11}$분

| 해설 | 1분마다 움직이는 시침의 각도는 0.5°, 분침은 6°이다.
2시와 3시 사이에 시침과 분침의 각도가 60°일 때 시간을 x분이라고 하자.
정각을 제외하므로 분침이 움직인 각도가 시침보다 커야 함을 알 수 있다.

$6x-(2\times30+0.5x)=60$

$\rightarrow 5.5x=120$

$\therefore x=\frac{120}{5.5}=\frac{240}{11}$

정답 ④

23 현재 시각이 7시 20분일 때, 시계의 시침과 분침의 작은 각의 각도는?

① 100°
② 105°
③ 110°
④ 115°

24 8월 19일이 월요일이라면 30일 후는 무슨 요일인가?

① 수요일
② 목요일
③ 금요일
④ 토요일

25 신호등 A, B, C가 있다. A는 8초 동안 켜져 있다가 4초 동안 꺼지고, B는 13초 동안 켜져 있다가 5초 동안 꺼지고, C는 15초 동안 켜져 있다가 9초 동안 꺼진다고 한다. 세 개의 신호등이 동시에 켜진 후 처음으로 다시 동시에 켜지기까지는 몇 초가 걸리는가?

① 30초
② 43초
③ 65초
④ 72초

26 인천 광역 버스 1300번, 790번, 1301번의 배차시간은 차례대로 30분, 60분, 80분이다. 이 세 버스가 같은 정류장에서 오전 7시에 첫 차로 출발한다고 할 때, 이 정류장에서 두 번째로 같이 출발하는 시각은 언제인가?

① 9시 30분
② 10시
③ 11시
④ 11시 30분

대표유형 3 거리 · 속력 · 시간

회사에서 거래처까지 갈 때는 국도를 이용하여 60km/h의 속력으로, 회사로 돌아갈 때는 고속도로를 이용하여 120km/h의 속력으로 왔다. 회사에서 거래처를 갔다 돌아오는 데까지 총 1시간이 걸렸다면, 회사에서 거래처까지의 거리는?(단, 회사에서 거래처까지의 거리는 국도를 이용했을 때와 고속도로를 이용했을 때가 같다)

① 40km ② 42km

③ 45km ④ 48km

| 해설 | 회사에서 거래처까지의 거리를 $x$km라고 하면 다음 식이 성립한다.

$$\frac{x}{60}+\frac{x}{120}=1$$

$\rightarrow 2x+x=120$

$\rightarrow 3x=120$

$\therefore x=40$

따라서 회사에서 거래처까지의 거리는 40km이다.

정답 ①

27 연수는 서울에 살고 민호는 부산에 산다. 두 사람은 만나기 위해 자동차를 타고 연수는 80km/h의 속력으로, 민호는 100km/h의 속력으로 서로를 향해 출발했다. 두 사람이 동시에 출발하여 2시간 후에 만났다면 서울과 부산 사이의 거리는?

① 280km ② 300km

③ 320km ④ 360km

28 둘레의 길이가 1km인 공원이 있다. 철수와 영희는 서로 반대 방향으로 걸어서 중간에서 만나기로 했다. 철수는 1분에 70m를 걷고, 영희는 1분에 30m를 걸을 때, 두 사람이 처음 만날 때까지 걸린 시간은?

① 5분 ② 10분

③ 20분 ④ 30분

29 강의 두 지점 A, B 사이는 10km 떨어져 있고, 두 지점을 왕복하는 배가 있다. 강을 거슬러 올라가는 데 걸리는 시간은 내려오는 데 걸리는 시간의 $\frac{5}{2}$배이고, 두 지점을 왕복하는 데 모두 1시간 45분이 걸렸다. 이때 정지한 물에서의 배의 속력은?(단, 배와 강물의 속력은 일정하다)

① 6km/h ② 7km/h

③ 11km/h ④ 14km/h

대표유형 4 나이 · 수

현재 현우의 나이는 30살이고, 조카의 나이는 5살이다. 현우의 나이가 조카 나이의 2배가 되는 것은 몇 년 후인가?

① 17년 후　② 18년 후
③ 19년 후　④ 20년 후

| 해설 | x년 후에 현우와 조카의 나이는 각각 $(30+x)$세, $(5+x)$세이므로 다음 식이 성립한다.

$30+x=2(5+x)$

$\rightarrow 30+x=10+2x$

$\therefore x=20$

따라서 현우의 나이가 조카 나이의 2배가 되는 것은 20년 후이다.

정답 ④

30 아버지, 어머니, 나, 동생의 나이의 합은 132세이다. 어머니의 나이는 가족 평균보다 10세 더 많고, 나와 동생의 나이의 합보다 2세 더 많다. 아버지의 나이는 동생의 나이의 두 배보다 10세 더 많고, 내 나이의 두 배보다 4세 더 많다. 동생의 나이는?

① 16세　② 17세
③ 18세　④ 19세

31 아버지는 45세, 아들은 13세이다. 아버지의 나이가 아들의 나이의 3배가 되는 것은 몇 년 후인가?

① 1년 후　② 2년 후
③ 3년 후　④ 4년 후

32 평균연령이 30살인 팀에 25살 신입이 들어와서 팀 평균연령이 1살 어려졌다. 신입이 들어오기 전의 팀원 수는?

① 3명　② 4명
③ 5명　④ 6명

33 벤치 1개에 5명씩 앉으면 12명이 남고, 6명씩 앉으면 아무도 앉지 않은 벤치가 7개 남는다고 한다. 이때, 벤치의 개수가 될 수 없는 것은?

① 53개　② 54개
③ 55개　④ 56개

대표유형 5 금액

원가가 a원인 물품을 20% 할인하여 팔다가 너무 잘 팔려서 다시 10%의 이익을 붙여서 팔았을 경우, 판매가는 얼마인가?

① 0.6a
② 0.8a
③ 0.88a
④ 0.9a

| 해설 | $a \times (1-0.2) \times (1+0.1) = 0.88a$

정답 ③

34 3개에 A원인 물건을 10% 할인하여 5,400원에 샀다. 이 물건 1개의 가격은 얼마인가?

① 1,800원
② 2,000원
③ 2,200원
④ 2,400원

35 원가가 4,000원인 공책을 정가의 20%를 할인해서 팔아도 원가보다 5%의 이익을 남길 수 있다면 정가는 얼마인가?

① 4,750원
② 5,250원
③ 5,750원
④ 6,250원

36 A씨가 1,300원에 연필을 구매하고 나머지 금액의 절반으로 펜을 구매하였다. 펜을 구매하고 남은 금액에서 300원짜리 지우개를 사고 나니 300원이 남았다고 할 때 처음 가지고 있던 금액은?

① 1,500원
② 2,000원
③ 2,500원
④ 3,000원

37 원가가 10,000원인 수영복에 30% 이익을 예상하고 정가를 붙였지만 팔리지 않아 결국 정가의 20%를 할인하여 팔았다고 한다. 이익은 얼마인가?

① 400원
② 500원
③ 600원
④ 700원

대표유형 6 일률 · 톱니바퀴

서로 맞물려 도는 두 톱니바퀴 A, B가 있다. A의 톱니 수는 54개, B의 톱니 수는 78개이다. 두 톱니바퀴가 같은 톱니에서 출발하여 다시 처음으로 같은 톱니끼리 맞물리는 것은 B톱니바퀴가 몇 회전한 후인가?

① 8회전 ② 9회전
③ 10회전 ④ 11회전

| 해설 | 54와 78의 최소공배수는 702다.
따라서 B의 회전수는 두 수의 최소공배수에서 B의 톱니 수를 나눈 $702 \div 78 = 9$회전이다.

정답 ②

38 어떤 일을 A가 혼자 하면 15일, B가 혼자 하면 10일, C가 혼자 하면 30일이 걸린다. A, B, C가 함께 일하면 총 며칠이 걸리겠는가?

① 5일 ② 6일
③ 7일 ④ 8일

39 밭을 가는 데 갑이 혼자하면 12일, 을이 혼자하면 10일이 걸린다고 한다. 일주일 안으로 밭을 다 갈기 위해 둘이 같이 며칠을 일하다가 을이 아파 나머지는 갑이 혼자 했더니 딱 일주일 만에 밭을 다 갈았다. 둘이 같이 일한 날은 며칠인가?(단, 조금이라도 일을 한 경우, 그날은 일을 한 것으로 간주한다)

① 2일 ② 3일
③ 4일 ④ 5일

40 1L 물통을 가득 채우는 데 수도 A는 15분, 수도 B는 20분이 걸린다고 한다. 수도 A, B를 동시에 사용해 30분 동안 물을 받는다면 물통 몇 개를 채울 수 있는가?

① 1개 ② 2개
③ 3개 ④ 4개

대표유형 7 농도

농도 8%인 소금물 200g과 농도 3%인 소금물 800g을 모두 섞었을 때, 소금물의 농도는?

① 3%
② 4%
③ 5%
④ 6%

| 해설 | 두 소금물을 모두 섞으면 소금물의 양은 1,000g이 되고, 각 소금물에 들어있는 소금의 양은 다음과 같다.

- 농도 8%인 소금물 200g에 들어있는 소금의 양 : $200\times\frac{8}{100}=16$g
- 농도 3%인 소금물 800g에 들어있는 소금의 양 : $800\times\frac{3}{100}=24$g

따라서 두 소금물을 모두 섞었을 때 소금물의 농도는 $\frac{16+24}{1,000}\times100=4$%이다.

정답 ②

41 그릇 A에는 9%의 소금물 200g, 그릇 B에는 4%의 소금물 150g이 있다. 그릇 A에서 100g의 소금물을 그릇 B로 옮겼을 때, 그릇 B에 들어있는 소금물의 농도는 몇 %인가?

① 4.5%
② 5%
③ 5.5%
④ 6%

42 농도 8%의 식염수 300g이 있다. 이 식염수에서 몇 g의 물을 증발시키면 농도 12%의 식염수가 되겠는가?

① 75g
② 100g
③ 125g
④ 150g

43 농도 4%의 설탕물 400g이 들어있는 컵을 방에 두고 자고 일어나서 보니 물이 증발하여 농도가 8%가 되었다. 남아있는 물의 양은?

① 100g
② 200g
③ 300g
④ 400g

대표유형 8 경우의 수 · 확률

서로 다른 2개의 주사위를 동시에 던질 때, 나오는 두 눈의 합이 3일 확률은?

① $\frac{1}{18}$ ② $\frac{1}{12}$

③ $\frac{1}{9}$ ④ $\frac{1}{8}$

| 해설 | • 서로 다른 2개의 주사위를 동시에 던질 때 나오는 모든 경우의 수 : $6\times6=36$가지

• 나오는 두 눈의 합이 3인 경우의 수 : (1, 2), (2, 1) → 2가지

따라서 서로 다른 2개의 주사위를 동시에 던질 때, 나오는 두 눈의 합이 3일 확률은 $\frac{2}{36}=\frac{1}{18}$이다.

정답 ①

44 A, B 두 사람이 동시에 같은 문제를 풀려고 한다. A가 문제를 풀 확률은 $\frac{1}{5}$, B가 문제를 풀 확률은 $\frac{1}{4}$일 때, 한 사람만 문제를 풀 확률은?

① $\frac{1}{20}$ ② $\frac{3}{20}$

③ $\frac{7}{20}$ ④ $\frac{9}{20}$

45 빨강 1개, 초록 1개, 파랑 2개의 총 4개의 숟가락과 빨강 2개, 초록 2개의 총 4개의 젓가락이 있다. 숟가락과 젓가락으로 4개 세트를 만드는 경우의 수는?

① 22가지 ② 36가지

③ 54가지 ④ 72가지

46 슬기, 효진, 은경, 민지, 은빈 5명은 여름휴가를 떠나기 전 원피스를 사러 백화점에 갔다. 모두 마음에 드는 원피스 하나를 발견해 각자 원하는 색깔의 원피스를 고르기로 하였다. 원피스가 노란색 2벌, 파란색 2벌, 초록색 1벌이 있을 때, 5명이 각자 한 벌씩 고를 수 있는 경우의 수는?

① 28가지 ② 30가지

③ 32가지 ④ 34가지

CHAPTER 03 한자성어 핵심이론

1. 깨끗하고 편안한 마음

- 飮馬投錢(음마투전) : 말에게 물을 마시게 할 때 먼저 돈을 물속에 던져서 물 값을 갚는다는 뜻으로, 결백한 행실을 비유함
- 純潔無垢(순결무구) : 마음과 몸가짐이 깨끗하여 조금도 더러운 티가 없음
- 明鏡止水(명경지수) : 맑은 거울과 잔잔한 물이란 뜻으로, 아주 맑고 깨끗한 심경을 일컫는 말
- 安貧樂道(안빈낙도) : 가난한 생활을 하면서도 편안한 마음으로 분수를 지키며 지냄

2. 놀라움 · 이상함

- 茫然自失(망연자실) : 멍하니 정신을 잃음
- 刮目相對(괄목상대) : 눈을 비비고 상대방을 본다는 뜻. 남의 학식이나 재주가 놀랄 만큼 갑자기 늘어난 것을 일컫는 말
- 魂飛魄散(혼비백산) : 몹시 놀라 넋을 잃음
- 大驚失色(대경실색) : 몹시 놀라 얼굴빛이 변함
- 傷弓之鳥(상궁지조) : 화살에 상처를 입은 새란 뜻으로, 한 번 혼이 난 일로 인하여 늘 두려운 마음을 품는 일을 비유
- 駭怪罔測(해괴망측) : 헤아릴 수 없이 괴이함

3. 계절

- 陽春佳節(양춘가절) : 따뜻하고 좋은 봄철
- 天高馬肥(천고마비) : 하늘은 높고 말은 살찐다는 뜻으로, 가을의 특성을 형용하는 말
- 嚴冬雪寒(엄동설한) : 눈이 오고 몹시 추운 겨울
- 凍氷寒雪(동빙한설) : 얼어붙은 얼음과 차가운 눈. 심한 추위

4. 평온

- 物外閒人(물외한인) : 번잡한 세상 물정을 벗어나 한가롭게 지내는 사람
- 無念無想(무념무상) : 무아의 경지에 이르러 일체의 상념을 떠나 담담함
- 無障無碍(무장무애) : 마음에 아무런 집착이 없는 평온한 상태

5. 교훈 · 경계

- 好事多魔(호사다마) : 좋은 일에는 흔히 장애물이 들기 쉬움
- 戴盆望天(대분망천) : 화분 등을 머리에 이고 하늘을 바라봄. 한 번에 두 가지 일을 할 수 없음을 비유
- 兵家常事(병가상사) : 전쟁에서 이기고 지는 것은 흔히 있는 일. 실패는 흔히 있는 일이니 낙심할 것이 없다는 말
- 登高自卑(등고자비) : 높은 곳도 낮은 데서부터. 모든 일은 차례를 밟아서 해야 함. 직위가 높아질수록 자신을 낮춤
- 事必歸正(사필귀정) : 무슨 일이나 결국 옳은 이치대로 돌아감
- 堤潰蟻穴(제궤의혈) : 제방도 개미구멍으로 해서 무너진다는 뜻으로, 작은 일이라도 신중을 기하여야 한다는 말
- 他山之石(타산지석) : 다른 산의 돌 자체로는 쓸모가 없으나 다른 돌로 옥을 갈면 옥이 빛난다는 사실에서 하찮은 남의 언행일지라도 자신을 수양하는 데에 도움이 된다는 말
- 孤掌難鳴(고장난명) : 한쪽 손뼉으로는 울리지 못한다는 뜻. 혼자서는 일을 이루기가 어려움. 맞서는 이가 없으면 싸움이 되지 아니함
- 大器晩成(대기만성) : 크게 될 인물은 오랜 공적을 쌓아 늦게 이루어짐
- 識字憂患(식자우환) : 학식이 도리어 근심을 이끌어 옴

6. 기쁨 · 좋음

- 氣高萬丈(기고만장) : 일이 뜻대로 잘 될 때 우쭐하며 뽐내는 기세가 대단함
- 抱腹絶倒(포복절도) : 배를 그러안고 넘어질 정도로 몹시 웃음
- 與民同樂(여민동락) : 임금이 백성과 함께 즐김
- 弄璋之慶(농장지경) : '장(璋)'은 사내아이의 장난감인 구슬이라는 뜻으로, 아들을 낳은 즐거움을 이르는 말
- 弄瓦之慶(농와지경) : 딸을 낳은 즐거움을 이르는 말
- 拍掌大笑(박장대소) : 손뼉을 치며 크게 웃음
- 秉燭夜遊(병촉야유) : 경치가 좋을 때 낮에 놀던 흥이 미진해서 밤중까지 놀게 됨을 일컫는 말. 옛날에는 촛대가 없기 때문에 촛불을 손에 들고 다녔음
- 錦上添花(금상첨화) : 비단 위에 꽃을 놓는다는 뜻으로, 좋은 일이 겹침을 비유 ↔ 설상가상(雪上加霜)
- 多多益善(다다익선) : 많을수록 더욱 좋음

7. 미인

- 丹脣皓齒(단순호치) : 붉은 입술과 하얀 이란 뜻에서 여자의 아름다운 얼굴을 이르는 말
- 綠鬢紅顔(녹빈홍안) : 윤이 나는 검은 머리와 고운 얼굴이라는 뜻. 젊고 아름다운 여자의 얼굴을 이르는 말
- 傾國之色(경국지색) : 한 나라를 위기에 빠뜨리게 할 만한 미인이라는 뜻

8. 슬픔 · 분노

- 哀而不傷(애이불상) : 슬퍼하되 도를 넘지 아니함
- 兎死狐悲(토사호비) : 토끼의 죽음을 여우가 슬퍼한다는 뜻으로, 같은 무리의 불행을 슬퍼한다는 말
- 目不忍見(목불인견) : 눈으로 차마 볼 수 없음
- 天人共怒(천인공노) : 하늘과 사람이 함께 분노한다는 뜻. 도저히 용서 못 함을 비유
- 悲憤慷慨(비분강개) : 슬프고 분한 느낌이 마음속에 가득 차 있음
- 切齒腐心(절치부심) : 몹시 분하여 이를 갈면서 속을 썩임

9. 강박 · 억압

- 焚書坑儒(분서갱유) : 학업을 억압하는 것을 의미하는 것으로, 진나라 시황제가 정부를 비방하는 언론을 봉쇄하기 위하여 서적을 불사르고 선비를 생매장한 일을 일컫는 말
- 盤溪曲徑(반계곡경) : 꾸불꾸불한 길이라는 뜻으로 정당하고 평탄한 방법으로 하지 아니하고 그릇되고 억지스럽게 함을 이르는 말
- 弱肉强食(약육강식) : 약한 자는 강한 자에게 먹힘
- 不問曲直(불문곡직) : 옳고 그른 것을 묻지도 아니하고 함부로 마구 함
- 牽强附會(견강부회) : 이치에 맞지 아니한 말을 끌어 대어 자기에게 유리하게 함

10. 근심 · 걱정

- 勞心焦思(노심초사) : 마음으로 애를 써 속을 태움
- 髀肉之嘆(비육지탄) : 재능을 발휘할 기회를 가지지 못하여 헛되이 날만 보냄을 탄식함을 이름
- 坐不安席(좌불안석) : 불안, 근심 등으로 자리에 가만히 앉아 있지를 못함
- 內憂外患(내우외환) : 나라 안팎의 여러 가지 근심과 걱정
- 輾轉反側(전전반측) : 이리저리 뒤척이며 잠을 이루지 못함

11. 권세

- 左之右之(좌지우지) : 제 마음대로 휘두르거나 다룸
- 僭賞濫刑(참상남형) : 상을 마음대로 주고 형벌을 함부로 내림
- 指鹿爲馬(지록위마) : 사슴을 가리켜 말이라 이른다는 뜻으로, 윗사람을 농락하여 권세를 마음대로 휘두르는 짓의 비유. 모순된 것을 끝까지 우겨 남을 속이려는 짓
- 生殺與奪(생살여탈) : 살리고 죽이고 주고 빼앗음. 어떤 사람이나 사물을 마음대로 쥐고 흔들 수 있음

12. 노력

- 臥薪嘗膽(와신상담) : 불편한 섶에서 자고, 쓴 쓸개를 맛본다는 뜻. 마음먹은 일을 이루기 위하여 온갖 괴로움을 무릅씀을 이르는 말
- 粉骨碎身(분골쇄신) : 뼈는 가루가 되고 몸은 산산조각이 됨. 곧 목숨을 걸고 최선을 다함
- 專心致志(전심치지) : 오로지 한 가지 일에만 마음을 바치어 뜻한 바를 이룸
- 不撤晝夜(불철주야) : 어떤 일에 골몰하느라고 밤낮을 가리지 아니함. 또는 그 모양
- 切磋琢磨(절차탁마) : 옥·돌·뼈·뿔 등을 갈고 닦아서 빛을 낸다는 뜻으로, 학문·도덕·기예 등을 열심히 닦음을 말함
- 不眠不休(불면불휴) : 자지도 아니하고 쉬지도 아니함. 쉬지 않고 힘써 일하는 모양을 말함
- 走馬加鞭(주마가편) : 달리는 말에 채찍질을 계속함. 자신의 위치에 만족하지 않고 계속 노력함

13. 대책

- 一擧兩得(일거양득) : 한 가지 일로 두 가지 이익을 얻음 ≒ 一石二鳥(일석이조)
- 三顧草廬(삼고초려) : 인재를 맞아들이기 위해서 온갖 노력을 다함을 이르는 말
- 拔本塞源(발본색원) : 폐단이 되는 근원을 아주 뽑아 버림
- 泣斬馬謖(읍참마속) : 촉한의 제갈량이 군령을 어긴 마속을 눈물을 흘리면서 목을 베었다는 고사에서, 큰 목적을 위하여 자기가 아끼는 사람을 버리는 것을 비유하는 말
- 臨機應變(임기응변) : 그때그때의 사정과 형편을 보아 그에 알맞게 그 자리에서 처리함
- 姑息之計(고식지계) : 당장 편한 것만을 택하는 꾀나 방법
- 苦肉之計(고육지계) : 적을 속이기 위하여, 자신의 희생을 무릅쓰고 꾸미는 계책. 일반적으로는 괴로운 나머지 어쩔 수 없이 쓰는 계책을 이름
- 下石上臺(하석상대) : 아랫돌 빼서 윗돌 괴기. 임시변통으로 이리저리 돌려 맞춤을 이르는 말
- 隔靴搔癢(격화소양) : 신을 신은 채 발바닥을 긁음. 일의 효과를 나타내지 못하고 만족을 얻지 못함
- 窮餘之策(궁여지책) : 궁박한 나머지 생각다 못하여 짜낸 꾀
- 束手無策(속수무책) : 어찌할 도리가 없어 손을 묶은 듯이 꼼짝 못함
- 糊口之策(호구지책) : 겨우 먹고 살아갈 수 있는 방책

14. 도리·윤리

- 世俗五戒(세속오계) : 신라 진평왕 때, 원광 법사가 지은 화랑의 계명
- 事君以忠(사군이충) : 세속오계의 하나. 임금을 섬기기를 충성으로써 함
- 事親以孝(사친이효) : 세속오계의 하나. 어버이를 섬기기를 효도로써 함
- 交友以信(교우이신) : 세속오계의 하나. 벗을 사귀기를 믿음으로써 함
- 臨戰無退(임전무퇴) : 세속오계의 하나. 전장에 임하여 물러서지 아니함
- 殺生有擇(살생유택) : 세속오계의 하나. 생명을 죽일 때에는 가려서 해야 함
- 君爲臣綱(군위신강) : 신하는 임금을 섬기는 것이 근본이다.
- 夫爲婦綱(부위부강) : 아내는 남편을 섬기는 것이 근본이다.

- 父子有親(부자유친) : 아버지와 아들은 친애가 있어야 한다.
- 君臣有義(군신유의) : 임금과 신하는 의가 있어야 한다.
- 夫婦有別(부부유별) : 남편과 아내는 분별이 있어야 한다.
- 長幼有序(장유유서) : 어른과 아이는 순서가 있어야 한다.
- 朋友有信(붕우유신) : 벗과 벗은 믿음이 있어야 한다.
- 夫唱婦隨(부창부수) : 남편이 주장하고 아내가 잘 따르는 것이 부부 사이의 도리라는 말

15. 비교

- 伯仲之勢(백중지세) : 서로 우열을 가리기 힘든 형세
- 難兄難弟(난형난제) : 누구를 형이라 해야 하고, 누구를 아우라 해야 할지 분간하기 어렵다는 뜻으로, 두 사물의 우열을 판단하기 어려움을 비유
- 春蘭秋菊(춘란추국) : 봄의 난초와 가을의 국화는 각각 그 특색이 있으므로, 어느 것이 더 낫다고 말할 수 없다는 것
- 互角之勢(호각지세) : 역량이 서로 비슷비슷한 위세
- 五十步百步(오십보백보) : 오십 보 도망가나 백 보 도망가나 같다는 뜻으로, 좀 낫고 못한 차이는 있으나 서로 엇비슷함을 이르는 말

16. 변화

- 塞翁之馬(새옹지마) : 국경에 사는 늙은이[새옹 : 人名]와 그의 말[馬]과 관련된 고사에서, 인생의 길흉화복은 변화가 많아 예측하기 어렵다는 말
- 苦盡甘來(고진감래) : 쓴 것이 다하면 단 것이 온다는 뜻으로, 고생 끝에 즐거움이 옴을 비유
- 桑田碧海(상전벽해) : 뽕나무밭이 푸른 바다가 된다는 뜻으로, 세상이 몰라볼 정도로 바뀐 것을 이르는 말≒동해양진(東海揚塵)
- 轉禍爲福(전화위복) : 언짢은 일이 계기가 되어 오히려 좋은 일이 생김
- 朝令暮改(조령모개) : 아침에 법령을 만들고 저녁에 그것을 고친다는 뜻으로, 자꾸 이리저리 고쳐 갈피를 잡기가 어려움을 이르는 말≒朝令夕改(조령석개)
- 龍頭蛇尾(용두사미) : 머리는 용이나 꼬리는 뱀이라는 뜻으로, 시작이 좋고 나중은 나빠짐의 비유
- 改過遷善(개과천선) : 허물을 고치어 착하게 됨
- 榮枯盛衰(영고성쇠) : 사람의 일생이 성하기도 하고, 쇠하기도 한다는 뜻
- 隔世之感(격세지감) : 그리 오래지 아니한 동안에 아주 바뀌어서 딴 세대가 된 것 같은 느낌
- 一口二言(일구이언) : 한 입으로 두 말을 한다는 뜻. 말을 이랬다저랬다 함≒一口兩舌(일구양설)
- 今昔之感(금석지감) : 지금을 옛적과 비교함에 변함이 심하여 저절로 일어나는 느낌
- 換骨奪胎(환골탈태) : 용모가 환하게 트이고 아름다워져 전혀 딴사람처럼 됨

17. 영원함 · 한결같음

- 常住不滅(상주불멸) : 본연 진심이 없어지지 아니하고 영원히 있음
- 晝夜長川(주야장천) : 밤낮으로 쉬지 아니하고 연달아. 언제나
- 搖之不動(요지부동) : 흔들어도 꼼짝 않음
- 萬古常靑(만고상청) : 오랜 세월을 두고 변함없이 언제나 푸름
- 舊態依然(구태의연) : 예나 이제나 조금도 다름이 없음
- 始終一貫(시종일관) : 처음부터 끝까지 한결같이 함
- 堅如金石(견여금석) : 굳기가 금이나 돌같음
- 始終如一(시종여일) : 처음이나 나중이 한결같아서 변함없음
- 一片丹心(일편단심) : 한 조각 붉은 마음. 곧 참된 정성

18. 은혜

- 結草報恩(결초보은) : 은혜를 입은 사람이 혼령이 되어 풀포기를 묶어 적이 걸려 넘어지게 함으로써 은인을 구해 주었다는 고사에서 유래, 죽어서까지도 은혜를 잊지 않고 갚음을 뜻하는 말
- 刻骨難忘(각골난망) : 은덕을 입은 고마움이 마음 깊이 새겨져 잊히지 아니함
- 罔極之恩(망극지은) : 다함이 없는 임금이나 부모의 큰 은혜
- 白骨難忘(백골난망) : 백골이 된 후에도 잊을 수 없다는 뜻으로, 큰 은혜나 덕을 입었을 때 감사의 뜻으로 하는 말

19. 원수

- 誰怨誰咎(수원수구) : 남을 원망하거나 탓할 것이 없음
- 刻骨痛恨(각골통한) : 뼈에 사무치게 맺힌 원한 ≒ 刻骨之痛(각골지통)
- 徹天之寃(철천지원) : 하늘에 사무치는 크나큰 원한
- 不俱戴天(불구대천) : 하늘을 같이 이지 못한다는 뜻. 이 세상에서 같이 살 수 없을 만큼 큰 원한을 비유하는 말

20. 우정

- 斷金之契(단금지계) : 합심하면 그 단단하기가 쇠를 자를 수 있을 만큼 굳은 우정이나 교제란 뜻으로, 절친한 친구 사이를 말함
- 芝蘭之交(지란지교) : 지초와 난초의 향기와 같이 벗 사이의 맑고도 높은 사귐
- 竹馬故友(죽마고우) : 어렸을 때부터 친하게 사귄 벗
- 水魚之交(수어지교) : 고기와 물과의 사이처럼 떨어질 수 없는 특별한 친분
- 刎頸之交(문경지교) : 목이 잘리는 한이 있어도 마음을 변치 않고 사귀는 친한 사이
- 類類相從(유유상종) : 같은 무리끼리 서로 내왕하며 사귐

- 管鮑之交(관포지교) : 관중과 포숙아의 사귐이 매우 친밀하였다는 고사에서, 우정이 깊은 사귐을 이름
- 金蘭之契(금란지계) : 둘이 합심하면 그 단단하기가 능히 쇠를 자를 수 있고, 그 향기가 난의 향기와 같다는 뜻으로, 친구 사이의 매우 두터운 정의를 이름 ≒ 金蘭之交(금란지교)
- 知己之友(지기지우) : 서로 뜻이 통하는 친한 벗
- 莫逆之友(막역지우) : 거스르지 않는 친구란 뜻으로, 아주 허물없이 지내는 친구를 일컬음
- 金蘭之交(금란지교) : 둘이 합심하면 그 단단하기가 능히 쇠를 자를 수 있고, 그 향기가 난의 향기와 같다는 뜻으로, 벗 사이의 깊은 우정을 말함
- 肝膽相照(간담상조) : 간과 쓸개를 보여주며 사귄다는 뜻으로, 서로의 마음을 터놓고 사귐을 이르는 말

PART 1

21. 원인과 결과

- 因果應報(인과응보) : 선과 악에 따라 반드시 업보가 있는 일
- 結者解之(결자해지) : 맺은 사람이 풀어야 한다는 뜻으로, 자기가 저지른 일은 자기가 해결하여야 한다는 말
- 礎潤而雨(초윤이우) : 주춧돌이 축축해지면 비가 온다는 뜻으로, 원인이 있으면 결과가 있다는 말
- 孤掌難鳴(고장난명) : 손바닥도 마주 쳐야 소리가 난다.
- 矯角殺牛(교각살우) : 빈대 잡으려다 초가 삼간 태운다. 뿔을 바로잡으려다가 소를 죽인다. 곧 조그마한 일을 하려다 큰일을 그르친다는 뜻
- 錦衣夜行(금의야행) : 비단 옷 입고 밤길 가기. 아무 보람 없는 행동
- 金枝玉葉(금지옥엽) : 아주 귀한 집안의 소중한 자식
- 囊中之錐(낭중지추) : 주머니에 들어간 송곳. 재능이 뛰어난 사람은 숨어 있어도 저절로 사람들에게 알려짐을 이르는 말
- 談虎虎至(담호호지) : 호랑이도 제 말 하면 온다. 이야기에 오른 사람이 마침 그 자리에 나타났을 때 하는 말
- 堂狗風月(당구풍월) : 서당개 삼 년에 풍월을 읊는다.
- 螳螂拒轍(당랑거철) : 계란으로 바위치기, 하룻강아지 범 무서운 줄 모른다. 사마귀가 수레에 항거한다는 뜻으로 자기 힘을 생각하지 않고 강적 앞에서 분수없이 날뛰는 것을 비유한 말
- 同價紅裳(동가홍상) : 같은 값이면 다홍치마
- 同族相殘(동족상잔) : 갈치가 갈치 꼬리 문다. 동족끼리 서로 헐뜯고 싸움
- 得隴望蜀(득롱망촉) : 말 타면 경마(말의 고삐) 잡고 싶다. 농서지방을 얻고 또 촉나라를 탐낸다는 뜻으로 인간의 욕심이 무한함을 나타냄
- 登高自卑(등고자비) : 천리길도 한 걸음부터. 일을 하는 데는 반드시 차례를 밟아야 한다.
- 磨斧爲針(마부위침) : 열 번 찍어 안 넘어가는 나무 없다. 도끼를 갈면 바늘이 된다는 뜻으로 아무리 어렵고 험난한 일도 계속 정진하면 꼭 이룰 수가 있다는 말
- 亡羊補牢(망양보뢰) : 소 잃고 외양간 고친다.
- 百聞不如一見(백문불여일견) : 열 번 듣는 것이 한 번 보는 것만 못하다.
- 不入虎穴不得虎子(불입호혈 부득호자) : 호랑이 굴에 가야 호랑이 새끼를 잡는다.

- 牝鷄之晨(빈계지신) : 암탉이 울면 집안이 망한다. 집안에서 여자가 남자보다 활달하여 안팎일을 간섭하면 집안 일이 잘 안 된다는 말
- 三歲之習至于八十(삼세지습 지우팔십) : 세 살 버릇 여든까지 간다.
- 喪家之狗(상가지구) : 상갓집 개. 궁상맞은 초라한 모습으로 이곳저곳 기웃거리며 얻어먹을 것만 찾아다니는 사람을 이름
- 雪上加霜(설상가상) : 엎친 데 덮친다(엎친 데 덮치기), 눈 위에 서리 친다.
- 脣亡齒寒(순망치한) : 입술이 없으면 이가 시리다. 서로 이해관계가 밀접한 사이에 어느 한쪽이 망하면 다른 한쪽도 그 영향을 받아 온전하기 어려움을 이르는 말
- 十伐之木(십벌지목) : 열 번 찍어 아니 넘어 가는 나무 없다.
- 十匙一飯(십시일반) : 열에 한 술 밥이 한 그릇 푼푼하다. 열이 어울려 밥 한 그릇 된다.
- 我田引水(아전인수) : 제 논에 물 대기. 자기 이익을 먼저 생각하고 행동하는 것을 이름
- 吾鼻三尺(오비삼척) : 내 코가 석자. 자기 사정이 급하여 남을 돌보아 줄 겨를이 없음
- 烏飛梨落(오비이락) : 까마귀 날자 배 떨어진다. 아무 관계도 없는 일인데 우연히 때가 같음으로 인하여 무슨 관계가 있는 것처럼 의심을 받게 되는 것
- 牛耳讀經(우이독경) : 쇠귀에 경 읽기. 아무리 가르치고 일러 주어도 알아듣지 못함
- 耳懸鈴鼻懸鈴(이현령비현령) : 귀에 걸면 귀걸이, 코에 걸면 코걸이라는 뜻
- 一魚濁水(일어탁수) : 한 마리의 고기가 물을 흐린다. 한 사람의 잘못이 여러 사람에게 해가 됨
- 以管窺天(이관규천) : 우물 안 개구리. 대롱을 통해 하늘을 봄
- 積小成大(적소성대) : 티끌 모아 태산. 적은 것도 모으면 많아진다는 뜻
- 井底之蛙(정저지와) : 우물 안 개구리. 세상물정을 너무 모름
- 種瓜得瓜種豆得豆(종과득과 종두득두) : 콩 심은 데 콩 나고 팥 심은 데 팥 난다.
- 走馬加鞭(주마가편) : 달리는 말에 채찍질하기. 잘하고 있음에도 불구하고 더 잘되어 가도록 부추기거나 몰아침
- 走馬看山(주마간산) : 수박 겉핥기. 말을 타고 달리면서 산수를 본다는 뜻으로 바쁘게 대충 보며 지나감을 일컫는 말
- 兎死狗烹(토사구팽) : 토끼를 다 잡으면 사냥개도 잡아먹는다.
- 下石上臺(하석상대) : 아랫돌 빼서 윗돌 괴기, 임기응변으로 어려운 일을 처리함
- 漢江投石(한강투석) : 한강에 돌 던지기, 한강에 아무리 돌을 던져도 메울 수 없다는 뜻으로, 아무리 애써도 보람이 없는 일을 비유
- 咸興差使(함흥차사) : 일을 보러 밖에 나간 사람이 오래도록 돌아오지 않을 때 하는 말
- 狐假虎威(호가호위) : 원님 덕에 나팔 분다. 다른 사람의 권세를 빌어서 위세를 부림
- 後生可畏(후생가외) : 후생목이 우뚝하다. 젊은 후학들을 두려워 할 만하다는 뜻

CHAPTER 03 한자성어 적중예상문제

정답 및 해설 p.014

대표유형 한자어

다음 빈칸에 공통으로 들어갈 한자로 옳은 것은?

行( ) ( )業

① 事
② 本
③ 聖
④ 節

| 해설 | 행사(行事), 사업(事業) 모두 일 사(事)가 들어간다.

오답분석

② 근본 본(本), ③ 소리 성(聖), ④ 마디 절(節)

정답 ①

※ 다음 빈칸에 들어갈 한자로 알맞은 것을 고르시오. **[1~5]**

01

抱( )絶倒

① 安
② 順
③ 對
④ 腹

02

( )勉誠實

① 勤
② 助
③ 根
④ 近

03

韋編(　)絕

① 決　② 三
③ 四　④ 成

04

千載一(　)

① 遇　② 緣
③ 力　④ 時

05

桑田碧(　)

① 海　② 害
③ 解　④ 駭

※ 다음 빈칸에 들어갈 한자의 음으로 옳은 것을 고르시오. [6~10]

06

(　　)의야행 (　　)지옥엽

① 군　　② 금
③ 분　　④ 고

07

(　　)벌지목 (　　)시일반

① 삽　　② 안
③ 십　　④ 상

08

교우이(　　) 군(　　)유의

① 서　　② 신
③ 계　　④ 친

09

( )극지은
백골난( )

① 만　② 망
③ 반　④ 골

10

수원수( )
( )태의연

① 구　② 주
③ 호　④ 격

※ 다음 뜻을 지닌 한자성어로 옳은 것을 고르시오. [11~13]

11

등불을 가까이 할 만하다.

① 天高馬肥　② 螢雪之功
③ 燈火可親　④ 韋編三絶

12

고생 끝에 낙이 온다.

① 脣亡齒寒　② 堂狗風月
③ 苦盡甘來　④ 朝三暮四

13

소 잃고 외양간 고친다.

① 臥薪嘗膽　② 亡牛補牢
③ 焚書坑儒　④ 鳥足之血

14 **다음 중 총획이 가장 적은 한자는?**

① 纂　② 劍
③ 辨　④ 寢

15 **다음 중 우리말 독음이 같은 한자끼리 짝지어진 것은?**

① 數 – 走　② 萬 – 面
③ 牛 – 午　④ 元 – 遠

※ 다음 한자성어의 의미로 적절하지 않은 것을 고르시오. [16~17]

16 ① 적자생존(適者生存) : 적은 사람으로는 많은 사람을 이기지 못한다.
② 형설지공(螢雪之功) : 가난을 이겨내며 고생 속에서 공부하여 공을 이루다.
③ 새옹지마(塞翁之馬) : 인생의 길흉화복은 늘 바뀌어 변화가 많다.
④ 두문불출(杜門不出) : 집에만 틀어박혀 사회의 일이나 관직에 나아가지 않는다.

17 ① 신출귀몰(神出鬼沒) : 날쌔게 나타났다 숨었다 하는 모양을 뜻한다.
② 반포지효(反哺之孝) : 자식이 자라서 부모를 봉양하다.
③ 견문발검(見蚊拔劍) : 이치에 맞지 않는 말을 억지로 끌어 붙여 자기주장의 조건에 맞도록 하다.
④ 순망치한(脣亡齒寒) : 가까운 사이의 한쪽이 망하면 다른 한쪽도 온전하기 어렵다.

※ 다음 문장에서 밑줄 친 한자어의 음을 고르시오. [18~20]

18

부모가 자녀에게 말로만 지시하기보다는 먼저 모범을 보이는 것이 더 <u>教育</u>적이다.

① 능률　② 효과
③ 효율　④ 교육

19

두 친구는 어릴 때부터 <u>莫逆</u>한 사이이다.

① 친밀　② 순수
③ 소원　④ 막역

20

어진 이는 남을 사랑하고, 예가 있는 이는 남을 <u>恭敬</u>한다.

① 공손　② 공경
③ 동경　④ 존경

CHAPTER 04 회사상식 핵심이론

1. 인재상

SK그룹이 바라는 인재상은 스스로가 더 행복해질 수 있도록 자발적이고 의욕적으로 도전하는 패기 있는 인재이다.

(1) SK경영철학을 이해하는 인재 – SK경영철학에 대한 믿음과 확신

경영철학에 대한 확신과 VWBE를 통한 SUPEX 추구 문화로 이해관계자 행복 구현

이해관계자의 행복

기업은 이해관계자 간 행복이 조화와 균형을 이루도록 노력하고, 장기적으로 지속 가능하도록 현재와 미래의 행복을 동시에 고려해야 한다.
구성원은 기업의 이해관계자 중 하나임과 동시에 기업을 구성하는 주체이다. 이해관계자에 대한 행복을 추구함으로써 구성원 전체의 행복이 커지고, 이를 통해 구성원 각자의 행복도 지속될 수 있다는 것을 믿고 실천한다.

VWBE

자발적이고(Voluntarily) 의욕적인(Willingly) 두뇌활용(Brain Engagement)을 통해 최대한의 역량을 발휘하여 성과 창출에 기여한다.

SUPEX

급변하는 환경 속에서 기업은 이해관계자 행복을 키워나가기 위하여 인간의 능력으로 도달할 수 있는 최고의 수준인 Surper Excellent 수준, 즉 SUPEX 추구를 통하여 최고의 성과를 지속적으로 창출하여야 한다.
SUPEX Company를 지향하되 곧바로 도달하는 것은 현실적으로 어려우므로 한 단계 높은 수준의 회사(Better Company)를 목표로 설정하고, 이를 반복적으로 달성하면서 SUPEX Company를 구현해 나간다.
SUPEX 추구를 위해서는 구성원이 자발적이고 의욕적인 두뇌활동을 하여야 하며, 자발적 · 의욕적 두뇌활용이 외부로 발현되는 모습이 곧 일과 싸워서 이기는 패기다.
따라서 SUPEX 추구 환경을 조성할 때는 구성원이 패기를 갖추도록 하는 것이 중요하다.

(2) SK경영철학을 잘 실행할 수 있는 인재 – 패기

'과감한 실행의 패기, 일과 싸워서 이기는 패기를 실천하는 인재'
스스로 동기 부여하여 높은 목표에 도전하고 기존의 틀을 깨는 과감한 실행
그 과정에서 필요한 역량을 개발하기 위해 노력하며 팀웍을 발휘

2. SKMS(SK Management System)

SKMS는 SK 고유의 경영철학과 경영기법을 체계적으로 정리한 것으로, SK 구성원 모두의 합의와 공유를 통해 SK 기업문화를 구축하는 기반이다. SKMS는 SK그룹 경영의 기본 방향을 제시하고 있으며, SK의 경영철학과 이를 현실 경영에 구현하는 방법론으로 구성되어 있다. SKMS는 1979년 최초 정립, 이후 14차례 개정을 거치면서 환경 변화에 선제적으로 대응하고 있다.

3. 주요 연혁(2025년 10월 기준)

1953 선경직물 창립
1966 아세테이트 원사 공장 준공
1969 폴리에스터 공장 완공
1973 MBC장학퀴즈 후원 시작
1975 제2창업선언, 수직계열화 천명
1978 세계 4번째 폴리에스터 필름 개발
1979 SK고유의 경영관리기법 SKMS 정립
1980 유공 인수
1988 예멘 마리브 석유 발견
1989 SUPEX 추구 도입
1991 석유에서 섬유까지 수직 계열화 완성
1994 한국이동통신 인수
1996 세계최초 CDMA 서비스 상용화
1998 선경에서 SK로 신CI 선포
2000 신세기통신 인수·합병
2004 SKMS 재정비
2005 행복날개 CI 제정
2006 인천정유 인수
2007 지주회사 체제 출범 및 SKMS 재정비(12차), 하나로 텔레콤 인수
2011 SK이노베이션, SK에너지, SK종합화학 독자경영 출범식
2012 하이닉스반도체 지분 인수
2013 창립 60주년, '따로 또 같이 3.0' 출범
2015 SK주식회사와 SK C&C 합병, 통합법인 출범
2016 SKMS 재정비(13차), 동양매직 인수 및 SK머티리얼즈 출범
2017 SK실트론 인수로 반도체 수직계열화 완성
2018 SK텔레콤, ADT캡스 인수 / SK하이닉스 M15 준공 및 SK주식회사 앰팩(AMPAC) 인수
2019 SK텔레콤, 이동통신 5G 서비스 세계 첫 개통 / SK실트론, 듀폰사의 SiC 웨이퍼 사업부 인수 / SK하이닉스, 세계 최초 128단 1Tb TLC 4D낸드플래시 양산
2020 SKMS 재정비(14차) / SK에너지, 친환경 설비 VRDS 준공 / SK바이오팜, 주식 시장 상장 / SK그룹 8개사, 한국 최초 RE100 / SK주식회사 수소사업추진단 출범
2021 SK바이오사이언스·SK아이이테크놀로지·SK리츠 상장 / SK온·SK스퀘어 출범 / SK주식회사와 SK머티리얼즈 합병 / SK하이닉스, 인텔社 낸드플래시 사업부 1단계 인수 완료

4. 사업영역

GREEN 분야	SK이노베이션, SK에코플랜트, SK케미칼, SK가스
DIGITAL 분야	SK스퀘어, SK텔레콤, SK브로드밴드, SK주식회사 AX, SK네트웍스
BIO 분야	SK바이오팜, SK팜테코, SK바이오사이언스, SK케미칼
첨단 소재 분야	SK하이닉스, SK실트론, SK주식회사 머티리얼즈

PART 1

5. 사회공헌 활동

SK는 일자리를 만들고 수익은 나누어 사회에 환원함으로써 사회문제를 해결하는 '사회적 기업'과 함께 우리 사회의 발전을 위한 새로운 길을 만들어가고 있다. 사회적 기업을 설립, 후원하여 생태계를 구축함은 물론 중국 SK장웬방(장학퀴즈) 후원과 베트남 안면기형 어린이수술 후원, 중남미 재난 복구 지원 등 글로벌 사회공헌을 이어가고 있다. 또한 창의적 인재육성을 위해 장학퀴즈 후원, 프로보노 육성, 사회적 기업가 육성에 힘쓰고 있으며 장애청소년 IT챌린지와 취약계층 김장 / 연탄 지원, 사별 자원봉사단 활동, 긴급구호 활동, 핸드볼협회와 펜싱협회 지원, 핸드볼전용 경기장 건축 등 다방면에서 힘쓰고 있다.

행복나눔재단

행복나눔재단은 더 나은 미래를 꿈꾸는 사람들에게 성장의 기회를 제공하고자 하는 SK의 대표적인 사회공헌재단으로 2006년 출범한 이후 사회적 기업과 교육문화 사업을 통해 우리 사회의 다양한 문제를 해결하고자 했다. 2006년에는 행복도시락을 설립해 결식아동들에게 식사를, 취약계층에게는 안정된 일자리를 제공했으며 단계별 맞춤 지원체계 구축을 시도했다.

SK미소금융재단

SK미소금융재단은 금융소외계층의 자립을 지원하기 위해 2009년 12월에 설립되어 SK그룹에서 기부한 재원을 통해 저금리 사업자금 대출과 컨설팅 지원 사업, 미소희망봉사단 등을 유영하고 있다. '아름다운 소액대출'이라는 의미의 미소(美少)금융은 제도권 금융회사 이용이 곤란한 저소득, 저신용계층을 대상으로 창업과 운영자금 등을 무보증 무담보로 대출하고, 여타의 지원활동 등을 통해 사회·경제적으로 자립할 수 있는 자활의 기회를 제공하는 사업이다.

한국고등교육재단

한국고등교육재단은 SK그룹 故 최종현 회장이 세계 수준의 학자를 양성하여 학술발전을 통한 국가발전을 촉진하기 위해 1974년 설립한 비영리 공익법인이다. 설립 이래 국내 우수 인재들을 선발, 유학을 준비하는 과정부터 지도, 학비 및 생활비를 지원하는 해외유학 장학프로그램을 실시하여 현재까지 사회과학, 자연과학, 동양학, 정보통신 분야에서 727여 명의 박사 학위자를 배출하였다. 이외에도 대학특별 장학프로그램과 한학연수장학제도를 운영함은 물론, 2000년부터는 국제학술사업을 신설, 국제학술교류 지원 사업을 실시하는 한편, 중국과 아시아 내 17개의 아시아연구센터를 운영, 베이징포럼과 상하이포럼 등 세계적 수준의 학술포럼 사업을 통해 국제학술교류증진에 기여하고 있다.

CHAPTER 04 회사상식 적중예상문제

정답 및 해설 p.016

01 다음 중 SK그룹이 추진하는 '파이낸셜 스토리(Financial Story)'의 사업 방향성으로 옳지 않은 것은?

① 첨단소재 ② 에너지
③ 바이오 ④ 항공우주

02 다음 중 SK그룹 계열사 중 배터리 분리막(LiBS) 소재 사업을 전문으로 하는 회사는?

① SKC ② SK이노베이션
③ SK하이닉스 ④ SK쉴더스

03 다음 중 故 최종현 회장이 한국의 우수 인재들을 세계 수준의 학자로 키워 학문과 국가 발전에 기여하고자 설립한 비영리 공익법인의 이름은?

① 한국우수교육재단 ② 한국인재교육재단
③ 한국학문교육재단 ④ 한국고등교육재단

04 다음 중 SK그룹에서 '따로 또 같이'의 효과적인 실행을 위하여 주요 관계사들이 체결한 공식적인 최고 협의 기구의 이름은?

① SK최고협의회 ② SUPEX추구협의회
③ SUPEX최고협의회 ④ SK컨트롤타워

05 다음 중 SK그룹 고유의 운영 방식으로 공동 협약에 따른 협의회를 운영하고 자율적으로 참여하는 경영 방식을 이르는 말은?

① 열정 더하기 경영 ② 따로 또 같이 경영
③ 원 플러스 원 경영 ④ 적자생존 경영

06 다음 중 SK그룹의 'SK'는 무엇의 약자인가?

① 선경 ② 세경
③ 삼경 ④ 시경

07 다음 중 SK그룹에서 1973년 이후 꾸준히 후원을 계속하고 있는 프로그램은 무엇인가?

① 전국노래자랑 ② 도전! 골든벨
③ 장학퀴즈 ④ 지식채널e

08 다음 중 SK스포츠에서 2025년 현재 운영하지 않는 스포츠 종목은 무엇인가?

① 농구 ② 배구
③ 골프 ④ 핸드볼

09 다음 중 빈칸에 들어갈 단어로 알맞은 것은?

> 보기
>
> 이해관계자의 행복을 지속적으로 키워나가기 위해 SK는 인간의 능력으로 도달할 수 있는 최고의 수준인 SUPEX, 즉 Super Excellent 수준을 목표로 정하여 이를 달성하기 위해 노력하고 있습니다. SUPEX Company를 지향하되 곧바로 도달하는 것은 현실적으로 어려우므로 한 단계 높은 수준의 회사인 ______________를 목표로 설정하고, 이를 반복적으로 달성하면서 SUPEX Company를 구현해 나갑니다.

① Next Company
② Good Company
③ Nice Company
④ Better Company

10 다음 중 SUPEX추구협의회에 속해있지 않은 위원회는 무엇인가?

① 전략 / Global위원회
② ICT위원회
③ 윤리경영위원회
④ 인재육성위원회

11 SK그룹의 경영철학은 VWBE를 통한 SUPEX를 추구하는 것이다. 다음 중 VWBE에 해당하지 않는 것은?

① Victory
② Brain Engagement
③ Voluntarily
④ Willingly

12 다음 중 도시에서 생활하던 노동자가 고향과 가까운 지방도시에서 취직하려는 현상은 무엇인가?

① U턴 현상
② J턴 현상
③ T턴 현상
④ Y턴 현상

13 **다음 중 일과 여가의 조화를 추구하는 노동자를 지칭하는 용어는 무엇인가?**

① 골드칼라 ② 화이트칼라
③ 퍼플칼라 ④ 논칼라

PART 1

14 **이미 지출되었기 때문에 현재 다시 쓸 수 없는 비용이라는 뜻으로, 합리적인 선택을 할 때, 고려해서는 안 되는 비용을 무엇인가?**

① 매몰비용 ② 망각비용
③ 생산비용 ④ 기회비용

15 **다음 중 값싼 가격에 질 낮은 저급품만 유통되는 시장을 가리키는 용어는 무엇인가?**

① 레몬마켓 ② 프리마켓
③ 제3마켓 ④ 피치마켓

16 **다음 중 영화나 드라마에서 특정 상품, 이미지, 상품명 등을 노출시켜 관객들에게 간접적으로 홍보하는 광고 마케팅 기법은 무엇인가?**

① PPL 마케팅 ② 바이럴 마케팅
③ 브랜디드 엔터테인먼트 마케팅 ④ 니치 마케팅

17 다음 중 문화적으로 연결이 강하다고 여기는 소비재에 대한 사회현상은?

① 립스틱 효과 ② 핀터레스트
③ 체리피커 ④ 디드로 효과

18 다음 중 기차역, 호텔, 공항 등에서 모바일 쇼핑몰, 방송 등을 통해 물건을 주문하고 모바일 뱅킹으로 결제를 하는 소비자들을 가리키는 용어는?

① 블루슈머 ② 트랜슈머
③ 프로슈머 ④ 블랙컨슈머

19 한국 근로기준법상 근로가 가능한 최저 근로 연령은 몇 세인가?

① 13세 ② 15세
③ 18세 ④ 20세

20 다음 중 직장폐쇄와 관련된 설명으로 옳지 않은 것은?

① 직장폐쇄 기간에는 임금을 지급하지 않아도 된다.
② 직장폐쇄를 금지하는 단체협약은 무효이다.
③ 사용자의 적극적인 권리 행사 방법이다.
④ 노동쟁의를 사전에 막기 위해 직장폐쇄를 실시하는 경우에는 사전에 해당 관청과 노동위원회에 신고해야 한다.

PART

2

언어이해

CHAPTER 01 언어추리 핵심이론

1. 연역 추론

이미 알고 있는 판단(전제)을 근거로 새로운 판단(결론)을 유도하는 추론이다. 연역 추론은 진리일 가능성을 따지는 귀납 추론과는 달리, 명제 간의 관계와 논리적 타당성을 따진다. 즉, 연역 추론은 전제들로부터 절대적인 필연성을 가진 결론을 이끌어내는 추론이다.

(1) 직접 추론

한 개의 전제로부터 중간적 매개 없이 새로운 결론을 이끌어내는 추론이며, 대우 명제가 그 대표적인 예이다.

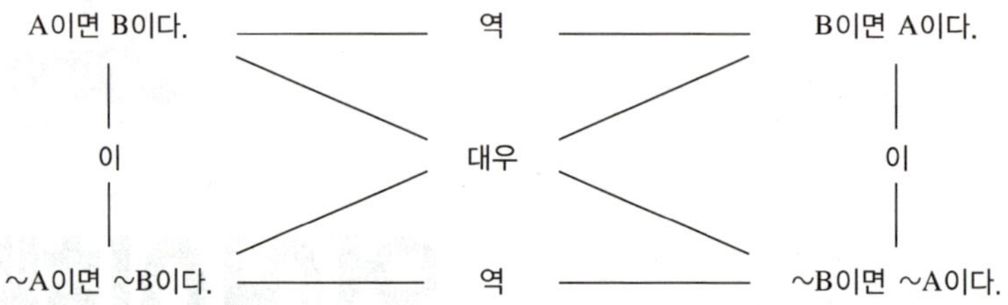

• 한국인은 모두 황인종이다.	(전제)
• 그러므로 황인종이 아닌 사람이 모두 한국인은 아니다.	(결론 1)
• 그러므로 황인종 중에는 한국인이 아닌 사람도 있다.	(결론 2)

(2) 간접 추론

둘 이상의 전제로부터 새로운 결론을 이끌어내는 추론이다. 삼단논법이 가장 대표적인 예이다.

① **정언 삼단논법** : 세 개의 정언명제로 구성된 간접추론 방식이다. 세 개의 명제 가운데 두 개의 명제는 전제이고, 나머지 한 개의 명제는 결론이다. 세 명제의 주어와 술어는 세 개의 서로 다른 개념을 표현한다.

② **가언 삼단논법** : 가언명제로 이루어진 삼단논법을 말한다. 가언명제란 두 개의 정언명제가 '만일 ~이라면'이라는 접속어에 의해 결합된 복합명제이다. 여기서 '만일'에 의해 이끌리는 명제를 전건이라고 하고, 그 뒤의 명제를 후건이라고 한다. 가언 삼단논법의 종류로는 혼합가언 삼단논법과 순수가언 삼단논법이 있다.

㉠ **혼합가언 삼단논법** : 대전제만 가언명제로 구성된 삼단논법이다. 긍정식과 부정식 두 가지가 있으며, 긍정식은 'A면 B이다. A이다. 그러므로 B이다.'이고, 부정식은 'A면 B이다. B가 아니다. 그러므로 A가 아니다.'이다.

- 만약 A라면 B이다.
- B가 아니다.
- 그러므로 A가 아니다.

㉡ **순수가언 삼단논법** : 대전제와 소전제 및 결론까지 모두 가언명제들로 구성된 삼단논법이다.

- 만약 A라면 B이다.
- 만약 B라면 C이다.
- 그러므로 만약 A라면 C이다.

③ **선언 삼단논법** : '~이거나 ~이다.'의 형식으로 표현되며 전제 속에 선언 명제를 포함하고 있는 삼단논법이다.

- 내일은 비가 오거나 눈이 온다(A 또는 B이다).
- 내일은 비가 오지 않는다(A가 아니다).
- 그러므로 내일은 눈이 온다(그러므로 B이다).

④ **딜레마 논법** : 대전제는 두 개의 가언명제로, 소전제는 하나의 선언명제로 이루어진 삼단논법으로 양도추론이라고도 한다.

- 만일 네가 거짓말을 하면, 신이 미워할 것이다. (대전제)
- 만일 네가 거짓말을 하지 않으면, 사람들이 미워할 것이다. (대전제)
- 너는 거짓말을 하거나, 거짓말을 하지 않을 것이다. (소전제)
- 그러므로 너는 미움을 받게 될 것이다. (결론)

2. 귀납 추론

특수한 또는 개별적인 사실로부터 일반적인 결론을 이끌어내는 추론을 말한다. 귀납 추론은 구체적 사실들을 기반으로 하여 결론을 이끌어내기 때문에 필연성을 따지기보다는 개연성과 유관성, 표본성 등을 중시하게 된다. 여기서 개연성이란, 관찰된 어떤 사실이 같은 조건하에서 앞으로도 관찰될 수 있는가 하는 가능성을 말하고, 유관성은 추론에 사용된 자료가 관찰하려는 사실과 관련되어야 하는 것을 일컬으며, 표본성은 추론을 위한 자료의 표본 추출이 공정하게 이루어져야 하는 것을 가리킨다. 이러한 귀납 추론은 일상생활 속에서 많이 사용하고, 우리가 알고 있는 과학적 사실도 이와 같은 방법으로 밝혀졌다.
그러나 전제들이 참이어도 결론이 항상 참인 것은 아니다. 단 하나의 예외로 인하여 결론이 거짓이 될 수 있다.

- 성냥불은 뜨겁다.
- 연탄불도 뜨겁다.
- 그러므로 모든 불은 뜨겁다.

위 예문에서 '성냥불이나 연탄불이 뜨거우므로 모든 불은 뜨겁다.'라는 결론이 나왔는데, 반딧불은 뜨겁지 않으므로 '모든 불이 뜨겁다.'라는 결론은 거짓이 된다.

(1) 완전 귀납 추론

관찰하고자 하는 집합의 전체를 다 검증함으로써 대상의 공통 특질을 밝혀내는 방법이다. 이는 예외 없는 진실을 발견할 수 있다는 장점은 있으나, 집합의 규모가 크고 속성의 변화가 다양할 경우에는 적용하기 어려운 단점이 있다.

예 1부터 10까지의 수를 다 더하여 그 합이 55임을 밝혀내는 방법

(2) 통계적 귀납 추론

통계적 귀납 추론은 관찰하고자 하는 집합의 일부에서 발견한 몇 가지 사실을 열거함으로써 그 공통점을 결론으로 이끌어내려는 방식을 가리킨다. 관찰하려는 집합의 규모가 클 때 그 일부를 표본으로 추출하여 조사하는 방식이 이에 해당하며, 표본 추출의 기준이 얼마나 적합하고 공정한가에 따라 그 결과에 대한 신뢰도가 달라진다는 단점이 있다.

예 여론조사에서 일부 국민의 설문 내용을 바탕으로, 이를 전체 국민의 여론으로 제시하는 것

(3) 인과적 귀납 추론

관찰하고자 하는 집합의 일부 원소들이 지닌 인과 관계를 인식하여 그 원인이나 결과를 이끌어내려는 방식을 말한다.

① **일치법** : 공통적인 현상을 지닌 몇 가지 사실 중에서 각기 지닌 요소 중 어느 한 가지만 일치한다면 이 요소가 공통 현상의 원인이라고 판단

예 마을 잔칫집에서 돼지고기를 먹은 사람들이 집단 식중독을 일으켰다. 따라서 식중독의 원인은 상한 돼지고기가 아닌가 생각한다.

② **차이법** : 어떤 현상이 나타나는 경우와 나타나지 않은 경우를 놓고 보았을 때, 각 경우의 여러 조건 중 단 하나만이 차이를 보인다면 그 차이를 보이는 조건이 원인이 된다고 판단

예 현수와 승재는 둘 다 지능이나 학습 시간, 학습 환경 등이 비슷한데 공부하는 태도에는 약간의 차이가 있다. 따라서 두 사람의 성적이 차이를 보이는 것은 학습 태도 차이 때문이라고 생각된다.

③ **일치 · 차이 병용법** : 몇 개의 공통 현상이 나타나는 경우와 몇 개의 그렇지 않은 경우를 놓고 일치법과 차이법을 병용하여 적용함으로써 그 원인을 판단

예 학업 능력 정도가 비슷한 두 아동 집단에 대해 처음에는 같은 분량의 과제를 부여하고 나중에는 각기 다른 분량의 과제를 부여한 결과, 많이 부여한 집단의 성적이 훨씬 높게 나타났다. 이로 보아, 과제를 많이 부여하는 것이 적게 부여하는 것보다 학생의 학업 성적 향상에 도움이 된다고 판단할 수 있다.

④ **공변법** : 관찰하는 어떤 사실의 변화에 따라 현상의 변화가 일어날 때 그 변화의 원인이 무엇인지 판단

예 담배를 피우는 양이 각기 다른 사람들의 집단을 조사한 결과, 담배를 많이 피울수록 폐암에 걸릴 확률이 높다는 사실이 발견되었다.

⑤ **잉여법** : 앞의 몇 가지 현상이 뒤의 몇 가지 현상의 원인이며, 선행 현상의 일부분이 후행 현상의 일부분이라면, 선행 현상의 나머지 부분은 후행 현상의 나머지 부분의 원인임을 판단

예 어젯밤 일어난 사건의 혐의자는 정은이와 규민이 두 사람인데, 정은이는 알리바이가 성립되어 혐의 사실이 없는 것으로 밝혀졌다. 따라서 그 사건의 범인은 규민이일 가능성이 높다.

3. 유비 추론

두 개의 대상 사이에 일련의 속성이 동일하다는 사실에 근거하여 그것들의 나머지 속성도 동일하리라는 결론을 이끌어내는 추론, 즉 이미 알고 있는 것에서 다른 유사한 점을 찾아내는 추론을 말한다. 그렇기 때문에 유비 추론은 잣대(기준)가 되는 사물이나 현상이 있어야 한다. 유비 추론은 가설을 세우는 데 유용하다. 이미 알고 있는 사례로부터 아직 알지 못하는 것을 생각해 봄으로써 쉽게 가설을 세울 수 있다. 이때 유의할 점은 이미 알고 있는 사례와 이제 알고자 하는 사례가 매우 유사하다는 확신과 증거가 있어야 한다. 그렇지 않은 상태에서 유비 추론에 의해 결론을 이끌어내면 그것은 개연성이 거의 없고 잘못된 결론이 될 수도 있다.

- 지구에는 공기, 물, 흙, 햇빛이 있다(A는 a, b, c, d의 속성을 가지고 있다).
- 화성에는 공기, 물, 흙, 햇빛이 있다(B는 a, b, c, d의 속성을 가지고 있다).
- 지구에 생물이 살고 있다(A는 e의 속성을 가지고 있다).
- 그러므로 화성에도 생물이 살고 있을 것이다(그러므로 B도 e의 속성을 가지고 있을 것이다).

CHAPTER 01 언어추리 적중예상문제

정답 및 해설 p.020

대표유형 1 참 · 거짓 · 알 수 없음

01 제시문 A를 읽고, 제시문 B가 참인지 거짓인지 혹은 알 수 없는지 고르면?

[제시문 A]
- 수박과 참외는 과즙이 많은 과일이다.
- 과즙이 많은 과일은 섭취하면 갈증해소와 이뇨작용에 좋다.

[제시문 B]
수박과 참외는 갈증해소와 이뇨작용에 좋다.

① 참 ② 거짓 ③ 알 수 없음

| 해설 | 수박과 참외는 과즙이 많고, 과즙이 많은 과일은 갈증해소와 이뇨작용에 좋다고 했으므로 참이다.

정답 ①

※ 다음 명제를 읽고 각 문제가 항상 참이면 ①, 거짓이면 ②, 알 수 없으면 ③을 고르시오. [2~3]

- 흰 공의 둘레는 680mm이다.
- 검은 공의 둘레는 흰 공의 둘레보다 20mm 작다.
- 노란 공의 둘레는 흰 공과 검은 공보다 작다.
- 파란 공의 둘레는 650mm이다.
- 빨간 공의 둘레는 600mm 이하이다.

02 흰 공의 둘레가 가장 크다.

① 참 ② 거짓 ③ 알 수 없음

| 해설 | 노란 공의 둘레는 정확히 알 수 없으나, 노란 공은 흰 공과 검은 공의 둘레보다 작다. 또한 파란 공과 빨간 공도 흰 공의 둘레보다 작으며, 검은 공 역시 흰 공의 둘레보다 20mm 작다. 따라서 흰 공의 둘레가 가장 큰 것을 알 수 있다.

정답 ①

03 빨간 공의 둘레가 가장 작다.

① 참 ② 거짓 ③ 알 수 없음

| 해설 | 빨간 공의 둘레는 600mm 이하로 흰 공(680mm), 검은 공(660mm), 파란 공(650mm)보다 작은 것을 알 수 있다. 그러나 노란 공의 둘레를 정확히 알 수 없어 빨간 공과 노란 공의 둘레는 서로 비교할 수 없다. 따라서 빨간 공의 둘레가 가장 작은지는 알 수 없다.

정답 ③

※ 다음 명제를 읽고 각 문제가 항상 참이면 ①, 거짓이면 ②, 알 수 없으면 ③을 고르시오. [1~3]

01 C는 D의 삼촌이다.

- B는 C의 손자이다.
- D는 E의 아들이다.
- A는 B의 아버지이다.
- E는 C의 형이다.

① 참 ② 거짓 ③ 알 수 없음

02 B와 C를 동시에 주문하는 손님도 있었다.

- 모든 손님들은 A와 B 중에서 하나만을 주문했다.
- A를 주문한 손님 중에서 일부는 C를 주문했다.
- B를 주문한 손님들만 추가로 주문할 수 있는 D도 많이 판매되었다.

① 참 ② 거짓 ③ 알 수 없음

03 을은 병보다 늦게 들어왔다.

- 갑은 달리기 경주에서 가장 먼저 들어왔다.
- 을은 달리기 경주에서 2등을 했다고 말했다.
- 병은 정보다 빠르게 들어왔다.
- 무는 병보다 늦게 들어왔지만 제일 늦게 들어오지 않았다.
- 을은 거짓말을 했다.

① 참 ② 거짓 ③ 알 수 없음

※ 다음 제시문을 읽고 각 문제가 항상 참이면 ①, 거짓이면 ②, 알 수 없으면 ③을 고르시오. [4~6]

현대인은 대인 관계에 있어서 가면을 쓰고 살아간다. 물론 그것이 현대 사회를 살아가기 위한 인간의 기본적인 조건인지도 모른다. 사회학자들은 사람이 다른 사람과 교제를 할 때, 상대방에 대한 자신의 인상을 관리하려는 속성이 있다는 점에 동의한다. 즉, 사람들은 대체로 남 앞에 나설 때에는 가면을 쓰고 연기를 하는 배우와 같이 행동한다는 것이다.
왜 그런 상황이 발생하는 것일까? 그것은 주로 대중문화의 속성에 기인한다. 사실 20세기의 대중문화는 과거와 다른 새로운 인간형을 탄생시키는 배경이 되었다고 말할 수 있다. 특히, 광고는 '내가 다른 사람의 눈에 어떻게 보일 것인가?'하는 점을 끊임없이 반복하고 강조함으로써 그 광고를 보는 사람들에게 조바심이나 공포감을 불러일으키기까지 한다.
그중에서도 외모와 관련된 제품의 광고는 개인의 삶의 의미가 '자신이 남에게 어떤 존재로 보이느냐?'라는 것을 지속적으로 주입시킨다. 역사학자들도 '연기하는 자아'의 개념이 대중문화의 부상과 함께 더욱 의미 있는 것이 되었다고 말한다. 그들은 적어도 20세기 초부터 '성공'은 무엇을 잘하고 열심히 하는 것이 아니라 '인상 관리'를 어떻게 하느냐에 달려 있다고 한다. 이렇게 자신의 일관성을 잃고 상황에 따라 적응하게 되는 현대인들은 대중매체가 퍼뜨리는 유행에 민감하게 반응하는 과정에서 자신의 취향을 형성해 가고 있다.

04 사람들의 인상은 타인에 의해서 관리된다.

① 참　② 거짓　③ 알 수 없음

05 20세기 대중문화는 새로운 인간형을 탄생시키는 배경이 되었다.

① 참　② 거짓　③ 알 수 없음

06 사람들은 대중문화의 부상과 함께 성공하고 있다.

① 참　② 거짓　③ 알 수 없음

※ 제시문 A를 읽고, 제시문 B가 참인지 거짓인지 혹은 알 수 없는지 고르시오. [7~16]

07

[제시문 A]
- 미희는 매주 수요일마다 요가 학원에 간다.
- 미희가 요가 학원에 가면 항상 9시에 집에 온다.

[제시문 B]
미희가 9시에 집에 오는 날은 수요일이다.

① 참 ② 거짓 ③ 알 수 없음

08

[제시문 A]
- 비판적 사고를 하는 모든 사람은 반성적 사고를 한다.
- 반성적 사고를 하는 모든 사람은 창의적 사고를 한다.

[제시문 B]
비판적 사고를 하는 사람은 창의적 사고도 한다.

① 참 ② 거짓 ③ 알 수 없음

09

[제시문 A]
- 미세먼지 가운데 2.5μm 이하의 입자는 초미세먼지이다.
- 초미세먼지는 호흡기에서 걸러낼 수 없다.

[제시문 B]
2.4μm입자의 미세먼지는 호흡기에서 걸러낼 수 없다.

① 참 ② 거짓 ③ 알 수 없음

PART 2

10

> [제시문 A]
> • 부모에게 칭찬을 많이 받은 사람은 인간관계가 원만하다.
> • 인간관계가 원만한 모든 사람은 긍정적으로 사고한다.
>
> [제시문 B]
> 부모에게 칭찬을 많이 받은 주영이는 사고방식이 긍정적이다.

① 참 ② 거짓 ③ 알 수 없음

11

> [제시문 A]
> • 다리가 아픈 모든 사람은 계단을 빨리 오르지 못한다.
> • 계단을 빨리 오르지 못하는 모든 사람은 평소에 운동을 하지 않는 사람이다.
>
> [제시문 B]
> 평소에 운동을 하는 사람은 다리가 아프지 않다.

① 참 ② 거짓 ③ 알 수 없음

12

> [제시문 A]
> • 노화가 오면 귀가 잘 들리지 않는다.
> • 귀가 잘 안 들리면 큰 소리로 이야기한다.
>
> [제시문 B]
> 큰 소리로 이야기하는 사람은 노화가 온 사람이다.

① 참 ② 거짓 ③ 알 수 없음

13

[제시문 A]
- 바이올린을 연주할 수 있는 사람은 피아노를 연주할 수 있다.
- 플루트를 연주할 수 있는 사람은 트럼펫을 연주할 수 있다.
- 피아노를 연주할 수 없는 사람은 트럼펫을 연주할 수 없다.

[제시문 B]
플루트를 연주할 수 있는 사람은 피아노를 연주할 수 있다.

① 참 ② 거짓 ③ 알 수 없음

PART 2

14

[제시문 A]
- 독감에 걸리면 열이 난다.
- 독감 바이러스가 발견되지 않으면 열이 나지 않는다.
- 독감이 아니면 기침을 하지 않는다.

[제시문 B]
기침을 하면 독감 바이러스가 발견된다.

① 참 ② 거짓 ③ 알 수 없음

15

[제시문 A]
- A가게의 매출액보다 B가게의 매출액이 더 많다.
- B가게의 매출액보다 C가게의 매출액이 더 많다.
- D가게의 매출액이 A～D가게 중 가장 많다.

[제시문 B]
B가게의 매출액은 두 번째로 많다.

① 참 ② 거짓 ③ 알 수 없음

16

[제시문 A]
- 오이보다 토마토가 더 비싸다.
- 토마토보다 참외가 더 비싸다.
- 파프리카가 가장 비싸다.

[제시문 B]
참외가 두 번째로 비싸다.

① 참 ② 거짓 ③ 알 수 없음

대표유형 2 논리추론

제시된 명제가 모두 참일 때, 다음 중 반드시 참인 것은?

- 바나나의 열량은 방울토마토의 열량보다 높다.
- 딸기의 열량은 사과의 열량보다 낮다.
- 사과의 열량은 바나나의 열량보다 낮다.

① 딸기의 열량이 가장 낮다.
② 방울토마토의 열량이 가장 낮다.
③ 사과의 열량이 가장 높다.
④ 바나나의 열량이 가장 높다.

| 해설 | 바나나 > 방울토마토, 바나나 > 사과 > 딸기로 바나나의 열량이 가장 높은 것을 알 수 있으나, 제시된 명제만으로는 방울토마토와 딸기의 열량을 비교할 수 없으므로 가장 낮은 열량의 과일은 알 수 없다.

정답 ④

※ 제시된 명제가 모두 참일 때, 다음 중 반드시 참인 것을 고르시오. [17~23]

17

- 정은이는 오늘 커피를 한 잔 마셨다.
- 슬기는 오늘 정은이보다 커피를 두 잔 더 마셨다.
- 은주는 오늘 슬기보다 커피를 적게 마셨다.

① 정은이가 오늘 커피를 가장 많이 마셨다.
② 은주가 오늘 커피를 가장 많이 마셨다.
③ 슬기가 오늘 커피를 가장 많이 마셨다.
④ 은주는 오늘 정은이보다 커피를 많이 마셨다.

18

• 바둑이는 점박이보다 먼저 태어났다. • 얼룩이는 바둑이보다 늦게 태어났다. • 깜둥이는 네 형제 중 가장 먼저 태어났다.

① 점박이는 네 형제 중 막내다.
② 얼룩이는 네 형제 중 막내다.
③ 바둑이는 네 형제 중 둘째다.
④ 점박이는 얼룩이보다 먼저 태어났다.

19

• 지후의 키는 178cm이다. • 시후는 지후보다 3cm 더 크다. • 재호는 시후보다 5cm 더 작다.

① 지후의 키가 가장 크다.
② 재호의 키가 가장 크다.
③ 시후의 키가 가장 작다.
④ 재호의 키는 176cm이다.

20

• 원숭이는 기린보다 키가 크다. • 기린은 하마보다 몸무게가 더 나간다. • 원숭이는 기린보다 몸무게가 더 나간다.

① 원숭이는 하마보다 키가 크다.
② 원숭이는 하마보다 몸무게가 더 나간다.
③ 기린은 하마보다 키가 크다.
④ 하마는 기린보다 몸무게가 더 나간다.

21

- 데스크탑은 노트북보다 가격이 높다.
- 만년필은 노트북보다 저렴하다.
- 제일 저렴한 것은 손목시계라고 한다.

① 가장 가격이 높은 것은 노트북이다.
② 두 번째로 가격이 높은 것은 만년필이다.
③ 노트북은 손목시계보다 가격이 높지만 만년필보다 가격이 낮다.
④ 데스크탑과 만년필의 가격 사이에는 노트북의 가격이 형성되어 있다.

22

- 닭이 크다고 해서 반드시 달걀이 큰 건 아니다.
- 달걀이 클수록 껍데기가 두껍다.
- 껍데기가 두꺼울수록 건강한 병아리가 태어난다.

① 달걀이 작으면 닭 크기가 작다.
② 닭이 크면 달걀 껍데기가 두껍다.
③ 달걀이 클수록 건강한 병아리가 태어난다.
④ 건강한 병아리는 큰 닭이 된다.

23

- 창조적인 기업은 융통성이 있다.
- 오래 가는 기업은 건실하다.
- 오래 가는 기업이라고 해서 모두가 융통성이 있는 것은 아니다.

① 융통성이 있는 기업은 건실하다.
② 창조적인 기업이 오래 갈지 아닐지 알 수 없다.
③ 융통성이 있는 기업은 오래 간다.
④ 어떤 창조적인 기업은 건실하다.

※ 제시된 명제가 모두 참일 때, 빈칸에 들어갈 명제로 가장 적절한 것을 고르시오. [24~32]

24

- 자전거를 타면 폐활량이 좋아진다.
- 주말에 특별한 일이 없으면 자전거를 탄다.
- 그러므로 ______________________

① 폐활량이 좋아지면 주말에 특별한 일이 있다.
② 주말에 특별한 일이 없으면 폐활량이 좋아진다.
③ 자전거를 타면 주말에 특별한 일이 없다.
④ 폐활량이 좋아지지 않으면 주말에 특별한 일이 없다.

25

- 겨울이 오면 곰은 잔다.
- 곰이 자면 까치가 날아온다.
- 그러므로 ______________________

① 까치가 날아오면 곰이 잠에서 깨어난다.
② 곰이 자면 겨울이 온다.
③ 까치가 날아오면 겨울이 온다.
④ 겨울이 오면 까치가 날아온다.

26

- 하루에 두 끼를 먹는 어떤 사람도 뚱뚱하지 않다.
- 아침을 먹는 모든 사람은 하루에 두 끼를 먹는다.
- 그러므로 ______________________

① 하루에 세 끼를 먹는 사람이 있다.
② 아침을 먹는 모든 사람은 뚱뚱하지 않다.
③ 뚱뚱하지 않은 사람은 하루에 두 끼를 먹는다.
④ 하루에 한 끼를 먹는 사람은 뚱뚱하지 않다.

27

- 축구를 좋아하는 사람은 모두 기자이다.
- 고등학생 중에는 축구를 좋아하는 사람도 있다.
- 그러므로 ____________________

① 고등학생 중에는 기자도 있다.
② 축구를 좋아하는 모든 사람은 고등학생이다.
③ 야구를 좋아하는 사람 중에는 고등학생도 있다.
④ 기자 중에는 고등학생은 없다.

28

- 모든 미술가는 피카소를 좋아한다.
- 나는 미술가가 아니다.
- 그러므로 ____________________

① 나는 피카소를 좋아하지 않는다.
② 어떤 미술가는 미켈란젤로를 좋아한다.
③ 미술가인 아버지는 피카소를 좋아하지 않는다.
④ 내가 피카소를 좋아하는지 좋아하지 않는지 알 수 없다.

29

- 어떤 고양이는 참치를 좋아한다.
- 참치를 좋아하는 생물은 모두 낚시를 좋아한다.
- 그러므로 ____________________

① 낚시를 좋아하는 모든 생물은 참치를 좋아한다.
② 어떤 고양이는 낚시를 좋아한다.
③ 참치를 좋아하는 생물은 모두 고양이이다.
④ 모든 고양이는 낚시를 좋아한다.

30

- 철수와 민종이의 몸무게는 같다.
- 하늘이와 숙희의 몸무게도 같다.
- 그러므로 ______________________

① 남자의 몸무게는 여자의 몸무게보다 많다.
② 여자의 몸무게는 남자의 몸무게보다 많다.
③ 네 사람의 몸무게는 같은지 알 수 없다.
④ 네 사람의 몸무게는 모두 같다.

31

- 인생은 예술보다 짧다.
- 하루살이는 인생보다 짧다.
- 그러므로 ______________________

① 예술은 인생보다 길지 않다.
② 하루살이는 예술보다 짧다.
③ 어떤 예술은 인생보다 짧다.
④ 인생이 가장 짧다.

32

- 갑의 점수는 을의 점수보다 15점이 낮다.
- 병의 점수는 갑의 점수보다 5점이 높다.
- 그러므로 ______________________

① 갑의 점수가 가장 높다.
② 갑의 점수가 병의 점수보다 높다.
③ 을의 점수가 병의 점수보다 낮다.
④ 갑의 점수가 가장 낮다.

※ 다음 명제가 참일 때 〈보기〉 중 옳은 것을 고르시오. [33~39]

33

- 고양이, 강아지, 햄스터, 거북이 반려동물 네 마리가 있다.
- 미정, 현아, 강희, 예원은 네 마리 반려동물 중 각각 다른 한 마리의 반려동물을 좋아한다.
- 미정은 강아지를 좋아하지 않는다.
- 강희는 햄스터를 좋아하지 않는다.
- 미정은 거북이를 좋아한다.
- 현아는 햄스터와 고양이를 좋아하지 않는다.

보기

A : 예원은 고양이를 좋아한다.
B : 현아는 거북이를 좋아하지 않는다.

① A만 옳다.
② B만 옳다.
③ A, B 모두 옳다.
④ A, B 모두 틀리다.

34

- 오리고기는 돼지고기보다 비싸다.
- 소고기는 오리고기보다 비싸다.
- 닭고기는 돼지고기보다 싸다.

보기

A : 오리고기는 닭고기보다 비싸다.
B : 돼지고기는 소고기보다 싸다.

① A만 옳다.
② B만 옳다.
③ A, B 모두 옳다.
④ A, B 모두 틀리다.

35

- 뇌세포가 일정 비율 이상 활동하지 않으면 집중력이 떨어진다.
- 잠이 잘 오면 얕게 자지 않아 다음 날 쾌적하게 된다.
- 잠이 잘 오지 않는다면 뇌세포가 일정 비율 이상 활동하고 있다는 것이다.

보기

A : 뇌세포가 일정 비율 이상 활동하지 않으면 얕게 자지 않아 다음 날 쾌적하게 된다.
B : 집중력이 떨어지면 얕게 자지 않아 다음 날 쾌적하게 된다.

① A만 옳다.
② B만 옳다.
③ A, B 모두 옳다.
④ A, B 모두 틀리다.

36

- A, B, C, D, E 다섯 사람이 우산 세 개를 썼다.
- 한 우산은 최대 두 사람이 함께 쓸 수 있으며, 우산을 쓰지 않은 사람은 없다.
- A는 B와 우산을 같이 쓰지 않았다.
- B는 C와 우산을 같이 쓰지 않았다.
- A와 B 두 사람은 우산을 혼자 쓰지 않았다.

보기

A : B가 D와 함께 우산을 썼다면, 우산을 혼자 쓴 사람은 C이다.
B : A가 D와 함께 우산을 썼다면, 우산을 혼자 쓴 사람은 C이다.

① A만 옳다.
② B만 옳다.
③ A, B 모두 옳다.
④ A, B 모두 틀리다.

37

- 설사 등의 증세가 일어나면 생활에 나쁜 영향을 준다.
- 몸의 수분 비율이 일정 수치 이하로 떨어지면 탈수 현상이 발생한다.
- 설사 등의 증세가 일어나지 않았다는 것은 탈수 현상이 발생하지 않았다는 것이다.

보기

A : 탈수 현상이 발생하면 생활에 나쁜 영향을 준다.
B : 몸의 수분 비율이 일정 수치 이하로 떨어지면 설사 등의 증세가 발생한다.

① A만 옳다. ② B만 옳다.
③ A, B 모두 옳다. ④ A, B 모두 틀리다.

38

- 어린이 도서 코너는 가장 오른쪽에 있다.
- 잡지 코너는 외국 서적 코너보다 왼쪽에 있다.
- 소설 코너는 잡지 코너보다 왼쪽에 있다.

보기

A : 소설 코너는 외국 서적 코너보다 왼쪽에 있다.
B : 어린이 도서 코너는 잡지 코너보다 오른쪽에 있다.

① A만 옳다. ② B만 옳다.
③ A, B 모두 옳다. ④ A, B 모두 틀리다.

39

- 딸기는 바나나보다 비싸다.
- 바나나는 참외보다 비싸다.
- 키위는 참외보다 비싸다.

보기

A : 딸기가 제일 비싸다.
B : 딸기는 참외보다 비싸다.

① A만 옳다. ② B만 옳다.
③ A, B 모두 옳다. ④ A, B 모두 틀리다.

CHAPTER 02 언어유추 핵심이론

단어의 관계를 묻는 유형은 주어진 낱말과 대응 방식이 같은 것 또는 나머지와 속성이 다른 것으로 출제되며, 문제 유형은 'a : b=( ) : d' 또는 'a : ( )=( ) : d'와 같이 빈칸을 채우는 문제이다.
보통 유의 관계, 반의 관계, 상하 관계, 부분 관계를 통해 단어의 속성을 묻는 문제로, 제시된 단어들의 관계와 속성을 바르게 파악하여 적용하는 것이 중요하다.

1. 유의 관계

두 개 이상의 어휘가 서로 소리는 다르나 의미가 비슷한 경우를 유의 관계라고 하고, 유의 관계에 있는 어휘를 유의어(類義語)라고 한다. 유의 관계의 대부분은 개념적 의미의 동일성을 전제로 한다. 그렇다고 하여 유의 관계를 이루는 단어들을 어느 경우에나 서로 바꾸어 쓸 수 있는 것은 아니다. 따라서 언어 상황에 적합한 말을 찾아 쓰도록 노력하여야 한다.

(1) 원어의 차이

한국어는 크게 고유어, 한자어, 외래어로 구성되어 있다. 따라서 하나의 사물에 대해서 각각 부르는 일이 있을 경우 유의 관계가 발생하게 된다.

① 고유어와 한자어

예 오누이 : 남매, 나이 : 연령, 사람 : 인간

② 한자어와 외래어

예 사진기 : 카메라, 탁자 : 테이블

(2) 전문성의 차이

같은 사물에 대해서 일반적으로 부르는 이름과 전문적으로 부르는 이름이 다른 경우가 많다. 이런 경우에 전문적으로 부르는 이름과 일반적으로 부르는 이름 사이에 유의 관계가 발생한다.

예 에어컨 : 공기조화기, 소금 : 염화나트륨

(3) 내포의 차이

나타내는 의미가 완전히 일치하지는 않으나, 유사한 경우에 유의 관계가 발생한다.

예 즐겁다 : 기쁘다, 친구 : 동무

(4) 완곡어법

문화적으로 금기시하는 표현을 둘러서 말하는 것을 완곡어법이라고 하며, 이러한 완곡어법 사용에 따라 유의 관계가 발생한다.

예 변소 : 화장실, 죽다 : 운명하다

2. 반의 관계

(1) 개요

반의어(反意語)는 둘 이상의 단어에서 의미가 서로 짝을 이루어 대립하는 경우를 말한다. 어휘의 의미가 서로 대립하는 단어를 말하며, 이러한 어휘들의 관계를 반의 관계라고 한다. 한 쌍의 단어가 반의어가 되려면, 두 어휘 사이에 공통적인 의미 요소가 있으면서도 동시에 서로 다른 하나의 의미 요소만 달라야 한다.

반의어는 반드시 한 쌍으로만 존재하는 것이 아니라, 다의어(多義語)이면 그에 따라 반의어가 여러 개로 달라질 수 있다. 즉, 하나의 단어에 대하여 여러 개의 반의어가 있을 수 있다.

(2) 반의어의 종류

반의어에는 상보 반의어와 정도 반의어, 방향 반의어가 있다.

① **상보 반의어** : 한쪽 말을 부정하면 다른 쪽 말이 되는 반의어이며, 중간항은 존재하지 않는다. '있다'와 '없다'가 상보적 반의어이며, '있다'와 '없다' 사이의 중간 상태는 존재할 수 없다.

예 참 : 거짓, 합격 : 불합격

② **정도 반의어** : 한쪽 말을 부정하면 반드시 다른 쪽 말이 되는 것이 아니며, 중간항을 갖는 반의어이다. '크다'와 '작다'가 정도 반의어이며, 크지도 작지도 않은 중간이라는 중간항을 갖는다.

예 길다 : 짧다, 많다 : 적다

③ **방향 반의어** : 맞선 방향을 전제로 하여 관계나 이동의 측면에서 대립을 이루는 단어 쌍이다. 방향 반의어는 공간적 대립, 인간관계 대립, 이동적 대립 등으로 나누어 볼 수 있다.

㉠ 공간적 대립

예 위 : 아래, 처음 : 끝

㉡ 인간관계 대립

예 부모 : 자식, 남편 : 아내

㉢ 이동적 대립

예 사다 : 팔다, 열다 : 닫다

3. 상하 관계

상하 관계는 단어의 의미적 계층 구조에서 한쪽이 의미상 다른 쪽을 포함하거나 다른 쪽에 포섭되는 관계를 말한다. 상하 관계를 형성하는 단어들은 상위어(上位語)일수록 일반적이고 포괄적인 의미를 지니며, 하위어(下位語)일수록 개별적이고 한정적인 의미를 지닌다. 따라서 상위어는 하위어를 의미적으로 함의하게 된다. 즉, 하위어가 가지고 있는 의미 특성을 상위어가 자동적으로 가지게 되는 것이다.

4. 부분 관계

부분 관계는 한 단어가 다른 단어의 부분이 되는 관계를 말하며, 전체 – 부분 관계라고도 한다. 부분 관계에서 부분을 가리키는 단어를 부분어(部分語), 전체를 가리키는 단어를 전체어(全體語)라고 한다. 예를 들면, '머리, 팔, 몸통, 다리'는 '몸'의 부분어이며, 이러한 부분어들에 의해 이루어진 '몸'은 전체어이다.

CHAPTER 02 언어유추 적중예상문제

정답 및 해설 p.024

대표유형 1 관계유추 1

다음 제시된 단어의 대응 관계로 볼 때, 빈칸에 들어가기에 적절한 것은?

장롱 : 나무 = ( ) : 쌀

① 농부
② 벼
③ 식혜
④ 곡식

| 해설 | '나무'로 '장롱'을 만들고, '쌀'로 '식혜'를 만든다.

정답 ③

※ 다음 제시된 단어의 대응 관계로 볼 때, 빈칸에 들어가기에 적절한 것을 고르시오. [1~21]

01

지각 : 늦잠 = ( ) : 더위

① 오한
② 땀
③ 두통
④ 추위

02

교사 : 의사 = 바이올린 : ( )

① 드럼
② 플루트
③ 피아노
④ 가야금

03

총 : 방아쇠 = 자동차 : (　　)

① 비행기　② 이동수단
③ 바퀴　④ 도로

04

독점 : 공유 = (　　) : 창조

① 앙심　② 모방
③ 연상　④ 발명

05

자동차 : 바퀴 = 사람 : (　　)

① 머리　② 허리
③ 다리　④ 손목

06

지도 : 내비게이션 = 마차 : (　　)

① 유모차　② 손수레
③ 리어카　④ 자동차

07

수증기 : (   ) = 꽃 : 만개하다

① 답답하다
② 자욱하다
③ 승화하다
④ 을씨년스럽다

08

가을 : 사과 = 여름 : (   )

① 수박
② 딸기
③ 한라봉
④ 배

09

대한민국 : 무궁화 = 네덜란드 : (   )

① 장미
② 데이지
③ 튤립
④ 백합

10

수평 : 수직 = (   ) : 기립

① 경례
② 기상
③ 좌석
④ 착석

11

사실 : 허구 = 유명 : (　　)

① 인기　② 가수　③ 진실　④ 무명

12

부상 : (　　) = 바이러스 : 병

① 상처　② 암　③ 감기　④ 피로

13

클레식 : 음악 = (　　) : 미술

① 도자기　② 피카소　③ 현대　④ 팝아트

14

고집 : 집념 = (　　) : 가을

① 겨울　② 낙엽　③ 계절　④ 추계

PART 2

15

부채 : 선풍기 = 인두 : (　　)

① 분무기
② 다리미
③ 세탁소
④ 세탁기

16

플래카드 : 현수막 = 스테이플러 : (　　)

① 누르개
② 집개
③ 찍개
④ 고정개

17

엔진 : 자동차 = 배터리 : (　　)

① 충전기
② 전기
③ 동력기
④ 휴대전화

18

근심 : 걱정 = (　　) : 얼굴

① 신체
② 안면
③ 입술
④ 키

19

긴장 : 이완 = ( ) : 거대

① 거만 ② 왜소
③ 비대 ④ 해소

20

말다 : 그만두다 = 야물다 : ( )

① 가물다 ② 머금다
③ 홰치다 ④ 익다

21

치통 : 충치 = ( ) : 폐수

① 쓰레기 ② 하천
③ 공장 ④ 수질오염

PART 2

대표유형 2 **관계유추 2**

다음 제시된 단어의 대응 관계로 볼 때, 빈칸에 들어가기에 알맞은 단어끼리 짝지어진 것은?

편지 : (　　) = (　　) : 연고

① 전화, 수술　　② 종이, 약국
③ 우표, 상처　　④ 우체국, 붕대

| 해설 | '편지' 발송에는 '우표'가 필요하고, '상처' 치료에는 '연고'가 필요하다.

정답 ③

※ 다음 제시된 단어의 대응 관계로 볼 때, 빈칸에 들어가기에 알맞은 단어끼리 짝지어진 것을 고르시오. [22~30]

22

새 : (　　) = 꽃 : (　　)

① 부리, 열매　　② 간격, 식물원
③ 하늘, 수분　　④ 매, 개나리

23

(　　) : 희망 = 이바지 : (　　)

① 효과, 효능　　② 사려, 수긍
③ 공헌, 귀감　　④ 염원, 공헌

24

자립 : (　　) = 심야 : (　　)

① 독립, 광명
② 의존, 백주
③ 의타심, 꼭두새벽
④ 의지, 한밤

25

미술 : (　　) = 드라마 : (　　)

① 관광, 텔레비전
② 감상, 시청
③ 쓰다, 관람
④ 관전, 탐방

26

뉴욕 : (　　) − (　　) : 오페라하우스

① 자유의 여신상, 시드니
② 캥거루 섬, 호주
③ 블루마운틴, 호주
④ 에펠탑, 시드니

27

종이 : (　　) = (　　) : 가다

① 색, 말다
② 호랑이, 집
③ 나무, 밀다
④ 비행기, 오다

28

( ) : 닭 = 망둥이 : ( )

① 12간지, 갯벌
② 비둘기, 몽둥이
③ 새벽, 낮
④ 소, 꼴뚜기

29

( ) : 이불 = 타다 : ( )

① 눕다, 택시
② 먹다, 교통
③ 덮다, 버스
④ 펴다, 이동

30

( ) : 설명하다 = 분류하다 : ( )

① 설득하다, 불리하다
② 해설하다, 구별하다
③ 설비하다, 종합하다
④ 평론하다, 분간하다

※ 다음 제시된 단어와 동일한 관계가 되도록 빈칸에 들어갈 가장 적절한 어휘를 고르시오. [31~40]

31

(A) : 포도 = 신발 : (B)

A ① 채소 ② 과일 ③ 수박 ④ 씨
B ① 운동 ② 양말 ③ 운동화 ④ 장갑

PART 2

32

기자 : (A) = 작가 : (B)

A ① 취재 ② 탐사 ③ 관람 ④ 여행
B ① 강연 ② 여행 ③ 집필 ④ 소설

33

(A) : 가뭄 = 환희 : (B)

A ① 여름 ② 더위 ③ 장마 ④ 기근
B ① 비애 ② 승리 ③ 기쁨 ④ 희망

34

(A) : 가구 = 개구리 : (B)

A ① 나무 ② 장롱 ③ 식물 ④ 올챙이
B ① 두꺼비 ② 컴퓨터 ③ 유리 ④ 양서류

35

택배 : (A) = (B) : 연고

A ① 전화 ② 종이 ③ 송장 ④ 우체국
B ① 수술 ② 상처 ③ 약국 ④ 붕대

36

(A) : 감추다 = (B) : 지키다

A	① 비밀	② 마음	③ 눈물	④ 문
B	① 약속	② 하늘	③ 웃음	④ 해

37

(A) : 문학 = (B) : 건축

A	① 사실	② 책	③ 고전	④ 소설
B	① 원시	② 바로크	③ 창문	④ 건설

38

별 : (A) = 해 : (B)

A	① 빛나다	② 피다	③ 쏘다	④ 달
B	① 여물다	② 입다	③ 뜨다	④ 여름

39

서적 : (A) = (B) : 냉장고

A	① 양서	② 도서	③ 소설	④ 고서
B	① 가전	② 보관	③ 냉장	④ TV

40

(A) : 한옥 = 음식 : (B)

A	① 건물	② 한식	③ 콜라	④ 식혜
B	① 아파트	② 외식	③ 김치	④ 한복

CHAPTER 03 언어논리 핵심이론

1. 논리구조

논리구조에서는 주로 단락과 문장 간의 관계나 글 전체의 논리적 구조를 정확히 파악했는지를 묻는다. 글의 순서를 바르게 배열하는 유형이 출제되고 있다. 제시문의 전체적인 흐름을 바탕으로 각 문단의 특징, 단락 간의 역할 등을 논리적으로 구조화할 수 있는 능력을 길러야 한다.

(1) 문장과 문장 간의 관계

① **상세화 관계** : 주지 → 구체적 설명(비교, 대조, 유추, 분류, 분석, 인용, 예시, 비유, 부연, 상술 등)

② **문제(제기)와 해결 관계** : 한 문장이 문제를 제기하고, 다른 문장이 그 해결책을 제시하는 관계(과제 제시 → 해결 방안, 문제 제기 → 해답 제시)

③ **선후 관계** : 한 문장이 먼저 발생한 내용을 담고, 다음 문장이 나중에 발생한 내용을 담고 있는 관계

④ **원인과 결과 관계** : 한 문장이 원인이 되고, 다른 문장이 그 결과가 되는 관계(원인제시 → 결과 제시, 결과 제시 → 원인 제시)

⑤ **주장과 근거 관계** : 한 문장이 필자가 말하고자 하는 바(주지)가 되고, 다른 문장이 그 문장의 증거(근거)가 되는 관계(주장 제시 → 근거 제시, 의견 제안 → 의견 설명)

⑥ **전제와 결론 관계** : 앞 문장에서 조건이나 가정을 제시하고, 뒤 문장에서 이에 따른 결론을 제시하는 관계

(2) 문장의 연결 방식

① **순접** : 원인과 결과, 부연 설명 등의 문장 연결에 쓰임
예 그래서, 그리고, 그러므로 등

② **역접** : 앞글의 내용을 전면적 또는 부분적으로 부정
예 그러나, 그렇지만, 그래도, 하지만 등

③ **대등·병렬** : 앞뒤 문장의 대비와 반복에 의한 접속
예 및, 혹은, 또는, 이에 반하여 등

④ **보충·첨가** : 앞글의 내용을 보다 강조하거나 부족한 부분을 보충하기 위해 다른 말을 덧붙이는 문맥
예 단, 곧, 즉, 더욱이, 게다가, 왜냐하면 등

⑤ **화제 전환** : 앞글과는 다른 새로운 내용을 이야기하기 위한 문맥
예 그런데, 그러면, 다음에는, 이제, 각설하고 등

⑥ **비유·예시** : 앞글에 대해 비유적으로 다시 말하거나 구체적인 예를 보임
예 예를 들면, 예컨대, 마치 등

(3) 원리 접근법

앞뒤 문장의 중심 의미 파악	→	앞뒤 문장의 중심 내용이 어떤 관계인지 파악	→	문장 간의 접속어, 지시어의 의미와 기능	→	문장의 의미와 관계성 파악
각 문장의 의미를 어떤 관계로 연결해서 글을 전개하는지 파악해야 한다.		지문 안의 모든 문장은 서로 논리적 관계성이 있다.		접속어와 지시어를 음미하는 것은 독해의 길잡이 역할을 한다.		문단의 중심 내용을 알기 위한 기본 분석 과정이다.

2. 논리적 이해

(1) 전제의 추론

전제의 추론은 규칙적으로 주어진 내용의 이면에 내포되어 있는 이미 옳다고 인정된 사실을 유추하는 유형이다.

① 먼저 주장이 무엇인지 명확하게 파악해야 한다.

② 주장이 성립하기 위해서 논리적으로 필요한 요건이 무엇인지 생각해 본다.

③ 선택지 중 주장과 논리적으로 인과 관계를 형성할 수 있는 조건을 찾아낸다.

(2) 결론의 추론

주어진 내용을 명확히 이해한 다음, 이를 근거로 이끌어 낼 수 있는 올바른 결론이나 관련 사항을 논리적인 관점에서 찾는 문제 유형이다. 이와 같은 문제는 평상시 비판적이고 논리적인 관점으로 글을 읽는 연습을 충분히 해 두어야 유리하다고 볼 수 있다.

자주 출제되는 유형

- 정의가 바르게 된 것
- 문맥상 삭제해도 되는 부분
- 빈칸에 들어갈 적절한 것
- 다음 글에 이어 나올 수 있는 것
- 글의 내용을 통해 알 수 없는 것
- 가장 타당한 논증
- 다음 내용이 들어가기에 가장 적절한 위치

이와 같은 유형의 문제를 풀 때는 먼저 제시문을 읽고, 그 글을 통해 타당성 여부를 검증해 가는 방법을 취하는 것이 좋다. 물론 통독(通讀)을 통해 각 문단에서 다루고 있는 내용이 무엇인지 미리 확인해 두어야만 선택지와 관련된 내용을 이끌어 낼 근거가 언급된 부분을 쉽게 찾을 수 있다.

CHAPTER 03 언어논리 적중예상문제

정답 및 해설 p.027

대표유형 1 나열하기

다음 문장을 논리적 순서대로 바르게 나열한 것은?

(가) 가언적 명령과 달리, 우리가 이상적 인간으로서 가지는 일정한 의무를 정언적 명령이라고 한다.
(나) 칸트는 이와 같은 정언적 명령들의 체계가 곧 도덕이라고 보았다.
(다) 칸트는 우리가 특정한 목적을 달성하기 위해 준수해야 할 일, 또는 어떤 처지가 되지 않기 위해 회피해야 할 일에 대한 것을 가언적 명령이라고 했다.
(라) 이는 절대적이고 무조건적인 의무이며, 이에 복종함으로써 뒤따르는 결과가 어떠하든 그와 상관없이 우리가 따라야 할 명령이다.

① (다) – (라) – (가) – (나)
② (다) – (가) – (라) – (나)
③ (나) – (다) – (라) – (가)
④ (가) – (나) – (라) – (다)

| 해설 | 제시문은 칸트의 가언적 명령에 대한 정의를 먼저 설명한 후, 그에 반대되는 정언적 명령에 대해 설명하는 내용의 글이다. (다) 칸트는 우리가 특정한 목적을 달성하기 위해 준수해야 할 일, 또는 어떤 처지가 되지 않기 위해 회피해야 할 일에 대한 것을 가언적 명령이라고 했다. – (가) 가언적 명령과 달리, 우리가 이상적 인간으로서 가지는 일정한 의무를 정언적 명령이라고 한다. – (라) 이는 절대적이고 무조건적인 의무이며, 이에 복종함으로써 뒤따르는 결과가 어떠하든 그와 상관없이 우리가 따라야 할 명령이다. – (나) 칸트는 이와 같은 정언적 명령들의 체계가 곧 도덕이라고 보았다.

정답 ②

※ 다음 문장 또는 문단을 논리적 순서대로 바르게 나열한 것을 고르시오. [1~5]

01

(가) 왜냐하면 눈과 자율신경을 통한 인간의 정신적·생리적 삶의 리듬은 일별, 월별로 변화하는 주광에 영향을 받기 때문이다.
(나) 인공광은 변화하는 주광과 달리 시간의 제약 없이 빛의 밝기를 원하는 대로 조절할 수 있지만, 인간의 건강과 안락감에 부정적 영향을 미치는 측면을 간과할 수 없다.
(다) 우리가 전등이라고 부르는 인공광은 빛의 조도 조절, 야간 조명, 기후나 기상에 따른 변화 등에 대처하기 위해서 필요하다.
(라) 하지만 인공광은 생리적 반응에 있어서 자연광과 일치하지 않기 때문에 인간의 시각적 적응 능력을 필요로 하며, 자연 채광이 차단된 밀폐된 공간에서는 상황 판단에 혼란을 일으키기 쉽다는 단점이 있다.

① (다) – (라) – (나) – (가)
② (다) – (나) – (가) – (라)
③ (나) – (가) – (라) – (다)
④ (가) – (다) – (나) – (라)

02

(가) 즉, 어떤 개인에 대해 행위자의 선호를 표현하는 도덕적 선택은 결코 정당화될 수 없다.
(나) 도덕 철학자들은 이 물음에 대해 대부분 부정적 반응을 보이며 도덕적 정당화의 조건으로 공평성을 제시한다. 공평주의자들의 관점에서 볼 때 특권을 가진 사람은 아무도 없다.
(다) 도덕적 선택의 순간에 직면했을 때 상대방에게 개인적 선호를 드러내는 행동이 과연 도덕적으로 정당할까?
(라) 그러므로 공평주의자들은 사람들 간의 차별을 인정하지 않기 때문에 개인이 처해 있는 상황이 어떠한가에 따라 행동의 방향을 결정해야 한다고 말한다.
(마) 사람들은 인종, 성별, 연령에 관계없이 모두 신체와 생명, 복지와 행복에 있어서 동일한 가치를 지닌다.

① (다) – (나) – (마) – (가) – (라)
② (다) – (가) – (나) – (마) – (라)
③ (나) – (다) – (가) – (마) – (라)
④ (가) – (라) – (다) – (마) – (나)

03

> (가) 환경 영향 평가 제도는 각종 개발 사업이 환경에 끼치는 영향을 예측하고 분석하여 부정적인 환경 영향을 줄이는 방안을 마련하는 수단이다.
> (나) 그리하여 각종 개발 계획의 추진 단계에서부터 환경을 고려하는 환경 영향 평가 제도가 도입되었다.
> (다) 개발로 인해 환경오염이 심각해지고 자연 생태계가 파괴됨에 따라 오염 물질의 처리 시설 설치와 같은 사후 대책만으로는 환경 문제에 대한 해결이 어려워졌다.
> (라) 그 결과 환경 영향 평가 제도는 환경 훼손을 최소화하고 환경 보전에 대한 사회적 인식을 제고하는 등 개발과 보전 사이의 균형추 역할을 수행해 왔다.

① (가) – (다) – (나) – (라)
② (가) – (다) – (라) – (나)
③ (라) – (다) – (나) – (가)
④ (나) – (라) – (다) – (가)

04

> (가) 그렇기 때문에 남녀 고용 평등의 확대를 위해 채용 목표제를 강화할 필요가 있다.
> (나) 우리나라 대졸 이상 여성의 고용 비율은 OECD 국가 중 최하위인데 이는 채용 과정에서 여성이 부당한 차별을 받는 경우가 많다는 것을 보여준다.
> (다) 우리나라 남녀 전체의 평균 고용 비율 격차는 31.8%p로 남성에 비해 여성의 고용 비율이 현저히 낮다.
> (라) 강화된 법규가 준수될 수 있도록 정부의 계도와 감독 기능을 강화해야 할 것이다.
> (마) 고용 시 여성에게 일정 비율을 할애하는 것은 남성에 대한 역차별이라는 주장이 있기는 하지만 남녀 고용 평등이 어느 정도 실현될 때까지 여성에 대한 배려는 불가피하다.

① (가) – (나) – (마) – (다) – (라)
② (다) – (가) – (마) – (나) – (라)
③ (다) – (나) – (라) – (가) – (마)
④ (라) – (다) – (가) – (나) – (마)

05

(가) 세종대왕은 백성들이 어려운 한자를 익히지 못해 글을 읽고 쓰지 못하는 것을 안타깝게 여겼다. 당시에는 오직 사대부들만 한자를 배워 지식을 독점했기 때문에 권력 역시 이들의 것이었다. 세종대왕은 이를 가엾게 여기다가, 온 국민이 쉽게 깨우칠 수 있는 문자를 만들었다.

(나) 훈민정음을 세상에 설명하기 위해 1446년(세종 28년) 정인지 등의 학자가 세종대왕의 명령을 받고 한문으로 편찬한 해설서인 『훈민정음 해례본』을 편찬하고, 정인지 · 안지 · 권제 등을 명해 조선 왕조 창업을 노래한 『용비어천가』를 펴냈다.

(다) 이러한 반대를 물리치고, 세종대왕은 1446년 훈민정음을 세상에 알리게 된다. 실제로 '백성을 가르치는 바른 소리'라는 뜻의 훈민정음의 서문을 보면 평생 글을 모른 채 살아가는 사람들에 대한 애민정신이 명확히 드러난다.

(라) 각고의 노력 끝에 훈민정음을 만들었지만, 대신들은 물론 집현전 학자들까지도 한글 창제에 대해 거세게 반발했다. 최만리, 정찬손 등의 학자들이 반대 상소를 올리자 세종대왕이 "이두를 제작한 뜻이 백성을 편리하게 하려 함이라면, 지금의 언문(한글)도 백성을 편리하게 하려 하는 것이다."라고 질타한 일화가 『세종실록』에 남아 있을 정도다.

① (가) – (라) – (다) – (나)
② (나) – (가) – (라) – (다)
③ (나) – (라) – (다) – (가)
④ (라) – (다) – (나) – (가)

※ 다음 제시된 문단을 읽고, 이어질 문단을 논리적 순서대로 바르게 나열한 것을 고르시오. [6~7]

06

청바지는 모든 사람이 쉽게 애용할 수 있는 옷이다. 말 그대로 캐주얼의 대명사인 청바지는 내구력과 범용성 면에서 다른 옷에 비해 뛰어나고, 패션적으로도 무난하다는 점에서 옷의 혁명이라 일컬을 만하다. 그러나 청바지의 시초는 그렇지 않았다.

(가) 청바지의 시초는 광부들의 옷으로 알려졌다. 정확히 말하자면 텐트용으로 주문받은 천을 실수로 푸른색으로 염색한 바람에 텐트납품계약이 무산되자, 재고가 되어 버린 질긴 천을 광부용 옷으로 변용해보자는 아이디어에 의한 것이다.

(나) 청바지의 패션 아이템화는 한국에서도 크게 다르지 않다. 나팔바지, 부츠컷, 배기 팬츠 등 다양한 변용이 있으나, 세대차라는 말이 무색할 만큼 과거의 사진이나 현재의 사진이나 많은 사람이 청바지를 캐주얼한 패션 아이템으로 활용하는 것을 볼 수 있다.

(다) 비록 시작은 그리하였지만, 청바지는 이후 패션 아이템으로 선풍적인 인기를 끌었다. 과거 유명한 서구 남성 배우들의 아이템에는 꼭 청바지가 있었다고 해도 과언이 아닌데, 그 예로는 제임스 딘이 있다.

(라) 다만, 청바지는 주재료인 데님의 성질로 활동성을 보장하기 어려웠던 부분을 단점으로 들 수 있겠으나, 2000년대 들어 스판덱스가 첨가된 청바지가 사용되기 시작하면서 그러한 문제도 해결되어, 전천후 의류로 기능하고 있다.

① (라) – (다) – (가) – (나)
② (다) – (가) – (라) – (나)
③ (가) – (다) – (라) – (나)
④ (가) – (다) – (나) – (라)

07

오늘날과 달리 과거에는 마을에서 일어난 일들을 '원님'이 조사하고 그에 따라서 자의적으로 판단하여 형벌을 내렸다. 현대에서 법에 의하지 않고 재판행위자의 입장에서 이루어진다고 생각되는 재판을 비판하는 '원님재판'이라는 용어의 원류이다.

(가) 죄형법정주의는 앞서 말한 '원님재판'을 법적으로 일컫는 죄형전단주의와 대립되는데, 범죄와 형벌을 미리 규정하여야 한다는 것으로서, 서구에서 권력자의 가혹하고 자의적인 법 해석에 따른 반발로 등장한 것이다.

(나) 앞서 살펴본 죄형법정주의가 정립되면서 파생원칙 또한 등장하였는데, 관습형법금지의 원칙, 명확성의 원칙, 유추해석금지의 원칙, 소급효금지의 원칙, 적정성의 원칙 등이 있다. 이러한 파생원칙들은 모두 죄와 형벌은 미리 설정된 법에 근거하여 정확하게 내려져야 한다는 죄형법정주의의 원칙과 연관하여 쉽게 이해될 수 있다.

(다) 그러나 현대에서 '원님재판'은 이루어질 수 없다. 형사법의 영역에 논의를 한정하여 보자면, 형사법을 전반적으로 지배하고 있는 대원칙은 형법 제1조에 규정되어있는 소위 '죄형법정주의'이다.

(라) 그 반발은 프랑스 혁명의 결과물인 '인간 및 시민의 권리선언' 제8조에서 '누구든지 범죄 이전에 제정·공포되고 또한 적법하게 적용된 법률에 의하지 아니하고는 처벌되지 아니한다.'라고 하여 실질화되었다.

① (다) – (가) – (나) – (라)
② (다) – (가) – (라) – (나)
③ (다) – (라) – (가) – (나)
④ (다) – (라) – (나) – (가)

대표유형 2 맞춤법

다음 중 맞춤법상 옳지 않은 것은?

① 낱낱이 ② 집집이

③ 곳곳이 ④ 샅샅히

| 해설 | 샅샅히 → 샅샅이

정답 ④

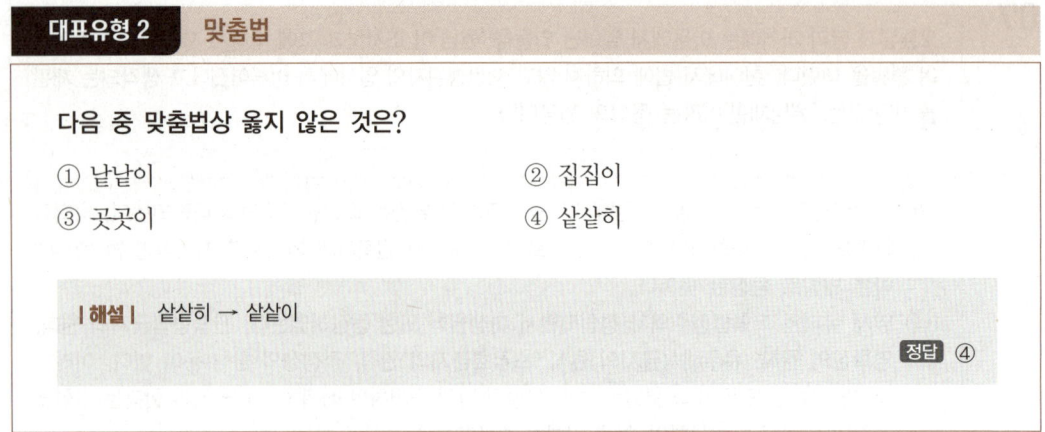

※ 다음 밑줄 친 부분이 맞춤법상 옳지 않은 것을 고르시오. [8~12]

08
① 쉬이 넘어갈 문제가 아니다.
② 가정을 소홀히 해서는 안 된다.
③ 소파에 깊숙이 기대어 앉았다.
④ 헛기침이 간간히 섞여 나왔다.

09
① 가방 안에 옷, 신발, 화장품 들을 넣었다.
② 모두 쳐다만 볼 뿐 누구 하나 나서는 사람이 없었다.
③ 소득 하위 10%가 소득 상위 10%만큼 벌려면 300배 더 많은 시간을 일해야 한다.
④ 영호가 단 한 번만에 시험에 합격했다는 소문이 들렸다.

10
① 치아 관리의 중요성은 익히 알려져 있다.
② 꽃이 생각보다 쉽게 졌고, 이파리는 시들했다.
③ 그 마을은 경상남도 남해군의 끄트머리에 있다.
④ 밤길을 걷다 또아리를 트고 있는 뱀을 발견했다.

11 ① 그는 목이 메어 한동안 말을 잇지 못했다.
② 어제는 종일 아이를 치다꺼리하느라 잠시도 쉬지 못했다.
③ 왠일로 선물까지 준비했는지 모르겠다.
④ 노루가 나타난 것은 나무꾼이 도끼로 나무를 베고 있을 때였다.

12 ① 저녁노을이 참 곱다.
② 여기서 밥 먹게 돗자리 펴라.
③ 담배꽁초를 함부로 버리지 마라.
④ 영희는 자기 잇속만 챙기는 깍정이다.

13 **다음 글을 수정하려고 할 때, ㉠~㉣ 중 어법에 맞지 않는 단어를 고르면?**

> 여행의 재미 가운데 ㉠ 빼놓을 수 없는 것이 자신이 다녀온 곳에 대한 기억을 평생의 추억으로 바꿔 주는 사진 찍기라고 할 수 있다. 사진을 찍을 때 가장 중요한 것은 어떤 카메라로 찍느냐보다는 어떻게 찍느냐 하는 것이다. 으리으리한 카메라 장비를 ㉡ 둘러메고 다니며 사진을 찍는 사람을 보면서 기가 죽을 필요는 없다. 아무리 ㉢ 변변찮은 카메라도 약간의 방법만 익히면 무엇을 ㉣ 찍던지 생각 이상으로 멋진 작품을 만들 수 있다.

① ㉠ ② ㉡
③ ㉢ ④ ㉣

14 **다음 밑줄 친 부분의 맞춤법 수정방안으로 적절하지 않은 것은?**

> 나는 내가 시작된 일은 반드시 내가 마무리 지어야 한다는 사명감을 가지고 있었다. 그래서 이번 문제 역시 다른 사람의 도움 없이 스스로 해결해야겠다고 다짐했었다. 그러나 일은 생각만큼 쉽게 풀리지 못했다. 이번에 새로 올린 기획안이 사장님의 재가를 받기 어려울 것이라는 이야기가 들렸다. 같은 팀의 박 대리는 내게 사사로운 감정을 기획안에 투영하지 말라는 충고를 전하면서 커피를 건넸고, 화가 난 나는 뜨거운 커피를 그대로 마시다가 하얀 셔츠에 모두 쏟고 말았다. 오늘 회사 내에서 만나는 사람마다 모두 커피를 쏟은 내 셔츠의 사정에 관해 물었고, 그들에 의해 나는 오늘 온종일 칠칠한 사람이 되어야만 했다.

① 시작된 → 시작한
② 못했다 → 않았다
③ 투영하지 → 투영시키지
④ 칠칠한 → 칠칠하지 못한

15 **다음 글의 빈칸에 들어갈 단어로 적절한 것은?**

> 기본적 욕구는 고객이 가지고 있는 가장 낮은 단계의 욕구로서, 그들이 구매하는 제품이나 서비스에 당연히 포함되어 있는 것으로 기대되는 특성들이다. 만약 이런 특성들이 제품이나 서비스에 결여되어 있다면, 고객은 예외 없이 크게 불만족스러워 한다. ________ 기본적 욕구가 충족되었다고 해서 고객이 항상 만족감을 느끼는 것은 아니다.

① 그래서
② 그러므로
③ 그러나
④ 왜냐하면

16 **다음 밑줄 친 ㉠~㉢에 들어갈 단어가 바르게 연결된 것은?**

> • 얼마 전 비자를 ___㉠___하라는 연락을 받았다.
> • 앞으로는 ___㉡___ 사소한 일에 신경 쓰지 않겠다.
> • 창의적인 사고 ___㉢___을 통해 다양한 문제 해결 방법을 찾아야 한다.

	㉠	㉡	㉢
①	경신	일절	개발
②	갱신	일절	계발
③	경신	일체	계발
④	갱신	일체	개발

대표유형 3 빈칸추론

다음 글의 빈칸에 들어갈 내용으로 가장 적절한 것은?

> 일본 젊은이의 '자동차 이탈(차를 사지 않는 것)' 현상은 어제오늘 일이 아니다. 니혼게이자이 신문이 2007년 도쿄의 20대 젊은이 1,270명을 조사했을 때 자동차 보유 비율은 13%였다. 2000년 23.6%에서 10%p 이상 떨어졌다. 자동차를 사지 않는 풍조를 넘어, 자동차 없는 현실을 멋지게 받아들이는 단계로 접어들었다는 것이다. ________________ '못' 사는 것을 마치 '안' 사는 것인 양 귀엽게 포장한 것이다. 사실 일본 젊은이들의 자동차 이탈에는 장기 침체와 청년 실업이라는 경제적 배경이 버티고 있다.

① 이런 풍조는 사실 일종의 자기 최면이다.
② 이런 상황에는 자동차 산업 불황이 한몫했다.
③ 이런 현상은 젊은이들의 사행심에서 비롯되었다.
④ 이는 젊은이들의 의식이 건설적으로 바뀐 결과이다.

| 해설 | 일본 젊은이들이 장기 침체와 청년 실업이라는 경제적 배경 속에서 자동차를 사지 않는 풍조를 넘어 자동차가 없는 현실을 멋지게 받아들이는 단계로 접어든 것은 '못' 사는 것을 마치 '안' 사는 것처럼 포장한 것으로서, 이런 풍조는 일종의 자기 최면이다.

정답 ①

※ 다음 글의 빈칸에 들어갈 내용으로 가장 적절한 것을 고르시오. [17~20]

17

> 만약 어떤 사람에게 다가온 신비적 경험이 그가 살아갈 수 있는 힘으로 밝혀진다면, 그가 다른 방식으로 살아야 한다고 다수인 우리가 주장할 근거는 어디에도 없다. 사실상 신비적 경험은 우리의 모든 노력을 조롱할 뿐 아니라, 논리라는 관점에서 볼 때 우리의 관할 구역을 절대적으로 벗어나 있다. 우리 자신의 더 합리적인 신념은 신비주의자가 자신의 신념을 위해서 제시하는 증거와 그 본성에 있어서 유사한 증거에 기초해 있다. 우리의 감각이 우리의 신념에 강력한 증거가 되는 것과 마찬가지로, 신비적 경험도 그것을 겪은 사람의 신념에 강력한 증거가 된다. 우리가 지닌 합리적 신념의 증거와 유사한 증거에 해당되는 경험은, 그러한 경험을 한 사람에게 살아갈 힘을 제공해줄 것이다. 신비적 경험은 신비주의자들에게는 살아갈 힘이 되는 것이다. 따라서 ________________

① 신비주의가 가져다주는 긍정적인 면에 대한 심도 있는 연구가 필요하다.
② 신비주의자들의 삶의 방식이 수정되어야 할 불합리한 것이라고 주장할 수는 없다.
③ 논리적 사고와 신비주의적 사고를 상반된 개념으로 보는 견해는 수정되어야 한다.
④ 신비주의자들은 그렇지 않은 사람들보다 더 나은 삶을 살아간다고 할 수 있다.

PART 2

18

> 아파트에서는 부엌이나 안방이나 화장실이나 거실이 다 같은 높이의 평면 위에 있다. 그것보다 밑에 또는 위에 있는 것은 다른 사람의 아파트이다. 좀 심한 표현을 쓴다면 아파트에서는 모든 것이 평면적이다. 깊이가 없는 것이다. 자연히 사물은 아파트에서 그 부피를 잃고 평면 위에 선으로 존재하는 그림과 같이 되어 버린다. 모든 것은 한 평면 위에 나열되어 있다. 그래서 한눈에 들어오게 되어 있다. 아파트에는 사람이나 물건이나 다 같이 자신을 숨길 데가 없다.
>
> 땅집에서는 사정이 전혀 딴판이다. 땅집에서는 모든 것이 자기 나름의 두께와 깊이를 가지고 있다. 같은 물건이라도 그것이 다락방에 있을 때와 안방에 있을 때와 부엌에 있을 때는 거의 다르다. 집 자체가 인간과 마찬가지의 두께와 깊이를 가지고 있다. 땅집이 아름다운 이유는 ______________________________ 다락방은 의식이며 지하실은 무의식이다.

① 세상을 조망할 수 있기 때문이다.
② 인간을 닮았기 때문이다.
③ 안정을 뜻하기 때문이다.
④ 어딘가로 떠날 수 있기 때문이다.

19

> 미학은 자연, 인생, 예술에 담긴 아름다움의 현상이나 가치 그리고 체험 따위를 연구하는 학문으로, 미적 현상이 지닌 본질이나 법칙성을 명백히 밝히는 학문이다. 본래 미학은 플라톤에서 비롯되었지만, 오늘날처럼 미학이 독립된 학문으로 불린 것은 18세기 중엽 독일의 알렉산더 고틀리프 바움가르텐(Alexander Gottlieb Baumgarten)의 저서 『미학』에서 시작된다. 바움가르텐은 '미(美)'란 감성적 인식의 완전한 것으로, 감성적 인식의 학문은 미의 학문이라고 생각했다. 여기서 근대 미학의 방향이 개척되었다.
>
> 미학에 대한 연구는 심리학 · 사회학 · 철학 등 다양한 각도에서 시도할 수 있다. 또한 미적 사실을 어떻게 보느냐에 따라서 미학의 성향도 달라지며, ______________________________ 예컨대 고전 미학은 영원히 변하지 않는 초감각적 존재로서의 미의 이념을 추구하고, 근대 미학은 감성적 인식 때문에 포착된 현상으로서 미적인 것을 대상으로 한다. 여기서 미적인 것은 우리들의 인식에 비치는 아름다움을 말한다.
>
> 미학을 연구하는 사람들은 이러한 미적 의식 및 예술의 관계를 해명하는 것을 주된 과제로 삼는다. 그들에게 '아름다움'을 성립시키는 주관적 원리는 가장 중요한 것으로 미학은 우리에게 즐거움과 기쁨을 안겨주며, 인생을 충실하고 행복하게 해준다. 더 나아가 오늘날에는 이러한 미적 현상의 해명에 사회학적 방법을 적용하려는 '사회학적 미학'이나, 분석 철학의 언어 분석 방법을 미학에 적용하려고 하는 '분석미학' 등 다채로운 연구 분야가 개척되고 있다.

① 최근에는 미학의 새로운 분야를 개척하고 있다.
② 추구하는 이념과 대상도 시대에 따라 다르다.
③ 따라서 미학은 이분법적인 원리로 적용할 수 없다.
④ 다른 학문과 달리 미학의 경계는 모호하다.

20

> 동물들은 홍채에 있는 근육의 수축과 이완을 통해 눈동자를 크게 혹은 작게 만들어 눈으로 들어오는 빛의 양을 조절하므로 눈동자 모양이 원형인 것이 가장 무난하다. 그런데 고양이와 늑대와 같은 육식동물은 세로로, 양이나 염소와 같은 초식동물은 가로로 눈동자 모양이 길쭉하다. 특별한 이유가 있는 것일까?
> 육상동물 중 모든 육식동물의 눈동자가 세로로 길쭉한 것은 아니다. 주로 매복형 육식동물의 눈동자가 세로로 길쭉하다. 이는 숨어서 기습을 하는 사냥 방식과 밀접한 관련이 있는데, 세로로 길쭉한 눈동자가 ______________________ 일반적으로 매복형 육식동물은 양쪽 눈으로 초점을 맞춰 대상을 보는 양안시로, 각 눈으로부터 얻는 영상의 차이인 양안시차를 하나의 입체 영상으로 재구성하면서 물체와의 거리를 파악한다. 그런데 이러한 양안시차뿐만 아니라 거리지각에 대한 정보를 주는 요소로 심도 역시 중요하다. 심도란 초점이 맞는 공간의 범위를 말하며, 심도는 눈동자의 크기에 따라 결정된다. 즉 눈동자의 크기가 커져 빛이 많이 들어오게 되면, 커지기 전보다 초점이 맞는 범위가 좁아진다. 이렇게 초점의 범위가 좁아진 경우를 '심도가 얕다.'고 하며, 반대인 경우를 '심도가 깊다.'고 한다.

① 사냥감의 주변 동태를 정확히 파악하는 데 효과적이기 때문이다.
② 사냥감의 움직임을 정확히 파악하는 데 효과적이기 때문이다.
③ 사냥감의 위치를 정확히 파악하는 데 효과적이기 때문이다.
④ 사냥감과의 거리를 정확히 파악하는 데 효과적이기 때문이다.

21 **다음은 '국제 교류 연합 동아리'에서 연구 발표를 위해 작성한 개요이다. 빈칸에 들어갈 내용으로 가장 적절한 것은?**

> 주제문 : ______________________
> 1. 청소년 국제 교류의 필요성
> 2. 청소년 국제 교류의 실태와 문제점
>   (1) 열악한 재정 지원
>   (2) 주관 기관의 모호성
>   (3) 관련 법규의 비실효성
>   (4) 지원 및 관리 시스템의 미비
> 3. 청소년 국제 교류 활성화 방안
>   (1) 기금 조성을 통한 재정 확충
>   (2) 관련 기관의 유기적 관계 확립
>   (3) 법과 제도의 정비
>   (4) 종합적인 지원 시스템 구축
> 4. 청소년 국제 교류 활성화에 대한 기대

① 청소년 국제 교류 활성화를 위해 국가의 재정 지원이 필요하다.
② 청소년 국제 교류 활성화를 위해 민간 지원 시스템을 구축해야 한다.
③ 청소년 국제 교류 활성화를 통해 국제화 시대의 인재를 양성해야 한다.
④ 청소년 국제 교류 활성화를 위해 지원책을 강구하고 제도를 정비해야 한다.

※ 다음 글에서 〈보기〉의 문장이 들어갈 위치로 가장 적절한 곳을 고르시오. [22~23]

22

루트비히 판 베토벤(Ludwig van Beethoven)의 〈교향곡 9번 d 단조〉 Op. 125는 그의 청력이 완전히 상실된 상태에서 작곡한 교향곡으로 유명하다. (가) 1824년에 완성된 이 작품은 4악장에 합창 및 독창이 포함된 것이 특징이다. 당시 시대적 배경을 볼 때, 이는 처음으로 성악을 기악곡에 도입한 획기적인 작품이었다. (나) 이 작품은 베토벤의 다른 작품들을 포함해 서양 음악 전체에서 가장 뛰어난 작품 가운데 하나로 손꼽히며, (다) 현재 유네스코의 세계기록유산으로 지정되어 있다. (라) 또한 4악장의 전주 부분은 유럽 연합의 공식 상징가로 사용되며, 자필 원본 악보는 2003년 런던 소더비 경매에서 210만 파운드에 낙찰되기도 했다.

보기

이 작품에 '합창 교향곡'이라는 명칭이 붙은 것도 바로 4악장에 나오는 합창 때문이다.

① (가)　② (나)
③ (다)　④ (라)

23

(가) 자연계는 무기적인 환경과 생물적인 환경이 상호 연관되어 있으며 그것은 생태계로 불리는 한 시스템을 이루고 있음이 밝혀진 이래, 이 이론은 자연을 이해하기 위한 가장 기본이 되는 것으로 받아들여지고 있다. (나) 그동안 인류는 더 윤택한 삶을 누리기 위하여 산업을 일으키고 도시를 건설하며 문명을 이룩해왔다. (다) 이로써 우리의 삶은 매우 윤택해졌으나 우리의 생활환경은 오히려 훼손되고 있으며 환경오염으로 인한 공해가 누적되고 있고, 우리 생활에서 없어서는 안 될 각종 자원도 바닥이 날 위기에 놓이게 되었다. (라) 따라서 우리는 낭비되는 자원, 그리고 날로 황폐해져 가는 자연에 대하여 우리가 해야 할 시급한 임무가 무엇인지를 깨닫고, 이를 실천하기 위해 우리 모두의 지혜와 노력을 모아야만 한다.

보기

만약 우리가 이 위기를 슬기롭게 극복해내지 못한다면 인류는 머지않아 파멸에 이르게 될 것이다.

① (가)　② (나)
③ (다)　④ (라)

대표유형 4 내용일치

다음 글의 내용으로 적절하지 않은 것은?

수소와 산소는 H_2와 O_2의 분자 상태로 존재한다. 수소와 산소가 화합해서 물 분자가 되려면 이 두 분자가 충돌해야 하는데, 충돌하는 횟수가 많으면 많을수록 물 분자가 생기는 확률은 높아진다. 또한 반응하기 위해서는 분자가 원자로 분해되어야 한다. 좀 더 정확히 말한다면, 각각의 분자가 산소 원자끼리 그리고 수소 원자끼리의 결합력이 약해져야 한다. 높은 온도는 분자 간의 충돌 횟수를 증가시킬 뿐 아니라 분자를 강하게 진동시켜 분자의 결합력을 약하게 한다. 그리하여 수소와 산소는 이전까지 결합하고 있던 자신과 동일한 원자와 떨어져, 산소 원자 하나에 수소 원자 두 개가 결합한 물(H_2O)이라는 새로운 화합물이 되는 것이다.

① 수소 분자와 산소 분자가 충돌해야 물 분자가 생긴다.
② 수소 분자와 산소 분자가 원자로 분해되어야 반응을 할 수 있다.
③ 높은 온도는 분자를 강하게 진동시켜 결합력을 약하게 한다.
④ 산소 분자와 수소 분자가 각각 물(H_2O)이라는 새로운 화합물이 된다.

| 해설 | 제시문은 분자 상태의 수소와 산소가 결합하여 물이 되는 과정을 설명한 것으로, 수소 분자와 산소 분자가 원자로 분해되고, 분해된 산소 원자 하나와 수소 원자 두 개가 결합하여 물이라는 화합물이 생성된다고 했다. 따라서 산소 분자와 수소 분자가 '각각' 물이 된다고 했으므로 이는 잘못된 해석이다.

정답 ④

※ 다음 글의 내용으로 적절하지 않은 것을 고르시오. [24~25]

24

우리 민족은 고유한 주거문화로 바닥 난방 기술인 구들을 발전시켜 왔는데, 구들은 우리 민족에 다양한 영향을 주었다. 우선 오랜 구들 생활은 우리 민족의 인체에 적지 않은 변화를 초래하였다. 태어나면서부터 따뜻한 구들에 누워 자는 것이 습관이 된 우리 아이들은 사지의 활동량이 적어 발육이 늦어졌다. 구들에서 자란 우리 아이들은 다른 어떤 민족의 아이들보다 따뜻한 곳에서 안정감을 느꼈으며, 우리 민족은 아이들에게 따뜻함을 만들어주기 위해 여러 가지를 고안하여 발전시켰다. 구들은 농경을 주업으로 하는 우리 민족의 생산도구의 제작과 사용에 많은 영향을 주었다. 구들에 앉아 오랫동안 활동하는 습관은 하반신보다 상반신의 작업량을 증가시켰고 상반신의 움직임이 상대적으로 정교하게 되었다. 구 들 생활에 익숙해진 우리 민족은 방 안에서의 작업뿐만 아니라 농사를 비롯한 야외의 많은 작업에서도 앉아서 하는 습관을 갖게 되었는데 이는 큰 농기구를 이용하여 서서 작업을 하는 서양과는 완전히 다른 방식이었다.

① 구들의 영향으로 우리 민족은 앉아서 하는 작업방식이 일반화되었다.
② 구들은 실내뿐 아니라 실외활동에도 영향을 끼쳤다.
③ 우리 민족은 하반신 활동보다 상반신 활동이 많은 대신 상반신 작업이 정교한 특징이 있다.
④ 구들은 아이들의 체온을 높여 발육을 방해한다.

25

한 사회의 소득 분배가 얼마나 불평등한지는 일반적으로 '10분위 분배율'과 '로렌츠 곡선' 등의 척도로 측정된다. 10분위 분배율이란 하위 소득 계층 40%의 소득 점유율을 상위 소득 계층 20%의 소득 점유율로 나눈 비율을 말한다. 이 값은 한 사회의 소득 분배가 얼마나 불평등한지를 나타내는 지표가 되는데, 10분위 분배율의 값이 낮을수록 분배가 불평등함을 의미한다.
계층별 소득 분배를 측정하는 다른 지표로는 로렌츠 곡선을 들 수 있다. 로렌츠 곡선은 정사각형의 상자 안에 가로축에는 저소득 계층부터 고소득 계층까지를 차례대로 누적한 인구 비율을, 세로축에는 해당 계층 소득의 누적 점유율을 나타낸 그림이다. 만약 모든 사람들이 똑같은 소득을 얻고 있다면 로렌츠 곡선은 대각선과 일치하게 된다. 그러나 대부분의 경우 로렌츠 곡선은 대각선보다 오른쪽 아래에 있는 것이 보통이다. 일반적으로 로렌츠 곡선이 평평하여 대각선에 가까울수록 평등한 소득 분배를, 그리고 많이 구부러져 직각에 가까울수록 불평등한 소득 분배를 나타낸다.

① 10분위 분배율은 하위 소득 계층 40%와 상위 소득 계층 20%의 소득 점유율을 알아야 계산할 수 있다.
② 하위 소득 계층 40%의 소득 점유율이 작을수록, 상위 소득 계층 20%의 소득 점유율이 클수록 분배가 불평등하다.
③ 로렌츠 곡선의 가로축을 보면 소득 누적 점유율을, 세로축을 보면 누적 인구 비율을 알 수 있다.
④ 로렌츠 곡선과 대각선의 관계를 통해 소득 분배를 알 수 있다.

※ 다음 글의 내용으로 가장 적절한 것을 고르시오. [26~28]

26

음악에서 화성이나 멜로디가 하나의 음 또는 하나의 화음을 중심으로 일정한 체계를 유지하는 것을 조성(調性)이라 한다. 조성을 중심으로 한 음악은 서양음악에 지배적인 영향을 미쳤는데, 여기에서 벗어나 자유롭게 표현하고 싶은 음악가의 열망이 무조(無調) 음악을 탄생시켰다. 무조 음악에서는 한 옥타브 안의 12음 각각에 동등한 가치를 두어 음들을 자유롭게 사용하였다. 이로 인해 무조 음악은 표현의 자유를 누리게 되었지만 조성이 주는 체계성은 잃게 되었다. 악곡의 형식을 유지하는 가장 기초적인 뼈대가 흔들린 것이다. 이와 같은 상황 속에서 무조 음악이 지닌 자유로움에 체계성을 더하고자 고민한 작곡가 쇤베르크는 '12음 기법'이라는 독창적인 작곡 기법을 만들어 냈다. 쇤베르크의 12음 기법은 12음을 한 번씩 사용하여 만든 기본 음렬(音列)에 이를 '전위', '역행', '역행 전위'의 방법으로 파생시킨 세 가지 음렬을 더해 악곡을 창작하는 체계적인 작곡 기법이다.

① 조성은 하나의 음으로 여러 음을 만드는 것을 말한다.
② 무조 음악은 조성이 발전한 형태라고 말할 수 있다.
③ 무조 음악은 한 옥타브 안의 음 각각에 가중치를 두어서 사용했다.
④ 조성은 체계성을 추구하고, 무조 음악은 자유로움을 추구한다.

27

멋이라는 것도 일상생활의 단조로움이나 생활의 압박에서 해방되려는 노력의 하나일 것이다. 끊임없이 일상의 복장, 그 복장이 주는 압박감에서 벗어나기 위해 옷을 잘 차려 입는 사람은 그래서 멋쟁이이다. 또는 삶을 공리적 계산으로서가 아니라 즐김의 대상으로 볼 수 있게 해 주는 활동, 가령 서도(書道)라든가 다도(茶道)라든가 꽃꽂이라든가 하는 일을 과외로 즐길 줄 아는 사람을 우리는 생활의 멋을 아는 사람이라고 말한다. 그러나 그렇다고 해서 값비싸고 화려한 복장, 어떠한 종류의 스타일과 수련을 전제하는 활동만이 멋을 나타내는 것이 아니다. 경우에 따라서는 털털한 옷차림, 겉으로 내세울 것이 없는 소탈한 생활 태도가 멋있게 생각될 수도 있다. 기준적인 것에 변화를 더하는 것이 중요한 것이다. 그러나 기준으로부터의 편차가 너무 커서는 안 된다. 혐오감을 불러일으킬 정도의 몸가짐, 몸짓 또는 생활 태도는 멋이 있는 것으로 생각되지 않는다. 편차는 어디까지나 기준에 의해서만 존재하는 것이다.

① 다양한 종류의 옷을 가지고 있는 사람은 멋쟁이이다.
② 값비싸고 화려한 복장을 하는 사람은 공리적 계산을 하는 사람이다.
③ 소탈한 생활 태도를 갖는 것이 가장 중요하다.
④ 꽃꽂이를 과외로 즐길 줄 아는 사람은 생활의 멋을 아는 사람이다.

28

1899년 베이징의 한 금석학자는 만병통치약으로 알려진 '용골'을 살펴보다가 소스라치게 놀랐다. 용골의 표면에 암호처럼 알 듯 모를 듯한 글자들이 빼곡히 들어차 있었던 것이다. 흥분이 가신 후에 알아보니, 용골은 은 왕조의 옛 도읍지였던 허난성 안양현 샤오툰(小屯)촌 부근에서 나온 것이었다. 바로 갑골문자가 발견되는 순간이었다. 현재 갑골문자는 4천여 자가 확인되었고, 그중 약 절반 정도가 해독되었다. 사마천의 『사기』에는 은 왕조에 대해서 자세히 기록되어 있었으나, 사마천이 살던 시대보다 1천 수백 년 전의 사실이 너무도 생생하게 표현되어 있어 마치 '소설'처럼 생각되었다. 그런데 갑골문자를 연구한 결과, 거기에는 반경(般庚) 때부터 은 말까지 약 2백여 년에 걸친 내용이 적혀 있었는데, 이를 통하여 『사기』에 나오는 은나라의 왕위 계보도 확인할 수 있었다.

① 베이징은 은 왕조의 도읍지였다.
② 용골에는 당대의 소설이 생생하게 표현되었다.
③ 사마천의 『사기』에 갑골문자에 관한 기록이 나타난다.
④ 현재 갑골문자는 2천여 자가 해독되었다.

29 다음 중 글쓴이의 입장과 가장 거리가 먼 것은?

> 시민이란 민주사회의 구성원으로서 공공의 정책 결정에 주체적으로 참여하는 사람입니다. 시민이 생겨난 바탕은 고대 그리스의 도시국가와 로마에서 찾아볼 수 있습니다. 시민은 권리와 의무를 함께 행하지만, 신민(臣民)에게는 권리는 없고 의무만 있을 뿐입니다.
> 옛날에는 개인보다 공동체 중심이었습니다. 시민사회가 등장하면서 개인에게 초점이 맞추어졌습니다. 개인화가 되다 보니 서로 간의 이해관계가 대립하게 되고, 나아가서 다양한 집단 간의 이해관계도 대립하게 되었습니다. 우리는 집단 간의 갈등을 해소하여 통합된 사회공동체를 형성해야 합니다.

① 공동사회는 개인의 권리보다 의무를 강조한다.
② 시민사회는 개인의 의무보다 권리를 강조한다.
③ 공동사회는 개인보다 집단에 초점을 맞춘다.
④ 미래의 시민사회는 통합된 사회공동체를 형성해야 한다.

30 G씨는 성장기인 아들의 수면습관을 바로 잡기 위해 수면습관에 관련된 글을 찾아보았다. 다음 중 G씨가 이해한 것으로 적절하지 않은 것은?

> 수면은 비렘(Non-Rem)수면과 렘수면으로 이뤄진 사이클이 반복되면서 이뤄지는 복잡한 신경계의 상호작용이며, 좋은 수면이란 이 사이클이 끊어지지 않고 충분한 시간 동안 유지되도록 하는 것이다. 수면 패턴은 일정한 것이 좋으며 깨는 시간을 지키는 것이 중요하다. 그리고 수면 패턴은 휴일과 평일 모두 일정하게 지키는 것이 성장하는 아이들의 수면 리듬을 유지하는 데 좋다. 수면상태에서 깨어날 때 영향을 주는 자극들은 '빛, 식사 시간, 운동, 사회 활동' 등이 있으며 이 중 가장 강한 자극은 '빛'이다. 침실을 밝게 하는 것은 적절한 수면 자극을 방해하는 것이다. 반대로 깨어날 때는 강한 빛 자극을 주면 빠르게 수면 상태에서 벗어날 수 있다. 이는 뇌의 신경 전달 물질인 멜라토닌의 농도와 연관되어 나타나는 현상으로, 수면 중 최대치로 올라간 멜라토닌은 시신경이 강한 빛에 노출되면 빠르게 줄어들게 되는데 이때 수면 상태에서 벗어나게 된다. 아침 일찍 일어나 커튼을 젖히고 밝은 빛이 침실 안으로 들어오게 하는 것은 매우 효과적인 각성 방법인 것이다.

① 잠에서 깨는 데 가장 강력한 자극을 주는 것은 빛이었구나.
② 멜라토닌의 농도에 따라 수면과 각성이 영향을 받는군.
③ 평일에 잠이 모자란 우리 아들은 잠을 보충해줘야 하니까 휴일에 늦게까지 자도록 둬야겠다.
④ 좋은 수면은 비렘수면과 렘수면의 사이클이 충분한 시간동안 유지되도록 하는 것이구나.

PART

3

패턴이해

CHAPTER 01 도형추리 적중예상문제

정답 및 해설 p.032

대표유형 1 패턴추리

다음 도형 내부의 기호들은 일정한 패턴을 가지고 변화한다. 다음 중 물음표에 들어갈 도형으로 적절한 것은?

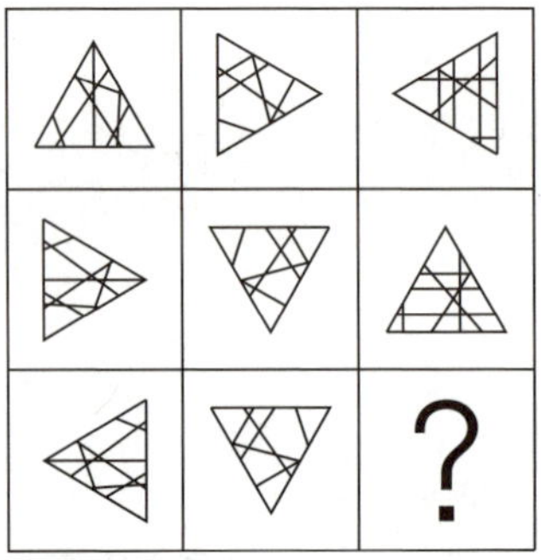

①

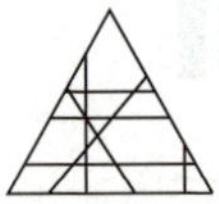

②

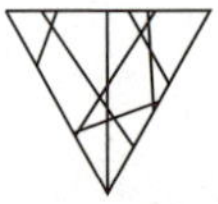

③

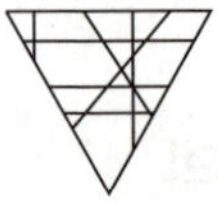

④

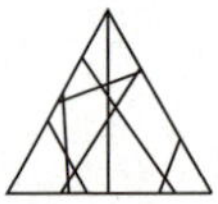

| 해설 | 규칙은 세로로 적용된다.
첫 번째 도형을 시계방향으로 90° 돌리면 두 번째 도형이다.
두 번째 도형을 좌우 반전시키면 세 번째 도형이다.

정답 ①

※ 다음 도형은 일정한 패턴을 가지고 변화한다. 다음 중 물음표에 들어갈 도형으로 적절한 것을 고르시오. [1~10]

01

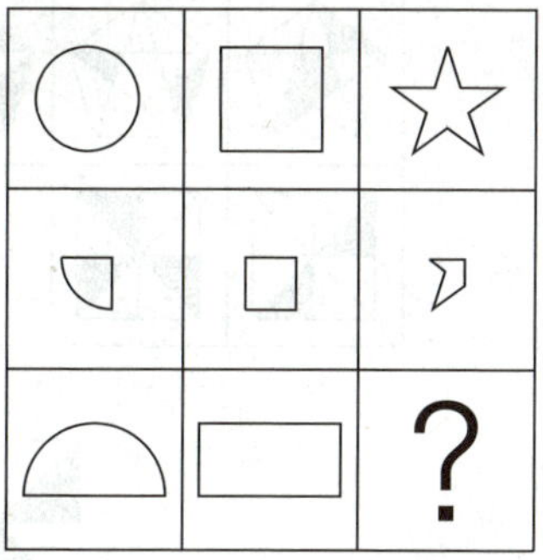

① 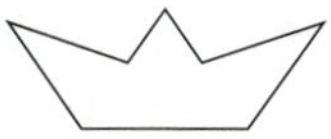

② 

③ 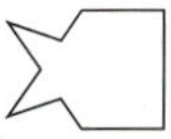

④ 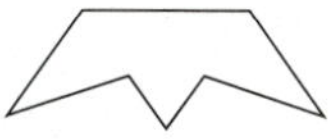

02

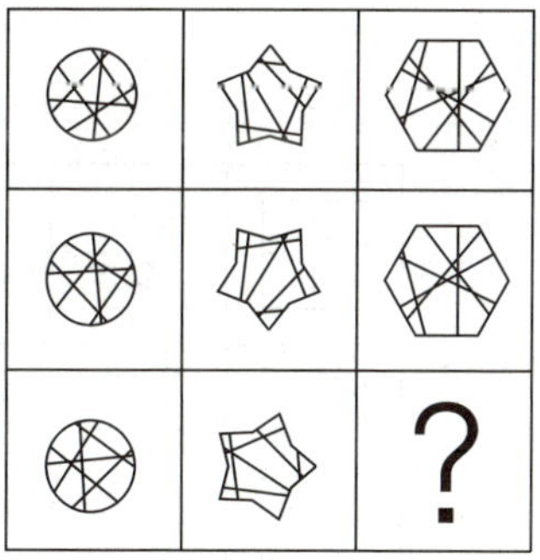

① 

② 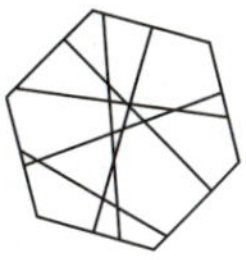

③ 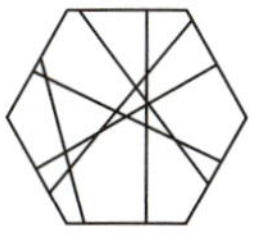

④ 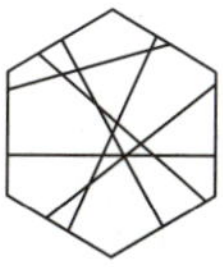

03

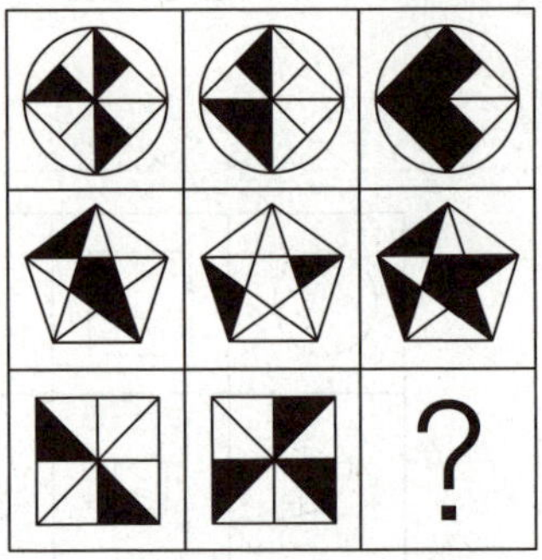

① 

② 

③ 

④ 

04

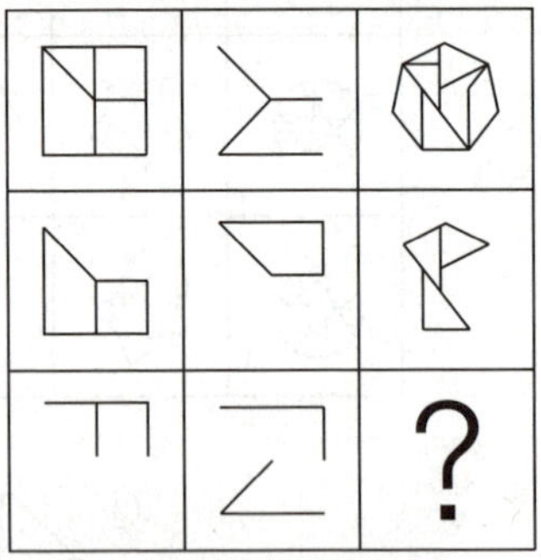

① 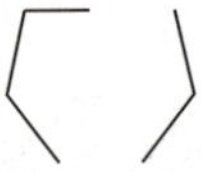

② 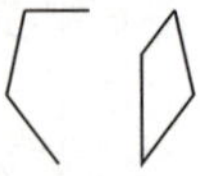

③ 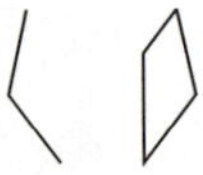

④ 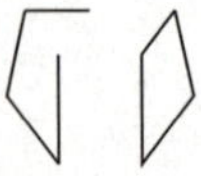

05

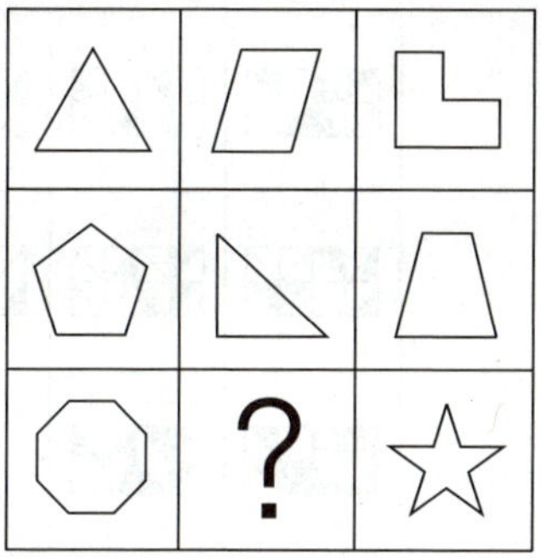

① 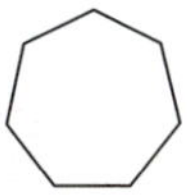

② 

③ 

④ 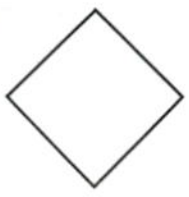

06

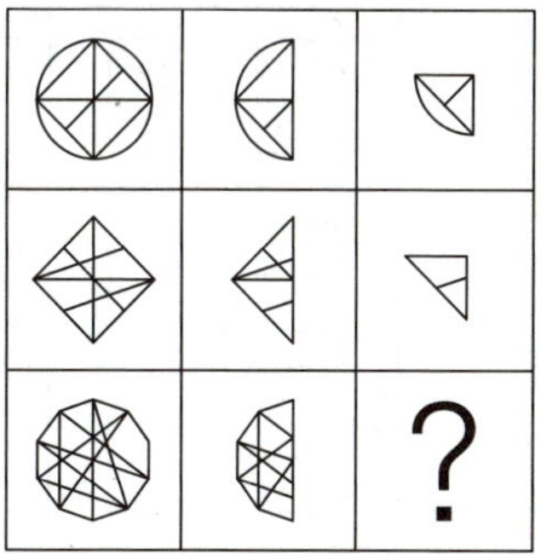

① 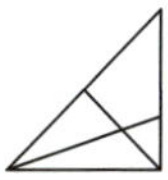

② 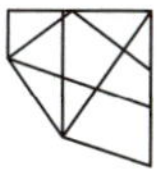

③ 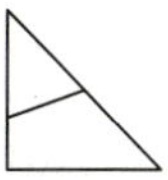

④ 

07

① 

② 

③ 

④ 

08

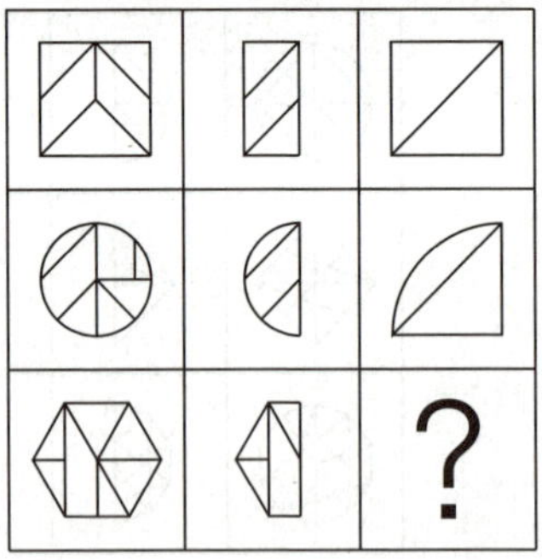

① 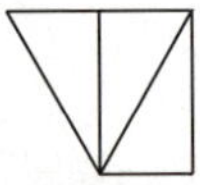

② 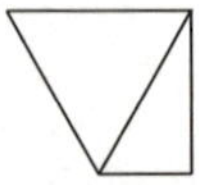

③ 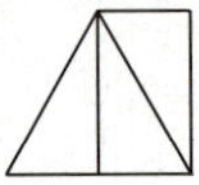

④ 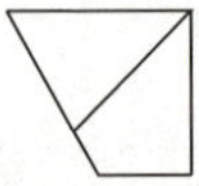

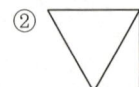

09

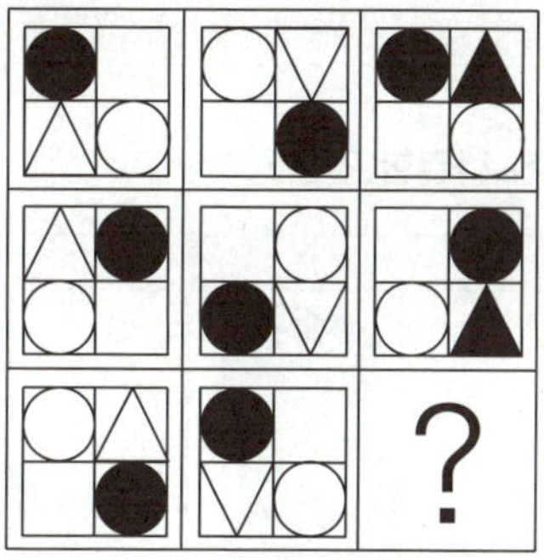

① 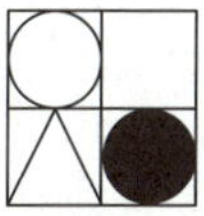

② 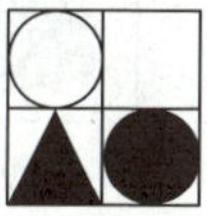

③ 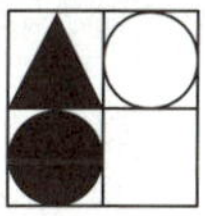

④ 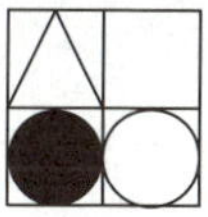

10

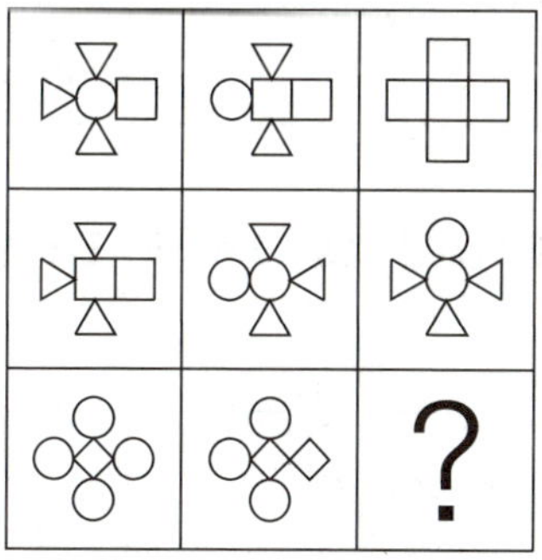

① 

② 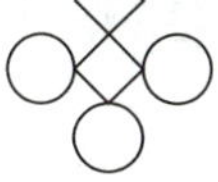

③ 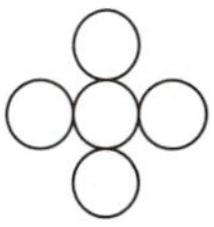

④ 

대표유형 2 그림나열

다음 그림을 순서대로 바르게 나열한 것은?

(가) (나) (다) (라)

① (다) – (가) – (라) – (나)
② (라) – (나) – (가) – (다)
③ (나) – (라) – (다) – (가)
④ (다) – (나) – (라) – (가)

| 해설 |

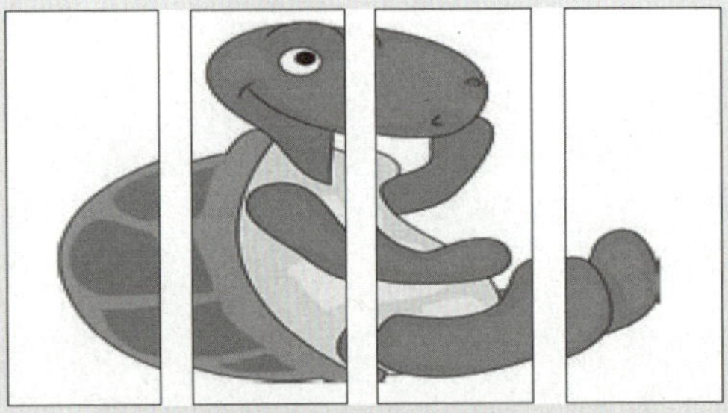

정답 ④

※ 다음 그림을 순서대로 바르게 나열한 것을 고르시오. [11~15]

11

(가) (나) (다) (라)

① (나) – (가) – (라) – (다)
② (나) – (라) – (가) – (다)
③ (다) – (나) – (가) – (라)
④ (가) – (라) – (다) – (나)

12

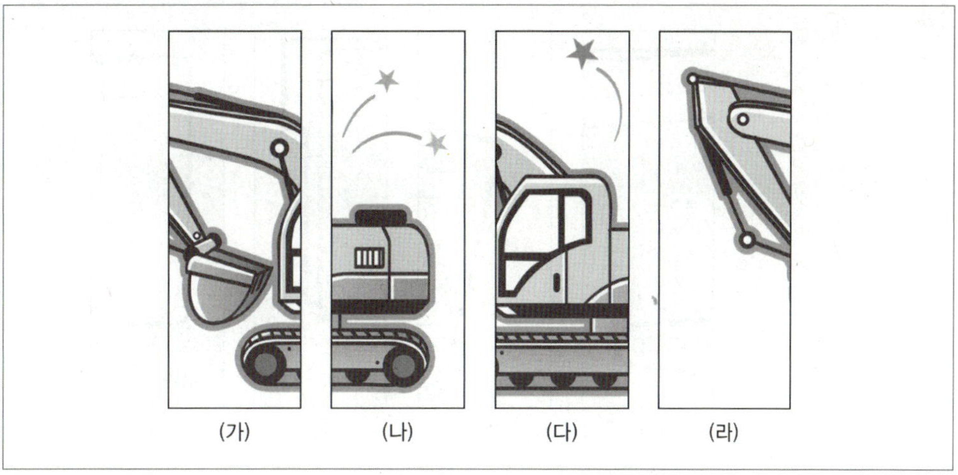

① (가) – (라) – (다) – (나)
② (나) – (라) – (다) – (가)
③ (라) – (가) – (다) – (나)
④ (라) – (나) – (가) – (다)

13

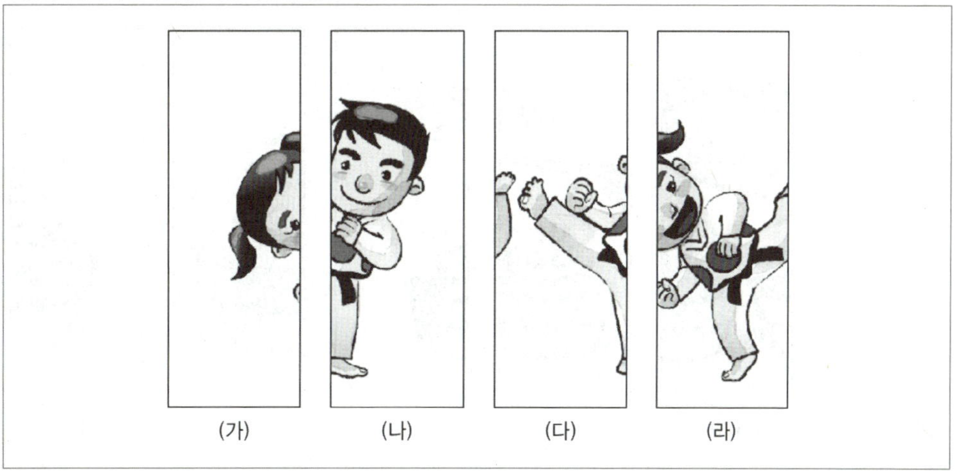

① (가) – (나) – (다) – (라)
② (가) – (라) – (다) – (나)
③ (나) – (가) – (라) – (다)
④ (다) – (가) – (라) – (나)

14

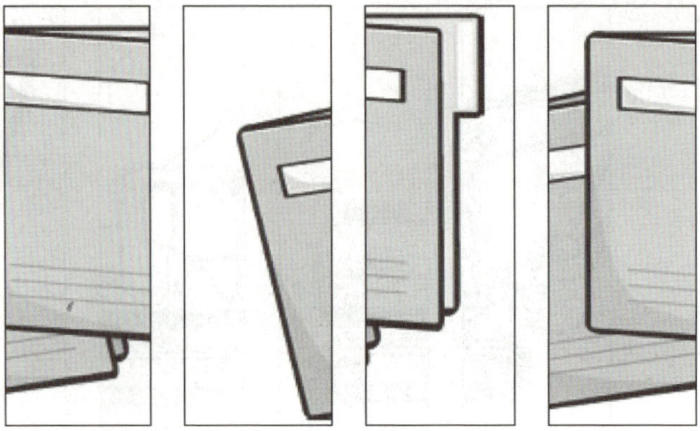

(가) (나) (다) (라)

① (다) – (나) – (라) – (가)　　② (가) – (라) – (다) – (나)

③ (라) – (가) – (다) – (나)　　④ (나) – (라) – (가) – (다)

15

(가) (나) (다) (라) (마)

① (나) – (라) – (가) – (마) – (다)　　② (라) – (다) – (가) – (마) – (나)

③ (마) – (라) – (나) – (가) – (다)　　④ (다) – (마) – (라) – (나) – (가)

대표유형 3 도형 찾기

다음 중 제시된 도형과 같은 것은?(단, 도형은 회전이 가능하다)

①

②

③

④

| 해설 | 제시된 도형을 시계 방향으로 90° 회전한 것이다.

정답 ②

※ 다음 중 제시된 도형과 같은 것을 고르시오(단, 도형은 회전이 가능하다). **[16~22]**

16

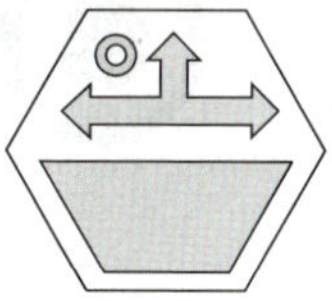

①

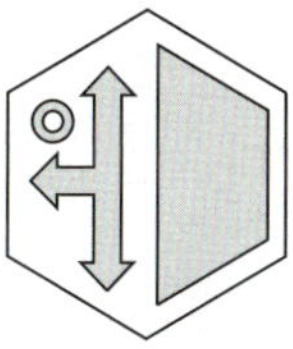

②

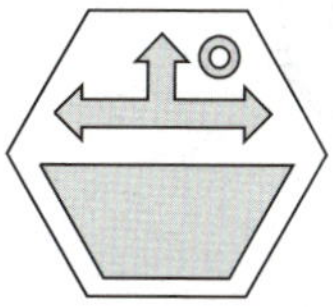

③

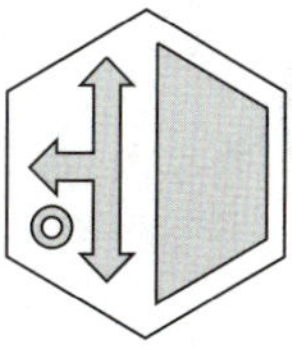

④

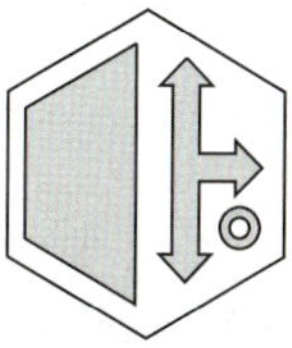

17

① 
② 
③ 
④ 

18

① 
② 
③ 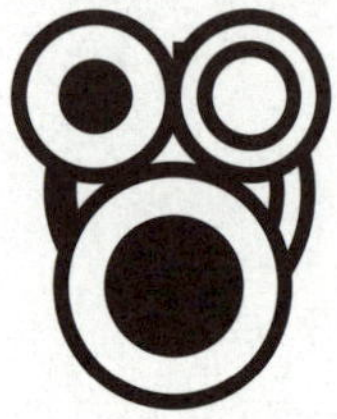
④ 

19

① 

② 

③ 

④ 

20

① 

② 

③ 

④ 

PART 3

21

①

②

③

④

22

①

②

③

④

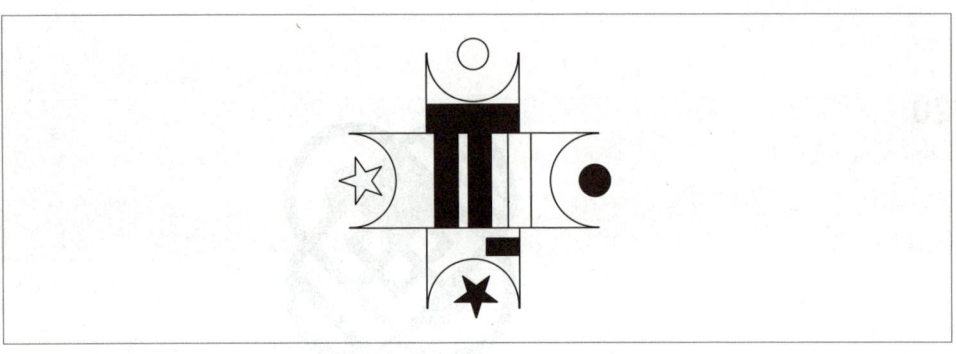

※ 다음 중 나머지 도형과 다른 것을 고르시오. **[23~27]**

23

①
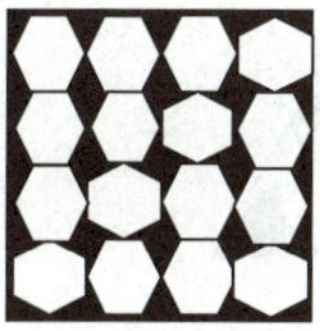

②
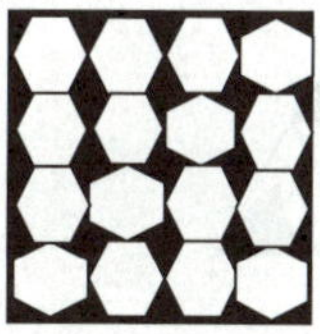

③
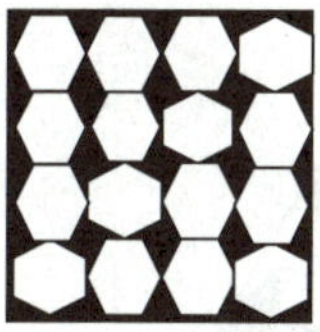

④
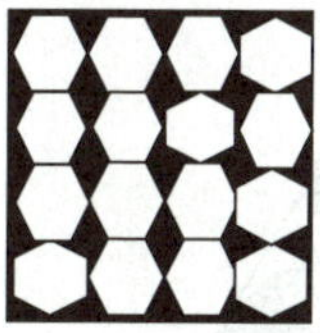

24

①

②

③

④

25 ①

②

③

④

26 ①

②

③

④

27 ①
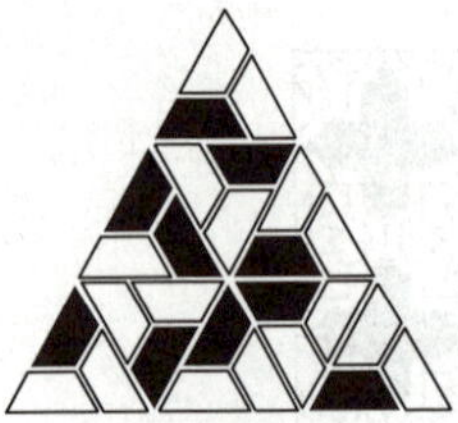
②

③

④
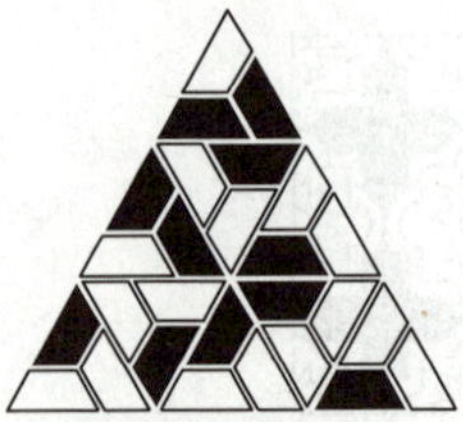

대표유형 4 전개도

제시된 전개도를 접었을 때, 나타나는 입체도형으로 옳지 않은 것은?

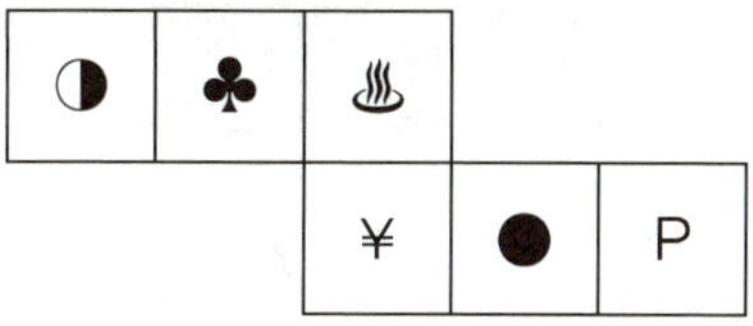

① 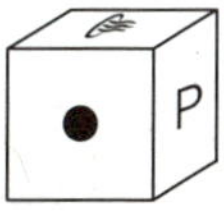

② 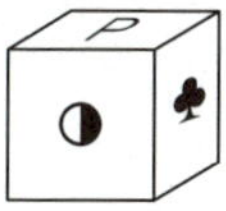

③ 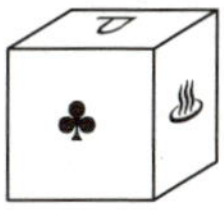

④ 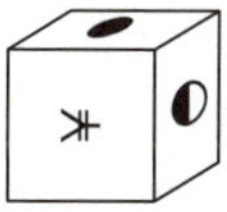

| 해설 |

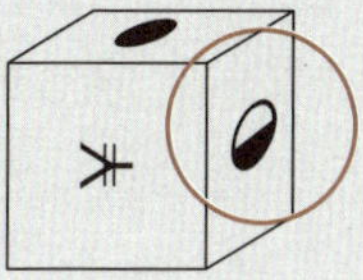

정답 ④

※ 제시된 전개도를 접었을 때, 나타나는 입체도형으로 옳지 않은 것을 고르시오. **[28~30]**

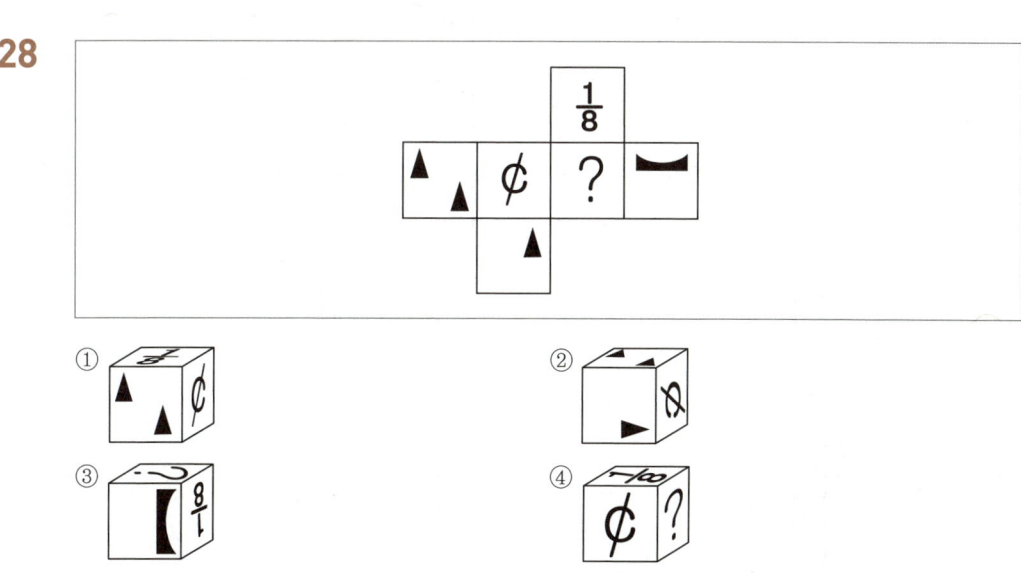

28

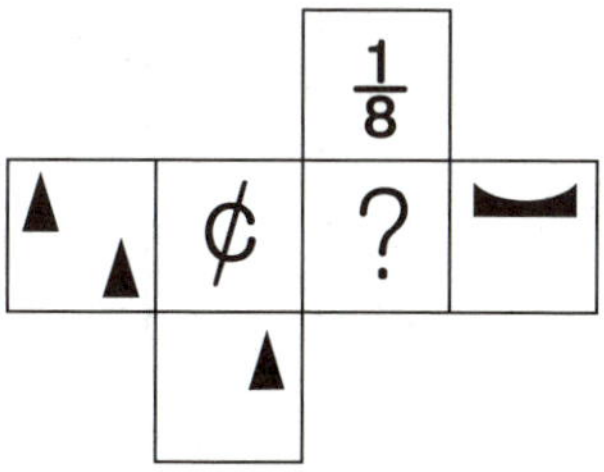

① 

② 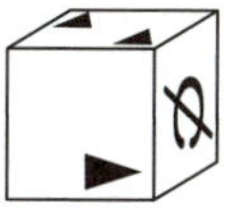

③ 

④ 

29

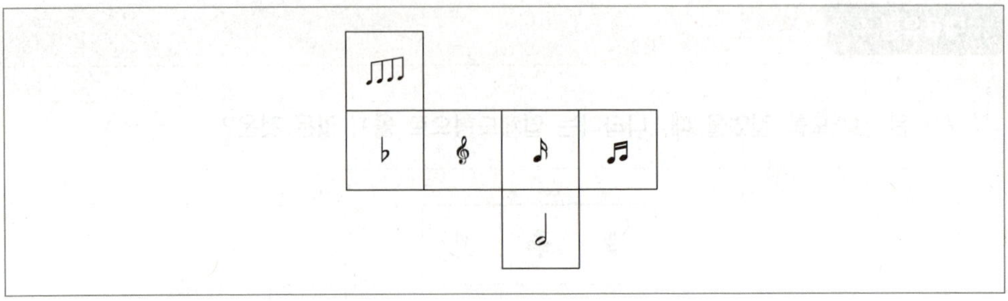

① 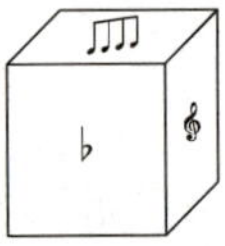

② 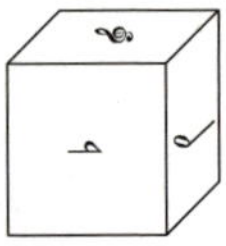

③ 

④ 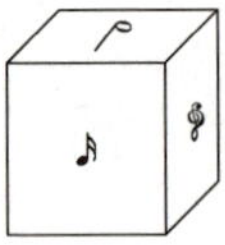

30

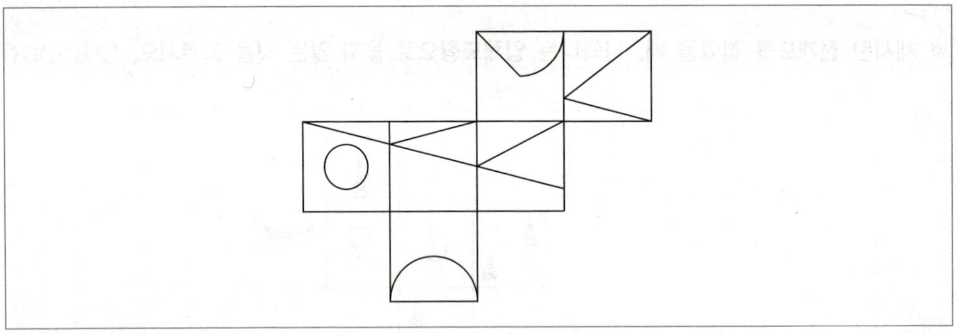

① 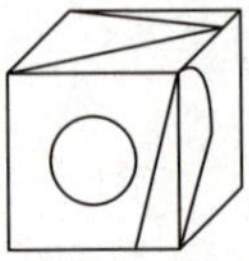

② 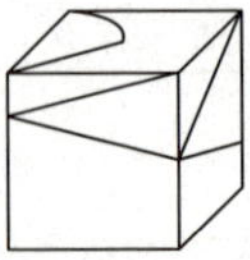

③ 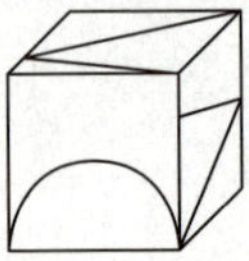

④ 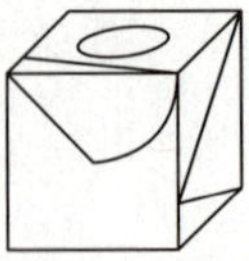

정답 및 해설 p.037

대표유형 1 같은 문자 찾기

다음 제시된 문자와 같은 것의 개수는 몇 개인가?

가챠

기차	가치	갸챠	기챠	기차	가쟈	갸챠	가치	기차	기챠	거챠	가챠
갸챠	가쟈	기차	갸챠	거챠	거챠	가챠	거챠	가쟈	기차	가치	기챠
가챠	가치	가쟈	거챠	가챠	가치	거챠	가치	갸챠	가치	갸챠	기차
기챠	거챠	갸챠	기차	가쟈	갸챠	기챠	거챠	가챠	가쟈	기차	가치

① 2개　② 3개
③ 4개　④ 5개

| 해설 |

기차	가치	갸챠	기챠	기차	가쟈	갸챠	가치	기차	기챠	거챠	**가챠**
갸챠	가쟈	기차	갸챠	거챠	거챠	**가챠**	거챠	가쟈	기차	가치	기챠
가챠	가치	가쟈	거챠	**가챠**	가치	거챠	가치	갸챠	가치	갸챠	기차
기챠	거챠	갸챠	기차	가쟈	갸챠	기챠	거챠	**가챠**	가쟈	기차	가치

정답 ④

※ 다음 제시된 문자 및 기호와 같은 것의 개수를 구하시오. **[1~10]**

01

暗

巖	癌	庵	菴	闇	岩	唵	音	陰	飮	吟	淫
長	場	張	裝	將	障	暗	帳	壯	臟	匠	蔭
癌	淫	飮	巖	腸	音	張	菴	將	岩	暗	壯
張	闇	暗	障	庵	場	匠	臟	唵	陰	暗	吟

① 1개　② 2개
③ 3개　④ 4개

02

처음

재음	처음	체응	처응	재흠	저음	점음	정음	처읍	저응
자움	무음	처읍	처음	자흥	처음	모음	장음	제읍	저읍
재움	차음	처음	자읍	처응	체응	자음	차음	자음	처을

① 3개　② 4개
③ 5개　④ 6개

03

☺

☺	😐	😐	☹	☺	☹	☹	☹	☹	☺	😐	☺
😐	☺	😐	☺	😐	😐	☺	☹	😐	😐	☹	😐
☹	☺	☺	☹	😐	☺	☹	😐	😐	☹	😐	☹
☺	😐	☹	☹	☺	☺	☹	😐	☺	☺	☺	☺

① 14개　② 15개
③ 16개　④ 17개

04

夂

夊	大	尢	夊	力	女	又	夂	女	夊	夊	尢
大	夂	力	尢	又	夊	大	又	尢	大	夂	又
夂	又	夊	又	大	尢	尢	夊	女	又	夊	大
女	尢	大	夂	女	夊	女	力	大	尢	又	夊

① 3개　② 4개
③ 5개　④ 6개

05

bait

bait	beat	bear	bare	bean	beak	bald	back	blow	bare	beat	bare
beak	back	bean	beat	back	blow	bean	bald	bear	bean	back	bear
bean	bear	beak	bald	bare	bear	bald	beat	blow	beak	bait	beak
bare	bald	back	bait	bald	back	bare	blow	bean	bear	bald	beat

① 2개　② 3개
③ 4개　④ 5개

PART 3

06

2.39

2.39	6.42	7.32	5.26	8.25	2.32	6.37	8.34	2.39	8.32	7.12	2.39
3.51	8.36	2.39	8.23	7.43	9.16	3.73	5.35	8.34	2.67	6.78	3.67
8.23	2.46	5.26	7.12	5.35	8.34	8.36	7.32	6.78	2.39	2.32	4.25
6.42	9.16	6.37	3.51	3.73	2.67	2.57	1.56	8.25	7.43	9.16	2.39

① 3개 ② 4개
③ 5개 ④ 6개

07

恣

姿	炙	姉	再	載	恣	栽	指	祉	資	州	珠
宙	炷	趙	恣	操	兆	俎	朝	存	諍	裝	匠
掌	恣	棧	進	唇	袗	諮	只	廚	恣	種	從
悰	仲	徵	集	什	雜	戰	殿	顫	琠	咨	茨

① 1개 ② 2개
③ 3개 ④ 4개

08

얇

앙	앎	언	의	올	웅	앞	엔	양	옅	얘	없
일	월	얇	옛	앵	욘	율	엄	융	왈	윙	앓
완	올	없	율	언	융	옅	월	욘	앞	얇	왈
앎	앵	양	앙	얇	의	옛	윙	웅	엄	엔	얘

① 1개 ② 2개
③ 3개 ④ 4개

09

5684

5664	5684	5884	5664	5686	5685	5664	5686	5664	5686	5685	5664
5686	5689	5686	5634	5884	5634	5686	5685	5634	5685	5884	5686
5689	5884	5685	5686	5685	5689	5684	5884	5686	5664	5634	5664
5884	5686	5689	5664	5884	5686	5664	5685	5634	5689	5686	5884

① 2개 ② 3개
③ 4개 ④ 5개

10

Ⓗ

Ⓗ	㉥	㉬	⑤	Ⓤ	㉥	Ⓙ	Ⓐ	Ⓝ	㉫	Ⓤ	Ⓕ
Ⓐ	Ⓗ	Ⓡ	㉫	Ⓓ	㉨	Ⓝ	Ⓛ	Ⓗ	㉬	㉥	Ⓝ
Ⓝ	Ⓤ	㉦	ⓒ	㉨	Ⓨ	㉬	Ⓕ	Ⓨ	Ⓐ	㉨	㉬
㉥	Ⓧ	Ⓕ	Ⓛ	ⓒ	Ⓝ	Ⓩ	㉫	Ⓤ	Ⓛ	Ⓗ	Ⓕ

① 2개 ② 3개
③ 4개 ④ 5개

PART 3

대표유형 2 제시되지 않은 문자 찾기

다음 표에 제시되지 않은 문자는?

obtain	offer	occur	open	object	office	ocean	oral	ohfer	oqer	opic	ocutr
odd	output	orbit	out	offend	only	optic	onto	older	object	origin	let
order	oral	only	obtain	optic	oblige	onto	occur	ovel	other	ovel	onof
open	orbit	office	older	offend	offer	odd	outlet	origin	oblige	output	ocean

① occur　② oval

③ office　④ optic

| 해설 |

obtain	offer	occur	open	object	office	ocean	oral	ohfer	oqer	opic	ocutr
odd	output	orbit	out	offend	only	optic	onto	older	object	origin	let
order	oral	only	obtain	optic	oblige	onto	occur	ovel	other	ovel	onof
open	orbit	office	older	offend	offer	odd	outlet	origin	oblige	output	ocean

정답 ②

※ 다음 표에 제시되지 않은 문자를 고르시오. [11~20]

11

경망	지망	조망	도망	시망	희망	전망	잔망	절망	요망	초망	패망
투망	가망	멸망	열망	제망	소망	고망	명망	기망	실망	다망	비망
열망	명망	절망	다망	조망	패망	가망	잔망	소망	비망	전망	실망
요망	도망	고망	투망	기망	가망	경망	지망	멸망	희망	제망	초망

① 희망　② 조망

③ 유망　④ 지망

12

☞	€	¶	♬	Σ	®	€	♬	®	¶	☎	☞
¶	♬	♣	☎	♣	♪	☎	♣	☜	♪	€	¶
㏇	♨	♪	㏇	☞	♣	☞	¶	€	☞	㏇	☎
☎	®	☞	€	♬	¶	㏇	®	☎	®	♬	€
♪	㏇	€	♬	㏇	☎	€	♪	€	♬	☎	㉿

① ♨
② ☜
③ ☏
④ Σ

13

stir	ear	call	lay	july	joy	lie	bowl	star	hat	soul	full
seal	ivy	hall	cow	bye	mile	wild	tall	save	pull	take	roll
say	bee	jay	pie	ball	hot	saw	mall	row	make	sock	wind
coat	see	cold	hill	mow	year	bay	car	soy	cap	meal	tear

① see
② joy
③ stay
④ cow

14

욜로	울루	울라	알래	욜로	알래	얄라	일리	얄라	얼라	얼로	욜로
알리	얼러	알라	엘레	엘르	얼로	앨래	앨레	욜로	일라	월래	열러
알려	올려	율려	울루	엘릐	열라	알라	얄라	얄라	일라	욜로	알롸
울려	을르	앨래	앨리	앨레	울루	울라	알래	일롸	울라	을라	을래

① 알라
② 얼로
③ 얼러
④ 엘리

15

413	943	483	521	253	653	923	653	569	467	532	952
472	753	958	551	956	538	416	567	955	282	568	954
483	571	462	933	457	353	442	482	668	533	382	682
986	959	853	492	957	558	955	453	913	531	963	421

① 467　　② 568
③ 531　　④ 953

16

ラ	ザ	ギ	ヤ	コ	チ	ラ	レ	ザ	ギ	ラ	コ
ギ	レ	ラ	チ	レ	ト	ギ	コ	ヤ	ネ	ヘ	ザ
ザ	ナ	コ	ザ	ギ	コ	ヤ	ヘ	ラ	ザ	ギ	ア
ヤ	チ	ヤ	レ	ザ	ラ	ネ	ザ	レ	チ	ヤ	オ

① カ　　② ト
③ ア　　④ ナ

17

기	리	히	니	리	지	비	티	리	시	니
리	히	비	시	니	비	니	리	니	비	히
지	키	니	티	히	디	시	디	지	리	디
피	티	히	리	피	시	피	디	니	시	리

① 지　　② 시
③ 미　　④ 리

18

b	e	b	w	t	n	u	h	m	p	g	r
r	k	t	i	z	v	s	z	e	o	q	f
d	o	p	s	h	m	c	w	x	f	j	v
n	q	i	x	j	l	l	k	m	y	z	u

① d ② a
③ g ④ c

19

57	73	33	66	81	80	02	39	53	05	92	78
32	19	56	46	64	34	72	76	41	68	42	50
65	31	82	74	29	54	84	79	66	51	36	43
32	83	42	55	62	75	67	86	35	77	54	82

① 52 ② 64
③ 31 ④ 79

20

★	□	●	▼	★	□	◇	▼	◎	□	□	★
●	◇	☆	○	△	○	●	★	◇	△	◇	○
△	◎	◇	★	◎	▼	△	●	○	◆	●	◎
▲	○	◎	●	□	▽	◇	▼	□	▼	△	★

① ☆ ② ■
③ ◆ ④ ▽

※ 다음 제시된 좌우의 문자 또는 기호를 비교하여 같으면 ①을, 다르면 ②를 고르시오. **[21~25]**

21

1141049657 [ ] 1141048657

22

교환및환불시영수증지참 [ ] 교환밑환불시영수증지참

23

ETEIVIENDR [ ] ETEIVIENDR

24

!*$^◇;&^-#$@! [ ] !*$^◇;&^=#$@!

25

idbdueyhdqdiek [ ] idbduewhdqdiek

※ 다음 중 나머지 셋과 다른 것을 고르시오. [26~28]

26

① 決定過程의 透明性과 公正性
② 決定過程의 透明性과 公正性
③ 決定過程의 透明姓과 公正性
④ 決定過程의 透明性과 公正性

27

① 346798956231
② 346798956231
③ 346778956231
④ 346798956231

28

① bkqwqavyumnz
② bkgwqavyumnz
③ bkgwqavyumnz
④ bkgwqavyumnz

대표유형 3 규칙변형

다음 규칙에 따라 바르게 변형한 것은?

규※q★⊃ – 62≡§ ◎

① ⊃★※q규 – ◎§ 2≡6

② ※q규⊃★ – 2≡6§ ◎

③ q규⊃★※ – ≡6◎2§

④ ★⊃※규q – § ◎62≡

| 해설 | 오답분석

② ※q규⊃★ – 2≡6◎§

③ q규⊃★※ – ≡6◎§ 2

④ ★⊃※규q – § ◎26≡

정답 ①

※ 다음 규칙에 따라 변형한 것으로 옳지 않은 것을 고르시오. **[29~30]**

29

1234 – adbc

① 2143 – dacb

② 4132 – cabd

③ 3412 – dcab

④ 4312 – cbad

30

♡♧♠♤♥ – → ←↑↓↔

① ♥♧♡♠♤ – ↔←→↓↑

② ♠♤♧♥♡ – ↑↓←↔→

③ ♧♥♤♡♠ – ←↔↓→↑

④ ♤♡♠♧♥ – ↓→↑←↔

PART

4

상황판단

PART 4 상황판단 적중예상문제

※ 상황판단 영역은 정답을 제공하지 않으니 참고하기 바랍니다.

01 **A사원은 이번에 처음으로 맡게 된 중요한 업무 수행에 앞서 선배인 B대리에게 업무에 대한 자세한 설명을 들었다. 그러나 분명히 집중하고 들었음에도 불구하고, 처음 맡게 된 업무라 어렵고 낯설어서 그런지 B대리에게 들은 설명 중 일부를 잊어버리고 말았다. 현재 A사원은 어디서부터 어떻게 일을 시작해야 할지 고민하고 있다. 당신이 A사원이라면 이런 상황에서 어떻게 하겠는가?**

① B대리에게 자신이 업무 관련 내용을 일부 잊어버렸음을 솔직히 밝힌다.

② 회사 내 가이드라인을 참조하여 업무를 수행한다.

③ 동료 사원에게 상황을 설명하고 도움을 요청한다.

④ 자신이 기억하는 범위 내에서 업무를 수행한다.

02 **A팀은 오늘 오랫동안 준비해 온 중요한 발표를 앞두고 있다. 그러나 발표 담당 사원인 B가 피치 못할 상황이 생겨 결근한 상황이다. 그동안 A팀은 각자의 역할을 나눠서 발표를 준비해왔기 때문에 발표 담당 B사원 외에는 완벽한 발표를 진행하기 어려운 상황이다. 만약 당신이 발표해야 하는 A팀의 팀장이라면 어떻게 하겠는가?**

① 상사에게 오늘 발표가 불가능하며 이는 전적으로 발표 담당 B사원의 탓임을 알린다.

② 완벽하진 않더라도 발표 담당 B사원 대신 본인이 발표를 진행한다.

③ 완벽하진 않더라도 발표 담당 B사원 대신 다른 팀원에게 발표를 진행하도록 지시한다.

④ 완벽하진 않더라도 발표 담당 B사원을 대신할 팀 내 자원자를 모집한다.

03 **C사원은 최근 다른 부서로 이동하게 되었다. 그런데 인수인계를 하는 과정에서 몇 가지 업무를 제대로 전달받지 못했다. 하지만 상사는 C사원이 당연히 모든 업무를 다 알고 있으리라 생각하고 업무를 지시한다. 상사가 지시한 업무를 하겠다고 대답은 했지만, 막상 하려니 어떻게 해야 할지 당황스러운 상황이다. 이 상황에서 당신이 C사원이라면 어떻게 하겠는가?**

① 팀 공유 폴더의 지난 업무 파일들을 참고하여 업무를 수행한다.

② 상사에게 현재 상황을 솔직하게 이야기하고 모르는 부분에 대해 다시 설명을 듣는다.

③ 옆에 앉은 다른 팀원에게 자신의 업무를 대신 해달라고 부탁한다.

④ 자신이 할 수 있는 데까지 방법을 찾다가 그래도 안 되겠으면 다시 설명을 듣는다.

04 **자연 환경이 아름다운 도시의 시장인 A씨는 최근 대기업으로부터 도시에 대규모 리조트를 건설하겠다는 제안을 받았다. 이 프로젝트는 지역 경제에 큰 도움이 되겠지만, 도시의 자연 환경을 크게 훼손할 것이다. 당신이 A씨라면 어떻게 하겠는가?**

① 지역 경제 활성화를 위해 전면 승인한다.
② 환경 보호를 위해 프로젝트를 전면 거부한다.
③ 규모를 축소하고 환경 영향을 최소화하는 조건으로 승인한다.
④ 리조트 대신 친환경 관광 프로그램을 개발하는 대안을 제시한다.

05 **B사원의 회사는 출근할 때 자유 복장이다. 하지만 같은 팀의 A사원이 눈살이 찌푸려질 정도로 과한 노출의 옷을 입고 출근을 한다. 이 상황에서 당신이 B사원이라면 어떻게 하겠는가?**

① A사원을 개인적으로 불러 과한 노출의 옷은 자제해 달라고 부탁한다.
② 어떤 옷을 입든 개인의 자유이기 때문에 신경 쓰지 않는다.
③ 상사인 C팀장에게 상황에 관해 설명하고, 조치를 요구한다.
④ A사원에게 노출이 심하지 않은 옷을 선물하여 본인이 직접 깨달을 수 있도록 한다.

06 **A사원과 B사원의 직속 상관인 C팀장은 유독 B사원에게 쉬운 일을 맡기고 A사원에게는 어려운 일을 맡긴다. 당신이 A사원이라면 어떻게 하겠는가?**

① 부서 회의 시간에 공개적으로 C팀장에게 공정한 업무 분담을 요구한다.
② 본인의 능력이 더 나아서 그런 것이라 생각한다.
③ 회식 자리에서 가볍게 왜 B사원과 차별하느냐고 따진다.
④ C팀장의 상관인 D에게 상담을 요청한다.

07 **A대리는 같은 부서의 B사원 때문에 스트레스를 받고 있다. 빠르게 처리해야 할 업무에 대해 B사원은 항상 꼼꼼하지만 너무 늦게까지 검토하고 A대리에게 늦게 보고하기 때문이다. A대리가 B사원의 업무방식에 불만을 표현하자 B사원은 자신의 소심한 성격 때문이라고 대답한다. 당신이 A대리라면 어떻게 하겠는가?**

① 업무규칙을 세워 B사원이 매 업무마다 보고하도록 한다.
② 꼼꼼하게 일처리를 하는 B사원에게 고마움을 느낀다.
③ B사원의 일처리 방식을 존중하도록 한다.
④ 일이 먼저인 만큼 자신이 직접 나서 B사원의 업무를 돕도록 한다.

08 IT회사에서 일하는 A대리는 새로운 AI 시스템을 개발하고 있다. 최근 새로 개발하는 AI 시스템이 사용자의 개인정보를 과도하게 수집하고 있음을 알게 되었다. 신기술인 AI에 대한 법적인 근거가 없어 문제가 되지는 않지만, 사용자의 불이익이 명확하게 예상되고 있으며, 해당 AI 시스템은 회사의 주력 상품으로 A대리의 경력에 큰 도움이 될 것이다. 당신이 A대리라면 어떻게 하겠는가?

① 익명으로 언론에 해당 사실을 제보한다.
② 윤리적 갈등을 이유로 프로젝트를 포기한다.
③ 문제를 무시하고 AI 시스템 개발에 집중한다.
④ 개인정보 보호를 강화하는 방안을 직접 제안하고 개발한다.

09 최근 입사한 P사원은 회사생활에 대해 고민이 있다. 업무를 잘 수행하고 있는지를 포함한 회사생활 전반적인 부분에 대해 아무런 언급이 없는 K팀장의 행동에 마치 자신이 방치된 느낌을 받고 있기 때문이다. 이 상황에서 당신이 P사원이라면 어떻게 하겠는가?

① K팀장에게 직접 찾아가 상담 및 조언을 구한다.
② K팀장이 따로 상담을 요구할 때까지 기다린다.
③ 같이 입사한 B사원 팀의 상황은 어떤지 살펴본다.
④ 아무런 언급이 없는 것은 잘하고 있음의 무언의 표시라고 생각하고, 크게 신경 쓰지 않는다.

10 B사원은 출근하던 중에 교통사고 뺑소니 현장을 목격했다. B사원이 유일한 목격자이지만, 출근 시각 5분 전이고 자칫하다가는 지각을 하게 된다. 이 상황에서 당신이 B사원이라면 어떻게 하겠는가?

① 지각하지 않는 것이 더 중요하기 때문에 모른 척 지나간다.
② 출근 시각 5분 전이기 때문에, 119에 빨리 신고만 하고 바로 출근한다.
③ 우선은 현장을 정리한 뒤, 회사에 가서 어떠한 상황이었는지 설명한다.
④ 상사에게 전화하여 상황을 설명한 뒤, 현장을 정리하고 출근한다.

11 회계팀 S사원은 지출내역을 확인하던 중 상사인 Y과장이 최근 출장비 명목으로 300만 원에 달하는 돈을 횡령한 것을 알게 되었다. 평소 Y과장은 성실하다는 평을 듣고 인간관계도 좋은 편이라 회사 내에서의 이미지가 상당히 좋다. 당신이 S사원이라면 어떻게 하겠는가?

① 사내게시판에 익명으로 글을 올려 Y과장의 부정행위를 폭로한다.
② Y과장에게 직접 이야기하고 본인이 징계위원회에 자수할 것을 권유한다.
③ 폭로해봤자 Y과장을 좋아하는 높은 사람들이 이 일을 덮을 것이 뻔하므로 가만히 있는다.
④ 이 일을 상부에 보고한다.

12 **A팀장은 연말 성과평가 기간 중 오랫동안 친하게 지낸 팀원 B대리가 자신의 실적을 지나치게 부풀려 보고한 것을 발견하였다. B대리에게 그 이유를 물어보았더니, B대리는 집안 사정이 어려워 이번 평가에서 좋은 결과를 받아 승진해야 하는 절박한 상황임을 털어놓았다. 당신이 A씨라면 어떻게 하겠는가?**

① 회사 규정에 따라 즉시 인사부에 사실을 보고한다.

② B대리의 어려운 상황을 고려해 이번만 눈감아주고 넘어간다.

③ B대리에게 자진 신고를 권유하고, 함께 상급자를 찾아가 상황을 설명한다.

④ 부정행위 사실은 숨기되, 동료가 합법적으로 좋은 평가를 받을 수 있도록 다른 방면에서 적극적으로 지원한다

13 **O사원은 P사원과 같은 해에 입사하여 친하게 지내고 있다. O사원과 P사원은 부서가 달라 서로 다른 건물에 근무하고 있는데, 어느 날 P사원이 O사원을 불러 얼마 전에 있었던 연봉협상 결과에 대해 상세히 묻는 것이었다. O사원은 사적인 내용이니 밝히지 않겠다고 했는데, 그 다음부터 P사원이 다른 사람들에게 O사원의 속이 좁다는 등 험담을 하고 다닌다는 것을 알게 되었다. 당신이 O사원이라면 어떻게 하겠는가?**

① P사원을 찾아가 왜 뒤에서 자신의 험담을 하고 다니느냐고 따진다.

② P사원과 마찬가지로 다른 사람들에게 P사원의 험담을 하고 다닌다.

③ P사원을 의도적으로 무시하고 연락을 끊는다.

④ 괜한 일 만들기 싫으니 그냥 무시하고 넘어간다.

14 **S대리는 업무를 진행하면서 새로운 프로그램을 이용하여 작업을 해나가고 있는데, 처음 써보는 프로그램이라 혼자 작업하는 데 애를 먹고 있었다. 그러던 중, 타 부서에서 프로그램에 능숙하다는 U사원의 이야기를 듣고 도움을 요청하였다. U사원에게 찾아가 프로그램에 대한 질문과 도움을 받는데, 그럴 때마다 U사원은 이런 것도 모르냐며 은근히 무시를 하는 것이 느껴졌다. 앞으로 작업할 업무가 많지만 기분이 상해 U사원을 찾아가기 꺼려진다. 당신이 S대리라면 어떻게 하겠는가?**

① U사원에게 프로그램을 알려주는 것은 고마우나 말투나 행동이 자신을 무시하는 것 같아서 기분이 나쁘다고 말하며 훈계한다.

② U사원에게 도움 받는 것을 그만두고, 퇴근 후 학원을 등록하거나 인터넷 등을 통해 스스로 습득한다.

③ 같은 부서원들에게 U사원에 대해 흉을 보면서 기분을 푼다.

④ U사원에게 더욱 친절하게 굴며 친해지려고 노력한다.

15 **A주임은 오늘 집에서 중요한 가족 모임이 있다. 업무를 마치고 집으로 돌아가던 중 본인이 제출한 파일에 수정해야 할 사항이 있는 것을 발견했다. 파일의 마감 기한은 오늘까지이며, 다시 회사로 돌아가려면 1시간이 걸리는 상황이다. 당신이 A주임이라면 어떻게 하겠는가?**

① 친한 동료인 B주임에게 대신 업무를 처리해줄 것을 부탁한다.
② 상사인 C팀장에게 사정을 설명하고, 제출일을 다음 날로 미룬다.
③ 불가피한 상황이므로 회사에 다시 돌아가서 파일을 수정한 후 제출한다.
④ 사소한 실수이므로 아무도 모를 거라 생각하며 집으로 간다.

16 **A사원은 서울에서 태어나 평생을 서울에서 살아온 서울 토박이다. 그러던 어느 날 A사원은 갑작스럽게 서울에서 멀리 떨어진 지방으로 발령이 났다. A사원이 새롭게 발령을 받은 곳은 아무런 연고도 없는 촌구석이다. 게다가 지방으로 발령을 받은 이상 언제 서울로 올라올 수 있을지 모르는 상황이다. 당신이 A사원이라면 어떻게 하겠는가?**

① 서울에서 근무할 수 있는 다른 회사를 알아봐야겠다고 생각한다.
② 회사의 지시이니 그냥 따라야겠다고 생각한다.
③ 왜 나한테 지방 발령이 났을까 생각한다.
④ 나의 능력을 보여줄 때라고 생각한다.

17 **퇴근 시간이 가까워져 오고 있지만, A사원이 오늘까지 처리해야 할 업무가 아직 많이 남아 있다. 주어진 업무를 모두 마치기 위해서 A사원은 오늘 밤 야근을 해야 한다. 그러나 B상사가 퇴근을 앞두고 다 같이 회식을 가자고 제안했다. 이 상황에서 당신이 A사원이라면 어떻게 할 것인가?**

① 상사의 제안이니 회식에 간다.
② 업무가 있다고 말하고 회식 자리에 참석하지 않는다.
③ 동료에게 업무를 처리해 달라고 부탁하고 회식에 참석한다.
④ 회식에 참석하되 회식 이후 밤을 새워 업무를 수행한다.

18 **A팀장은 팀 운영에 있어 어려움을 겪고 있다. A팀장은 평소에 팀 내 성과를 높이고 맡은 업무를 효율적으로 진행하기 위해서 팀 회의를 강조하는 편이다. 그러나 팀원들은 팀 회의에 그다지 집중하지 않는다. 당신이 A팀장이라면 이런 상황에서 어떻게 하겠는가?**

① 자신의 의견을 전적으로 회의 결과에 반영함으로써 회의 시간을 단축한다.
② 인사고과에 반영함으로써 태만한 근무태도에 대한 불이익을 준다.
③ 팀 회의를 시작하기에 앞서 팀 전체에게 회의에 집중할 것을 엄중하게 경고한다.
④ 팀원들을 각자 불러 이러한 현상은 인사에 불이익을 야기할 수 있음을 경고한다.

PART 4

19 **계약직 A사원은 얼마 전 회사로부터 정규직 전환이 되지 않는다는 통보를 받아 퇴사를 앞두고 있다. 그런데 업무를 인수받을 후임이 불성실하고 능력도 부족해 보인다. 당신이 A사원이라면 어떻게 하겠는가?**

① 업무 인계도 업무의 일부인 만큼 인수자에 상관없이 성실한 자세로 임한다.
② 인수자가 가진 열정과 능력만큼 업무 인수에 신경을 쓴다.
③ 부서장에게 인수자의 상태를 알리고 대책을 요구한다.
④ 업무 인수자의 태도에 대해 따끔하게 훈계한다.

20 **A사원은 아직 회사 일에 서툴지만, B팀장과 함께 중요한 계약을 앞두고 미팅을 진행하게 되었다. 그러나 미팅 당일에 B팀장에게 개인적인 사정이 생겨서 미팅에 참석하기 곤란하다는 연락이 왔다. A사원이 B팀장에게 다시 전화를 걸어 미팅 진행에 대해 물어보니 알아서 하라고 한다. 당신이 A사원이라면 어떻게 하겠는가?**

① B팀장이 나를 많이 신뢰하고 있다고 생각한다.
② 일단 본인이 준비한 선에서 최선을 다 해야겠다고 생각한다.
③ B팀장은 책임감이 없는 사람이라고 생각한다.
④ 다른 직원들에게 B팀장의 행동을 말해야겠다고 생각한다.

21 A사원은 최근 들어 평소보다 많은 양의 업무를 힘들게 수행해 냈다. 평소 잔머리를 굴리는 타입도 아닌 A사원은 자주 야근을 해가며 상사에게 제출할 보고서를 작성했다. 그러나 상사에게 자신이 제출한 보고서가 형편없다는 혹평을 받았다. 당신이 A사원이라면 이 상황에서 어떻게 하겠는가?

① 자신의 부족한 필력을 원망하며 좌절한다.

② 무엇이 문제인지 구체적으로 물어보고 시정한다.

③ 기업 용어 및 약어에 취약한 것은 아닌지 검토해본다.

④ 좋은 평가를 받는 동료 및 선배의 보고서와 자신의 보고서를 비교해보고 시정한다.

22 S사에 근무하는 당신은 최근 매주 금요일 업무시간이 끝나고 한 번씩 진행해야 하는 바닥 청소 당번 문제를 두고 동료인 A사원과 갈등을 겪고 있다. 둘 중 한 명은 매주 바닥 청소를 해야 하는데, 금요일에 일찍 퇴근하기를 원하는 당신과 A사원 모두 청소 당번에서 빠지고 싶어 하기 때문이다. 이러한 상황에서 당신이 A사원에게 어떤 제안을 하겠는가?

① 둘 다 청소 당번을 피할 수는 없으니, 공평하게 같이 하자고 한다.

② A사원 몫까지 매주 청소를 맡아서 하겠다고 한다.

③ A사원에게 매주 번갈아가면서 청소를 맡자고 제안한다.

④ 금요일 업무시간 전에 청소를 할 수 있는지 확인해보자고 한다.

23 S사 관리팀에 근무하는 B팀장은 최근 부하직원 A주임 때문에 고민 중이다. B팀장이 보기에 A주임의 업무방법은 업무성과를 내기에 부적절해 보이지만, 자존감이 강하고 자기결정권을 중시하는 A주임은 자기 자신이 스스로 잘하고 있다고 생각하며 B팀장의 조언이나 충고에 반발심을 표출하고 있기 때문이다. 이와 같은 상황에서 당신이 B팀장이라면 A주임에게 어떻게 하겠는가?

① 징계를 통해 자신의 조언을 듣도록 유도한다.

② 대화를 통해 스스로 자신의 잘못을 인식하도록 유도한다.

③ A주임에 대한 칭찬을 통해 업무 성과를 극대화시킨다.

④ A주임을 더 강하게 질책하여 업무방법을 개선시키도록 한다.

24 **A과장은 어느 날 C부장에게 좋지 않은 말을 들었다. 이유는 최근에 A과장이 속한 부서에 들어오게 된 B사원 때문이었다. B사원이 아직 새로운 부서에 적응되지 않은 건지, 혹은 회사 생활에 필요한 업무 능력이 떨어지는 건지 알 수는 없지만, B사원의 미흡한 일 처리로 인해서 부서업무가 엉망이 되었고 상사인 C부장에게 쓴 소리까지 들은 상황이다. 당신이 A과장이라면 어떻게 하겠는가?**

① B사원에게 상황을 그대로 알리고 시정 조치할 것을 지시한다.
② B사원에게 상황을 간략하게 알리고 개선할 방안을 제시해준다.
③ 부서 내에 상황을 그대로 알리고 B사원이 스스로 개선할 마음이 들도록 한다.
④ 일 처리에 능숙한 D대리를 불러 B사원을 도와줄 것을 지시한다.

25 **얼마 전 입사한 A사원은 E직장에 전반적으로 만족하고 있으나 간혹 곤란할 때가 있다. 업무상 필요한 문구들이 있기 마련인데, E직장에서는 이 문구들이 사용하는 양보다 부족하게 지급될 때가 종종 있기 때문이다. 이런 상황에서 당신이 A사원이라면 어떻게 하겠는가?**

① 그냥 내가 사서 사용한다.
② 상급자에게 월별 지급량을 늘려야 함을 주장한다.
③ 옆 직원에게 이러한 불편 사항을 이야기한다.
④ 옆의 직원에게 나눠 사용하자고 말하고 빌려 쓴다.

26 **E대리가 속한 사무실은 상당히 조용하여 이따금 키보드를 두드리는 소리만 날 정도이다. 그러나 E대리의 동료인 G대리는 간혹 개인적인 전화를 아무렇지 않게 큰 소리를 내며 받는 경향이 있다. G대리의 시끄러운 소리로 인해 업무에 방해가 되자 입사 동기인 C대리가 G대리를 지적했고, 그 사이로 둘은 서먹한 사이가 되었다. 그러나 G대리의 행동에는 여전히 변함이 없는 상황에서 당신이 E대리라면 어떻게 하겠는가?**

① G대리에게 직접 찾아가 개인적인 전화 통화는 사무실 밖에서 할 것을 부탁한다.
② 팀장에게 사무실 내의 규칙을 제정할 것을 건의한다.
③ C대리를 찾아가 실컷 G대리를 욕한다.
④ 사소한 일로 입사 동기와 싸우고 싶지 않으므로 조용히 있는다.

27 **A사원은 업무 능력이 뛰어나 퇴근 시간 전이면 자기 일을 다 끝내곤 한다. 그러나 A사원은 자기 일을 끝냈음에도 불구하고 동료들과 선배들이 항상 여러 가지 도움을 요청하기 때문에 제때에 퇴근하지 못한다. 당신이 A사원이라면 이 상황에서 어떻게 하겠는가?**

① 자신의 불만을 표정과 행동으로 여과 없이 드러낸다.
② 자신의 감정을 공손하게 이야기한다.
③ 자기 일을 천천히 진행하여 퇴근 시간 바로 전에 마무리하고 퇴근한다.
④ 직급이 높은 선배에게 이 사실을 말한다.

28 **A대리는 업무를 수행하는 과정에서 본의 아니게 해당 지역의 주민들과 갈등을 빚게 되었다. 개인적으로 A대리는 해당 지역 주민들의 고충을 이해하는 바이지만, 그렇다고 해서 수행하는 업무를 중단하고 개인적으로 나설 도리도 없다. 업무 수행과정에서 발생한 갈등에 대해 공과 사를 구별하고, 어떻게 적절히 대응할 수 있을지 모르는 상황에서 당신이 A대리라면 어떻게 하겠는가?**

① 해당 지역 주민들에게 상황을 설명한 뒤에 회사 측과 교섭 자리를 마련한다.
② 같은 부서의 선배에게 상황을 말하고, 조언을 구한다.
③ 승진하기 위해서는 업무수행능력이 가장 중요하므로 계획한 대로 밀어붙인다.
④ 지역 주민에게는 최소한의 대처만 한 뒤에 회사에는 보고하지 않는다.

29 **A사원은 회사 회식 때 과음을 한 나머지 다음 날 늦잠을 자고 말았다. 회사의 출근 시간은 9시이지만 눈을 떠보니 아침 10시였다. 깜짝 놀란 A사원은 겨우 일어나긴 했지만, 숙취 탓에 집중력을 필요로 하는 업무를 무리 없이 할 수 있는 상황은 아니다. 당신이 A사원이라면 어떻게 하겠는가?**

① 몸 상태가 좋지 않더라도 당장 출근해서 자리를 지킨다.
② 상사에게 이야기하고 오후에 출근한다.
③ 상사에게 몸이 좋지 않다고 말하고 하루 쉰다.
④ 동료에게 대신 상사에게 보고해 달라고 부탁한다.

30 **A사원의 직속 상사는 B대리이다. A사원은 항상 B대리의 업무 지시에 따라 업무를 수행해 왔다. 그러던 어느 날 C이사가 직접 A사원에게 지시를 내렸다. 그러나 C이사가 내린 지시는 B대리가 내렸던 지시와 상반된 내용이다. 당신이 A사원이라면 이 상황에서 어떻게 하겠는가?**

① C이사의 직급이 더 높으므로 C이사의 지시에 따른다.
② B대리에게 이 사실을 말하고 C이사의 지시를 무시한다.
③ C이사에게 B대리의 지시와 다름을 말하되 C이사가 고집할 경우 이에 따른다.
④ D부장에게 이 사실을 말하고 도움을 요청한다.

PART

5

기초과학

CHAPTER 01 화학 핵심이론

01 과학의 탐구 과정

1. 탐구 과정에 필요한 기초 기능

(1) 탐구 방법

① 연역적 방법(데카르트)

㉠ 어떤 자연 현상을 이미 인정된 과학적 원리나 법칙으로 설명하는 과정으로 가설(잠정적 결론) 검증 과정을 중시한다.

㉡ 탐구 과정

관찰 → 문제 인식 → 가설(잠정적 결론) 설정 → 탐구 설계(변인 설정) → 탐구(실험) 수행(가설의 검증 과정) → 자료 해석 → 결론 도출 → 일반화(원리, 법칙)

㉢ 자료 해석을 통하여 얻은 결론이 앞의 가설과 일치하지 않을 때에는 가설을 수정하거나 새로운 가설을 세우고 다시 새로운 가설에 알맞은 탐구 설계를 하여 탐구 과정을 거친다(Feed-back 과정).

② 귀납적 방법(베이컨)

㉠ 가설 설정 과정이 없다.

㉡ 개개의 특수한 사실을 일반적 원리로 도출한다.

㉢ 탐구 과정

자연 현상 → 관찰 주제 설정 → 관찰 방법 및 절차 고안 → 관찰 수행 → 관찰 결과 및 결론 도출

(2) 과학의 탐구 과정

① 탐구 수행의 과정

㉠ 문제 인식

- 주어진 상황에서 문제점을 발견하는 단계
- 어떤 사실에 대해 의문을 가지는 것을 말한다.

㉡ 가설 설정

- 어떤 문제를 인식하였을 때 그 문제에 대한 답을 임시로 정한 후 깊이 연구한다.
- 이때 임시로 정한 답을 가설이라 하고, 가설을 세우는 것을 가설 설정이라고 한다.

㉢ 탐구 설계 : 종속 변인과 독립 변인을 구별하고 여러 가지 실험 방법 및 과정을 계획한다.

- 종속 변인 : 독립 변인에 따라 결정되는 변인
- 독립 변인 : 연구하는 사람이 조작할 수 있는 변화 가능한 변인
  - 조작 변인 : 실험하는 동안 체계적으로 변화시켜야 하는 변인
  - 통제 변인 : 실험에서 일정하게 유지시켜야 하는 변인

• 변인 통제 : 실험에서 정확한 비교가 되기 위해서는 조작 변인 외에 실험에 영향을 미칠 수 있는 변인은 모두 일정하게 유지시켜야 한다.

㉣ 탐구 수행

• 탐구 설계대로 올바른 정보를 찾아낸다.

• 사물과 사건을 수집하여 정리하는 과정이다.

㉤ 자료 분석 및 해석

• 실험, 관찰로부터 얻은 결과에서 일정한 규칙성을 찾아낸다.

• 추리, 예상, 상관관계 등을 포함한다.

㉥ 결론 도출 및 평가

• 자료를 해석하여 결론을 내리고 탐구 과정을 평가한다.

• 과학적인 결론은 다른 과학자가 실험을 하더라도 같은 결론을 얻을 수 있어야 한다.

② 탐구 활동의 기록

㉠ 객관성 : 자신은 물론 다른 사람들에게 원래 목적하던 바를 정확하게 전달할 수 있어야 한다.

㉡ 사실성 : 실험 결과나 느낀 바를 솔직하고 명확하게 기술해야 한다.

㉢ 즉각성 : 데이터나 의문점들은 바로바로 기록하여야 한다.

2. 연구 방법

(1) 관찰, 조사, 측정

① 관찰

㉠ 오감을 사용하여 정성적인 자료를 수집하는 탐구 활동이다.

㉡ 사물이나 사건의 현상을 자연 상태 그대로 두고 세심하게 살피는 활동이다.

㉢ 분류와 추론의 바탕이 되는 자료와 정보를 수집하는 데에 주요한 목적이 있다.

② 조사

㉠ 관찰보다 능동적이고 의도적인 탐색 활동을 뜻한다.

㉡ 자연을 통제하지 않고 그대로 둔 상태에서 진행된다.

㉢ 자연 현상들 사이의 상관관계나 인과관계를 밝히는 데 목적이 있다.

③ 측정

㉠ 과학 실험 도구나 기계를 사용하여 단위로 표현할 수 있는 정량적 자료를 수집하는 조작적 기능을 의미한다.

㉡ 주로 수학 공식으로 표현할 수 있는 과학적 법칙이나 원리의 기초자료를 얻는 데에 그 목적이 있다.

(2) 분류, 추리, 예상, 모형

① 분류

㉠ 어떤 공통적이거나 특징적인 속성에 따라 사물을 나누는 탐구 기능이다.

㉡ 관찰이나 측정을 통해 수집한 자료를 정리·정돈하여 분류 체계를 구성하는 데에 주된 목적이 있다.

② 추리

㉠ 관찰·측정·분류 과정을 통해 취득한 자료를 바탕으로 어떤 결론을 이끌어내고 그 결론에 따라 자연의 현상을 설명하는 탐구 기능이다.

㉡ 예를 들어, 숲속에서 관찰한 생태학적 자료를 바탕으로 그곳에 살고 있는 동물의 종류를 알아내는 것이 추론이다.

③ 예상

㉠ 확실한 관찰 결과와 정확한 측정 결과를 바탕으로 어떤 규칙성을 예측하는 탐구 활동을 말한다.

㉡ 그렇지 못할 경우에는 검증이 불가능한 추측에 지나지 않을 수도 있다.

④ 모형

㉠ 직접 관찰하기가 곤란한 현상을 눈으로 직접 볼 수 있도록 한 것이다.

㉡ 마네킹을 이용하여 자동차 충돌 실험을 하는 것처럼 쉽게 다룰 수 있도록 활용하는 것이다.

(3) 실험, 자료 해석, 토의

① 실험

㉠ 자연 현상에 인위적인 변화를 일으켜 관찰이나 측정을 통해 그 원인을 밝히려는 과학적 탐구 방법이다.

㉡ 일반적으로 실험은 자연에서 일어나는 현상들 사이의 인과관계를 규명하는 데에 궁극적인 목적을 둔다.

② 자료 해석

㉠ 조사나 실험을 통해 얻은 자료를 바탕으로 새로운 사실 또는 아직 관찰되지 않은 사실을 예상하거나 추론한다.

㉡ 그러한 사실의 진위를 검증하는 데에 이용할 가설을 설정하는 활동을 일컫는다.

㉢ 예로써 신문의 일기도 읽기, TV의 뉴스 보고 말하기, 여러 가지 도표를 보고 그 자료에 함축된 의미 말하기 등이 있다.

③ 토의

㉠ 어떤 문제에 관하여 각자 의견을 내어 검토한다.

㉡ 협의를 통해 그 해결 방법을 모색하는 일종의 사회적 활동이다.

02 전해질과 이온

1. 전해질과 이온의 관계

(1) 전해질과 비전해질

① 전해질

㉠ 물에 녹았을 때 전류가 흐르게 하는 물질

㉡ 전해질의 예 : 염화나트륨, 질산칼륨, 염화구리, 황산구리, 염화수소, 수산화나트륨, 암모니아 등

㉢ 염화나트륨이나 황산구리(Ⅱ) 등의 고체 결정은 전류가 흐르지 않지만 물에 녹아 수용액 상태에서는 전류가 흐른다.

㉣ 수용액에서 전류가 흐르는 이유 : 전해질이 물에 녹으면 전하의 운반체(이온)가 생기기 때문에

㉤ 전해질의 농도와 전류

- 농도와 전류의 양 : 같은 전해질이라도 농도가 진해지면 흐르는 전류의 양이 많아진다(수용액 속에 이온이 많아지기 때문에).
- 전해질의 농도와 전류의 세기 : 전류의 세기는 전해질의 농도가 진할수록 증가하다가 어느 한계를 넘어서면 더 이상 증가하지 않고 일정해진다.

〈전해질의 농도와 전류의 세기〉

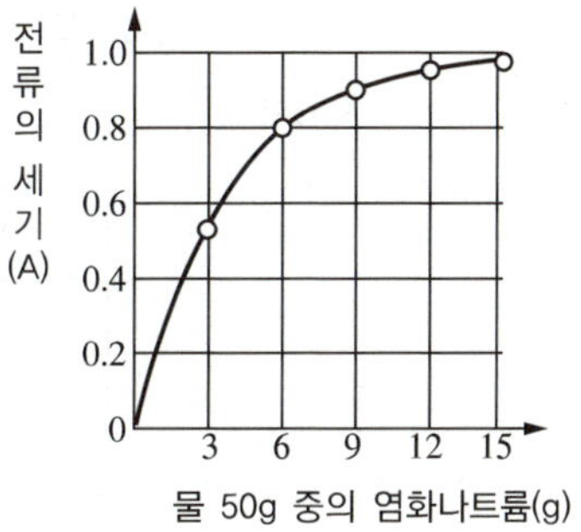

② 비전해질

㉠ 물에 녹아 전류가 흐르지 않는 물질

㉡ 비전해질의 예 : 설탕, 증류수, 알코올, 녹말, 포도당, 에탄올 등

㉢ 설탕이나 녹말은 고체 상태뿐만 아니라 수용액 상태에서도 전류가 흐르지 않는다.

〈전해질과 비전해질〉

물질 \ 상태	전해질(소금)	비전해질(설탕)
고체	×	×
액체	○	×

〈수용액 상태의 전해질과 비전해질〉

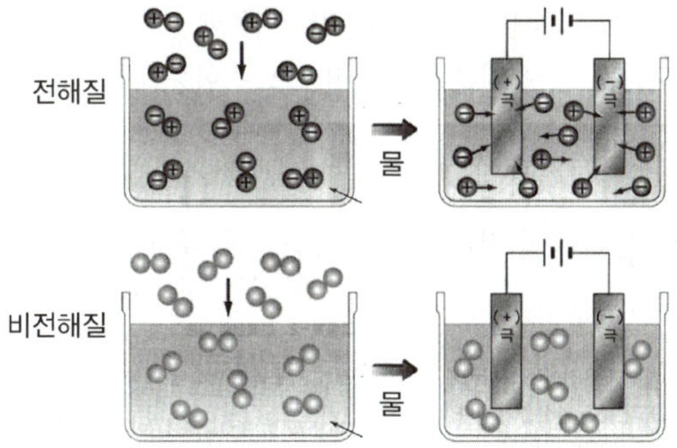

(2) 이온

① 이온의 형성

㉠ 이온 : 원자가 전자를 잃거나 얻어서 생긴 전하를 띤 입자

• 양이온 : 원자가 전자를 잃어서 (+)전하를 띤 입자

$Na \rightarrow Na^{+} + \ominus$

• 음이온 : 원자가 전자를 얻어서 (−)전하를 띤 입자

$Cl + \ominus \rightarrow Cl^{-}$

〈양이온과 음이온〉

(+)이온	이온식	(−)이온	이온식
수소 이온	H^{+}	수산화 이온	OH^{-}
은 이온	Ag^{+}	질산 이온	NO_3^{-}
칼슘 이온	Ca^{2+}	황산 이온	SO_4^{2-}
알루미늄 이온	Al^{3+}	인산 이온	PO_4^{3-}

㉡ 원자의 전기적 성질 : 원자는 원자핵의 (+)전하 총량과 전자의 (−)전하 총량이 같아서 전기적으로 중성이다.

㉢ 전기적으로 중성인 원자가 전자를 잃으면 (+)전하를 띤 입자가 되고, 전자를 얻으면 (−)전하를 띤 입자가 된다.

〈이온의 생성〉

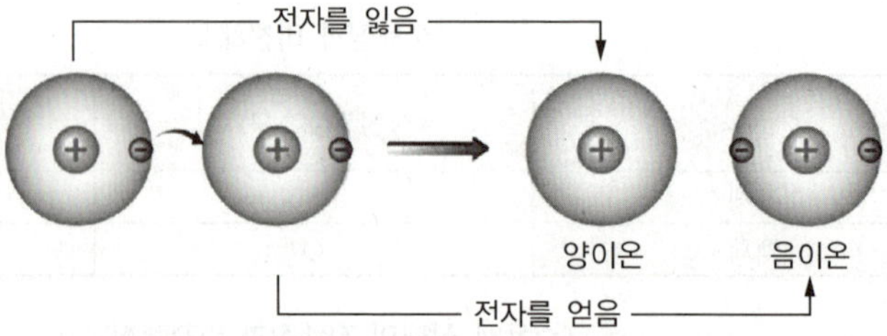

㉣ 이온의 이동 : 전해질 수용액에서 전류가 흐를 때 (−)이온이 움직이며 전하를 운반한다. 이때 양이온은 (−)전극으로 음이온은 (+)전극으로 이동한다.

② 이온의 표시 방법

㉠ 양이온 : 잃은 전자 수에 따라 +, 2+, 3+를 표기한다.

㉡ 음이온 : 얻은 전자 수에 따라 −, 2−, 3−를 표기한다.

㉢ 이온과 반응식

이온	명칭	반응식	형성 과정
Na^{+}	나트륨 이온	$Na \rightarrow Na^{+} + \ominus$	전자를 1개 잃어서 생성
Cu^{2+}	구리 이온	$Cu \rightarrow Cu^{2+} + 2\ominus$	전자를 2개 잃어서 생성
Cl^{-}	염화 이온	$Cl + \ominus \rightarrow Cl^{-}$	전자를 1개 얻어서 생성
S^{2-}	황화 이온	$S + 2\ominus \rightarrow S^{2-}$	전자를 2개 얻어서 생성

③ 이온의 종류

㉠ 음이온

- 전자 1개를 얻는 경우 : Cl^-(염화 이온), OH^-(수산화 이온), NO_3^-(질산 이온)
- 전자 2개를 얻는 경우 : O^{2-}(산화 이온), SO_4^{2-}(황산 이온), CO_3^{2-}(탄산 이온)

㉡ 양이온

- 전자 1개를 잃는 경우 : H^+(수소 이온), K^+(칼륨 이온), Ag^+(은 이온), NH_4^+(암모늄 이온)
- 전자 2개를 잃는 경우 : Ca^{2+}(칼슘 이온), Mg^{2+}(마그네슘 이온), Cu^{2+}(구리 이온), Fe^{2+}(철 이온)

㉢ 다원자 이온 : 여러 가지 원자가 결합하여 이온으로 존재하는 이온

→ 암모늄 이온(NH_4^+), 황산 이온(SO_4^{2-}), 탄산 이온(CO_3^{2-}), 수산화 이온(OH^-)

④ 이온화 : 전해질을 물에 녹였을 때 양이온과 음이온으로 분리되는 현상

이온	명칭	이온화(수용액 상태)
HCl	염산	$HCl \rightarrow H^+ + Cl^-$
$CuCl_2$	염화구리	$CuCl_2 \rightarrow Cu^{2+} + 2Cl^-$
$CuSO_4$	황산구리	$CuSO_4 \rightarrow Cu^{2+} + SO_4^{2-}$
$AgNO_3$	질산은	$AgNO_3 \rightarrow Ag^+ + NO_3^-$
$CaCl_2$	염화칼슘	$CaCl_2 \rightarrow Ca^{2+} + 2Cl^-$
K_2CO_3	탄산칼륨	$K_2CO_3 \rightarrow 2K^+ + CO_3^{2-}$
Na_2CO_3	탄산나트륨	$Na_2CO_3 \rightarrow 2Na^+ + CO_3^{2-}$

〈원자핵과 전자〉

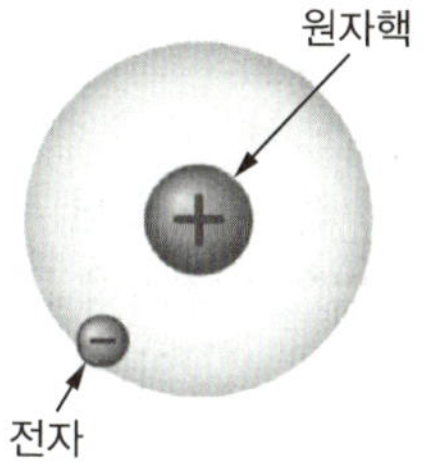

㉠ 원자핵 : 원자 중심에 위치하고 있는 (+)전하(양성자+중성자)

㉡ 전자 : 원자핵 주위에 위치하고 있는 (−)전하

⑤ 원소의 주기율표

족 주기	1	2	3	4	5	6	7	8	9	10	11	12	13	14	15	16	17	18
1	1 H																	2 He
2	3 Li	4 bE											5 B	6 C	7 N	8 O	9 F	10 Ne
3	11 Na	12 Mg											13 Al	14 Si	15 P	16 S	17 Cl	18 Ar
4	19 K	20 Ca	21 Sc	22 Ti	23 V	24 Cr	25 Mn	26 Fe	27 Co	28 Ni	29 Cu	30 Zn	31 Ga	32 Ge	33 As	34 Se	35 Br	36 Kr
5	37 Rb	38 Ba	39 Y	40 Zr	41 Nb	42 Mc	43 Tc	44 Ru	45 Rh	46 Pb	47 Ag	48 Cd	49 In	50 Sn	51 Sb	52 Te	53 I	54 Xe
6	55 Cs	56 Ba	*	72 Ht	73 Ta	74 W	75 Re	76 Os	77 Ir	78 Pt	79 Au	80 Hg	81 Sl	82 Pb	83 Bi	84 Po	85 At	86 Rn
7	87 Fr	88 Ra	**	※ 원자 번호는 원소 기호 위에 표시하였다.														

*란탄족	57 La	58 Ce	59 Pr	60 Nd	61 Pm	62 Sm	63 Eu	64 Gd	65 Tb	66 Dy	67 Ho	68 Er	69 Tm	70 Yb	71 Lu
**악티늄족	89 Ac	90 Th	91 Pa	92 U	93 Np	94 Pu	95 Am	96 Cm	97 Bk	98 Cf	99 Es	100 Fm	101 Md	102 No	103 Lr

2. 이온 반응과 검출 방법

(1) 전기 분해

① 전기 분해

㉠ 전기 분해 : 전해질 수용액에서 전류가 흐르면 각각의 이온은 전하의 종류와 서로 반대되는 전극으로 이동하여 전자를 얻거나 잃은 후 전기적 중성을 띠는 성분 물질로 분해되는 것이다. 즉, 전해질 수용액이 전류에 의해 2가지 이상의 물질로 분리되어 생성되는 반응이다.

㉡ 염화수소의 전기 분해

- 염화수소(HCl)는 수용액에서 수소 이온(H^+)과 염화 이온(Cl^-)으로 나누어진다.
- 수소(H^+) 이온은 (−)극으로 이동하고 염화 이온(Cl^-)은 (+)극으로 이동한다.
- 두 전극으로 이동한 이온은 전자를 흡수・방출하여 반응한다.

  (−)극에서 : $2H^+ + 2e \rightarrow H_2 \uparrow$ (수소 기체 발생)

  (+)극에서 : $2Cl^- \rightarrow Cl^2 \uparrow + 2e$ (염소 기체 발생)
- 결과 : 염화수소가 전류에 의하여 수소와 염소로 분해된다.

㉢ 염화구리의 전기 분해

- 염화구리(Ⅱ)의 이온화 : $CuCl_2 \rightarrow Cu^{2+} + 2Cl^-$
- (+)극에서 반응 : (−)전하를 띤 Cl^-이 (+)극으로 이동하여 전하를 잃고 황록색의 자극성 냄새가 나는 염소 기체가 된다.

  $2Cl^- \rightarrow Cl_2 \uparrow + 2e$

- (−)극 반응 : (+)전하를 띤 Cu^{2+}이 (−)극으로 이동하여 전자를 얻은 후 Cu로 석출된다.

  $Cu^{2+} + 2e \rightarrow Cu$

- 전체 반응 : $CuCl_2 \rightarrow Cu$(붉은색)$+ Cl_2$(황록색의 기체)

ⓔ 용융된 아이오딘화납(PbI_2)의 전기 분해

- 아이오딘화납은 물에는 녹지 않으므로 가열하여 용융 전기 분해한다.
- 용융된 상태에서 아이오딘화납의 이온화

  $PbI_2 \rightarrow Pb^{2+} + 2I^-$

- (+)극에서 반응 : (−)전하를 띤 I^-이 (+)극으로 이동하여 전자를 잃고 보라색으로 아이오딘 고체가 된다.

  $2I^- \rightarrow I_2 + 2e$

- (−)극에서의 반응 : (+)전하를 띤 Pb^{2+}이 (−)극으로 이동하여 전자를 얻은 후 Pb으로 석출된다.

  $Pb^{2+} + 2e \rightarrow Pb$

② 앙금 생성 반응

㉠ 물에 녹아 있는 두 종류의 전해질 수용액을 반응시킬 때, 물에 녹지 않는 물질(앙금)이 생기는 반응이다(이온 검출에 이용).

㉡ 염화 이온(Cl^-)의 검출

질산은 수용액과 같이 은이온이 포함된 수용액에 염화나트륨 수용액을 넣으면 흰색 앙금인 염화은이 생성된다.

$Ag^+ + Cl^- \rightarrow AgCl\downarrow$(흰색 앙금)

㉢ 탄산 이온($CO_3^{\ 2-}$)의 검출

바륨 이온이나 칼슘 이온이 포함된 수용액을 탄산 이온 수용액에 넣으면 흰색 앙금인 탄산칼슘이나 탄산바륨이 생성된다.

$Ca^{2+} + CO_3^{\ 2-} \rightarrow CaCO_3\downarrow$(흰색 앙금)

$Ba^{2+} + CO_3^{\ 2-} \rightarrow BaCO_3\downarrow$(흰색 앙금)

㉣ 황산 이온($SO_4^{\ 2-}$)의 검출

칼슘 이온이나 바륨 이온이 포함된 수용액을 황산 이온 수용액에 넣으면 흰색 앙금인 황산바륨이나 황산칼슘이 생성된다.

$Ca^{2+} + SO_4^{\ 2-} \rightarrow CaSO_4\downarrow$(흰색 앙금)

$Ba^{2+} + SO_4^{\ 2-} \rightarrow BaSO_4\downarrow$(흰색 앙금)

㉤ 납 이온(Pb^{2+})의 검출

폐수 속에 들어 있는 납 이온(Pb^{2+})은 아이오딘화 이온(I^-)으로 검출한다.

$Pb^{2+} + 2I^- \rightarrow PbI_2\downarrow$(노란색 앙금)

ⓑ Zn^{2+}, Cu^{2+}, Pb^{2+}, Cd^{2+}의 검출

폐수 속에 들어 있는 중금속 이온을 황화 이온으로 검출한다.

$Zn^{2+} + S^{2-} \rightarrow ZnS\downarrow$ (흰색 침전)

$Cu^{2+} + S^{2-} \rightarrow CuS\downarrow$ (검은색 침전)

$Pb^{2+} + S^{2-} \rightarrow PbS\downarrow$ (검은색 침전)

$Cd^{2+} + S^{2-} \rightarrow CdS\downarrow$ (노란색 침전)

ⓢ 은 이온(Ag^+)의 검출

은 이온은 염화 이온, 브롬화 이온, 아이오딘화 이온으로 검출이 가능하다.

$Ag^+ + Cl^- \rightarrow AgCl\downarrow$ (흰색 앙금)

$Ag^+ + Br^- \rightarrow AgBr\downarrow$ (연노란색 앙금)

$Ag^+ + I^- \rightarrow AgI\downarrow$ (노란색 앙금)

ⓞ 앙금 반응의 이용

- 염화은(AgCl) : 수돗물을 소독하고 난 후 남아 있는 염화 이온의 검출
- 탄산칼슘($CaCO_3$) : 센물에 포함된 칼슘 이온 검출, 지하수 속에 녹아 있는 탄산 이온의 검출
- 황산바륨($BaSO_4$) : 화산 근처의 호수에 녹아 있는 황산 이온의 검출
- 아이오딘화납(PbI_2) : 공장에서 흘러나오는 폐수의 납 이온의 검출

ⓙ 앙금이 생기지 않는 이온의 검출

- 나트륨 이온(Na^+), 칼륨 이온(K^+), 암모늄 이온(NH_4^+), 질산 이온(NO_3^-) 등은 앙금을 생성하지 않는다.
- 금속 이온인 나트륨 이온과 칼륨 이온은 불꽃 반응색으로 확인할 수 있다.
- 암모늄 이온은 네슬러 시약에 의해 적갈색으로 변한다.
- 질산 이온은 진한 황산과 황산철(Ⅲ) 수용액의 혼합 용액을 가하면 갈색 고리가 생긴다.

③ 알짜 이온 반응식

㉠ 이온 사이의 반응에서 실제로 반응에 참여한 이온만을 나타낸 화학식이다.

㉡ 알짜 이온은 반응에 실제로 참여하는 이온이고, 구경꾼 이온은 반응에 참여하지 않는 이온이다.

㉢ 질산납 수용액과 아이오딘화칼륨 수용액의 반응 : 아이오딘화칼륨(KI) 수용액과 질산납[$Pb(NO_3)_2$] 수용액을 섞으면 노란색 침전인 아이오딘화납(PbI_2)이 생성된다.

〈알짜 이온 반응식〉

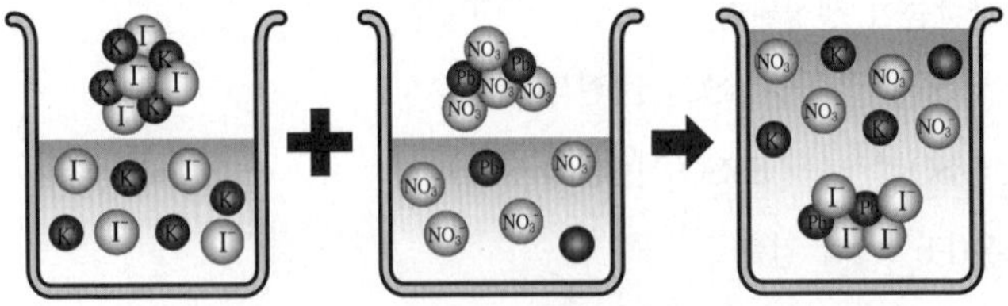

- 화학 반응식 : $2KI(aq) + Pb(NO_3)_2(aq) \rightarrow PbI_2(s) + 2KNO_3(aq)$
- 알짜 이온 반응식 : $Pb^{2+} + 2I^- \rightarrow PbI_2(s)$
- 알짜 이온은 Pb^{2+}, I^-이고, K^+, NO_3^-은 구경꾼 이온이다.

(2) 불꽃 반응과 스펙트럼을 이용한 이온의 검출

① 불꽃 반응

물질을 무색의 겉불꽃 속에 넣었을 때 나타나는 특유한 불꽃 색깔로 원소를 구별하는 방법이다.

② 몇 가지 원소의 불꽃 색깔

원소	리튬(Li)	나트륨(Na)	칼륨(K)	칼슘(Ca)	스트론튬(Sr)	구리(Cu)
불꽃의색깔	빨간색	노란색	보라색	주황색	진한 빨간색	청록색

③ 스펙트럼의 특징

㉠ 시험 방법이 간단하고, 아주 적은 양의 물질이라도 분석이 가능하다.

㉡ 불꽃 색깔이 비슷한 원소도 쉽게 구별할 수 있다.

03 산과 염기의 반응

1. 산과 염기의 구별

(1) 산의 성질

① 산 : 산성을 띠는 물질로, 수용액에서 이온화하여 수소 이온(H^+)을 내놓는 물질

② 산성 : 산의 수용액이 나타내는 공통적인 성질

㉠ $HCl \rightarrow H^+ + Cl^-$

㉡ $CH_3COOH \rightarrow CH_3COO^- + H^+$

㉢ $H_2SO_4 \rightarrow 2H^+ + SO_4^{2-}$

㉣ $HNO_3 \rightarrow H^+ + NO_3^-$

〈산이 수소 이온을 내놓는 정도〉

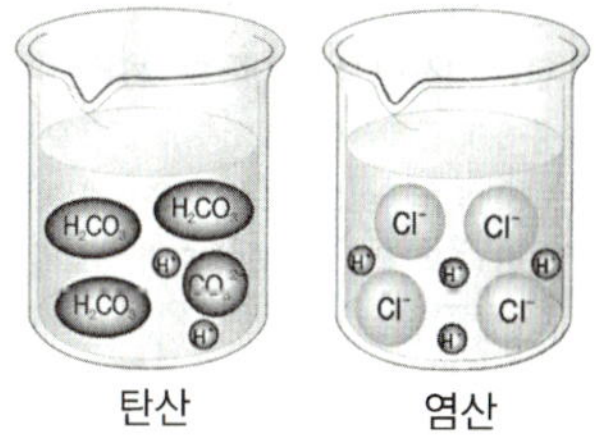

③ 산의 성질

㉠ 수용액에서 신맛을 낸다.

㉡ 산의 수용액은 전류를 흐르게 하는 전해질이다.

㉢ 푸른 리트머스 종이를 붉게 한다.

㉣ 금속과 반응하여 수소 기체를 발생한다.

- $Zn + 2HCl \rightarrow ZnCl_2 + H_2 \uparrow$ (기체 발생)
- $Mg + 2HCl \rightarrow MgCl_2 + H_2 \uparrow$ (기체 발생)

〈마그네슘과 염산의 반응모형〉

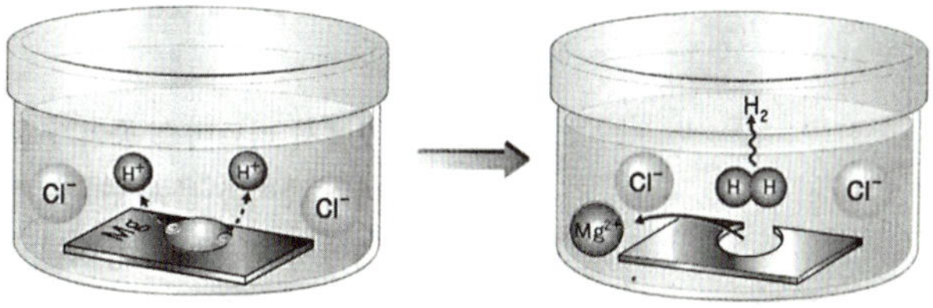

(2) 염기

① 염기 : 염기성을 띠는 물질로 수용액에서 이온화하여 수산화 이온(OH^-)을 내놓는다.

② 염기성 : 염기의 수용액이 나타내는 공통적인 성질

㉠ $NaOH \rightarrow Na^+ + OH^-$

㉡ $KOH \rightarrow K^+ + OH^-$

㉢ $Ca(OH)_2 \rightarrow Ca^{2+} + 2OH^-$

㉣ $NH_4OH \rightarrow NH_4{}^+ + OH^-$

③ 염기의 성질

㉠ 수용액에서 쓴맛을 내며 단백질을 녹이므로 손에 닿으면 미끈거린다.

㉡ 염기의 수용액은 전해질이므로 전류를 흐르게 한다.

㉢ 염기성이므로 붉은색 리트머스 종이를 푸르게 한다.

㉣ 공통적으로 OH^-가 나타난다.

2. 산과 염기의 세기

(1) 세기의 결정과 표시

① 세기의 결정

수용액에서 이온화 잘됨 → H^+, OH^-의 농도(↑) → 산, 염기의 세기↑

② 세기의 표시(pH : 산성도)

㉠ 수소 이온의 농도를 나타내는 단위

㉡ pH가 7보다 낮으면 산성이다.

(2) 산의 세기

① 강산

㉠ 수용액에서 이온화되어 수소 이온(H^+)을 잘 내놓는 물질

㉡ 염산(HCl), 황산(H_2SO_4), 질산(HNO_3)

② 약산

㉠ 수용액에서 일부만 이온화되어 수소 이온(H^+)을 내놓는 물질

㉡ 탄산(H_2CO_3), 아세트산(CH_3COOH), 붕산(H_3BO_3), 인산(H_3PO_4)

〈강한 산과 약한 산의 비교〉

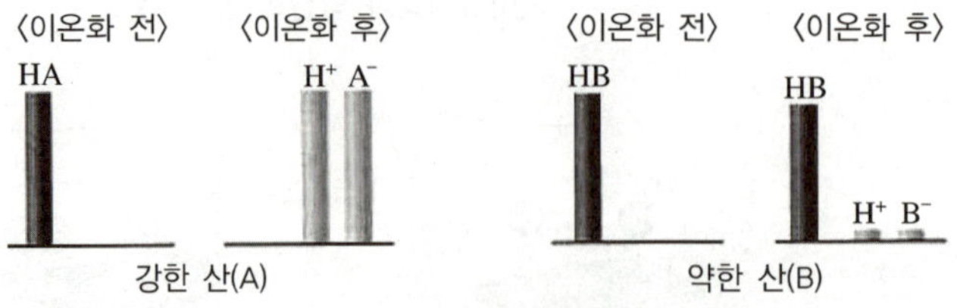

(3) 염기의 세기

① 강한 염기

㉠ 수용액에서 대부분 이온화되어 수산화 이온(OH^-)을 잘 내놓는 물질

㉡ NaOH, KOH, $Ca(OH)_2$

② 약한 염기

㉠ 수용액에서 일부만 이온화되어 수산화 이온(OH^-)을 내놓는 물질

㉡ NH_4OH, $Mg(OH)_2$

(4) 산과 염기의 이온화

① 이온화도(α)

㉠ 전해질이 수용액 속에서 이온화되는 정도를 이온화도(α)라고 한다.

$$[\text{이온화도}(\alpha)] = \frac{(\text{이온화된 전해질의 분자 수})}{(\text{수용액 속에 녹아 있는 총분자 수})}$$

㉡ 이온화도의 값 : $0 \leq \alpha \leq 1$

㉢ 이온화가 클수록 수용액 속에 이온이 많이 존재한다.

㉣ $\alpha = 0$이면 비전해질이고, $\alpha = 1$이면 100% 이온화된 것을 의미한다.

㉤ 이온화도는 온도와 농도에 따라 달라진다. 같은 수용액이라도 온도가 높고 농도가 낮을수록 이온화도가 커진다.

② 산과 염기의 이온화도

산	이온화도	염기	이온화도
HCl	0.94	NaOH	0.91
HNO_3	0.92	KOH	0.91
H_2SO_4	0.62	$Ca(OH)_2$	0.91
CH_3COOH	0.013	NH_3	0.013

3. 산과 염기의 종류

(1) 산의 종류

① 염산(HCl)

㉠ 염화수소

- 자극성이 강한 무색의 기체로서 공기보다 무거우며 물에 아주 잘 녹는다.
- 암모니아(NH_3)와 반응하여 흰 연기 상태의 염화암모늄(NH_4Cl)을 만든다.

  $HCl + NH_3 \rightarrow NH_4Cl$

㉡ 염산

- 염화수소를 녹인 수용액으로 휘발성이 있다.
- 이용 : 금속의 녹을 제거하거나 PVC, 염료, 조미료를 만드는 원료로 쓰인다.
- 물에 대단히 잘 녹는다(20℃, 1기압에서 물 1L에 HCl 22.4L가 녹는다).
- 위액 속의 위산은 HCl이 주성분이고, 0.2～0.4% 들어 있다. 또한, 위산은 소화를 돕는 작용을 한다.

② 질산(HNO_3)

㉠ 진한 질산

• 무색의 발연성이 있는 액체로 물보다 무겁다.

• 열과 빛에 의하여 잘 분해되므로, 빛을 차단하는 갈색 병에 보관한다.

$$4HNO_3 \xrightarrow{빛} 2H_2O + 4NO_2 + O_2$$

㉡ 묽은 질산

• 진한 질산을 묽게 해서 만든다.

• 순수한 수소를 얻는 데 사용하지 않는다(NO, NO_2와 섞여 나오기 때문에).

㉢ 산화력이 크기 때문에 수소보다 반응성이 작은 금속과 반응한다.

• 묽은 질산 : $3Cu + 8HNO_3 \rightarrow 3Cu(NO_3)_2 + 4H_2O + 2NO\uparrow$

• 진한 질산 : $Cu + 4HNO_3 \rightarrow Cu(NO_3)_2 + 2H_2O + 2NO_2\uparrow$

㉣ 순수한 질산 : 무색의 발연성 액체로 녹는점이 −42℃, 끓는점은 86℃, 비중은 1.52이다(진한 질산은 70% 수용액이다).

③ 황산(H_2SO_4)

㉠ 진한 황산

• 농도가 98%이며, 무겁고 점성이 큰 무색의 액체이다.

• 탈수 작용을 하므로 건조제로 쓰인다.

㉡ 묽은 황산

• 진한 황산을 묽게 해서 만들며, 수용액에서 이온화가 잘 되므로 강산이다.

• 이용 : 염료, 의약, 축전지, 인조 섬유, 석유의 정제 등 화학 공업에 쓰인다.

(2) 염기의 종류

① 수산화나트륨(NaOH)

㉠ 흰색의 고체로 물에 잘 녹으며, 수용액은 강한 염기성을 나타낸다.

㉡ 공기 중에서 수분을 흡수하여 스스로 녹는 조해성이 있다.

㉢ 이산화탄소(CO_2)를 흡수하여 탄산나트륨(Na_2CO_3)을 만든다.

㉣ 비누, 섬유, 종이, 물감을 만드는 원료로 사용된다.

② 수산화칼슘[$Ca(OH)_2$]

㉠ 회색의 가루로 소석회라고 한다.

㉡ 용해도는 작으나 용해된 것은 이온화가 잘 되므로 강염기이다.

㉢ 수용액 : 석회수

㉣ 석회수는 이산화탄소 검출에 이용한다.

$Ca(OH)_2 + CO_2 \rightarrow CaCO_3$(흰색 앙금)$+ H_2O$

③ 암모니아(NH_3)

㉠ 무색의 자극성 기체로서 공기보다 가볍다.

㉡ 수용액 : 암모니아수(NH_3OH)

㉢ 물에 잘 녹으며 이온화하여 염기성을 나타낸다.

㉣ 염화수소(HCl)와 만나면 염화암모늄을 만든다.

$NH_3 + HCl \rightarrow NH_4Cl$(흰 연기)

〈염기성 용액에서의 암모니아의 작용〉

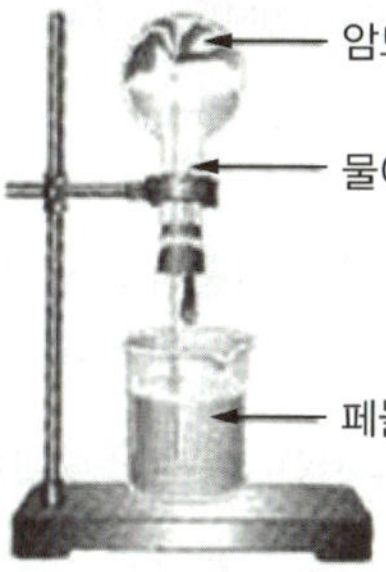

04 산과 염기의 중화 반응

1. 수용액과 지시약

(1) 수용액의 성질

① 수용액의 성질은 수소 이온(H^+)과 수산화 이온(OH^-)의 양에 의해 결정된다.

② 수용액의 성질

㉠ 산성 : $H^+ > OH^-$, $pH < 7$

㉡ 중성 : $H^+ = OH^-$, $pH = 7$

㉢ 염기성 : $H^+ < OH^-$, $pH > 7$

(2) 지시약의 색깔

① 지시약은 수용액의 pH에 따라 색이 달라지는 물질로서, 용액의 액성을 구별할 때 사용된다. 지시약은 그 자체가 약한 산성을 띠거나, 약염기성이므로 사용하면 용액의 액성에 영향을 끼친다.

② 지시약의 변색

지시약	산성	중성	염기성
리트머스	붉은색	보라색	푸른색
페놀프탈레인	무색	무색	붉은색
메틸오렌지	붉은색	주황색	노란색
BTB	노란색	녹색	푸른색

2. 중화 반응의 특성

(1) 중화 반응

① 중화 반응

㉠ 산과 염기가 반응하여 물과 염을 만드는 반응

㉡ 산+염기 → 염+물

② 중화 반응의 이온 반응식

㉠ 산의 H^+와 염기의 OH^-가 1 : 1의 비로 반응하여 염과 물이 생성되는 반응

㉡ $HCl+NaOH \rightarrow NaCl+H_2O$ 반응에서 $H^+ + OH^- \rightarrow H_2O$가 생성되는 반응

〈염산과 수산화나트륨 수용액의 반응〉

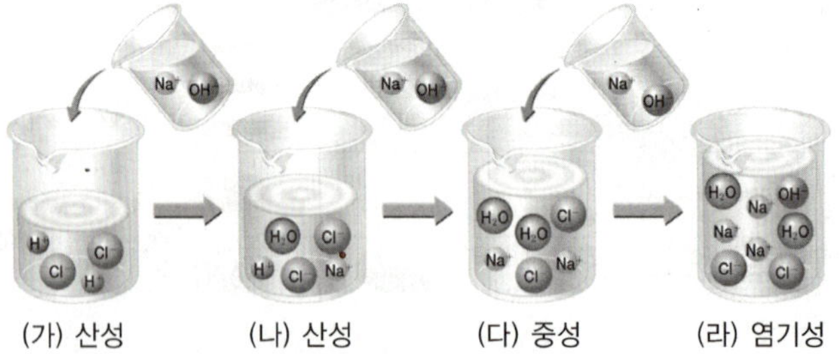

㉢ 혼합 용액에서의 액성

- 산성 : $H^+ > OH^-$
- 중성 : $H^+ = OH^-$
- 염기성 : $H^+ < OH^-$

③ 염

㉠ 산과 염기의 중화 반응에서 물과 함께 생성되는 물질

㉡ 염의 생성 반응

- 산과 염기의 중화 반응 : $HCl+NaOH \rightarrow H_2O+NaCl$
- 금속과 산의 반응 : $Mg+2HCl \rightarrow MgCl_2+H_2 \uparrow$
- 염과 염의 반응 : $NaCl+AgNO_3 \rightarrow NaNO_3+AgCl \downarrow$

㉢ 염의 용해성

- Na^+, K^+, NH^{4+}는 물에 잘 녹는다.
- 물에 잘 녹지 않는 염(앙금 생성 반응) : $CaCl_2$, $BaCl_2$, AgCl

음이온 / 양이온	NO_3^-	Cl^-	SO_4^{2-}	CO_3^{2-}	용해성
Na^+	$NaNO_3$	NaCl	Na_2SO_4	Na_2CO_3	잘 녹는다.
K^+	KNO_3	KCl	K_2SO_4	K_2CO_3	
NH_4^+	NH_4NO_3	NH_4Cl	$(NH_4)_2SO_4$	$(NH_4)_2CO_3$	
Ca^{2+}	$Ca(NO_3)_2$	$CaCl_2$	$CaSO_4$	$CaCO_3$	잘 녹지 않는다.
Ba^{2+}	$Ba(NO_3)_2$	$BaCl_2$	$BaSO_4$	$BaCO_3$	
Ag^+	$AgNO_3$	AgCl	Ag_2SO_4	Ag_2CO_3	

④ 중화 반응의 예

㉠ $HCl + NaOH \rightarrow H_2O + NaCl$

㉡ $H_2SO_4 + 2NaOH \rightarrow 2H_2O + Na_2SO_4$

㉢ $2HCl + Ca(OH)_2 \rightarrow 2H_2O + CaCl_2$

(2) 중화열과 중화 반응의 이용

① 중화열

㉠ 중화 반응이 일어날 때 방출하는 열 : $H^+ + OH^- \rightarrow H_2O +$ 열

㉡ 중화 반응은 발열 반응이므로 반응 시 물은 열을 흡수하여 용액의 온도는 상승한다(산의 H^+과 염기의 OH^-이 반응하는 양에 따라 발생하는 열량이 달라진다).

㉢ 용액의 온도와 중화점 : 일정량의 염기 용액에 산 용액을 가할 때 혼합 용액에서는 열이 발생하므로 용액의 온도가 가장 높을 때가 중화점이다.

② 산과 염기의 중화 반응에서 발생하는 열

㉠ $H^+ + OH^- \rightarrow H_2O +$ 열(중화열)

㉡ 중화 반응 시 온도의 변화

- 산과 염기의 중화 반응이 진행됨에 따라 용액의 온도가 점차 높아지며 완전히 중화될 때 온도가 가장 높다.
- 반응하는 산의 H^+과 염기의 OH^-이 많을수록 중화열이 많이 발생한다.

〈온도 변화 그래프〉

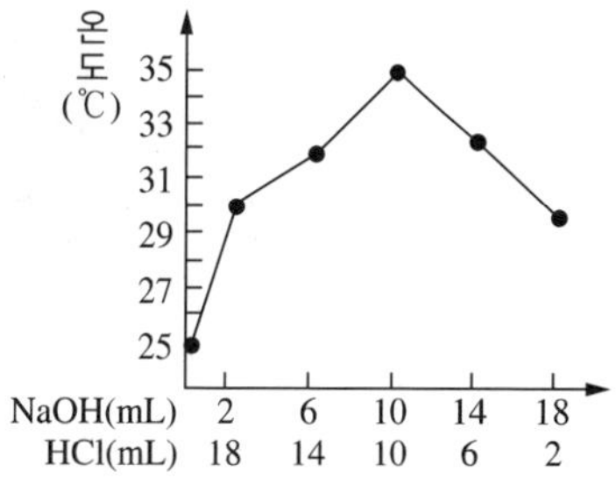

㉢ 중화 여부 측정 방법

- 지시약을 사용하여 용액의 색깔 변화를 보아 중화점을 안다.
- 용액의 온도 변화 측정 : 산과 염기를 중화시킬 때 변화되는 온도를 측정하여 용액의 온도 변화가 최고에 이를 때 중화된 것을 안다.

③ 일상생활과 중화 반응

㉠ 벌에 쏘인 부위에 암모니아수를 바른다. → 벌침의 독에는 포름산 등의 산성 물질이 들어 있으므로 염기성인 암모니아수로 중화된다.

㉡ 신 김치로 찌개를 만들 때 탄산수소나트륨을 넣으면 신맛이 줄어든다. → 탄산수소나트륨은 염기성 물질이므로 김치의 산을 중화시킨다.

㉢ 생선회에 레몬즙을 뿌리면 비린내를 줄일 수 있다. → 생선회의 비린내는 트리메틸아민이라는 염기성 물질이므로 레몬즙의 산성 물질로 중화시킨다.

㉣ 속이 쓰릴 때 제산제를 먹는다. → 위에서 과다하게 분비된 염산에 의해 속이 쓰리므로 수산화마그네슘, 탄산수소나트륨 등의 중성분인 제산제를 먹으면 중화된다.

㉤ 산성화된 토양이나 호수에 석회를 뿌린다. → 염기성 물질인 석회로 산성을 중화시킨다.

(3) 중화점

① 중화점

㉠ 산의 수소 이온(H^+)과 염기의 수산화 이온(OH^-)이 1 : 1의 비로 반응하여 정확하게 중성이 되는 점

㉡ 중화 반응에서 염산에 NaOH 수용액을 가할 때 이온수의 변화

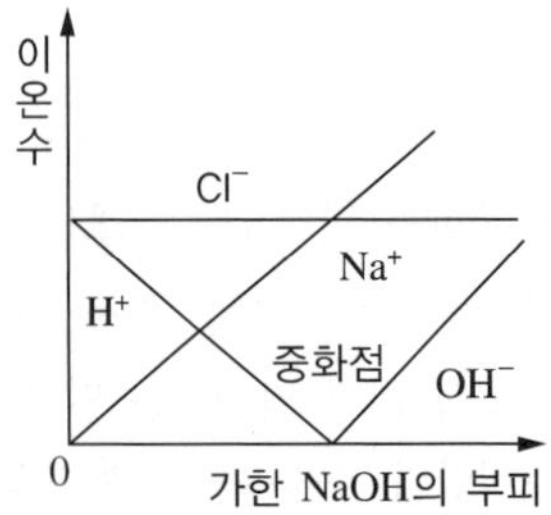

② 중화점의 관찰

㉠ 지시약 관찰(산성에서 중성으로 변하는 색상 조사) : 용액의 산성도를 조사한다.

㉡ 온도 측정(온도의 상승 곡선 조사) : 중화점에서 최고 온도를 나타낸다.

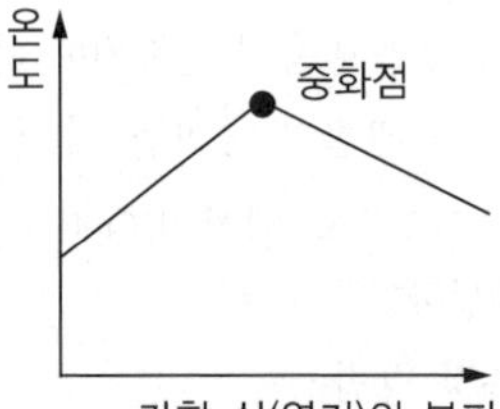

㉢ 전류 측정(전도도계를 이용하여 전도도의 변곡점 조사) : 이온의 수가 감소하므로 전류 값 감소

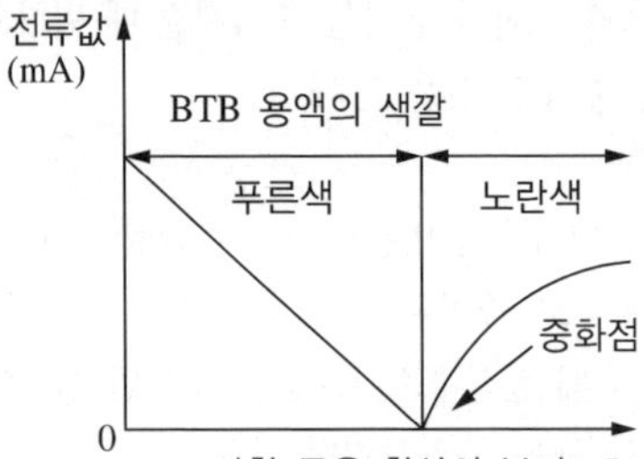

③ 온도에 따른 중화점

㉠ 중화열과 H^+ 및 OH^-의 수 : 반응하는 수소 이온(H^+)과 수산화 이온(OH^-)의 수가 많을수록 열이 많이 발생한다.

㉡ 중화점과 온도 변화 : 중화점에서 온도 변화가 가장 크며, 중화점에서는 수소 이온과 수산화 이온이 모두 반응한다.

05 반응 속도

1. 반응 속도와 화학 반응

(1) 반응 속도

① 반응물의 성질

반응물의 활성이 큰 경우 반응 속도는 빠르다(엔탈피가 큰 경우).

② 반응 속도

㉠ 반응 속도 : 단위 시간당 반응하는 물질의 농도 감소량, 또는 생성되는 물질의 농도 증가량을 말하며 농도는 몰농도로 나타낸다.

$$(\text{반응 속도})=\frac{(\text{반응 물질의 농도 변화})}{(\text{시간})}=\frac{(\text{생성 물질의 농도 변화})}{(\text{시간})}$$

㉡ 반응 속도의 단위

- 기체 : mL/초, mL/분
- 액체 : 몰/(L · 초), 몰/(L · 분)

㉢ 빠른 반응

- 침전 반응, 중화 반응, 기체 발생 반응, 연소 반응은 반응 속도가 빠르다.
  - 침전 반응 : $AgNO_3+NaCl \rightarrow AgCl$(침전)$+NaNO_3$
  - 중화 반응 : $HCl+NaOH \rightarrow H_2O$(물 생성)$+NaCl$
  - 기체 발생 반응 : $Zn+2HCl \rightarrow ZnCl_2+H_2$(기체 발생)
  - 연소 반응 : $CH_4+2O_2 \rightarrow CO_2+2H_2O$
- 단순 이온 간의 반응은 반응 속도가 빠르다.
- 빠른 반응의 예
  - 프로판이나 부탄과 같은 연료가 타는 반응
  - 폭약이 폭발하는 반응
  - 수용액에서 앙금이 생기는 반응
  - 대리석과 염산의 반응

㉣ 느린 반응

- 철의 부식이나 석회암 동굴의 생성 반응 등은 느리다.
  - 철의 부식 : $4Fe+3O_2+2H_2O \rightarrow 2Fe_2O_3H_2$
  - 석회암 동굴의 생성 반응 : $CaCO_3+CO_2+H_2O \rightarrow Ca(HCO_3)_2$
- 공유 결합의 분해 반응은 반응 속도가 느리다.
  - $2HI \rightarrow H_2+I_2$

PART 5

- 느린 반응의 예
  - 대리석 건물이 산성비에 의해 침식될 때의 반응
  - 찹쌀을 이용하여 술을 빚을 때의 반응
  - 김치가 익는 반응
  - 석회 동굴이 생기는 반응
  - 과일이 익어가는 반응
  - 철과 황산의 반응

③ 반응 속도 측정 방법

㉠ 일반적으로 단위 시간 동안 반응 물질의 농도 감소량, 생성 물질의 농도 증가량을 조사한다.

㉡ 앙금의 이용 : 일정량의 앙금이 생성되는 시간을 조사한다. 속도는 걸린 시간에 반비례한다.

㉢ 기체의 이용

- 생성된 기체가 빠져나갈 때 : 반응할수록 질량이 감소하므로 단위 시간당 질량의 감소량으로 반응 속도를 측정한다(전자저울을 이용).
- 생성된 기체를 모으는 경우 : 단위 시간당 발생하는 기체의 부피를 측정한다.

〈기체의 생성〉

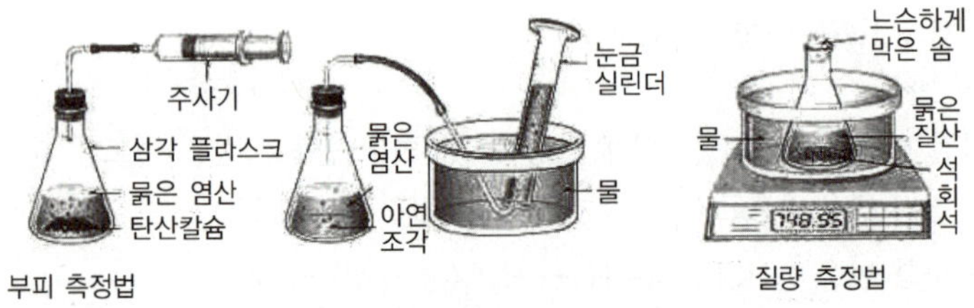

㉣ 기울기 그래프 이용

- 기울기 변화를 조사함으로써 반응 속도를 알 수 있다.
- 시간에 따른 농도의 변화에서 기울기가 클 때 : 반응 속도가 빠르다.
- 시간에 따른 농도의 변화에서 기울기가 작을 때 : 반응 속도가 느리다.
- 시간에 따른 농도의 변화에서 기울기가 0일 때 : 반응 종결
- 시간에 따라 발생하는 기체의 부피를 그래프로 그렸을 때, 반응 속도는 그래프의 기울기와 같다. 즉, 그래프의 두 점 사이의 기울기는 그 시간 동안의 반응 속도와 같다.

〈반응 물질의 변화〉

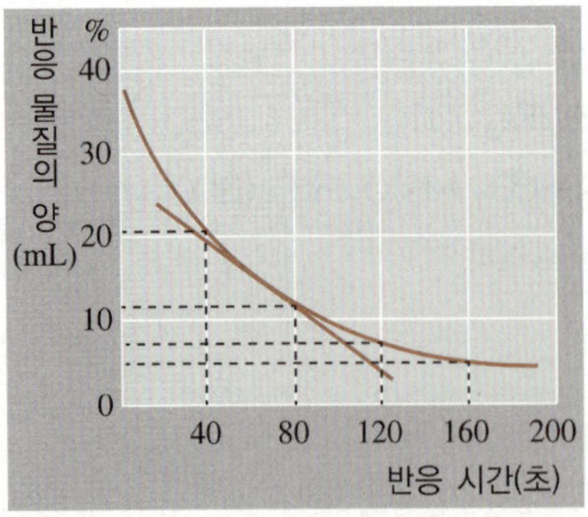

〈생성 물질의 변화〉

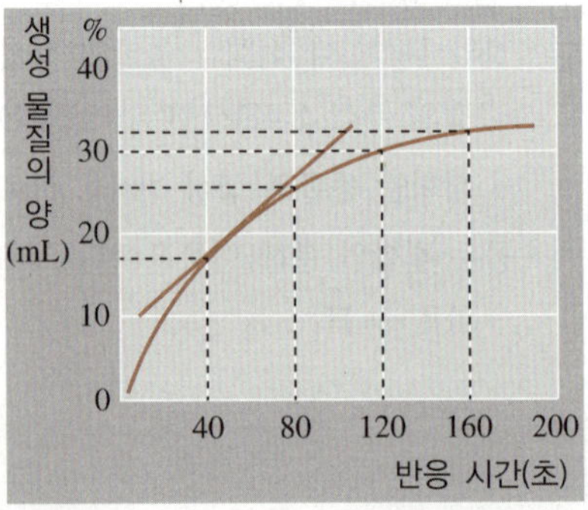

④ 반응 속도의 변화

㉠ 처음에는 빠르지만 시간이 흐를수록 점차 느려진다.

㉡ 반응 속도는 시간에 따른 농도의 변화 그래프에서 접선의 기울기와 같다.

〈반응 속도의 변화〉

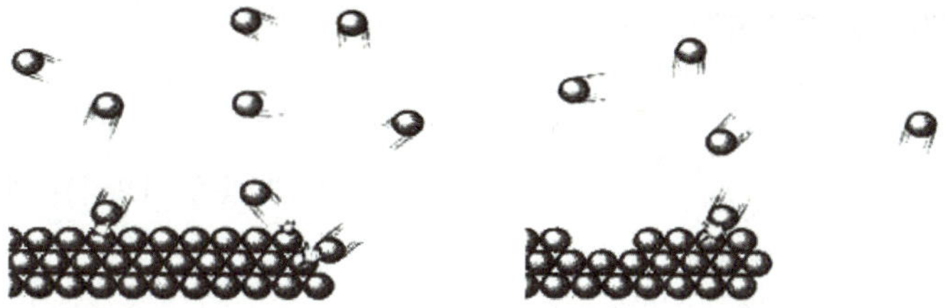

〈반응 초기 – 충돌 횟수가 많다.〉 〈반응 후기 – 충돌 횟수가 적다.〉

(2) 화학 반응의 조건

① 화학 반응이 일어나기 위한 조건

㉠ 반응하는 물질의 입자 사이에 충돌이 있어야 한다.

㉡ 충분한 에너지를 동반한 충돌이어야 한다.

② **활성화 에너지** : 반응에 필요한 최소의 에너지를 활성화 에너지라고 하며 활성화 에너지가 작을수록 반응 속도가 빠르다.

③ **유효 충돌** : 반응을 일으키기에 적당한 방향으로 부딪치는 입자의 충돌을 유효 충돌이라고 한다.

2. 반응 속도에 영향을 끼치는 요인

(1) 농도

① **반응 속도와 농도** : 반응물의 농도가 진할수록 반응 물질 사이의 충돌 횟수가 많아져 반응을 일으키는 입자 수가 증가하기 때문에 반응 속도가 빨라진다.

② 농도와 충돌 횟수

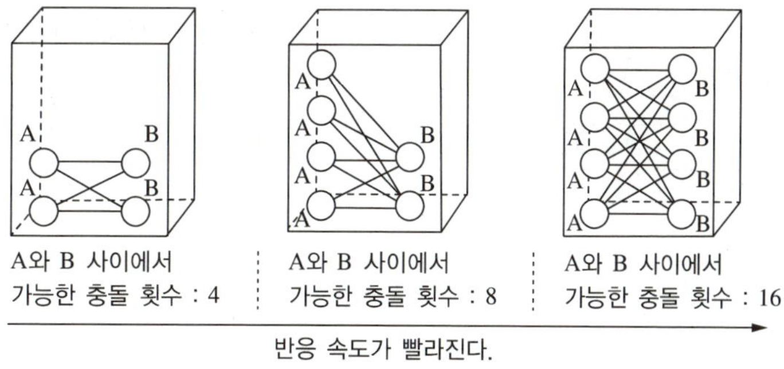

(2) 온도

① **반응 속도와 온도** : 온도가 상승하면 분자의 운동이 활발해지고 활성화 에너지보다 큰 에너지로 충돌하는 분자 수가 증가하므로 반응 속도는 빨라진다.

② 온도가 10℃ 상승하면 반응 속도는 약 2배 정도 증가한다.

〈반응 속도와 온도〉

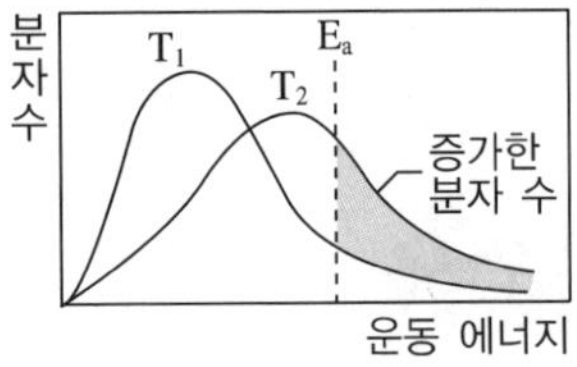

T_1, T_2 : 온도($T_1 < T_2$)

E_a : 활성화 에너지(반응을 일으키는 데 필요한 최소의 에너지)

(3) 촉매

① **반응 속도와 촉매** : 촉매는 화학 반응이 일어날 때 활성화 에너지에 영향을 주어 반응 속도가 변하도록 해주는 물질이지만, 촉매 자신은 변하지 않는다.

② 촉매의 종류

㉠ 정촉매

- 활성화 에너지를 감소시켜 반응 속도를 빠르게 한다.
- $2KClO_3 \xrightarrow{MnO_2} 2KCl + 3O_2$

㉡ 부촉매

- 활성화 에너지를 증가시켜 반응 속도를 느리게 한다.
- $H_2O_2 \xrightarrow{H_3PO_4} H_2O + \frac{1}{2}O_2$

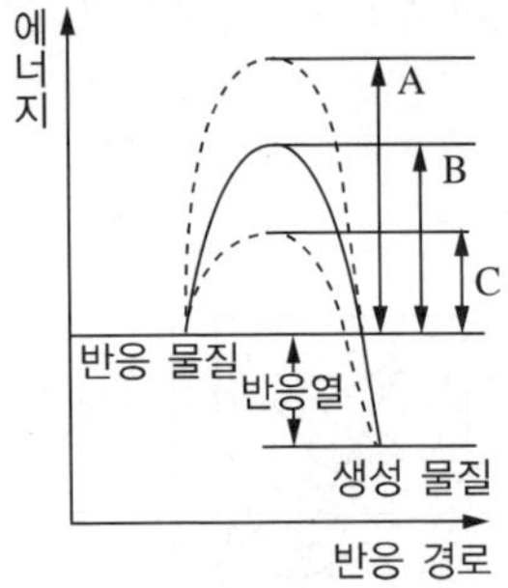

A : 부촉매 사용 시 활성화 에너지

B : 촉매가 없을 때의 활성화 에너지

C : 정촉매 사용 시 활성화 에너지

(4) 그 밖의 요인

① **압력** : 밀폐된 용기 안의 기체 분자들이 반응할 때 압력이 증가하면 기체의 부피가 감소하여(단위 부피 당 분자 수 증가) 압력에 관한 효과는 농도와 같은 결과를 얻는다.

② **표면적** : 반응물의 표면적이 넓을수록 반응물 간의 접촉 면적이 넓으므로 충돌하는 입자 수가 증가되어 반응 속도는 빨라진다.

③ **빛 에너지** : 빛 에너지는 반응물을 활성화시켜 반응 속도를 빠르게 한다.

3. 반응 속도와 생활의 관계

(1) 농도 · 온도 · 촉매의 영향

① 농도의 영향

㉠ 강산에서는 금속이 쉽게 녹는다.

㉡ 산성도가 높은 비일수록 금속 구조물을 쉽게 손상시킨다.

㉢ 알약보다는 가루약, 물약이 약효가 빠르다.

② 온도의 영향

㉠ 음식물을 냉장 보관하면 신선도를 오래 유지한다(부패 속도 감소).

㉡ 압력솥에서 밥이 빨리 된다.

③ 촉매의 영향

유해한 자동차의 배기가스를 촉매 변환기를 이용하여 유해하지 않은 물질로 변환시킨다.

(2) 반응 속도의 영향

① 반응 속도를 느리게 하는 경우

㉠ 냉장고에 음식을 넣어 부패 속도를 느리게 한다.

㉡ 위 속에서 녹는 속도가 다른 물질로 캡슐을 만든다.

② 반응 속도를 빠르게 하는 경우

㉠ 압력솥으로 밥을 짓는다.

㉡ 암모니아의 합성 반응에서 압력과 온도를 조절하여 반응 속도를 빠르게 한다.

㉢ 화학 공업에서 반응이 잘 일어날 수 있게 하기 위해 정촉매를 사용한다.

㉣ 된장, 고추장, 김치, 젓갈 등의 식품을 만들거나 물질 합성 및 환경오염 제거 등에 효소를 이용한다.

CHAPTER 01 화학 적중예상문제

정답 및 해설 p.044

01 다음은 헬륨 원자를 모형으로 나타낸 것이다. 이에 대한 설명으로 옳은 것은?

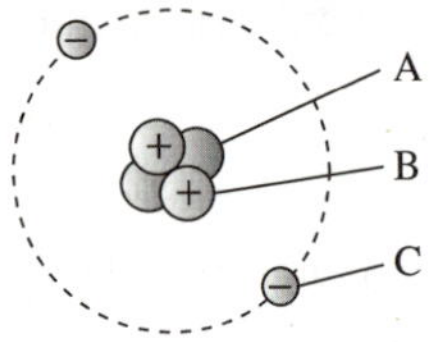

① A는 전자이다.
② B는 중성자이다.
③ C는 양성자이다.
④ 원자는 전기적으로 중성이다.

02 다음 중 금속이 아닌 광물은?

① 금 ② 구리
③ 흑연 ④ 알루미늄

03 다음 중 원자모형의 변천 과정을 순서대로 바르게 나열한 것은?

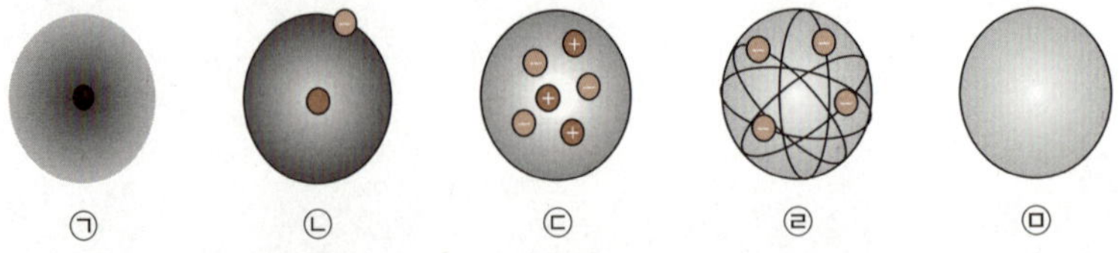

① ㉠－㉡－㉢－㉣－㉤ ② ㉠－㉤－㉢－㉡－㉣
③ ㉤－㉢－㉡－㉣－㉠ ④ ㉤－㉢－㉡－㉠－㉣

04 **다음 중 보어의 원자 모형에 대한 설명으로 옳지 않은 것은?**

① 수소 원자의 불연속적인 선 스펙트럼을 설명하기 위해 제안된 모형이다.
② 전자가 원자핵 주위의 일정한 궤도를 따라 원운동한다.
③ 원자핵에서 멀어질수록 전자껍질의 에너지 준위는 높아진다.
④ 전자는 에너지를 방출하며 높은 전자껍질로 전이된다.

※ 다음은 물의 전기분해 실험에 대한 내용이다. 이어지는 질문에 답하시오. [5~6]

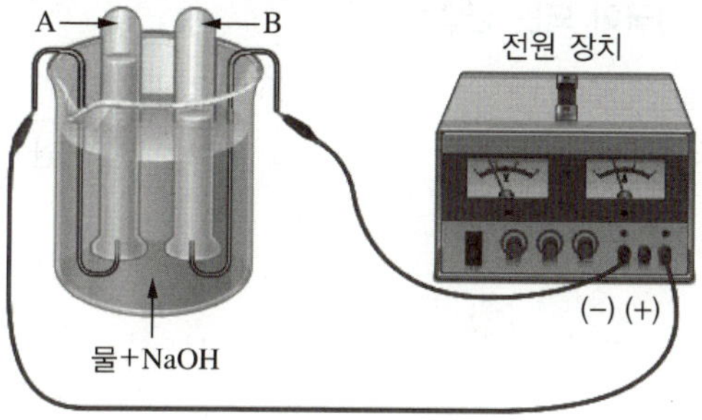

05 **물의 전기분해 실험 후 시험관 A, B에 들어있는 기체는 각각 무엇인가?**

	A	B
①	수소 기체	산소 기체
②	수증기	수소 기체
③	산소 기체	수소 기체
④	산소 기체	수증기

06 **위 실험에 대한 내용으로 옳지 않은 것은?**

① 전해질은 수산화나트륨 대신 소량의 황산나트륨을 넣으면 전기분해를 할 수 없다.
② (+)극에서 산소 기체, (−)극에서는 수소 기체가 발생한다.
③ 생성된 수소 기체의 부피는 산소 기체의 2배이다.
④ 생성된 수소 기체와 산소기체는 2원자 분자이다.

07 다음에서 설명하는 물질은?

- 인공적으로 합성된 고분자 물질이다.
- 이 물질은 첨가 중합 반응으로 합성된다.

① 물
② 포도당
③ 이산화탄소
④ 폴리에틸렌

08 다음 중 전지에서 (－)극이 되는 금속은?

① 이온화 경향이 작은 금속
② 이온화 경향이 큰 금속
③ 수소보다 이온화 경향이 작은 금속
④ 전자를 받아 환원되기 쉬운 금속

09 다음은 묽은 염산(HCl)에 수산화나트륨(NaOH)수용액을 가할 때 중화반응에 대한 그래프이다. 〈보기〉에서 그래프에 대한 설명으로 옳지 않은 것을 모두 고르면?

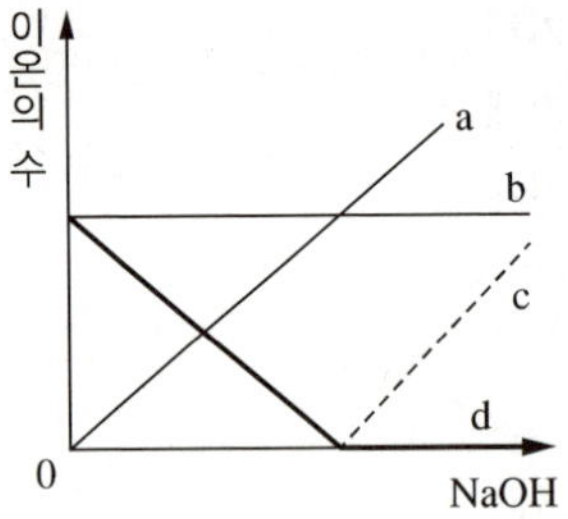

보기

㉠ 구경꾼 이온은 a와 b이다.
㉡ d는 수산화이온이다.
㉢ a는 d와 반응하여 물이 된다.
㉣ 중화점 이후 c가 증가한다.

① ㉠, ㉣
② ㉡, ㉢
③ ㉢, ㉣
④ ㉠, ㉢, ㉣

10 다음 중 원자 번호에 따라 주기적으로 변하는 성질이 아닌 것은?

① 원자 부피 ② 몰 부피

③ 녹는점 ④ 화학적 성질

11 다음 반응의 공통점은 무엇인가?

- 간 세포에서 포도당이 글리코겐으로 합성된다.
- 단백질은 위액을 혼합한 용액에서 쉽게 분해된다.
- 수소와 산소의 혼합 기체는 백금 가루가 있으면 실온에서도 잘 반응한다.
- 체내 대사 과정에서 생성된 과산화수소는 철 이온에 의하여 물과 산소로 분해된다.

① 촉매 반응 ② 흡열 반응

③ 효소 반응 ④ 분해 반응

12 다음은 화합물의 원소를 알아보기 위한 불꽃 반응 실험이다. 제시된 표를 바탕으로 원소에 맞는 불꽃 색이 바르게 연결된 것은? [단, (가), (나) 과정은 니크롬선에 다른 물질을 없애기 위함이다]

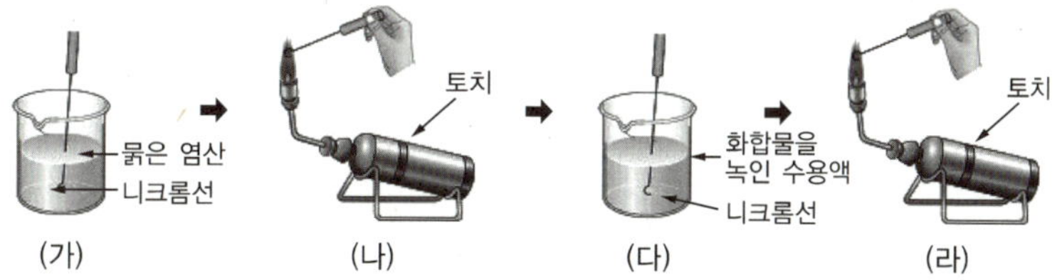

원소	염화나트륨	염화칼륨	질산칼륨	질산구리(Ⅱ)
불꽃 색	A	B	C	D

	A	B	C	D
①	노란색	보라색	보라색	청록색
②	보라색	노란색	빨간색	청록색
③	빨간색	보라색	노란색	보라색
④	노란색	보라색	보라색	노란색

13 **다음 중 색이 변하는 화학 변화를 직접적으로 이용하여 질병을 진단할 때 사용하는 것은?**

① 내시경 ② 청진기
③ 소변 검사지 ④ 초음파 진단기

14 **다음은 톰슨의 원자모형을 알아보기 위한 음극선 실험이다. 이에 대한 설명으로 옳지 않은 것은?**

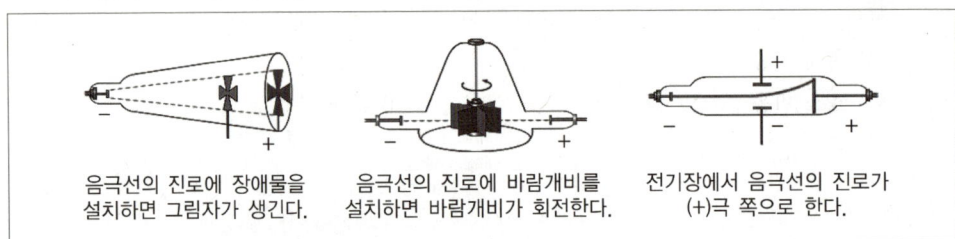

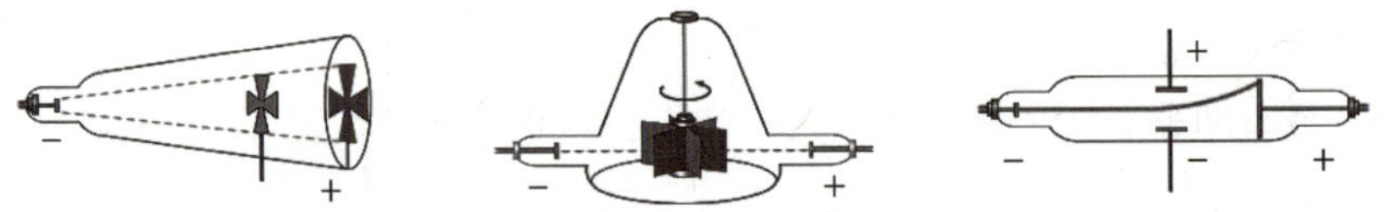

① 톰슨은 음극선 실험으로 원자핵을 발견하였다.
② 음극선의 진로가 전기장에서 (+)극 쪽으로 휘는 것은 음극선이 음극을 띠는 것이다.
③ 그림자가 생기는 것은 음극선은 직진성을 가지고 있음을 알 수 있다.
④ 톰슨은 음극선 실험으로 전자를 발견하였다.

15 **다음은 합성수지에 대한 설명이다. 밑줄 친 부분의 성질과 가장 관련 깊은 제품은?**

합성수지는 <u>가열했을 때 모양이 쉽게 변형되는 것</u>과 열에 의해 쉽게 변형되지 않는 것으로 나누어진다.

① 비닐장갑 ② 다리미 손잡이
③ 냄비 손잡이 ④ 멀티 탭

16 다음은 질소(N_2)와 암모니아(NH_3)를 분자 모형으로 나타낸 것이다. 〈보기〉의 설명 중 옳은 것을 모두 고르면?

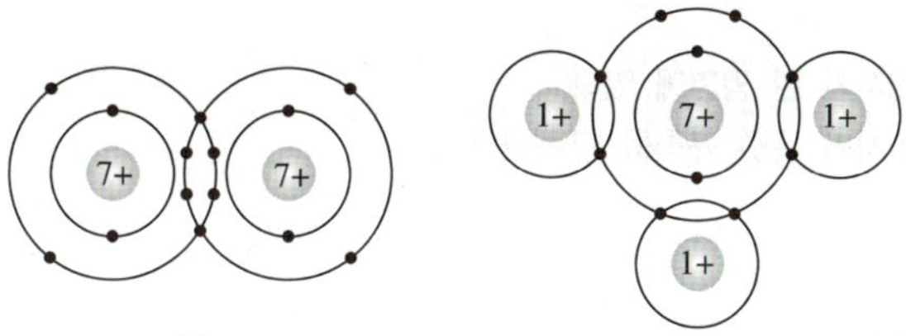

N_2 NH_2

보기

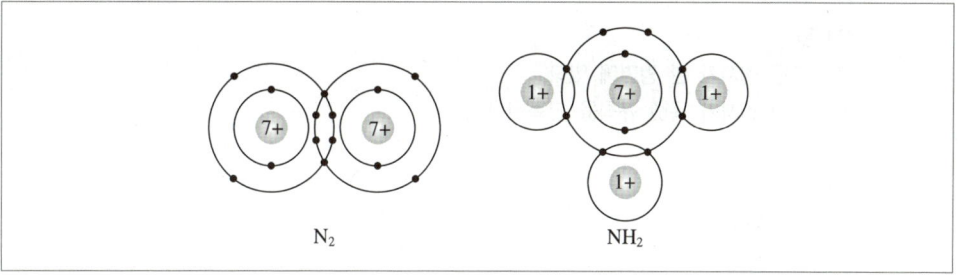

ㄱ. N_2에는 삼중 결합이 있다.
ㄴ. N_2와 NH_3는 공유 전자쌍의 수가 같다.
ㄷ. N의 원자가 전자 수는 7개이다.

① ㄱ ② ㄴ
③ ㄷ ④ ㄱ, ㄴ

17 다음은 인류 문명의 발달에 영향을 준 2가지 원소에 대한 설명이다. (가)와 (나)에 해당하는 원소는?

- (가) : 현재 인류가 가장 많이 사용하는 금속으로 자연에서 대부분 산화물로 존재한다. 코크스를 이용한 제련 기술이 개발되면서 본격적으로 이 금속이 사용되기 시작하였다.
- (나) : 하버와 보슈에 의해 처음으로 공업적 합성법이 개발되었다. 이를 통해 질소 비료를 대량 생산할 수 있게 되어 인류의 식량 문제를 해결하는 데 기여하였다.

	(가)	(나)
①	철	질산
②	철	암모니아
③	구리	요소
④	구리	암모니아

18 **다음은 분자를 구분하기 위한 기준 (가), (나)와 5가지 분자를 나타낸 것이다. 기준 (가), (나)를 동시에 만족하는 분자의 수는?**

〈기준〉
(가) 모든 원자가 한 평면에 있다.
(나) 중심 원자가 옥텟 규칙을 만족한다.

〈분자〉
H_2S $BeCl_2$
BCl_3 CO_2 CCl_4

① 1개
② 2개
③ 3개
④ 4개

19 **다음은 원자 A ~ D의 바닥상태 전자 배치를 기록한 노트의 일부가 물에 젖어 글씨가 번져 있는 모습을 나타낸 것이다. A ~ D에 대한 설명으로 옳은 것을 〈보기〉에서 모두 고르면?(단, A ~ D는 임의의 원소 기호이다)**

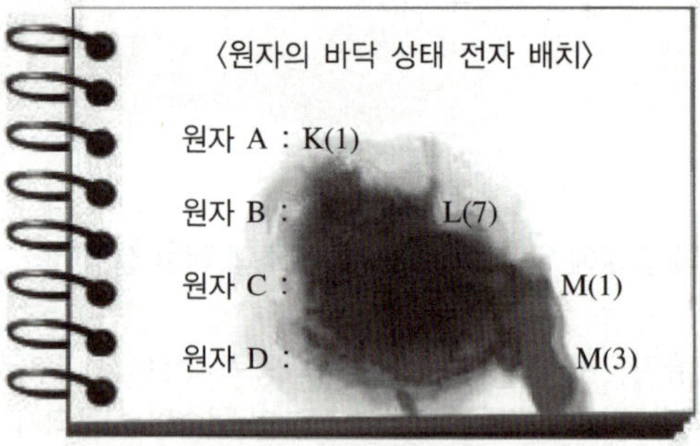

〈원자의 바닥 상태 전자 배치〉
원자 A : K(1)
원자 B : L(7)
원자 C : M(1)
원자 D : M(3)

보기

ㄱ. A는 금속 원소이다.
ㄴ. C의 원자 번호는 9이다.
ㄷ. B와 D는 안정한 이온의 전자 배치가 같다.

① ㄱ
② ㄷ
③ ㄱ, ㄴ
④ ㄴ, ㄷ

20 다음은 반응식의 에너지 변화이다. 다음 〈보기〉에서 옳은 것을 모두 고르면?

$$Br+H_2 \rightarrow HBr+H$$

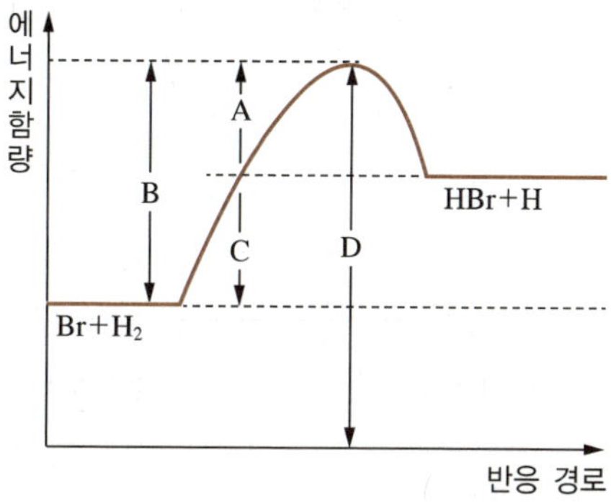

보기

㉠ 반응열을 나타낸 구간은 C이다.
㉡ 역반응이 진행될 때 활성화 에너지를 나타내는 구간은 B이다.
㉢ 이 반응이 진행되는 시험관을 물이 든 비커에 넣어 반응시키면 비커 속의 물의 온도는 올라간다.
㉣ 촉매를 가하여도 변하지 않는 구간은 C이다.

① ㉠, ㉡　② ㉠, ㉣
③ ㉠, ㉡, ㉢　④ ㉡, ㉢, ㉣

PART 5

21 다음은 지구 탄생 이후 현재까지 대기의 주요 성분 기체 A ~ C의 조성비를 나타낸 것이다. A ~ C는 각각 산소, 질소, 이산화탄소 중 하나이다. A ~ C로 옳은 것은?

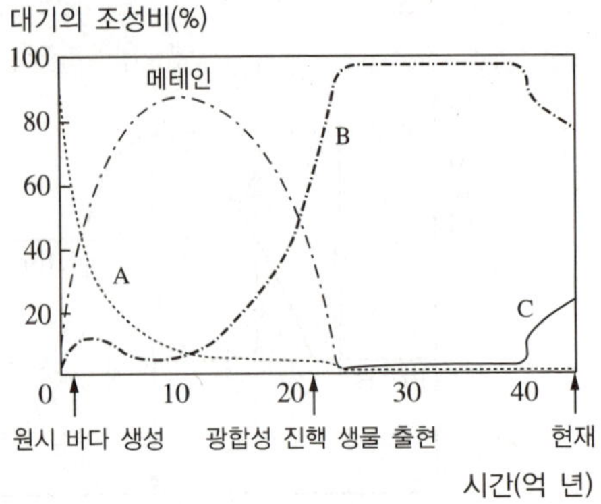

	A	B	C
①	산소	질소	이산화탄소
②	질소	산소	이산화탄소
③	이산화탄소	산소	질소
④	이산화탄소	질소	산소

22 다음 ㉠ ~ ㉤은 물질의 화학 반응이다. 이 중에서 빠른 반응과 느린 반응의 예로 바르게 나눈 것은?

㉠ 폭약이 폭발하는 반응
㉡ 대리석과 염산의 반응
㉢ 석회 동굴이 생기는 반응
㉣ 철과 황산의 반응
㉤ 부탄 연료가 타는 반응

	빠른 반응	느린 반응
①	㉠, ㉡, ㉤	㉢, ㉣
②	㉢, ㉣	㉠, ㉡, ㉤
③	㉠, ㉡	㉢, ㉣, ㉤
④	㉡, ㉣, ㉤	㉠, ㉢

23 다음은 몇 가지 원소들의 특징과 주기율표의 일부이다. 원소 A ~ E를 주기율표에 표시할 때 연속적으로 세 개가 배열되는 원소로 옳은 것은?(단, A ~ E는 1 ~ 3주기 임의의 원소 기호이다)

- A : 원자 번호가 가장 작다.
- B : 총 전자 수는 8개이다.
- C : E보다 양성자의 수가 1개 적다.
- D : B와 최외각 전자 수가 같다.
- E : 전자 껍질이 2개이며 단원자 분자이다.

보기

주기 \ 족	1	2	13	14	15	16	17	18
1								
2								
3								

① A, B, C　② A, B, D
③ B, C, E　④ B, D, E

24 다음은 각기 다른 질량의 마그네슘이 연소할 때, 생선된 산화마그네슘의 질량을 측정한 결과이다. 이에 대한 설명으로 옳지 않은 것은?(단, 마그네슘(Mg)과 산소(O)의 원자량은 각각 24, 16이다)

구분	실험 Ⅰ	실험 Ⅱ	실험 Ⅲ
마그네슘의 질량(g)	15	24	45
산화마그네슘의 질량(g)	25	40	75

① 산화마그네슘에서 마그네슘과 산소의 질량비는 일정하다.
② 마그네슘 36g이 연소할 때 산화마그네슘 56g이 생성된다.
③ 마그네슘 48g이 연소할 때 산소 분자 1몰이 소모된다.
④ 생성된 산화마그네슘의 화학식은 MgO이다.

PART 5

25 다음은 A, B의 분자수 비를 다르게 하여 반응시켰을 때 생성되는 C, D의 분자수를 나타낸 것이다. 이 반응의 화학 반응식은?

구분	반응물의 분자수(개)		생성물의 분자수(개)	
	A	B	C	D
(가)	10	10	5	10
(나)	10	20	10	20
(다)	10	30	10	20

① A+2B → C+2D
② A+3B → C+2D
③ A+B → C+2D
④ 2A+B → C+2D

26 반응 속도에 영향을 미치는 요인 중 다음 내용과 가장 관계가 깊은 것은?

- 다이아몬드는 공기 중에서는 연소되지 않지만 액체 산소 속에서는 연소된다.
- 옛날 대장간에서는 숯 화로에 풀무질을 하여 공기를 공급하면 높은 온도를 얻을 수 있었다.

① 농도
② 온도
③ 촉매
④ 표면적

27 다음은 몇 가지 물질의 입자를 모형으로 나타낸 것이다. 이에 대한 설명으로 옳은 것을 〈보기〉에서 모두 고르면?

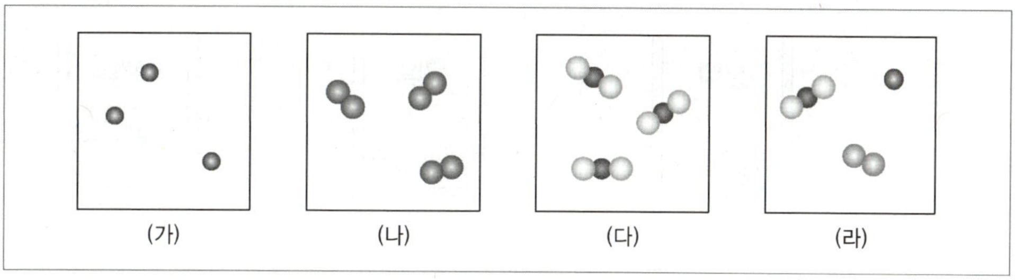

보기

㉠ (가)는 홑원소 물질이다.
㉡ (나)의 분자는 무극성이다.
㉢ (다)와 (라)는 혼합물이다.

① ㉡　　② ㉢
③ ㉠, ㉡　　④ ㉠, ㉢

28 다음 화학 반응식에 대한 설명으로 옳은 것은?

$$N_2+3H_2 \rightarrow 2NH_3$$

① N_2는 생성물이다.　　② NH_3는 반응물이다.
③ 반응 전후의 원자 수는 같다.　　④ 반응 전후의 분자 수는 같다.

29 다음은 일정한 용기에 액체의 종류나 양을 다르게 하여 넣은 모습을 나타낸 것이다. 외부 압력을 그림과 같이 유지하면서 가열하였을 때 끓는점을 바르게 비교한 것은?

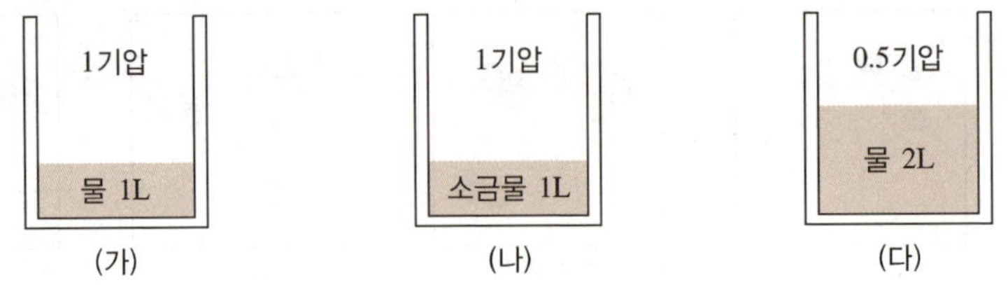

① (나)>(다)=(가) ② (다)>(가)>(나)

③ (다)=(가)>(나) ④ (나)>(가)>(다)

30 다음은 실린더 속에서 기체 A와 B가 반응하여 기체 C를 생성하는 과정을 모형으로 나타낸 것이다. 이에 대한 〈보기〉의 설명 중 옳은 것을 모두 고르면?(단, 온도와 압력은 일정하다)

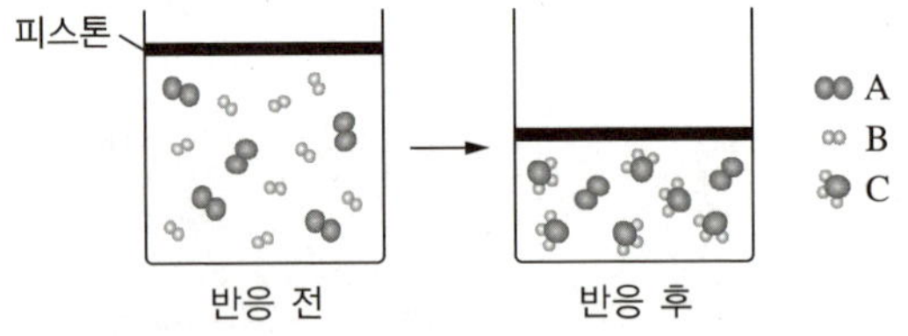

보기

㉠ 화학 반응식은 A+3B → 2C이다.

㉡ C의 분자량은 $\frac{\text{(A의 분자량)+(B의 분자량)}}{2}$이다.

㉢ 실린더 속 혼합 기체의 밀도는 반응 후가 반응 전보다 작다.

① ㉠ ② ㉢

③ ㉠, ㉡ ④ ㉡, ㉢

CHAPTER 02 물리 핵심이론

1. 힘

(1) 여러 가지 힘

① **힘** : 물체의 모양이나 운동 상태를 변화시키는 원인이 되는 것

② **탄성력** : 탄성체가 변형되었을 때 원래의 상태로 되돌아가려는 힘

㉠ 탄성체 : 용수철, 고무줄, 강철판 등

㉡ 방향 : 변형된 방향과 반대로 작용한다.

③ **마찰력** : 두 물체의 접촉면 사이에서 물체의 운동을 방해하는 힘

㉠ 방향 : 물체의 운동 방향과 반대

㉡ 크기 : 접촉면이 거칠수록, 누르는 힘이 클수록 커진다(접촉면의 넓이와는 무관).

④ **자기력** : 자석과 자석, 자석과 금속 사이에 작용하는 힘

⑤ **전기력** : 전기를 띤 물체 사이에 작용하는 힘

⑥ **중력** : 지구와 지구상의 물체 사이에 작용하는 힘

㉠ 방향 : 지구 중심 방향

㉡ 크기 : 물체의 질량에 비례

(2) 힘의 작용과 크기

① 힘의 작용

㉠ 접촉하여 작용하는 힘 : 탄성력, 마찰력, 사람의 힘

㉡ 떨어져서 작용하는 힘 : 자기력, 중력, 전기력

㉢ 쌍으로 작용하는 힘 : 물체에 힘이 작용하면 반드시 반대 방향으로 반작용의 힘이 작용한다.

② 힘의 크기

㉠ 크기 측정 : 용수철의 늘어나는 길이는 힘의 크기에 비례하므로 이를 이용하여 힘의 크기를 측정

㉡ 힘의 단위 : N, kg_f($1kg_f = 9.8N$)

〈힘의 화살표〉

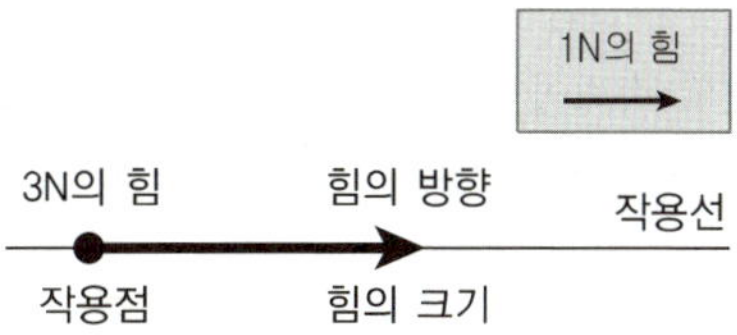

(3) 힘의 합성과 평형

① 힘의 합성 : 두 개 이상의 힘이 작용하여 나타나는 효과를 하나의 힘으로 표현

㉠ 방향이 같은 두 힘의 합력 : $F = F_1 + F_2$

㉡ 방향이 반대인 두 힘의 합력 : $F = F_1 - F_2 (F_1 > F_2)$

㉢ 나란하지 않은 두 힘의 합력 : 평행사변형법

② 힘의 평형 : 한 물체에 여러 힘이 동시에 작용하여도 움직이지 않을 때이며, 합력은 0이다.

㉠ 두 힘의 평형 조건 : 크기가 같고 방향이 반대이며, 같은 작용선상에 있어야 한다.

㉡ 평형의 예 : 실에 매달린 추, 물체를 당겨도 움직이지 않을 때

2. 힘과 운동의 관계

(1) 물체의 운동

① 물체의 위치 변화

㉠ 위치 표시 : 기준점에서 방향과 거리로 표시

㉡ (이동 거리)=(나중 위치)−(처음 위치)

② 속력 : 단위 시간 동안 이동한 거리

㉠ $(\text{속력}) = \dfrac{(\text{이동 거리})}{(\text{걸린 시간})} = \dfrac{(\text{나중 위치}) - (\text{처음 위치})}{(\text{걸린 시간})}$

㉡ 단위 : m/s, km/h

(2) 여러 가지 운동

① 속력이 변하지 않는 운동 : 등속(직선)운동

② 속력이 일정하게 변하는 운동 : 낙하 운동

$(\text{평균 속력}) = \dfrac{(\text{처음 속력}) + (\text{나중 속력})}{2}$

③ 방향만 변하는 운동 : 등속 원운동

④ 속력과 방향이 모두 변하는 운동 : 진자의 운동, 포물선 운동

(3) 힘과 운동의 관계

① 힘과 속력의 변화

㉠ 힘이 가해지면 물체의 속력이 변한다.

㉡ 힘이 클수록, 물체의 질량이 작을수록 속력의 변화가 크다.

② 힘과 운동 방향의 변화

㉠ 힘이 가해지면 힘의 방향과 운동 방향에 따라 방향이 변할 수도 있고 속력만 변할 수도 있다.

㉡ 힘이 클수록, 물체의 질량이 작을수록 물체의 운동 방향 변화가 크다.

③ 뉴턴의 운동 법칙

㉠ 운동의 제1법칙(관성의 법칙) : 물체는 외부로부터 힘이 작용하지 않는 한 현재의 운동 상태를 계속 유지하려 한다.

㉡ 운동의 제2법칙(가속도의 법칙) : 속력의 변화는 힘의 크기에 비례하고 질량에 반비례한다.

〈운동의 제2법칙〉

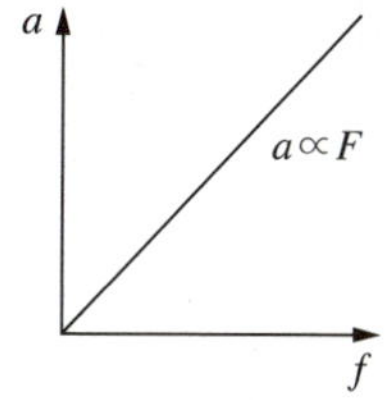

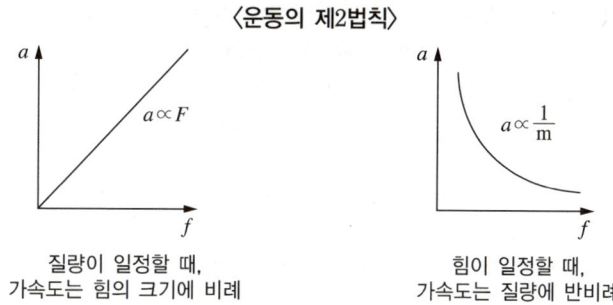

질량이 일정할 때,
가속도는 힘의 크기에 비례

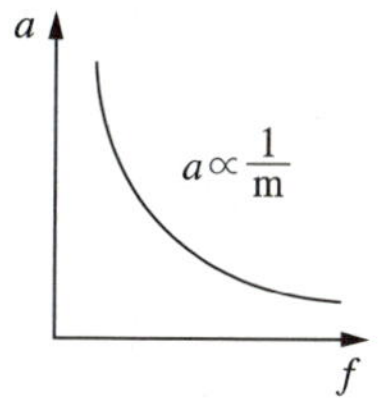

힘이 일정할 때,
가속도는 질량에 반비례

㉢ 운동의 제3법칙(작용·반작용의 법칙) : 한 물체가 다른 물체에 힘을 가할 때, 힘을 받는 물체도 상대 물체에 같은 크기의 힘이 반대 방향으로 작용한다.

3. 일과 에너지

(1) 일

① 일의 크기와 단위

㉠ 일의 크기 : 힘의 크기(F)와 물체가 이동한 거리(S)의 곱으로 나타낸다.

$W = F \times S$

㉡ 단위 : 1N의 힘으로 물체를 1m 만큼 이동시킨 경우의 크기를 1J이라 한다.

1J = 1N × 1m

② 들어 올리는 힘과 미는 힘

㉠ 물체를 들어 올리는 일 : 물체의 무게만큼 힘이 필요하다.

[드는 일(중력에 대한 일)] = (물체의 무게) × (높이)

㉡ 물체를 수평면상에서 밀거나 끄는 일 : 마찰력만큼의 힘이 필요하다.

[미는 일(마찰력에 대한 일)] = (마찰력) × (거리)

㉢ 무게와 질량

- 무게 : 지구가 잡아당기는 중력의 크기
- 무게의 단위 : 힘의 단위(N)와 같다.
- 무게는 질량에 비례한다.

(2) 일의 원리

① **도르래를 사용할 때**

㉠ 고정 도르래 : 도르래축이 벽에 고정되어 있다.

- 힘과 일의 이득이 없고, 방향만 바꾼다.
- (힘)=[물체의 무게($F=w$)]
- [물체의 이동 거리(h)]=[줄을 잡아당긴 거리(s)]
- 힘이 한 일=도르래가 물체에 한 일

㉡ 움직 도르래 : 힘에는 이득이 있으나 일에는 이득이 없다.

- 힘의 이득 : 물체 무게의 절반 $\left(F=\frac{w}{2}\right)$
- (물체의 이동 거리)=(줄을 잡아당긴 거리)$\times\frac{1}{2}$

② **지레를 사용할 때** : 힘의 이득은 있으나, 일에는 이득이 없다.

㉠ 원리 : 그림에서 물체의 무게를 W, 누르는 힘을 F라 하면 식은 다음과 같다.

$W\times b=F\times a$

㉡ 거리 관계

[물체가 움직인 거리(h)]<[사람이 지레를 움직인 거리(s)]

③ **축바퀴를 사용할 때**

㉠ 축바퀴의 원리 : 지레의 원리를 응용한 도구

㉡ 줄을 당기는 힘

$$F=w\times\frac{r}{R}$$

㉢ (물체가 움직인 거리)<(당긴 줄의 길이)

㉣ 일의 이득 : 일의 이득은 없다.

④ **빗면을 이용할 때**

㉠ 힘의 이득 : 빗면의 경사가 완만할수록 힘의 이득이 커진다.

(힘)=(물체의 무게)$\times\frac{(\text{수직 높이})}{(\text{빗면의 길이})}\left(F=w\times\frac{h}{s}\right)$

㉡ 일의 이득 : 일의 이득은 없다.

㉢ 빗면을 이용한 도구 : 나사, 쐐기, 볼트와 너트

⑤ **일의 원리** : 도르래나 지레, 빗면 등의 도구를 사용하여도 일의 이득이 없지만, 작은 힘으로 물체를 이동시킬 수 있다.

(3) 역학적 에너지

① **위치 에너지 :** 어떤 높이에 있는 물체가 가지는 에너지

㉠ (위치 에너지)=(질량)×(중력 가속도)×(높이) → $mgh=9.8mh$

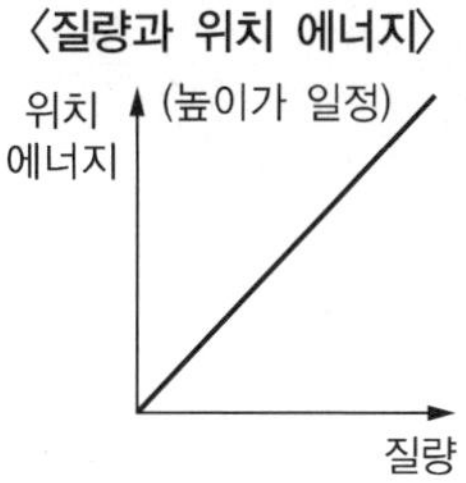

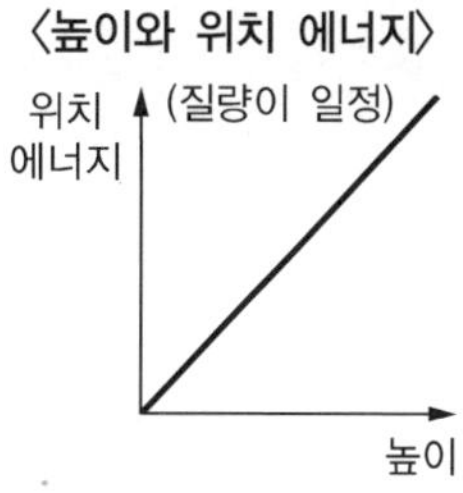

㉡ 위치 에너지와 일

- 물체를 끌어올릴 때 : 물체를 끌어올리면서 한 일은 위치 에너지로 전환된다.
- 물체가 낙하할 때 : 물체의 위치 에너지는 지면에 대하여 한 일로 전환된다.

㉢ 위치 에너지의 기준면

- 기준면에 따라 위치 에너지의 크기가 다르다.
- 기준면은 편리하게 정할 수 있으나, 보통 지면을 기준으로 한다.
- 기준면에서의 위치 에너지는 0이다.

② **운동 에너지 :** 운동하고 있는 물체가 갖는 에너지(단위 : J)

㉠ 운동 에너지의 크기 : 물체의 질량과 $(속력)^2$에 비례한다.

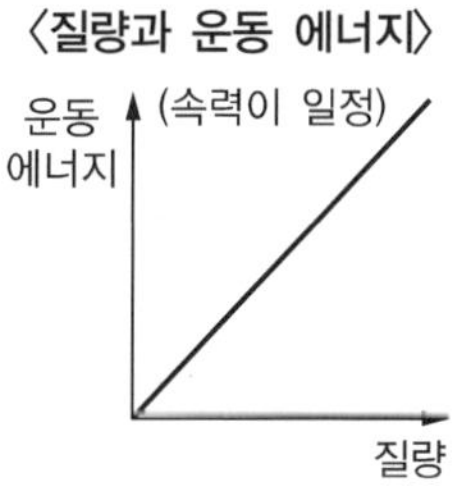

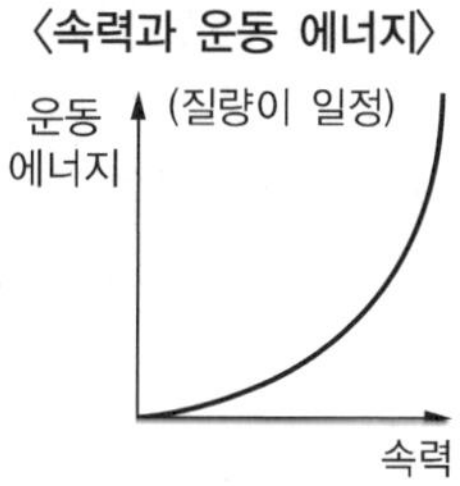

㉡ (운동 에너지)$=\frac{1}{2}\times$(질량)×$(속력)^2$ → $\frac{1}{2}mv^2$

③ 역학적 에너지

㉠ 역학적 에너지의 전환 : 높이가 변하는 모든 운동에서는 위치 에너지와 운동 에너지가 서로 전환된다.

- 높이가 낮아지면 : 위치 에너지 → 운동 에너지
- 높이가 높아지면 : 운동 에너지 → 위치 에너지

㉡ 역학적 에너지의 보존

- 운동하는 물체의 역학적 에너지
  - 물체가 올라갈 때 : (감소한 운동 에너지)=(증가한 위치 에너지)
  - 물체가 내려갈 때 : 감소한 (위치 에너지)=(증가한 운동 에너지)
- 역학적 에너지의 보존 법칙 : 물체가 운동하고 있는 동안 마찰이 없다면 역학적 에너지는 일정하게 보존된다[(위치 에너지)+(운동 에너지)=(일정)].

PART 5

• 낙하하는 물체의 역학적 에너지 보존

– 감소한 위치 에너지 $= 9.8mh_1 - 9.8mh_2$

– 증가한 운동 에너지 $= \frac{1}{2}mv_2{}^2 - \frac{1}{2}mv_1{}^2$

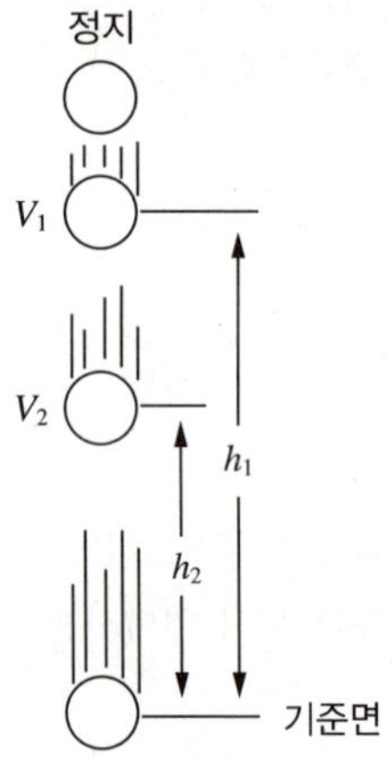

4. 전압 · 전류 · 저항

(1) 전류의 방향과 세기

① 전류의 방향 : (+)극 → (−)극

② 전자의 이동 방향 : (−)극 → (+)극

③ 전류의 세기(A) : 1초 동안에 도선에 흐르는 전하의 양

④ [전하량(C)]=[전류의 세기(A)]×[시간(s)]

(2) 전압과 전류의 관계

① 전류의 세기는 전압에 비례한다.

② 전기 저항(R) : 전류의 흐름을 방해하는 정도

③ 옴의 법칙 : 전류의 세기(A)는 전압(V)에 비례하고, 전기 저항(R)에 반비례한다.

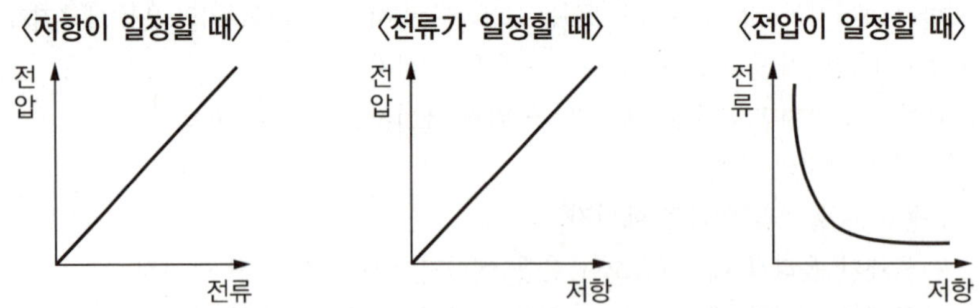

(3) 저항의 연결

① **직렬 연결** : 저항을 한 줄로 연결

㉠ 전류 : $I = I_1 = I_2$

㉡ 각 저항의 전합 : $V_1 : V_2 = R_1 : R_2$

㉢ 전체 전압 : $V = V_1 + V_2$

㉣ 전체 저항 : $R = R_1 + R_2$

② **병렬 연결** : 저항의 양끝을 묶어서 연결

㉠ 전체 전류 : $I = I_1 + I_2$

㉡ 전체 전압 : $V = V_1 = V_2$

㉢ 전체 저항 : $\frac{1}{R} = \frac{1}{R_1} + \frac{1}{R_2}$

③ **혼합 연결** : 직렬 연결과 병렬 연결을 혼합

PART 5

CHAPTER 02 물리 적중예상문제

정답 및 해설 p.047

01 자연계에 존재하는 기본 힘 중에서 크기가 가장 큰 것은?

① 중력
② 전자기력
③ 강력(강한 상호 작용)
④ 약력(약한 상호 작용)

02 다음 설명에 해당하는 의료 기구는?

- 진동수가 20,000Hz 이상인 음파가 체내 각 조직에서 흡수, 반사되는 정도 차이를 영상화하여 보여주는 장치이다.
- 자궁 내 태아의 상태 등을 검사하는 데 이용된다.

① 내시경
② 체온계
③ 혈압계
④ 초음파 진단기

03 다음 직렬과 병렬이 모두 있는 회로에서 (A)의 저항은 얼마인가?

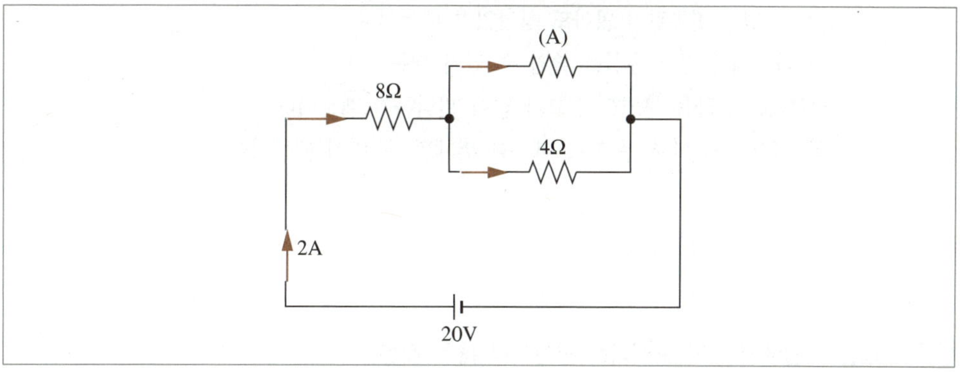

① 1Ω ② 2Ω
③ 4Ω ④ 8Ω

04 두 힘이 한 물체에 작용할 때 합력이 가장 작은 경우는?

①
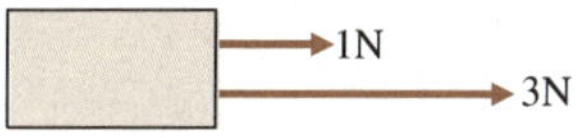

②

③
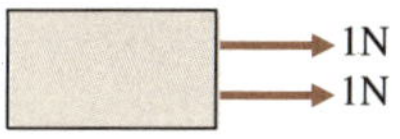

④

05 물체가 등가속도 운동을 할 때, 다음 중 등가속도 물체의 그래프는?

①
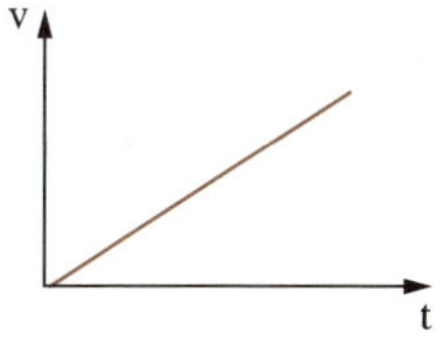

②
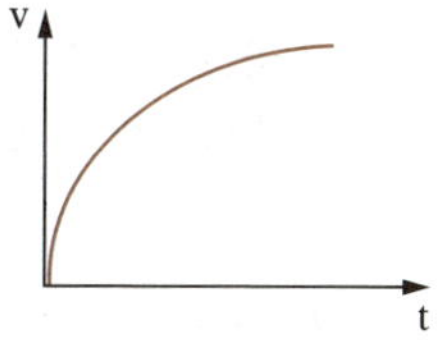

③
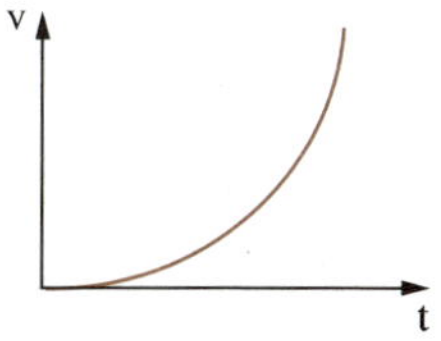

④
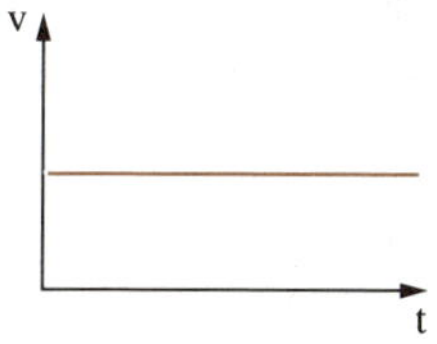

06 **단거리 송전에서 교류를 사용하는 이유는 무엇인가?**

① 흘릴 수 있는 전류량이 많아도 상관없기 때문이다.
② 송전 과정에서 전력 손실을 줄일 수 있기 때문이다.
③ (+)극과 (−)극을 구별할 필요가 없어 편리하기 때문이다.
④ 전압, 주파수가 다른 두 교류 계통을 연계할 수 있기 때문이다.

07 **다음 그림에서 배가 움직이는 방향으로 옳은 것은?**

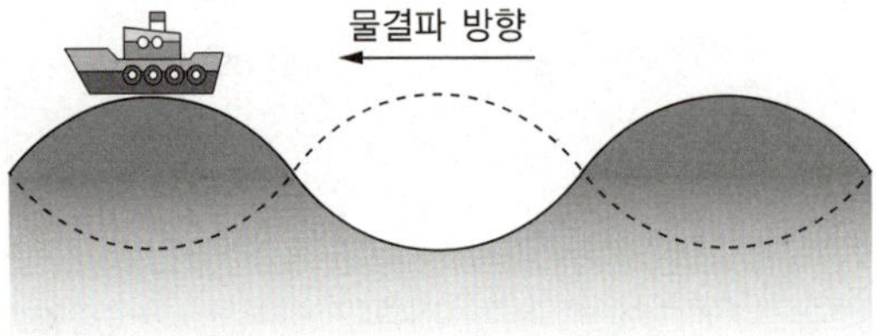

① 오른쪽　　② 왼쪽
③ 아래쪽　　④ 위쪽

08 **P형 반도체와 N형 반도체를 접합시킨 다이오드가 전류를 한쪽 방향으로만 흐르게 하는 작용은?**

① 정류 작용　　② 만유인력 법칙
③ 강한 상호 작용　　④ 작용 반작용 법칙

09 **우주에서는 우주인이 조금만 서로 떨어져 있어도 소리를 들을 수 없지만, 서로 헬멧을 맞대면 소리를 들을 수 있다. 이를 통해 알 수 있는 사실로 옳은 것을 〈보기〉에서 모두 고르면?**

보기
㉠ 우주 공간에는 대기가 없다. ㉡ 소리는 고체를 통해서도 전달된다. ㉢ 소리는 진공 상태에서는 전달되지 않는다.

① ㉠　　② ㉠, ㉡
③ ㉠, ㉢　　④ ㉠, ㉡, ㉢

10 다음은 태양 주위를 공전하는 어떤 행성의 타원 궤도를 나타낸 것이다. 행성의 공전 속도는 태양과 가까워지면 빨라지고 멀어지면 느려진다. A～D 중 행성의 공전 속도가 가장 빠른 곳은?

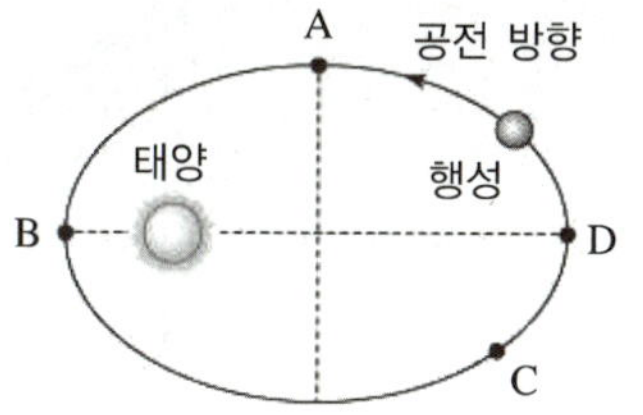

① A
② B
③ C
④ D

11 다음 중 철새가 V자 모양으로 하늘을 나는 이유는 무엇인가?

① 에너지의 최소화
② 비행거리의 최소화
③ 비행속도의 고속화
④ 바람저항의 최소화

12 정수네 집에서 사용하는 전기기구의 소비전력과 1일 사용량을 조사하였다. 각 전기기구가 1일동안 사용하는 전력량의 크기를 바르게 나타낸 것은 어느 것인가?

전기기구	소비전력(W)	1일 사용 기간(h)
A	45	5
B	240	2.5
C	128	0.5
D	75	3

① B>A=D>C
② B>A>C>D
③ D>B>A>C
④ C>A>B=D

PART 5

13 다음과 같이 무게 2kg인 진자가 A에서 B로 이동했을 때, 감소한 운동 에너지는 얼마인가?(단, 중력가속도의 크기는 $9.8m/s^2$이고, 모든 마찰 및 공기저항은 무시한다)

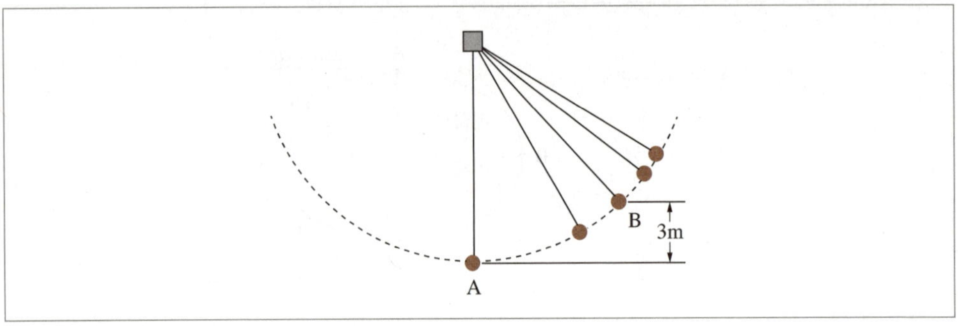

① 56.8J
② 57.8J
③ 58.8J
④ 59.8J

14 열효율이 50%인 열기관이 있다. 이 열기관에 2,000J의 열에너지를 공급했을 때, 얻을 수 있는 최대의 일은?(단, 열기관은 정상적으로 작동한다)

① 500J
② 1,000J
③ 1,500J
④ 2,000J

15 재질이 같은 금속의 길이와 단면적을 다르게 할 경우, 다음 중 저항값이 가장 큰 것은?

	길이(cm)	단면적(mm^2)
①	1	4
②	2	3
③	3	2
④	4	1

16 동일한 크기의 비커 A, B, C에 각각 다른 질량의 물을 넣고 가열하였다. 가한 열량과 물의 온도변화가 다음 표와 같을 때, 비커 A, B, C에 들어 있는 물의 질량의 크기를 바르게 비교한 것은?

비커	A	B	C
가한 열(kcal)	1	2	3
온도변화(℃)	6	8	9

① A<B<C
② A<B=C
③ A<C<B
④ A=B=C

17 다음 낙하하고 있는 질량 5kg인 공을 보고 A지점에서 지면으로부터 2m 떨어진 B지점의 위치에너지 차이는 얼마인가?(단, 중력가속도의 크기는 $9.8m/s^2$ 이고, 공기저항은 무시한다)

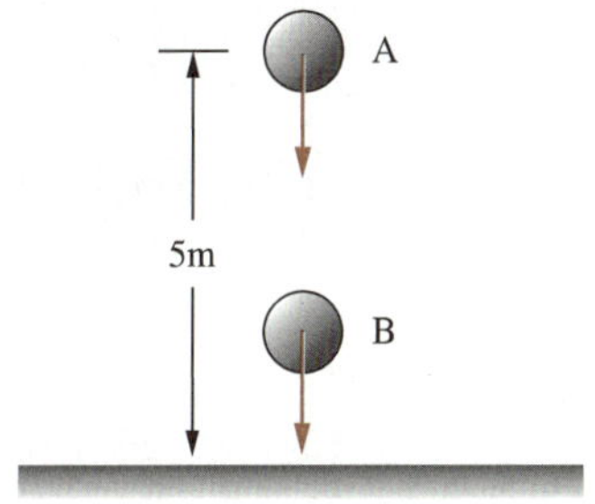

① 145J
② 147J
③ 149J
④ 151J

18 물체 A는 가속도가 $4m/s^2$ 인 등가속도 운동을 하고 있다. 처음 속도가 5m/s일 때, 8초 후 속도와 8초 동안의 평균 속도가 바르게 연결된 것은?

	8초 후 속도	평균 속도
①	37m/s	21m/s
②	37m/s	22m/s
③	44m/s	21m/s
④	44m/s	22m/s

19 다음 설명에 해당하는 것은?

- 도체와 부도체의 중간 정도의 전기적 성질을 갖는다.
- 대표적인 예로 규소(Si)와 저마늄(Ge)이 있다.

① 고무　　② 구리
③ 나무　　④ 반도체

20 다음 그림과 같이 추를 실로 묶어 천장에 매달았을 때, 지구가 추를 당기는 힘에 대한 반작용은?

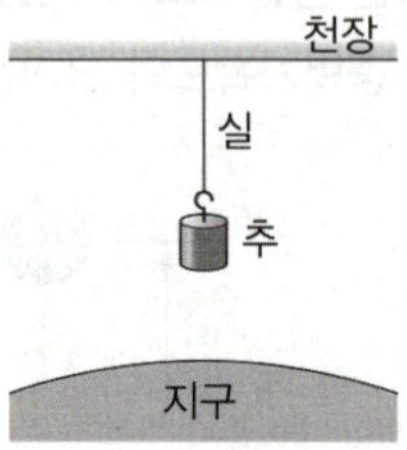

① 실이 추를 당기는 힘　　② 실이 천장을 당기는 힘
③ 추가 실을 당기는 힘　　④ 추가 지구를 당기는 힘

21 다음 회로에서 전구의 저항은 얼마인가?

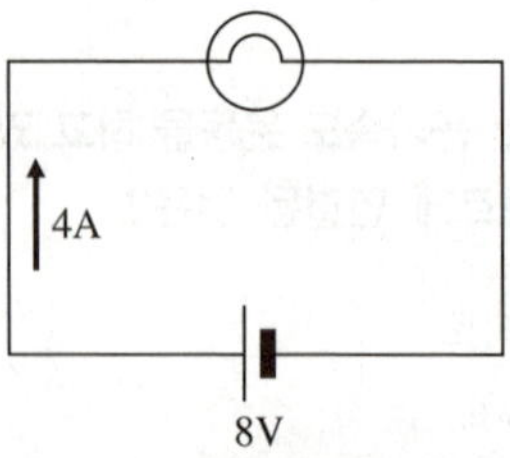

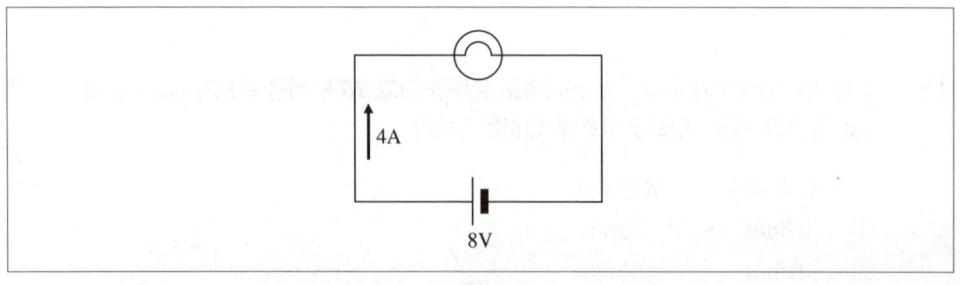

① 1Ω　　② 2Ω
③ 3Ω　　④ 4Ω

22 다음 〈보기〉 중 힘의 방향이 변하지 않는 운동을 모두 고르면?

보기

ㄱ. 포물선 궤도로 떨어지는 야구공
ㄴ. 지구 주변을 공전하는 인공위성
ㄷ. 바람이 안 부는 날 하늘에서 떨어지는 빗방울

① ㄱ
② ㄷ
③ ㄱ, ㄷ
④ ㄴ, ㄷ

23 다음은 수평면 위에 놓인 질량 2kg의 물체에 수평 방향으로 작용하는 힘을 시간에 따라 나타낸 것이다. 이 물체의 가속도 크기는?(단, 모든 마찰과 저항은 무시한다)

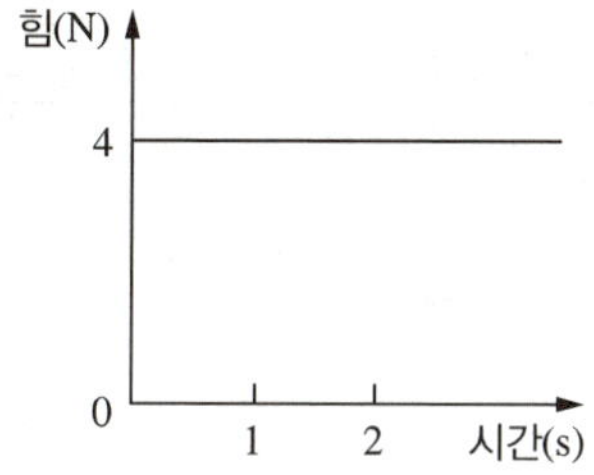

① $2m/s^2$
② $3m/s^2$
③ $4m/s^2$
④ $5m/s^2$

24 어떤 가정에서 사용하는 전기기구의 소비 전력을 나타낸 것이다. 다음 주어진 전기기구를 모두 사용한다면 이 가정의 배전관 퓨즈에 흐르는 전류는?

전기기구	정격 전압(V)	소비 전력(W)
텔레비전	220	220
냉장고	220	400
세탁기	220	900
다리미	220	1,560
청소기	220	1,100

① 16A
② 17A
③ 18A
④ 19A

25 500회 감은 코일에 0.1초 동안 0.01Wb의 자속이 변하였을 때, 유도기전력의 크기는?

① 5V ② 10V
③ 50V ④ 500V

26 다음에서 수평이 되기 위해 필요한 막대의 무게는 얼마인가?

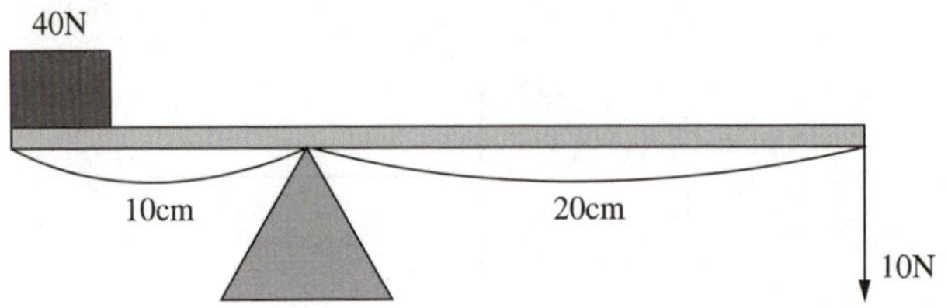

① 40N ② 50N
③ 60N ④ 80N

27 다음은 조명 기구 A～D의 같은 시간 동안 공급된 전기 에너지와 발생한 빛 에너지를 나타낸 것이다. 빛에 대한 에너지 효율이 가장 높은 조명 기구는?

조명 기구	A	B	C	D
전기 에너지(J)	20	20	40	40
빛 에너지(J)	5	10	5	10

① A ② B
③ C ④ D

28 다음에서 자동차가 이동한 거리를 구하면?

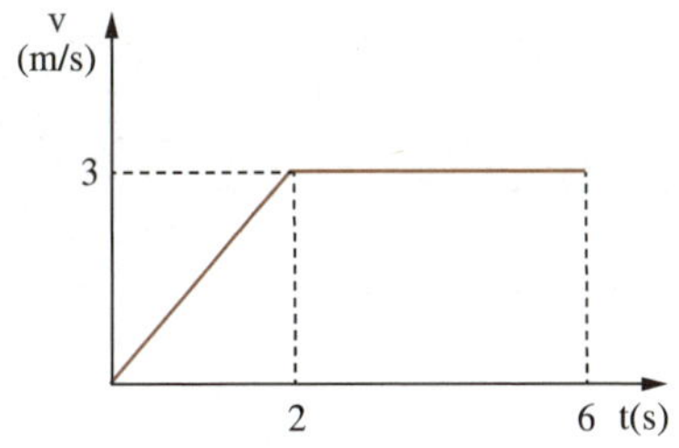

① 10m ② 15m

③ 20m ④ 25m

29 질량이 2kg인 어떤 물체가 5m/s의 속력으로 움직이고 있다. 이 물체가 정지할 때까지 할 수 있는 일의 양은?

① 5J ② 25J

③ 50J ④ 125J

30 다음 중 기상 현상의 근본적인 에너지원은 무엇인가?

① 자기 에너지 ② 지구복사 에너지

③ 태양 에너지 ④ 해양 에너지

PART 5

시대에듀

M E M O

PART

6

최종점검 모의고사

제1회 최종점검 모의고사

제2회 최종점검 모의고사

제1회 최종점검 모의고사

모바일 OMR
답안채점 / 성적분석
서비스

☑ 응시시간 : 90분 ☑ 문항 수 : 100문항

정답 및 해설 p.052

※ 상황판단 영역(81~100번)은 정답을 제공하지 않으니 참고하기 바랍니다.

※ 다음 중 나머지 셋과 다른 것을 고르시오. [1~3]

01 ① bus ② trap
③ train ④ airplane

02 ① announcer ② actor
③ lawyer ④ director

03 ① daisy ② zebra
③ maple ④ cactus

※ 다음 제시된 단어와 반대되는 의미를 가진 것을 고르시오. [4~6]

04

repulse

① deny ② accept
③ enforce ④ ensure

05

assemble

① collect ② complete
③ conclude ④ scatter

06

faithful

① constant
② devoted
③ eager
④ disloyal

※ 다음 제시된 단어와 같거나 비슷한 뜻을 가진 것을 고르시오. **[7~9]**

07

criticize

① praise
② donate
③ consume
④ condemn

08

accomplish

① establish
② improve
③ enhance
④ achieve

09

settlement

① permanent
② prominent
③ agreement
④ eminent

10 다음 빈칸에 문법상 들어갈 말로 가장 적절한 것은?

The sales assistant looked me up and down and told me ________________ because she didn't think I would buy it.

① to try not the dress in
② to not try the dress with
③ not to try the dress on
④ not to try the dress for

11 다음 글의 목적으로 가장 적절한 것은?

Perhaps some will say that animals have some inherent value, only less than we have. However, attempts to defend this view can be shown to lack rational justification. What could be the basis of our having more inherent value than animals? Their lack of reason, or autonomy, or intellect? Only if we are willing to make the same judgment in the case of humans who are similarly deficient. But it is not true that such humans — the *retarded child, for example, or the mentally handicapped — have less inherent value than you or I. Neither, then, can we rationally sustain the view that animals like them in being the experiencing subjects of a life have less inherent value. All who have inherent value have it equally, whether they be human animals or not.

*retarded 정서, 지능이나 학력 발달이 더딘

① Enlighten
② Verify
③ Justify
④ Dismay

12 다음 대화에서 A가 배우고 있는 것으로 가장 적절한 것은?

A : Remember, come back up to the surface slowly and don't hold your breath.
B : OK, What will happen if I come up too fast?
A : Your lungs will hurt. Don't try it. It can be very painful!

① Driving a car
② Scuba diving
③ Mountain climbing
④ Horseback riding

※ 다음 중 빈칸에 들어갈 말로 가장 적절한 것을 고르시오. [13~15]

13

A : May I help you?
B : I'd like to buy a dress shirt.
A : What size do you wear?
B : I don't know my size. ___________?
A : Sure.

① How much is it
② What shall I do
③ Can I try some on
④ How much do I owe you

14

Modern technology has now rendered many learning disabilities virtually obsolete by providing learners with access to alternative ways of getting information and expressing themselves. Poor spellers have access to spell checkers and individuals with illegible handwriting can use a word processor to produce a neat typescript. People with dyscalculia benefit from having a pocket calculator handy when a math problem comes up. __________, learners with poor memories can tape lectures, discussions, and other verbal exchanges. Individuals with faulty visualization skills can use computer-aided design(CAD) software programs that allow them to manipulate three-dimensional objects on screen.

*dyscalculia 정신의학 용어로 계산 불능 증상을 가리킴, 'acalculia'라고도 함

① In short
② Likewise
③ As a result
④ Accordingly

PART 6

15

When parents talk with their daughters, they use more descriptive language and more details. Most parents would be surprised to learn this. So why do they do it? Interestingly, it begins when the children are newborn babies. It is a known fact that at birth, males are a little less developed than females are. They don't vocalize - make noise - as much as girls do, and they don't make as much eye contact. Female babies vocalize and look at their parents. The result? Parents respond by talking more to the baby girls. Apparently, then, ___________ factors determine the amount of language that parents use.

① biological ② cultural
③ economic ④ religious

16

다음의 주어진 계산식이 성립한다면, (12×8)－4의 값은?

$14-(3\times4)=2$

① 5 ② 12
③ 24 ④ 48

17

200 이하의 자연수 중 10과 15로 나누어떨어지는 자연수의 개수는 모두 몇 개인가?

① 4개 ② 5개
③ 6개 ④ 7개

18

1부터 200까지의 숫자 중 약수가 3개인 수는 몇 개인가?

① 5개 ② 6개
③ 7개 ④ 8개

19 A연구원과 B연구원은 공동으로 연구를 끝내고 보고서를 제출하려 한다. 이 연구를 혼자 하면 A연구원은 8일이 걸리고, B연구원은 14일이 걸린다. 처음 이틀은 같이 연구하고, 이후에는 B연구원 혼자 연구를 하다가 보고서 제출 이틀 전부터 같이 연구하였다. 보고서를 제출할 때까지 총 며칠이 걸렸는가?

① 6일　② 7일
③ 8일　④ 9일

20 주사위를 던졌을 때 윗면과 밑면의 합은 7로 일정하다. 서로 다른 3개의 주사위를 동시에 던져 나온 수의 합이 13일 때, 밑면의 합은?

① 5　② 6
③ 7　④ 8

21 A와 B는 모두 두 자리 자연수이고 일의 자리 숫자는 같으며 십의 자리 숫자는 A가 B보다 1만큼 작을 때, A+B의 최댓값은?

① 182　② 184
③ 186　④ 188

PART 6

22 학생 5명과 어른 6명이 놀이공원에 가는 데 어른의 입장료는 학생의 입장료보다 2배 더 비싸다고 한다. 11명의 입장료를 합하여 51,000원을 지불했다면 어른 한 명의 입장료는?

① 5,000원
② 5,500원
③ 6,000원
④ 6,500원

23 원가가 20,000원인 물건을 사다가 20% 이익을 내서 팔았다. 하지만 잘 팔리지 않아 20% 할인을 했다면 현재 판매가는 얼마인가?

① 18,000원
② 19,200원
③ 20,000원
④ 21,200원

24 운송업체에서 택배 기사로 일하고 있는 A씨는 5곳에 배달을 할 때, 첫 배송지에서 마지막 배송지까지 총 1시간 20분이 걸린다. 평균적으로 위와 같은 속도로 배달을 할 때 12곳에 배달을 하는데 첫 배송지에서 출발해서 마지막 배송지까지 택배를 마치는 데 걸리는 시간은?

① 3시간 12분
② 3시간 25분
③ 3시간 36분
④ 3시간 40분

25 길이가 680m인 터널이 있다. A기차가 30m/s의 속력으로 터널을 완전히 빠져나갈 때까지 30초가 걸렸을 때, A기차의 길이는?

① 190m
② 200m
③ 210m
④ 220m

26 A씨는 25% 농도의 코코아 700mL를 즐겨 마신다. A씨가 마시는 코코아에 들어간 코코아 분말의 양은?(단, 1mL=1g이다)

① 170g
② 175g
③ 180g
④ 185g

27 A, B, C 세 사람이 가위바위보를 한 번할 때, A만 이길 확률은?

① $\frac{1}{6}$
② $\frac{1}{7}$
③ $\frac{1}{8}$
④ $\frac{1}{9}$

PART 6

28 1시간에 책을 60페이지 독서하는 사람이 있다. 40분씩 읽고 난 후 5분씩 휴식하면서 4시간 동안 읽으면 모두 몇 페이지를 읽겠는가?

① 215페이지
② 220페이지
③ 230페이지
④ 235페이지

29 A매장에서는 직원 6명이 마감청소를 하는 데 5시간이 걸린다. 만약 리모델링 작업을 진행하기 위해 3시간 만에 마감청소를 끝낼 수 있도록 단기 직원을 추가로 고용하려고 한다면, 몇 명의 단기 직원이 추가로 필요한가?(단, 모든 직원의 능률은 동일하다)

① 2명
② 3명
③ 4명
④ 5명

30 제품 A는 1개에 600원, 제품 B는 1개에 1,000원이다. 김사원이 거스름돈을 전혀 남기지 않고 12,000원으로 A와 B를 살 수 있는 방법의 수는?(단, A만 모두 사거나 B만 모두 사는 것도 가능하다)

① 4가지
② 5가지
③ 6가지
④ 7가지

31 다음과 반대의 뜻을 가진 한자는?

勝

① 苦　② 休
③ 建　④ 敗

32 다음 한자어의 우리말 독음으로 옳은 것은?

社務

① 사격　② 사무
③ 직무　④ 사유

33 **다음 명제를 읽고 〈보기〉가 항상 참이면 ①, 거짓이면 ②, 알 수 없으면 ③을 고르면?**

- 자동차는 마차보다 빠르다.
- 비행기는 자동차보다 빠르다.
- 자동차는 마차보다 무겁다.

보기

비행기가 가장 무겁다.

① 참　　② 거짓　　③ 알 수 없음

※ 제시문 A를 읽고, 제시문 B가 참인지 거짓인지 혹은 알 수 없는지 고르시오. [34~35]

34

[제시문 A]

- 보건용 마스크의 'KF' 뒤 숫자가 클수록 미세입자 차단 효과가 더 크다.
- 모든 사람들은 미세입자 차단 효과가 더 큰 마스크를 선호한다.

[제시문 B]

민호는 KF80의 보건용 마스크보다 KF94의 보건용 마스크를 선호한다.

① 참　　② 거짓　　③ 알 수 없음

35

[제시문 A]

- 게으른 사람은 항상 일을 미룬다.
- 일을 미루는 사람은 목표를 달성하지 못한다.

[제시문 B]

목표를 달성하지 못한 사람은 게으른 사람이다.

① 참　　② 거짓　　③ 알 수 없음

36 다음 명제가 참일 때 〈보기〉 중 옳은 것은?

- 지영, 소영, 은지, 보미, 현아의 신발 사이즈는 각각 다르다.
- 신발 사이즈는 225 ~ 250mm이다.
- 지영이의 신발 사이즈는 235mm이다.
- 소영이의 신발 사이즈는 가장 작고, 은지의 신발 사이즈는 가장 크다.

보기

A : 현아의 신발 사이즈가 230mm라면, 보미는 신발 사이즈가 두 번째로 크다.
B : 보미의 신발 사이즈가 240mm라면, 소영이의 신발 사이즈는 225mm이다.

① A만 옳다.
② B만 옳다.
③ A, B 모두 옳다.
④ A, B 모두 틀리다.

※ 다음 명제가 모두 참일 때, 반드시 참인 것을 고르시오. [37~38]

37

- 도보로 걷는 사람은 자가용을 타지 않는다.
- 자전거를 타는 사람은 자가용을 탄다.
- 자전거를 타지 않는 사람은 버스를 탄다.

① 자가용을 타는 사람은 도보로 걷는다.
② 버스를 타지 않는 사람은 자전거를 타지 않는다.
③ 버스를 타는 사람은 도보로 걷는다.
④ 도보로 걷는 사람은 버스를 탄다.

38

- 연필을 좋아하는 사람은 지우개를 좋아한다.
- 볼펜을 좋아하는 사람은 수정테이프를 좋아한다.
- 지우개를 좋아하는 사람은 샤프를 좋아한다.
- 성준이는 볼펜을 좋아한다.

① 볼펜을 좋아하는 사람은 연필을 좋아한다.
② 지우개를 좋아하는 사람은 볼펜을 좋아한다.
③ 성준이는 수정테이프를 좋아한다.
④ 연필을 좋아하는 사람은 수정테이프를 좋아한다.

※ 다음 제시된 단어의 대응 관계로 볼 때, 빈칸에 들어가기에 가장 적절한 것을 고르시오. [39~41]

39

지각 : 늦잠 = (　　) : 더위

① 오한　　② 땀
③ 두통　　④ 추위

40

간섭 : 참견 = 갈구 : (　　)

① 관여　　② 개입
③ 경외　　④ 열망

41

참여 : 이탈 = (　　) : 종결

① 귀결　　② 소외
③ 착수　　④ 단락

※ 다음 제시된 단어의 대응 관계로 볼 때, 빈칸에 들어갈 단어끼리 바르게 짝지어진 것을 고르시오. [42~43]

42

선풍기 : 바람 = (　　) : (　　)

① 하늘, 가뭄　　② 인쇄기, 종기
③ 제빙기, 얼음　　④ 세탁기, 빨래

43

(　　) : 구기종목 = 아파트 : (　　)

① 달리기, 집　　② 수영, 고층
③ 농구, 집　　④ 수영, 가구

※ 다음 명제가 모두 참일 때, 빈칸에 들어갈 명제로 가장 적절한 것을 고르시오. [44~45]

44

- 채소를 좋아하는 사람은 해산물을 싫어한다.
- ______________________
- 디저트를 좋아하는 사람은 채소를 싫어한다.

① 채소를 싫어하는 사람은 해산물을 좋아한다.
② 디저트를 좋아하는 사람은 해산물을 싫어한다.
③ 채소를 싫어하는 사람은 디저트를 싫어한다.
④ 디저트를 좋아하는 사람은 해산물을 좋아한다.

45

- 아는 것이 적으면 인생에 나쁜 영향이 생긴다.
- ______________________
- 지식을 함양하지 않으면 아는 것이 적다.
- 따라서 공부를 열심히 하지 않으면 인생에 나쁜 영향이 생긴다.

① 공부를 열심히 한다고 해서 지식이 생기지는 않는다.
② 지식을 함양했다는 것은 공부를 열심히 했다는 뜻이다.
③ 아는 것이 많으면 인생에 나쁜 영향이 생긴다.
④ 아는 것이 많으면 지식이 많다는 뜻이다.

※ 다음 문장을 논리적 순서대로 바르게 나열한 것을 고르시오. [46~47]

46

(가) 이글루가 따뜻해질 수 있는 원리를 과정에 따라 살펴보면, 먼저 눈 벽돌로 이글루를 만든 후에 이글루 안에서 불을 피워 온도를 높인다.
(나) 에스키모 하면 연상되는 것 중의 하나가 이글루이다.
(다) 이 과정을 반복하면서 눈 벽돌집은 얼음집으로 변하게 되며, 눈 사이에 들어 있던 공기는 빠져나가지 못하고 얼음 속에 갇히게 되면서 내부가 따듯해진다.
(라) 이글루는 눈을 벽돌 모양으로 잘라 만든 집임에도 불구하고 사람이 거주할 수 있을 정도로 따듯하다.
(마) 온도가 올라가면 눈이 녹으면서 벽의 빈틈을 메워 주고 어느 정도 눈이 녹으면 출입구를 열어 물이 얼도록 한다.

① (나) – (가) – (다) – (라) – (마)
② (나) – (가) – (다) – (마) – (라)
③ (나) – (라) – (가) – (다) – (마)
④ (나) – (라) – (가) – (마) – (다)

47

(가) 사회서비스에는 서비스를 받을 수 있는 증서를 제공함으로써 수혜자가 공적 기관을 이용하도록 하는 것뿐만 아니라 민간단체가 운영하는 사적 기관의 서비스를 자신의 선호도에 따라 선택할 수 있게 하는 방식이 있다.
(나) 이와 같이 사회서비스는 소득의 재분배보다는 시민들의 삶의 질을 향상시키는 것에 기여하는 제도라고 할 수 있다.
(다) 최근 들어서 많은 나라들은 서비스 증서를 제공하는, 일명 바우처(Voucher) 제도를 도입하여 후자 방식을 강화하는 경향을 보이고 있다.
(라) 사회서비스는 급여의 지급이 현금이 아니라 '돌봄'의 가치를 가진 특정한 서비스를 통해 이루어지는 제도이다.

① (라) – (가) – (다) – (나)
② (라) – (나) – (가) – (다)
③ (라) – (다) – (가) – (나)
④ (라) – (다) – (나) – (가)

48 다음 빈칸에 들어갈 내용으로 가장 적절한 것은?

> 과거, 민화를 그린 사람들은 정식으로 화업을 전문으로 하는 사람이 아니었다. 대부분 타고난 그림 재주를 밑천으로 그림을 그려 가게에 팔거나 필요로 하는 사람에게 그려주고 그 대가로 생계를 유지했던 사람들이었던 것이다. 그들은 민중의 수요를 충족시키기 위해 정형화된 내용과 상투적 양식의 그림을 반복적으로 그렸다.
>
> 민화는 당초부터 세련된 예술미 창조를 목표로 하는 그림이 아니었다. 단지 이 세상을 살아가는 데 필요한 진경(珍景)의 염원과 장식 욕구를 충족할 수만 있으면 그것으로 족한 그림이었던 것이다. 그래서 표현 기법이 비록 유치하고, 상투적이라 해도 화가나 감상자(수요자) 모두에게 큰 문제가 되지 않았던 것이다.
>
> __________________ 다시 말해 민화는 필력보다 소재와 그것에 담긴 뜻이 더 중요한 그림이었던 것이다. 문인 사대부들이 독점 향유해 온 소재까지도 서민들은 자기 식으로 해석, 번안하고 그 속에 현실적 욕망을 담아 생활 속에 향유했다. 민화에 담은 주된 내용은 세상에 태어나 죽을 때까지 많은 자손을 거느리고 부귀를 누리면서 편히 오래 사는 것이었다.

① '어떤 기법을 쓰느냐.'에 따라 민화는 색채가 화려하거나 단조로울 수 있다.
② '어떤 기법을 쓰느냐.'보다 '무엇을 어떤 생각으로 그리느냐.'를 중시하는 것이 민화였다.
③ '어떤 기법을 쓰느냐.'보다 '감상자가 작품에 만족을 하는지.'를 중시하는 것이 민화였다.
④ '어떤 기법을 쓰느냐.'에 따라 세련된 그림이 나올 수도 있고, 투박한 그림이 나올 수 있다.

PART 6

49 다음 글의 제목으로 가장 적절한 것은?

> 사회보장제도는 사회구성원에게 생활의 위험이 발생했을 때 사회적으로 보호하는 대응체계를 가리키는 포괄적 용어로 크게 사회보험, 공공부조, 사회서비스가 있다. 예를 들면 실직자들이 구직활동을 포기하고 다시 노숙자가 되지 않도록 지원하는 것 등이 있다.
>
> 사회보험은 보험의 기전을 이용하여 일반주민들을 질병, 상해, 폐질, 실업, 분만 등으로 인한 생활의 위협으로부터 보호하기 위하여 국가가 법에 의하여 보험가입을 의무화하는 제도로 개인적 필요에 따라 가입하는 민간보험과 차이가 있다.
>
> 공공부조는 극빈자, 불구자, 실업자 또는 저소득계층과 같이 스스로 생계를 영위할 수 없는 계층의 생활을 그들이 자립할 수 있을 때까지 국가가 재정기금으로 보호하여 주는 일종의 구빈제도이다.
>
> 사회서비스는 복지사회를 건설할 목적으로 법률이 정하는 바에 의하여 특정인에게 사회보장 급여를 국가 재정부담으로 실시하는 제도로 군경, 전상자, 배우자 사후, 고아, 지적 장애아 등과 같은 특별한 사유가 있는 자나 노령자 등이 해당된다.

① 사회보험제도와 민간보험제도의 차이
② 사회보장제도의 의의
③ 우리나라의 사회보장제도
④ 사회보장제도의 대상자

50 다음 〈보기〉에서 밑줄 친 부분의 맞춤법이 옳은 것은?

> **보기**
>
> 조직에 문제가 발생하면 우리는 먼저 원인을 일일히 분석합니다. 이후 구성원 모두가 해결 방안을 찾기 위해 머리를 맞대고 함께 고민합니다. 이때 우리는 '어떻게든 되겠지.'라는 안일한 생각을 버리고, '흐터지면 죽는다.'는 마음으로 뭉쳐야 합니다. 조직의 위기를 함께 극복할 때 우리는 더 낳은 모습으로 성장할 수 있습니다.

① 일일히
② 맞대고
③ 어떻게든
④ 흐터지면

51 다음 글에 나타난 글쓴이의 주장으로 가장 적절한 것은?

> 동물들의 행동을 잘 살펴보면 동물들도 우리가 사용하는 말 못지않은 의사소통 수단을 가지고 있는 듯이 보인다. 즉, 동물들도 여러 가지 소리를 내거나 몸짓을 함으로써 자신들의 감정과 기분을 나타낼 뿐 아니라 경우에 따라서는 인간과 다를 바 없이 의사를 교환하고 있는 듯하다. 그러나 그것은 단지 겉모습의 유사성에 지나지 않을 뿐이고 사람의 말과 동물의 소리에는 아주 근본적인 차이가 존재한다는 점을 잊어서는 안 된다. 동물들이 사용하는 소리는 단지 배고픔이나 고통 같은 생물학적인 조건에 대한 반응이거나, 두려움이나 분노 같은 본능적인 감정들을 표현하기 위한 것에 지나지 않는다.

① 모든 동물이 다 말을 하는 것은 아니지만, 원숭이와 같이 지능이 높은 동물은 말을 할 수 있다.
② 동물들은 인간이 알아듣지 못하는 방식으로 대화할 뿐 서로 대화를 나누고 정보를 교환하며 인간과 같이 의사소통을 한다.
③ 사육사의 지속적인 훈련을 받는다면 동물들은 인간의 소리를 똑같은 목소리로 정확하게 따라 할 수 있다.
④ 동물들이 내는 소리가 때때로 의사소통의 수단으로 이용된다고 해서 그것을 대화나 토론이나 회의와 같은 언어활동이라고 할 수는 없다.

52 다음 글의 내용으로 적절하지 않은 것은?

> 저작권이란 저작물을 보호하기 위해 저작자에게 부여된 독점적 권리를 말한다. 저작권은 소유한 물건을 자기 마음대로 이용하거나 처분할 수 있는 권리인 소유권과는 구별된다. 소설책을 구매한 사람은 책에 대한 소유권은 획득했지만, 그렇다고 소설에 대한 저작권을 획득한 것은 아니다. 따라서 구매자는 다른 사람에게 책을 빌려줄 수는 있으나, 저작자의 허락 없이 그 소설을 상업적 목적으로 변형하거나 가공하여 유통할 수는 없다. 이는 책에 대해서는 물건에 대한 소유권인 물권법이, 소설에 대해서는 저작권법이 각각 적용되기 때문이다.
>
> 저작권법에서 보호하는 저작물은 남의 것을 베낀 것이 아니라 저작자 자신의 것이어야 한다. 그리고 저작물의 수준이 높아야 할 필요는 없지만, 저작권법에 의한 보호를 받을 가치가 있는 정도로 최소한의 창작성을 지니고 있어야 한다.
>
> 저작자란 사실상의 저작 행위를 하여 저작물을 생산해 낸 사람을 가리킨다. 직업적인 문인뿐만 아니라 저작 행위를 하면 누구든지 저작자가 될 수 있다. 자연인으로서의 개인뿐만 아니라 법인도 저작자가 될 수 있다. 그리고 저작물에는 1차적 저작물뿐만 아니라 2차적 저작물도 포함되므로 2차적 저작물의 작성자도 저작자가 될 수 있다. 그러나 저작을 하는 동안 옆에서 도와주었거나 자료를 제공한 사람 등은 저작자가 될 수 없다.
>
> 저작자에게 저작권이라는 권리를 부여하여 보호하는 이유는 저작물이 곧 문화 발전의 원동력이 되기 때문이다. 저작물이 많이 나와야 그 사회가 문화적으로 풍요로워질 수 있다. 또 다른 이유는 저작자의 창작 노력에 대해 적절한 보상을 해 줌으로써 창작 행위를 계속할 수 있는 동기를 제공하는 데 있다.

① 남의 것을 베끼더라도 최소한의 창작성을 지닌 저작물이라면 저작권법에 의해 보호받을 수 있다.

② 소설책을 구매한 사람이 다른 사람에게 책을 빌려줄 수 있는 이유는 책에 대해 물권법이 적용되기 때문이다.

③ 저작권은 저작자에게 부여된 독점적 권리로 소유권과 구별된다.

④ 2차적 저작물의 작성자도 저작자가 될 수 있지만, 저작의 과정에서 자료를 제공한 사람은 저작자가 될 수 없다.

PART 6

※ 다음 제시된 도형의 규칙을 보고 물음표에 들어갈 도형으로 적절한 것을 고르시오. [53~55]

53

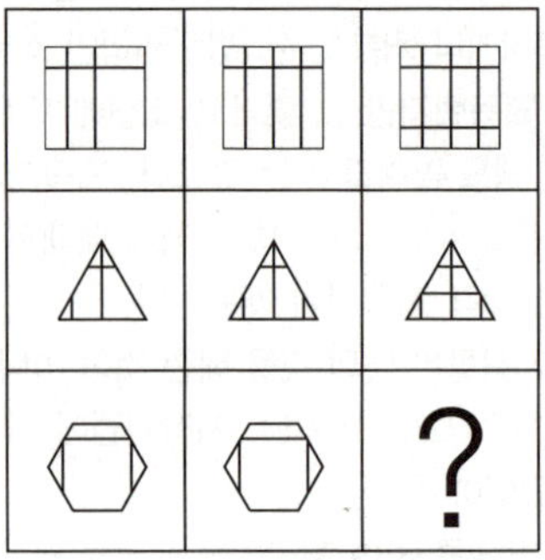

①
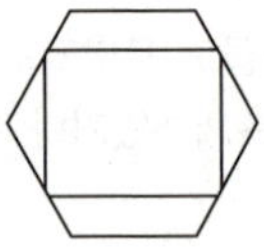

②
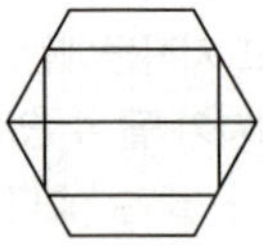

③
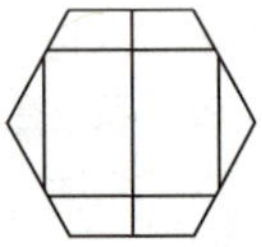

④
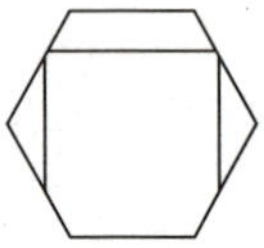

54

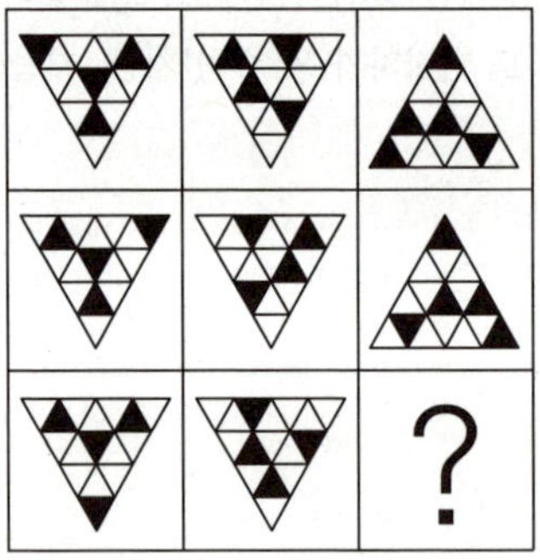

①

②
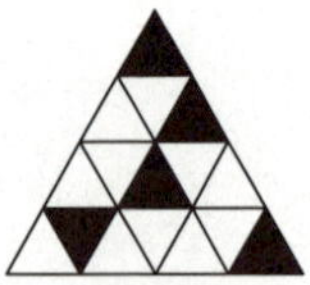

③
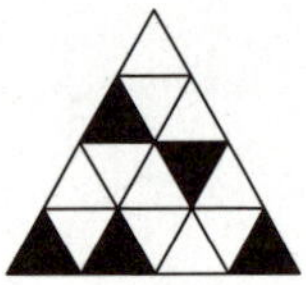

④
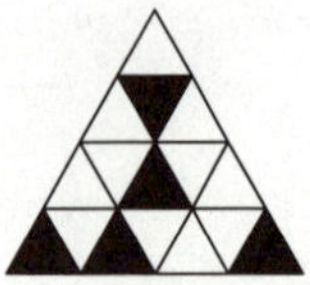

55

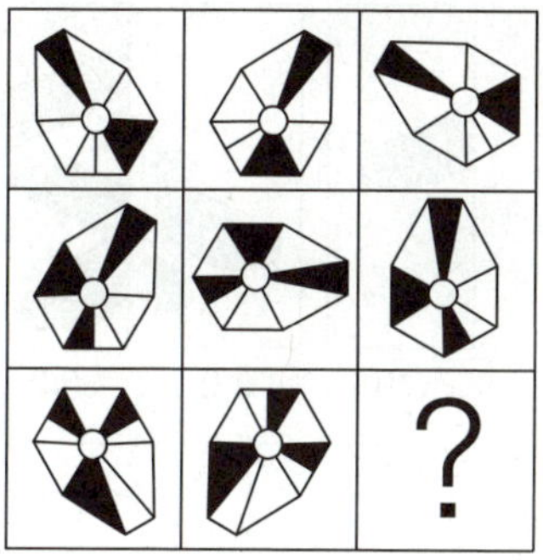

① 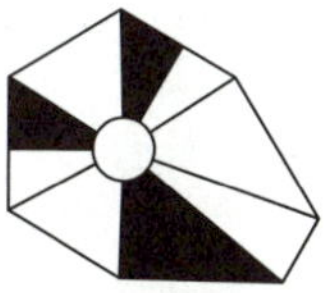

② 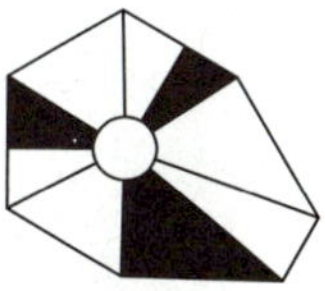

③ 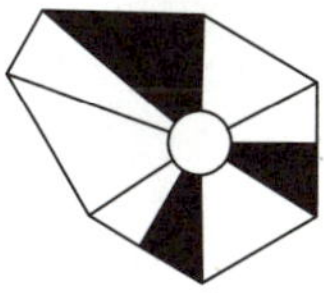

④ 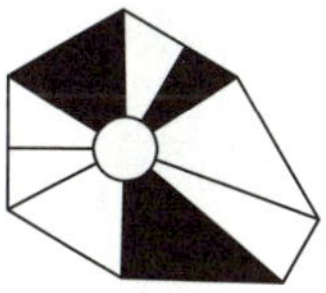

※ 다음 그림을 순서대로 바르게 나열한 것을 고르시오. [56~57]

56

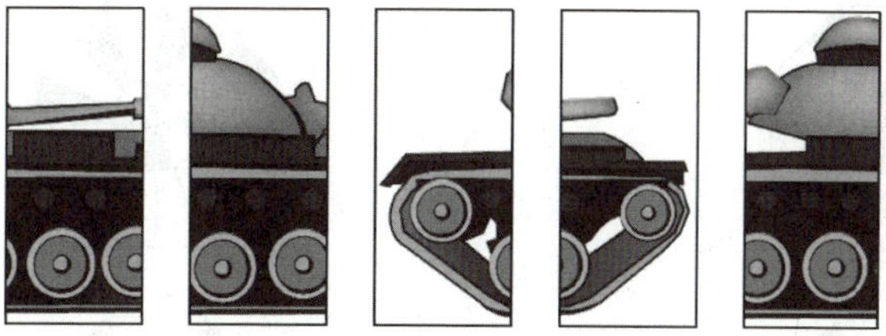

(가) (나) (다) (라) (마)

① (다) – (마) – (나) – (가) – (라)
② (다) – (나) – (마) – (가) – (라)
③ (라) – (마) – (가) – (나) – (다)
④ (라) – (마) – (나) – (가) – (다)

57

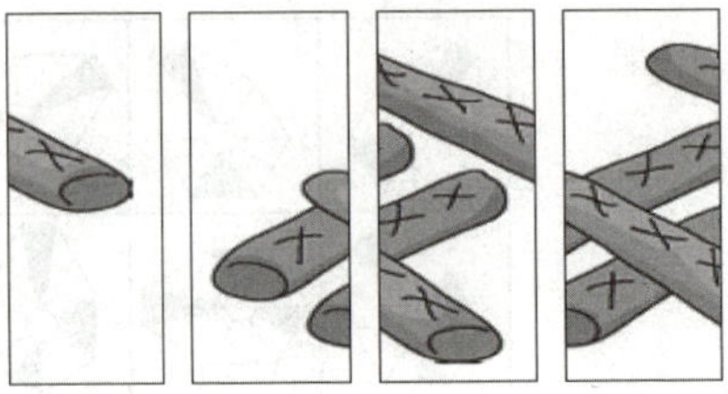

(가) (나) (다) (라)

① (라) – (나) – (가) – (다)　　② (나) – (가) – (라) – (다)

③ (라) – (가) – (다) – (나)　　④ (나) – (라) – (다) – (가)

※ 다음 중 제시된 도형과 같은 것을 고르시오(단, 도형은 회전이 가능하다). [58~60]

58

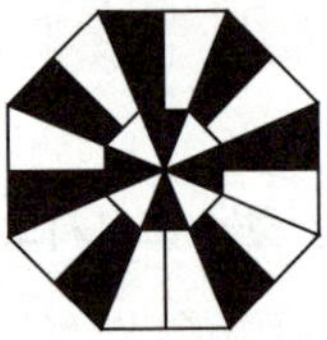

①

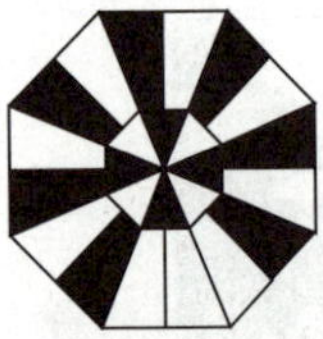

②

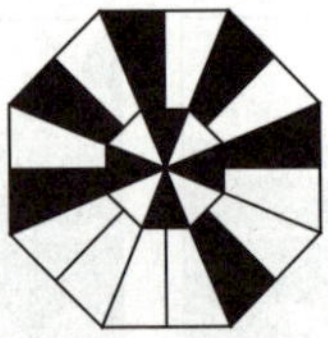

③

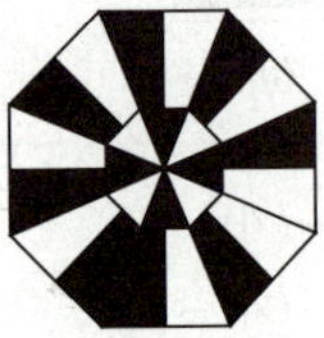

④

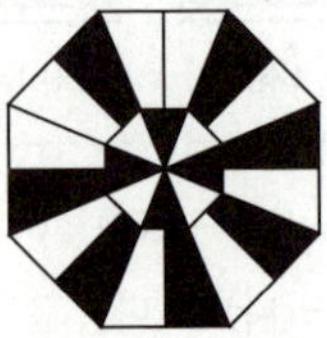

59

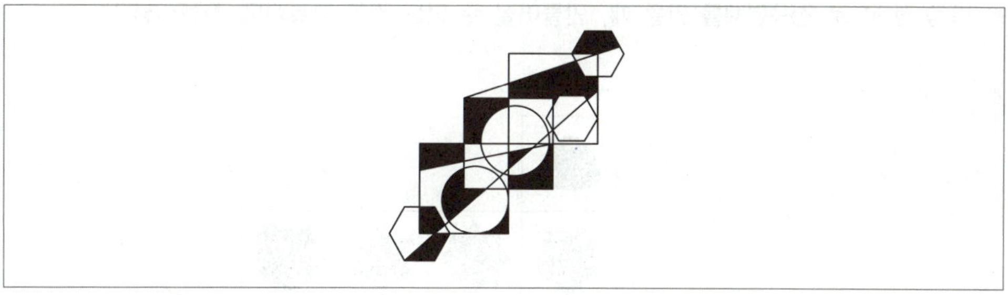

①

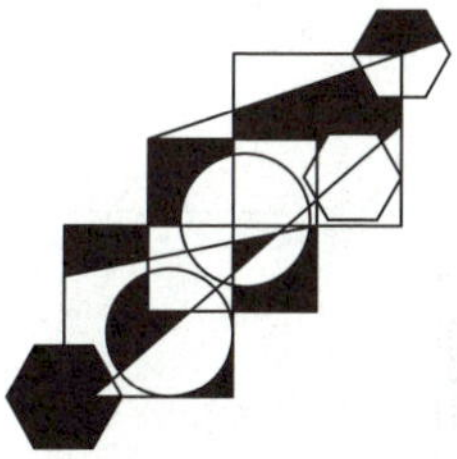

②

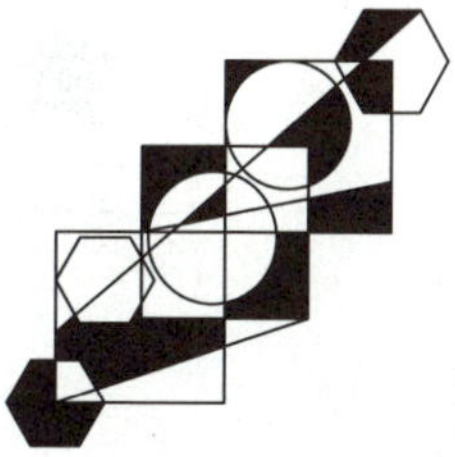

③

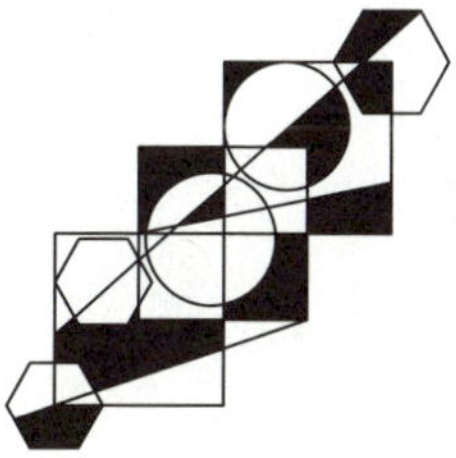

④

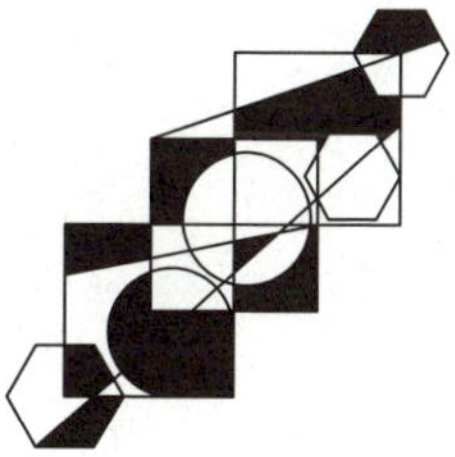

60

①

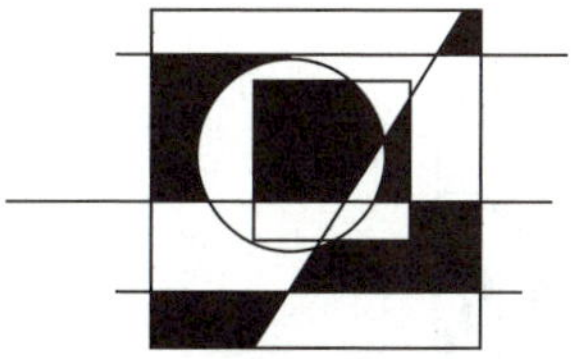

②

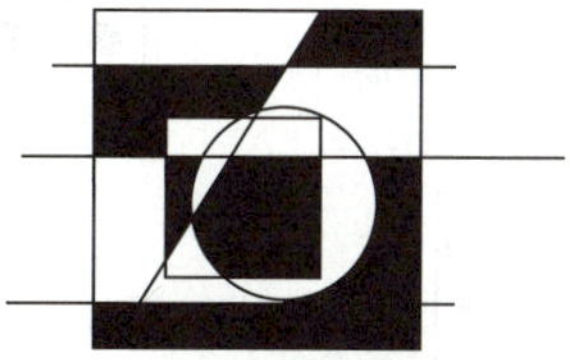

③

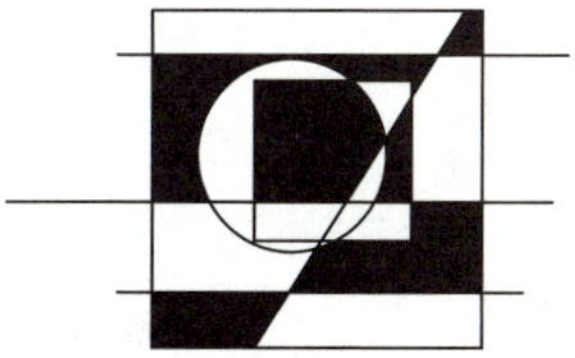

④

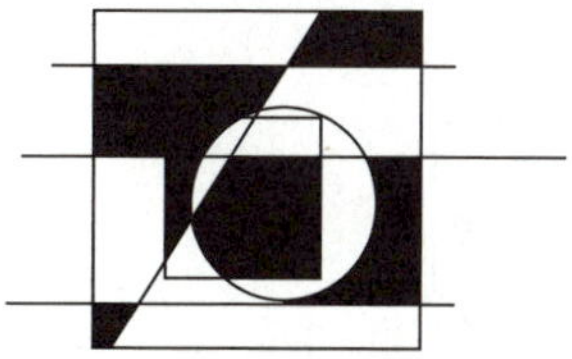

※ 다음 전개도로 정육면체를 만들 때, 만들어질 수 없는 것을 고르시오. [61~62]

61

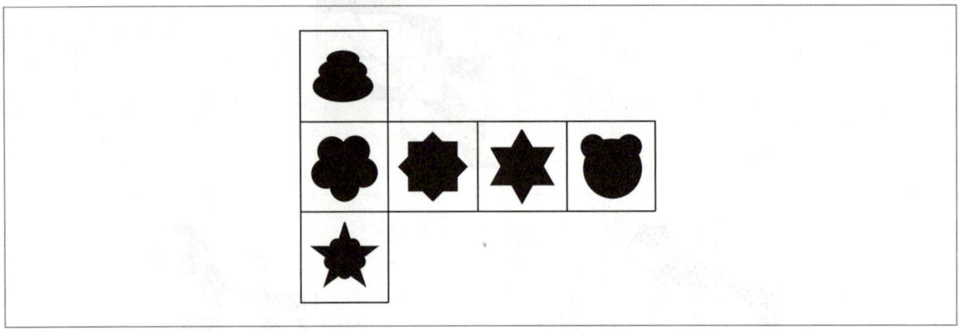

①

②

③

④

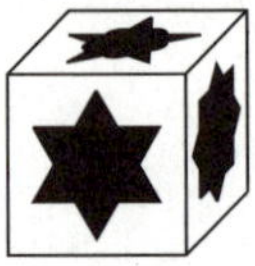

62

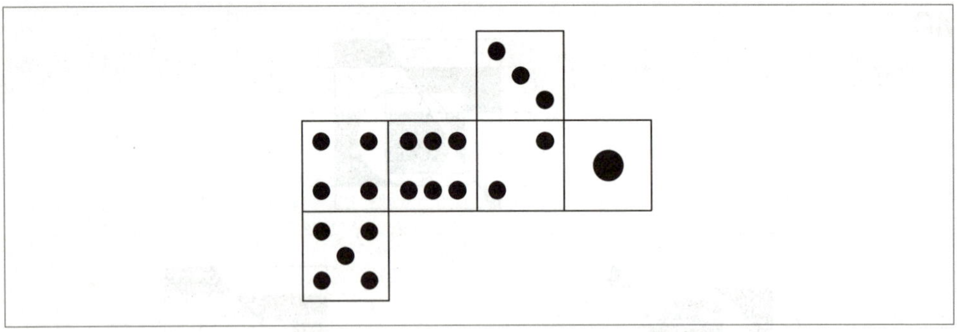

①

②

③

④

※ 다음 표에 제시된 수 또는 문자와 같은 것의 개수를 고르시오. [63~67]

63

643

643	721	128	625	687	354	643	644	783	543	764	643
473	623	643	641	489	643	123	926	965	643	699	611
524	567	238	346	925	563	593	645	987	789	613	642
243	741	644	643	923	453	643	645	653	217	265	643

① 6개
② 7개
③ 8개
④ 9개

64

신호

신효	심호	신호	심호	실호	신호	신효	산호	선효	신호
신호	진호	심효	짐호	신효	실효	심호	실후	선휴	신후
신후	실효	진후	신호	실호	식후	심후	신후	신호	식후

① 3개
② 4개
③ 5개
④ 6개

65

라임

라익	마임	라암	사임	라익	나임	라임	자임	라암	라앰	라임	라오
라엠	하임	자임	라임	다임	마임	하임	라오	라엄	나임	리임	하임
라오	자임	나임	리임	라앰	라엄	다임	라암	사임	다임	마임	라익
마임	라익	사임	라암	다임	라오	라앰	리임	라임	라엄	라암	나임

① 1개
② 2개
③ 3개
④ 4개

66

♪♬

♬♩	♩♪	♬♪	♪♪	♩♪	♬♩	♪♬	♬♩	♬♪	♬♩	♪♬	♩♪
♪♬	♩♬	♪♪	♬♩	♬♪	♬♬	♩♬	♪♬	♪♪	♩♬	♬♬	♬♪
♩♬	♬♩	♪♬	♪♪	♪♪	♬♩	♩♩	♬♩	♪♩	♩♪	♬♪	♪♬
♬♪	♩♬	♪♪	♩♬	♬♩	♩♪	♪♪	♬♬	♬♪	♪♪	♬♩	♩♬

① 3개 ② 4개
③ 5개 ④ 6개

67

㉳

㉴	㉱	㉯	㉰	㉯	㉲	㉴	㉱	㉯	㉮	㉯	㉲
㉱	㉴	㉱	㉲	㉳	㉰	㉱	㉮	㉲	㉰	㉳	㉴
㉳	㉰	㉲	㉴	㉱	㉴	㉲	㉴	㉰	㉴	㉰	㉰
㉱	㉲	㉳	㉮	㉲	㉯	㉯	㉰	㉳	㉱	㉮	㉳

① 3개 ② 4개
③ 5개 ④ 6개

※ 다음 표에 제시되지 않은 수 또는 문자를 고르시오. [68~70]

68

385	325	265	254	795	356	683	357	354	865	346	253
648	368	547	879	354	124	436	568	976	768	436	674
436	875	352	457	254	547	769	897	567	322	212	325
876	564	463	473	659	322	357	789	437	574	323	289

① 368 ② 547
③ 322 ④ 118

69

구리	이리	금리	고리	의리	도리	궁리	부리	박리	장리	다리	젤리
주리	예리	지리	자리	교리	보리	파리	절리	피리	생리	경리	수리
지리	교리	박리	경리	고리	자리	피리	도리	파리	이리	수리	생리
금리	주리	예리	궁리	젤리	의리	구리	보리	장리	절리	부리	다리

① 심리　　② 예리
③ 고리　　④ 보리

70

☜	☆	◎	▲	◁	♤	♭	♣	⊙	▦	♥	□
▤	♭	♨	★	⊙	▲	☆	♪	▲	♪	◁	○
○	☜	♩	♀	▦	▥	☞	○	◇	♤	♩	□
♣	♥	☎	→	¤	♬	★	♧	☎	☆	♡	□

① ◇　　② ◎
③ ▨　　④ ♬

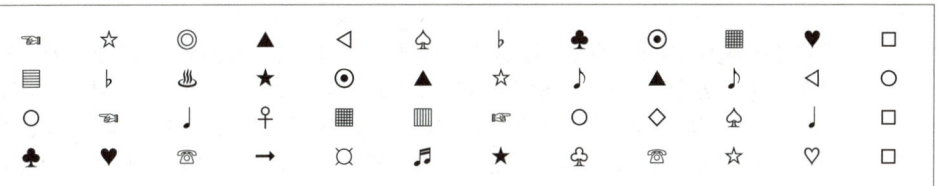

71 다음 중 제시된 변환규칙과 일치하지 않는 것은?

□☆○◎▽ → ii iii iv v vi

① ▽◎○☆□ → vi v iv iii ii　　② ○☆□▽◎ → iv iii ii vi v
③ ☆□▽◎○ → iii ii iv v vi　　④ ◎○☆▽□ → v iv iii vi ii

PART 6

72 다음 중 제시된 변환규칙과 일치하는 것은?

pqryz → defhj

① pzyrq → djefh　　② ypzqr → hdjfe
③ zyqpr → jhedf　　④ rzqpy → fjdeh

73 다음 글에서 밑줄 친 부분의 성질과 가장 관련이 깊은 것은?

> 우리 전통의 발효식품인 된장은 곰팡이를 이용해 콩을 발효시킨 식품이다. 이때 온도와 습도를 잘못 조절할 경우 곰팡이의 숫자가 늘어나 장이 부패할 위험이 있다. 하지만 장을 담근 항아리에 숯을 띄우면 장의 부패를 늦출 수 있는데, 이는 <u>숯이 장의 부패를 앞당기는 해로운 미생물들을 흡수하기 때문</u>이다. 숯에는 눈으로는 볼 수 없는 미세한 구멍이 무수히 뚫려 있는데 이곳에 해로운 미생물들이 모여들게 되면서 온도와 습도가 높아져도 장이 부패하지 않게 된다.

① 젓갈　　② 세탁기
③ 정수기　　④ 주방용 세제

74 다음 중 바다를 제방으로 막아 밀물과 썰물로 인한 해수면의 높이 차이를 이용해 전기를 생산하는 방식은?

① 조력 발전　　② 지열 발전
③ 풍력 발전　　④ 화력 발전

75 다음 중 원자력 발전에 대한 〈보기〉의 설명 중 옳은 것을 모두 고르면?

> **보기**
> ㄱ. 핵분열을 이용한다.
> ㄴ. 석탄을 연료로 사용한다.
> ㄷ. 방사성 폐기물이 발생한다.

① ㄱ ② ㄴ
③ ㄱ, ㄷ ④ ㄴ, ㄷ

76 다음은 마찰이 없는 수평면에서 세 물체 A~C에 같은 크기의 힘을 가할 때, 시간에 따른 속도 변화를 나타낸 것이다. 이때, 질량이 가장 큰 것은?

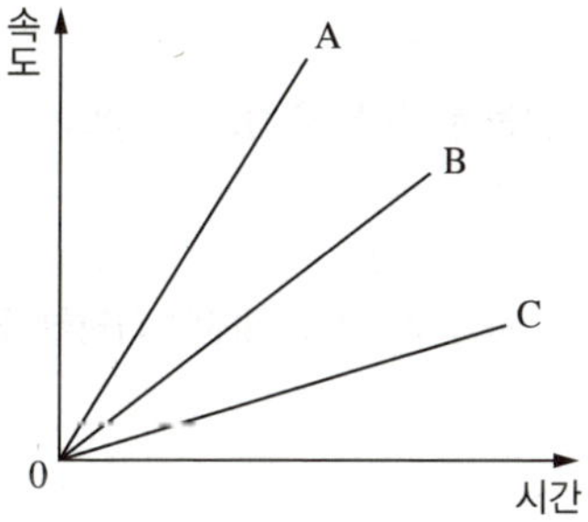

① A ② B
③ C ④ 모두 같다.

77 다음 중 금속 광물이 아닌 것은?

① 철 ② 구리
③ 석회석 ④ 알루미늄

78 **다음은 향의 연소 반응을 이용하여 반응 속도를 알아보기 위한 실험이다. 이 실험에 대한 〈보기〉의 설명 중 옳은 것을 모두 고르면?**

> 불씨만 남은 향을 산소가 채워진 삼각 플라스크에 넣었더니 향이 환하게 타올랐다.
>
> 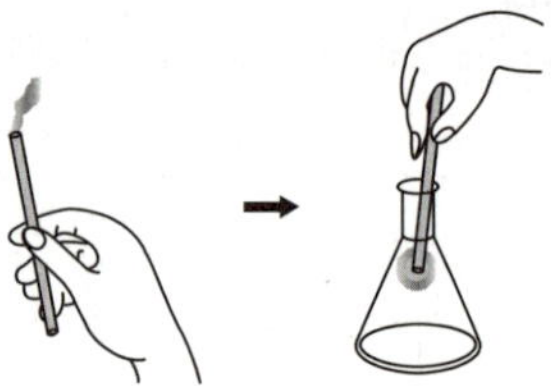

보기

ㄱ. 산소는 촉매로 작용했다.
ㄴ. 향이 환하게 타오른 것은 반응 속도가 빨라졌기 때문이다.
ㄷ. 겨울철보다 여름철에 음식이 더 빨리 상하는 현상을 설명할 수 있다.

① ㄱ　　② ㄴ
③ ㄱ, ㄷ　　④ ㄴ, ㄷ

79 **다음은 탄소 화합물을 형성하는 탄소 원자의 특징이다. 탄소의 결합 형태로 옳지 않은 것은?**

- 최외각 전자가 4개이다.
- 탄소 원자끼리 결합하여 사슬 및 고리 형태의 다양한 화합물을 만들 수 있다.

①
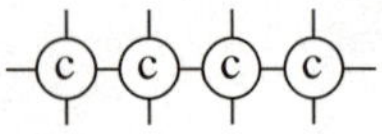

②
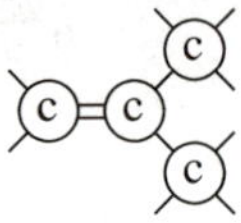

③
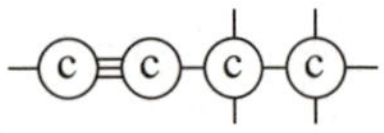

④
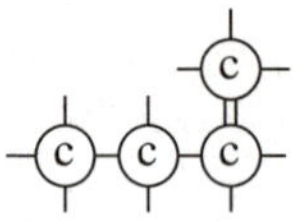

80 **다음 중 주기율표에 대한 설명으로 옳지 않은 것은?**

① 장주기형과 단주기형이 있다.
② 멘델레예프는 원자 번호의 증가 순서에 따라 원소들을 배열하였다.
③ 모즐리의 실험에 의해 주기율은 원자 번호의 차례와 일치함이 밝혀졌다.
④ 주기는 7주기로 이루어져 있다.

81 **A사원은 팀원이 모두 5명인 K팀에 소속되어 있다. 그러나 최근 회사의 구조조정으로 본인과 팀장 이외의 세 명이 퇴사했고, 이들은 모두 경쟁사인 P회사로 옮겨 원래 했던 일과 비슷한 일을 하고 있다. 예전 팀원들과 P회사 스카우터가 A사원에게 함께 일할 것을 제안했는데, 당신이 A사원이라면 어떻게 하겠는가?**

① 친분 여부와 관계없이 현재 회사에 대한 만족도를 따져본다.
② 친분 여부와 관계없이 P회사의 근무환경을 고려하여 결정한다.
③ 함께 일했던 동료들이 있으므로 고민하지 않고 이직한다.
④ K팀의 팀장에게 스카우트를 제안받은 사실을 알린다.

PART 6

82 **A사원에겐 업무 능력은 탁월하지만 도덕적 결함이 있는 동기 B사원이 있다. 그런데 최근 승진 심사에서 A사원은 승진에 실패했지만 B사원은 승진했다. 당신이 A사원이라면 어떻게 하겠는가?**

① 승진 심사의 구체적 기준에 대해 문의한다.
② 도덕적 결함이 있는 자를 선호하는 회사에 애정을 쏟을 필요가 없다고 판단한다.
③ 승진 심사자와 부서에 B사원의 도덕적 결함을 공개한다.
④ B사원에게 축하의 말을 전하고 불편한 속내를 내비치지 않는다.

83 **A사원의 선배 B사원은 평소 들은 말을 과장하여 다른 사람에게 전달하곤 한다. A사원의 사적인 부끄러운 이야기를 우연히 B사원이 알게 되었고, B사원이 그 사실을 알고 있다는 것을 A사원도 인지한 상황이다. 당신이 A사원이라면 어떻게 하겠는가?**

① B사원을 만나 다른 사람에게 본인의 사적인 이야기를 하지 말 것을 부탁한다.
② 당분간 회사에서 B사원을 따라다니며 본인의 이야기를 하는지 관찰한다.
③ B사원이 말하기 전에 본인이 부서원들에게 먼저 말한다.
④ B사원과 친해지기 위해 노력한 후, 다른 사람에게 말하지 않을 것을 기대한다.

84 **A사원은 타 부서원들과 중요한 회의를 하는 중이다. 그런데 어제 과음한 탓인지 컨디션도 좋지 않고 자주 화장실을 왔다 갔다 하고 있다. 당신이 A사원이라면 어떻게 하겠는가?**

① 출입문 쪽으로 자리를 이동한다.
② 좋지 않은 컨디션이므로 상관에게 회의에서 빠져있겠다고 요청한다.
③ 전혀 내색하지 않고 참을 수 있는 데까지 참는다.
④ 친한 동료에게 회의 내용 메모를 부탁하고 잠시 쉰 후 회의에 참석한다.

85 **A사원의 동료인 B사원이 상급자가 잘 모르는 상황에서 자주 늦게 출근을 한다. 당신이 A사원이라면 어떻게 하겠는가?**

① B사원에게 그러지 말라고 주의를 준다.
② 나중에 술자리에서 B사원에게 말한다.
③ 옆 직원에게 이러한 사항을 이야기한다.
④ 상사에게 사실대로 이야기해서 시정하게 한다.

86 **A사원은 중요한 계약 때문에 미팅이 있는데 B팀장은 개인적 볼일이 있다며 미팅에 참석하지 않았다. B팀장에게 전화를 걸어 미팅 진행에 대해 말하니 알아서 하라고 한다. 당신이 A사원이라면 어떻게 하겠는가?**

① B팀장이 나를 많이 신뢰하고 있다고 생각한다.
② 알아서 하라고 하니 그동안 내가 하고 싶었던 대로 해야겠다고 생각한다.
③ B팀장을 책임감이 없는 사람이라고 생각한다.
④ 다른 직원들에게 B팀장의 행동을 말해야겠다고 생각한다.

87 **H사원은 현재 회사 생활에서 팀원들과의 관계에 불편함을 느끼고 있다. 함께 입사한 D사원이 자신에게 상사 험담을 하지만, 정작 앞에서는 아무것도 아닌 척 행동하기 때문이다. H사원은 그런 D사원의 행동이 마음에 들지 않는다. 이 상황에서 당신이 H사원이라면 어떻게 하겠는가?**

① 상사에게 찾아가 상황을 설명하고, 조언을 구한다.
② D사원과 둘만 있는 자리에서 행동을 똑바로 할 것을 딱 잘라 말한다.
③ 공개적인 자리에서 D사원에게 왜 그런 행동을 하는지 조목조목 따진다.
④ 마음에 들지는 않지만 당장 해결할 방법이 없으므로 참는다.

88 **A사원의 옆자리에서 근무하는 동료 B사원이 업무 시간에 자꾸 잡담을 한다. 당신이 A사원이라면 어떻게 하겠는가?**

① 그러지 말라고 즉시 경고한다.
② 모른 척한다.
③ 나중에 조용히 그러지 말라고 말한다.
④ 상급자에게 말을 하여 시정하게 한다.

89 **A사원이 일하는 부서의 상급자 B대리가 업무상 부당한 지시를 하였다. 당신이 A사원이라면 어떻게 하겠는가?**

① 그냥 지시대로 따른다.
② 개인적으로 불합리성을 설명하고 시정을 건의한다.
③ 모든 동료와 단합하여 반대한다.
④ 지시 사항을 무시해 버린다.

90 **A대리는 오랫동안 같은 부서에서 근무해 왔던 이성인 G사원에게 호감을 느끼게 되었다. 우연히 이성인 G사원을 사석에서 만나게 된 A대리는 G사원도 자신에게 좋은 감정을 느끼고 있음을 알게 되었고, 둘은 곧 사귀게 되었다. 그러나 회사 규정상 사내연애는 금지이다. 당신이 A대리라면 어떻게 하겠는가?**

① 연애사실을 공개하고 회사규정을 수정할 것을 요구한다.
② G사원과 계속 만나기 위해 본인이 퇴사한다.
③ 연애를 포기한다.
④ 사내연애 금지는 비합리적이므로 몰래 사귄다.

91 **S기업의 O이사는 어느 날 사업을 하고 있는 절친한 고등학교 동창으로부터 S기업 협력업체 입찰에 참여 했다는 소식을 들었다. 동창은 S기업이 요구하는 요건에 자신의 회사가 한두 가지 못 미치는 것을 알고 있으며, O이사에게 도움을 줄 것을 요청하였다. O이사는 협력업체 입찰평가표를 관리하는 직원에게 말 한마디만 하면 자신이 친구가 운영하는 기업의 점수를 올려놓을 수도 있다는 것을 알고 있다. 당신이 O이사라면 어떻게 하겠는가?**

① 동창의 회사가 조건에 크게 못 미치는 것은 아니므로 직원에게 지시하여 동창의 회사 점수를 올린다.
② 회사 규정은 규정이므로 동창의 부탁을 정중히 거절한다.
③ 지금 나더러 비리를 저지르라는 거냐고 동창에게 화를 낸 후 절교한다.
④ 일단 그렇게 하겠다고 거짓말을 한 뒤, 나중에 더 윗선의 의견에 의해 다른 회사가 낙찰되었다고 둘러댄다.

92 **회계팀 S사원은 지출내역을 확인하던 중 상사인 Y과장이 최근 출장비 명목으로 300만 원에 달하는 회사 돈을 횡령한 것을 알게 되었다. 평소 Y과장은 성실하다는 평을 듣고 인간관계도 좋은 편이기 때문에 회사 내에서 이미지가 상당히 좋다. 당신이 S사원이라면 어떻게 하겠는가?**

① 사내게시판에 익명으로 글을 올려 Y과장의 부정행위를 폭로한다.

② Y과장에게 직접 이야기하고 본인이 징계위원회에 자수할 것을 권유한다.

③ 폭로해봤자 Y과장을 좋아하는 높은 사람들이 이 일을 덮을 것이 뻔하므로 가만히 있는다.

④ 이 일을 상부에 보고한다.

93 **입사한 지 몇 달 되지 않은 T사원은 같은 부서에 근무하는 W대리와 대화하는 것이 불편하다. 평소 휴식시간에 대화를 할 때는 물론이고, 업무에 대해 이야기를 할 때에도 W대리가 자신의 신체부위를 보고 있다는 느낌을 받았기 때문이다. 착각일 거라는 생각도 해보았지만, 시선이 느껴질 때마다 눈이 마주치는 것을 보면 착각은 아닌 것 같다. 당신이 T사원이라면 어떻게 하겠는가?**

① 같은 부서의 동성 상사에게 이 이야기를 털어놓고 고민을 상담한다.

② 의도적으로 W대리를 피하거나, W대리가 보이지 않는 곳으로 자리를 옮겨 달라고 한다.

③ 상사에게 W대리가 자신의 신체부위를 보며, 그런 행동이 수치심을 유발한다고 고발한다.

④ W대리를 직접 찾아가 지켜보는 시선이 불편하니 삼가 달라고 말한다.

94 **얼마 전 회사에 입사한 A사원은 특유의 밝은 성격으로 즐겁게 회사 생활을 하고 있다. 그러나 어느 날부터인가 B대리가 A사원에게 장난을 거는 일이 잦아졌다. 특히 B대리는 A사원의 신체적인 약점을 놀림감으로 삼고 있어 A사원은 스트레스를 받고 있다. 당신이 A사원이라면 어떻게 하겠는가?**

① B대리가 상사이므로 그냥 참는다.

② 개인적으로 B대리를 찾아가 놀리지 말 것을 정중하게 부탁한다.

③ 다른 사원들에게 B대리의 놀림으로 인해 겪는 스트레스를 호소한다.

④ B대리보다 직급이 높은 상사를 찾아가 적절한 조치를 요청한다.

95 **당신은 A부서에서 근무하는 K대리인데, 타 부서에서 근무하던 동기인 B대리가 당신이 근무하는 A부서로 이동하게 되었다. 당신의 후임과 B대리가 함께 업무를 진행하는 중에 B대리가 업무를 덜 부담하려고 한다는 사실을 알았다. 당신이 K대리라면 어떻게 하겠는가?**

① 이번에는 조용히 넘어가고 B대리에게 다음부터는 그렇게 하지 말라고 말한다.

② 후임에게 참아야 한다고 말한다.

③ B대리와 후임을 모두 불러 이야기한다.

④ 상사에게 그대로 보고한다.

96 **A사원은 입맛이 까다로운 편이다. 얼마 전 A사원이 입사한 회사는 전반적으로 맘에 들지만, B상사가 매일 점심마다 자신이 좋아하지 않는 메뉴를 점심 메뉴로 선택하기 때문에 A사원은 고역을 치르고 있다. 당신이 A사원이라면 어떻게 행동하겠는가?**

① 일상적인 일일지라도 상사의 제안이므로 이를 존중하여 아무 말도 하지 않는다.

② 자신과 비슷한 생각을 하는 동료들을 모아 반대 여론을 조성한다.

③ 상사에게 자신의 심정을 있는 그대로 솔직하게 토로한다.

④ 점심 메뉴를 결정할 때 자신의 선호 메뉴를 적극적으로 주장한다.

97 **A사원은 평소에 회사 내 노조에 대해 부정적으로 생각하는 것은 아니지만, 딱히 노조에 대해 필요성을 느끼는 것도 아니다. 그러나 A사원의 입사 선배이자 같은 부서에서 일하는 B가 A사원에게 노조에 가입할 것을 계속해서 권유하고 있다. A사원은 B의 반복적인 노조 가입 권유로 인해 정말 노조 가입을 해야 하는지 고민 중인 상황이다. 당신이 A사원이라면 어떻게 하겠는가?**

① 노조에 가입할 생각이 없음을 밝히고, 정중히 권유를 거절한다.

② 선배의 권유에 따라 노조에 가입은 하고, 별도의 활동은 하지 않는다.

③ 노조에 대한 부정적인 여론을 만들어 노조 가입 권유를 다시는 할 수 없게 만든다.

④ 회사 측에 노조 가입을 권유하는 사실이 있음을 밝히고, 조정을 부탁한다.

98 인사팀에서 일하고 있는 A는 이번 신입사원 공개 채용에서 면접관으로 참여하게 되었다. 면접에 응시한 지원자 S에 대해 채점을 하는 도중 A는 인사팀 상사인 P가 특정 지원자와 잘 아는 사이라며 부당하게 점수를 매기는 것을 목격했다. 그 결과 능력도 뛰어나고 업무에도 적합해 보이는 지원자 X 대신, S가 근소한 차이로 최종 합격을 하게 되었다. 이런 상황에서 당신이 A라면 어떻게 할 것인가?

① 상사인 P를 찾아가 위 사실을 말하고 협박한다.
② P보다 상사인 T를 찾아가 P가 한 일들을 보고에 대해 말하고 적절한 조치를 취하도록 요구한다.
③ 상사인 P의 뜻이므로 모르는 척 넘어가도록 한다.
④ 지원자 S의 점수를 몰래 바꾸어 놓는다.

99 A대리는 업무를 처리하고 중요한 거래도 성사시킬 겸 지방으로 출장을 왔다. A대리의 출장 기간은 오늘이 마지막이며, 바이어와의 중요한 거래를 남겨두고 있는 상황이다. 그러나 기존에 만나기로 약속했던 바이어가 갑작스럽게 일이 생겨서 만나지 못할 것 같다며 약속을 다음으로 연기하자고 한다. 당신이 A대리라면 어떻게 행동할 것인가?

① 일단 회사에 복귀한 후 업무를 진행시킬 다른 방법을 찾는다.
② 바이어를 찾아가서라도 무조건 오늘 거래를 성사시키도록 한다.
③ 상사에게 상황의 불합리성을 설명하고 이 바이어와 거래하지 않도록 한다.
④ 어쩔 수 없으니 기다렸다가 바이어를 만나서 일을 처리한다.

PART 6

100 A사원은 부서에서 오랫동안 준비해왔던 프로젝트의 발표를 맡게 되었다. A사원은 누구보다 열심히 발표를 준비했으나 발표를 앞둔 바로 전날, 컴퓨터 고장으로 인해 준비한 프레젠테이션 파일이 사라졌다. 다른 자료를 사용하여 발표를 진행할 수 있겠지만 준비했던 프레젠테이션 파일을 사용하는 것에 비해 많이 엉성할 것이다. 당신이 A사원이라면 어떻게 행동할 것인가?

① 밤을 새워서라도 프레젠테이션 파일을 다시 만들어서 발표한다.
② 발표를 연기한 뒤에 다시 발표 준비를 시작한다.
③ 그동안 발표를 자주 해본 선배에게 도움을 요청하여 대신 발표하도록 한다.
④ 시간이 없으니 남아 있는 자료로 발표를 진행한다.

제2회 최종점검 모의고사

모바일 OMR
답안채점 / 성적분석
서비스

☑ 응시시간 : 90분　☑ 문항 수 : 100문항　정답 및 해설 p.066

※ 상황판단 영역(81~100번)은 정답을 제공하지 않으니 참고하기 바랍니다.

※ 다음 중 나머지 셋과 다른 것을 고르시오. [1~2]

01
① pear　② plum
③ peach　④ flea

02
① poem　② novel
③ essay　④ chemistry

※ 다음 중 제시된 단어와 반대되는 의미를 가진 것을 고르시오. [3~5]

03

lack

① rack　② stack
③ abundance　④ allowance

04

appear

① vanish　② remain
③ contain　④ require

05

obvious

① distinct
② unclear
③ certain
④ conservative

※ 다음 제시된 단어와 같거나 비슷한 뜻을 가진 것을 고르시오. **[6~8]**

06

quick

① fast
② poor
③ simple
④ sudden

07

practical

① worthless
② useful
③ actual
④ certain

08

convince

① persuade
② decline
③ deliberate
④ dispose

09 다음 중 제시된 단어의 의미로 가장 적절한 것은?

overseas

① 수평의
② 해외의
③ 내부의
④ 도시의

※ 다음 중 빈칸에 들어갈 단어로 가장 적절한 것을 고르시오. **[10~11]**

10

A classic stereotype is that men are better at math than women, but there has been little __________ evidence to explain this.

① simultaneous
② suspicious
③ unstable
④ solid

11

Many people in southern India have dark skins, but scientists have been __________ to classify them with black Africans because of their Caucasoid facial features and hair forms.

① reluctant
② welcome
③ diffident
④ willing

12 다음 글에서 설명하는 직업으로 옳은 것은?

She is a very important person in the airplane. She helps to make the passengers comfortable. She has pillows, blankets and newspapers for the people who wish to use them. She visits the passengers and points out interesting places over which the plane is flying.

① 간호사
② 비행사
③ 스튜어디스
④ 의사

13 다음 중 글의 분위기를 나타낸 것은?

It was wonderful party. The hall was filled with guests. They all smiled brightly, and danced with each other to the delightful music.

① fear
② lonely
③ exciting
④ misery

14 다음 밑줄 친 우리말을 바르게 영작한 것은?

> A : Wasn't it hot the day before yesterday?
> B : 아니요, 매우 더웠습니다.

① No, it was very hot.
② Yes, it was very cold.
③ Yes, it was very hot.
④ No, it was very cold.

15 다음 대화에서 빈칸에 들어갈 말로 가장 적절한 것은?

> A : Let's go swimming. What do you say?
> B : ____________________.

① I'm glad you like it
② That sounds good
③ That's too bad
④ I don't mean it

PART 6

16 다음 중 36^5을 나눌 수 있는 수는?

① 121　　② 144
③ 169　　④ 225

17 다음 빈칸에 들어갈 값으로 옳은 것은?

> 2.5m+3,250mm=(　　　　)cm

① 5.75　　② 575
③ 5,750　　④ 57,500

18 자연수 B로 30을 나누었을 때는 나머지가 0이고, 37을 나누었을 때는 나머지가 2이다. 다음 중 자연수 B는 무엇인가?

① 5 ② 6
③ 7 ④ 8

19 영채는 배를 타고 길이가 30km인 강을 배를 타고 이동하고자 한다. 강을 거슬러 올라가는 데 걸린 시간이 5시간이고 강물의 흐르는 방향과 같은 방향으로 내려가는데 걸린 시간이 3시간일 때, 흐르지 않는 물에서의 배의 속력은?(단, 배와 강물의 속력은 일정하다)

① 5km/h ② 6.5km/h
③ 8km/h ④ 10km/h

20 S회사의 구내식당에는 국류 5가지, 나물류 4가지, 볶음류 3가지의 메뉴가 있다. 국류, 나물류, 볶음류 중에서 서로 다른 메뉴를 두 개 선택하여 각각 하나씩 고르는 경우의 수는?

① 41가지 ② 43가지
③ 45가지 ④ 47가지

21 빨간색 카드에 숫자 2, 3, 4가 쓰여 있고 흰색 카드에는 숫자 1, 7, 9가 적혀 있다. 빨간색은 1번, 흰색은 2번을 임의로 선택한 숫자로 3자리 수를 만들 때, 만들 수 있는 가장 큰 수와 가장 작은 수의 차이는 얼마인가?(단, 흰색 카드는 한 장씩 뽑으며, 뽑은 카드는 다시 넣는다)

① 662　② 750
③ 880　④ 882

22 연속하는 세 자연수의 합이 123이라고 할 때, 이 중 가장 큰 자연수는?

① 41　② 42
③ 43　④ 44

PART 6

23 S사 직원들의 여자 사원과 남자 사원의 비율은 6 : 4이고, 여자 사원 중 운동을 좋아하는 비율은 25%, 남자 사원 중 운동을 좋아하는 비율은 85%라고 한다. 전체 직원 중에서 운동을 좋아하는 비율은 몇 %인가?

① 42%　② 45%
③ 48%　④ 49%

24 대리 혼자서 프로젝트를 진행하면 16일이 걸리고 사원 혼자 진행하면 48일이 걸릴 때, 두 사람이 함께 프로젝트를 진행하는 데 소요되는 기간은?

① 12일 ② 13일
③ 14일 ④ 15일

25 서로 맞물려 도는 두 톱니바퀴 A, B가 있다. A의 톱니의 수는 18개, B의 톱니의 수는 15개일 때, 두 톱니바퀴가 같은 톱니에서 다시 맞물리려면 톱니바퀴 B는 최소 몇 바퀴를 회전해야 하는가?

① 3바퀴 ② 4바퀴
③ 5바퀴 ④ 6바퀴

26 농도가 10%인 소금물 200g에 농도가 15%인 소금물과 섞어서 농도 13%인 소금물을 만들려고 한다. 이때, 농도가 15%인 소금물은 몇 g이 필요한가?

① 150g ② 200g
③ 250g ④ 300g

27 식염 75g을 몇 g의 물에 넣어야 농도 15%의 식염수가 되겠는가?

① 350g ② 375g

③ 400g ④ 425g

28 가영, 태림, 규현, 한일이는 모두 초등학교 학생이다. 1년에 1번 보는 수행 평가에서 가영이는 30점을, 태림이는 40점을, 한일은 45점을 맞았다. 50점 만점에 4명의 평균점수가 40점이었을 때, 규현이는 몇 점인가?

① 30점 ② 35점

③ 40점 ④ 45점

PART 6

29 두 자연수 a, b에 대하여 a가 짝수일 확률은 $\frac{2}{3}$, b가 짝수일 확률은 $\frac{3}{5}$이다. 이때 a와 b의 곱이 짝수일 확률은?

① $\frac{11}{15}$ ② $\frac{4}{5}$

③ $\frac{13}{15}$ ④ $\frac{14}{15}$

30 A씨는 행사용으로 제작한 달력을 준비된 박스에 포장하여 거래처로 배송하려 한다. 박스 하나당 4개의 달력을 넣으면 마지막 박스에는 2개의 달력이 들어가고, 박스 하나당 10개의 달력을 넣으면 2개의 박스가 남는다. 다음 중 A씨가 준비한 박스는 모두 몇 개인가?

① 2개
② 3개
③ 5개
④ 8개

31 한자의 우리말 독음이 나머지와 다른 것은?

① 區
② 具
③ 究
④ 宮

32 다음 밑줄 친 단어의 한자표기가 아닌 것은?

건강을 위해 즐길 수 있는 운동으로는 <u>축구, 야구, 수영, 농구, 체조</u> 등이 있다.

① 蹴球
② 野球
③ 水泳
④ 卓球

33 다음 명제를 읽고 〈보기〉가 항상 참이면 ①, 거짓이면 ②, 알 수 없으면 ③을 고르면?

- A, B, C, D 4명은 컴퓨터 활용능력시험에 응시했다.
- 1, 2, 3급에 각각 1명, 2명, 1명이 합격했다.
- A와 B는 다른 급수에 합격했다.
- A와 C는 다른 급수에 합격했다.
- D는 세 사람과 다른 급수에 합격했다.

보기

B는 1급에 합격했다.

① 참 ② 거짓 ③ 알 수 없음

※ 제시문 A를 읽고, 제시문 B가 참인지 거짓인지 혹은 알 수 없는지 고르시오. [34~35]

34

[제시문 A]
- 지혜롭고 욕심이 큰 사람은 청렴을 택한다.
- 청렴을 택하지 않는 사람은 탐욕을 택한다.

[제시문 B]
탐욕을 택하지 않는 사람은 청렴을 택하지 않는다.

① 참 ② 거짓 ③ 알 수 없음

35

[제시문 A]
- 야구를 좋아하는 사람은 여행을 좋아한다.
- 그림을 좋아하는 사람은 독서를 좋아한다.
- 여행을 좋아하지 않는 사람은 독서를 좋아하지 않는다.

[제시문 B]
그림을 좋아하는 사람은 여행을 좋아한다.

① 참 ② 거짓 ③ 알 수 없음

36 **다음 명제가 모두 참일 때, 옳은 것은?**

- 영업을 잘하면 기획을 못한다.
- 편집을 잘하면 영업을 잘한다.
- 디자인을 잘하면 편집을 잘한다.

A : 디자인을 잘하면 기획을 못한다.
B : 편집을 잘하면 기획을 잘한다.

① A만 옳다.
② B만 옳다.
③ A, B 모두 옳다.
④ A, B 모두 틀리다.

※ **다음 명제가 참일 때, 타당한 것을 고르시오. [37~38]**

37

- 달리기를 잘하는 모든 사람은 영어를 잘한다.
- 영어를 잘하는 모든 사람은 부자이다.
- 나는 달리기를 잘한다.

① 부자는 반드시 영어를 잘한다.
② 부자는 반드시 달리기를 잘한다.
③ 나는 부자이다.
④ 영어를 잘하는 사람은 반드시 달리기를 잘한다.

38

- 고기를 좋아하는 사람은 소시지를 좋아한다.
- 우유를 좋아하는 사람은 치즈를 좋아한다.
- 과일을 좋아하는 사람은 소시지를 좋아하지 않는다.
- 소를 좋아하는 사람은 치즈와 소시지를 좋아하지 않는다.

① 고기를 좋아하는 사람은 과일을 좋아한다.
② 고기를 좋아하는 사람은 우유를 좋아한다.
③ 소를 좋아하는 사람은 고기와 우유를 좋아하지 않는다.
④ 소를 좋아하는 사람은 과일과 소시지를 좋아한다.

※ 다음 제시된 단어의 대응 관계로 볼 때, 빈칸에 들어가기에 적절한 것을 고르시오. [39~41]

39

풀 : 접착 = (   ) : 연주

① 노래 ② 감상
③ 감명 ④ 악기

40

가끔 : 이따금 = (   ) : 죽다

① 숨지다 ② 살다
③ 맞다 ④ 날다

41

상승 : 하강 = 질서 : (   )

① 규칙 ② 약속
③ 혼돈 ④ 예절

※ 다음 제시된 단어의 대응 관계로 볼 때, 빈칸에 들어가기에 적절한 단어끼리 짝지어진 것을 고르시오. [42~43]

42

(   ) : 옥수수 = 샛별 : (   )

① 수수, 행성 ② 강냉이, 금성
③ 감자, 행성 ④ 감자, 우주

43

네덜란드 : (   ) = (   ) : 에펠탑

① 유럽, 파리 ② 풍차, 프랑스
③ 풍력, 에너지 ④ 국가, 건물

※ 다음 명제가 모두 참일 때, 빈칸에 들어갈 내용으로 가장 적절한 것을 고르시오. [44~45]

44

- 어휘력이 좋지 않으면 책을 많이 읽지 않은 것이다.
- 글쓰기 능력이 좋지 않으면 어휘력이 좋지 않은 것이다.
- ____________________

① 책을 많이 읽지 않으면 어휘력이 좋지 않은 것이다.
② 글쓰기 능력이 좋으면 어휘력이 좋은 것이다.
③ 어휘력이 좋지 않으면 글쓰기 능력이 좋지 않은 것이다.
④ 글쓰기 능력이 좋지 않으면 책을 많이 읽지 않은 것이다.

45

- 허리에 통증이 심하면 나쁜 자세로 공부했다는 것이다.
- 공부를 오래 하면 성적이 올라간다.
- ____________________
- 성적이 떨어졌다는 것은 나쁜 자세로 공부했다는 것이다.

① 성적이 올라갔다는 것은 좋은 자세로 공부했다는 것이다.
② 좋은 자세로 공부한다고 해도 허리의 통증은 그대로이다.
③ 성적이 떨어졌다는 것은 공부를 별로 하지 않았다는 증거다.
④ 허리에 통증이 약하면 공부를 오래 할 수 있다.

※ 다음 문장을 논리적 순서대로 바르게 나열한 것을 고르시오. [46~47]

46

(가) 보통 라면은 일본에서 유래된 것으로 알려졌다. 그러나 우리가 좋아하는 라면과 일본의 라멘은 다르다. 일본의 라멘은 하나의 '요리'로서 위치하고 있으며, 처음에 인스턴트 라면이 발명된 것은 라멘을 휴대하고 다니면서 어떻게 하면 쉽게 먹을 수 있을까 하는 발상에서 기인한다. 그러나 한국의 라면은 그렇지 않다.

(나) 일본의 라멘이 고기 육수를 통한 맛을 추구한다면, 한국의 인스턴트 라면에서 가장 중요한 특징은 '매운맛'이다. 한국의 라면은 매운맛을 좋아하는 한국 소비자의 입맛에 맞춰 변화되었다.

(다) 이렇게 한국의 라면이 일본 라멘과 전혀 다른 모습을 보이면서, 라멘과 한국의 라면은 독자적인 영역을 만들어내기 시작했고, 당연히 해외에서도 한국의 라면은 라멘과 달리 나름대로 마니아층을 만들어내고 있다.

(라) 한국의 라면은 요리라기보다는 일종의 간식으로서 취급되며, '일본 라멘의 간소화'로 인스턴트 라면과는 그 맛도 다르다. 이는 일본의 라멘이 어떠한 맛을 추구하고 있는지에 대해서 생각해 보면 알 수 있다.

① (가) – (라) – (다) – (나)
② (가) – (라) – (나) – (다)
③ (라) – (가) – (다) – (나)
④ (라) – (가) – (나) – (다)

47

(가) 새 술은 새 부대에 담아야 하듯이, 낯선 세계는 낯선 표현 방식을 통해 더욱 잘 드러낼 수 있다.

(나) 시에는 주관적이고 낯선 이미지들이, 철학책에는 이해하기 힘든 추상적 용어들이 산재해 있기 때문이다.

(다) 우리의 친숙한 삶에 '느낌'과 '위험'으로 충만한 낯선 세계를 불러들인다는 점에서 시와 철학은 동일한 역할을 수행한다고 볼 수 있는 것이다.

(라) 그러나 이것은 시인과 철학자가 친숙한 세계가 아니라 원초적으로 낯선 세계를 표현하고 있기 때문에 발생한 현상이다.

(마) 시집이나 철학책은 다른 장르의 글들보다 상대적으로 이해하기 어렵다.

① (가) – (나) – (다) – (마) – (라)
② (가) – (다) – (나) – (라) – (마)
③ (마) – (나) – (라) – (가) – (다)
④ (마) – (나) – (라) – (다) – (가)

PART 6

48 다음 밑줄 친 단어 중 어법상 옳지 않은 것은?

> 매년 3월 22일을 세계 물의 날로 인구와 경제 활동의 증가로 수질이 오염되고 먹는 물이 부족해지자 UN이 경각심을 ㉠ 일깨우기 위해 지정한 날이다. 우리나라의 상수도 보급현황은 매우 우수한 편으로 매년 상승하고 있으나, 해가 갈수록 1인당 물 ㉡ 사용량도 늘어나고 있다. 우리나라 수자원량은 '물 스트레스' 국가로 주기적인 물 압박 경험이 있는 수준에 해당된다. 물은 아낄 필요가 있으며, 생활 속에서도 물을 절약하기 위한 여러 방법이 있고 다음과 같은 캠페인도 진행하고 있다.
> • 사용 후 ㉢ 수도꼭지는 꼭 ㉣ 잠궈 주세요.
> • 절수용 샤워기를 사용해 주세요.
> • 레버를 잠그고 양치질을 해 주세요.
> • 설거지 할 때는 설거지통을 사용해 주세요.

① ㉠
② ㉡
③ ㉢
④ ㉣

※ 다음 글의 주제로 가장 적절한 것을 고르시오. [49~50]

49

> '있어빌리티'는 '있어 보인다.'와 능력을 뜻하는 영어단어 'Ability'를 합쳐 만든 신조어로, 실상은 별거 없지만, 사진이나 영상을 통해 뭔가 있어 보이게 자신을 잘 포장하는 능력을 의미한다. 이처럼 있어빌리티는 허세, 과시욕 등의 부정적인 단어와 함께 사용되어 왔다. 그러나 기업과 마케팅 전문가들은 있어빌리티를 중요한 마케팅 포인트로 생각하고, 있어 보이고 싶은 소비자의 심리를 겨냥해 마케팅 전략을 세운다. 있어 보이기 위한 연출에는 다른 사람이 사용하는 것과는 다른 특별한 상품이 필요하기 때문이다. 과거에는 판매하는 제품이나 서비스가 얼마나 괜찮은지를 강조하기 위한 홍보 전략이 성행했다면, 최근에는 특정 상품을 구매하고 서비스를 이용하는 소비자가 얼마나 특별한지에 대해 강조하는 방식이 많다. VIP 마케팅 또한 있어빌리티를 추구하는 소비자들을 위한 마케팅 전략이다. VIP에 속한다는 것 자체가 자신이 특별한 사람이라는 것을 증명하기 때문이다.

① 자기 과시의 원인
② 자기표현의 중요성
③ 자기 과시 욕구의 문제점
④ 자기 과시를 활용한 마케팅 전략

50

> 임신 중 고지방식 섭취가 태어날 자식의 생식기에서 종양의 발생 가능성을 높일 수 있다는 것이 밝혀졌다. 이 결과는 임신한 암쥐 261마리 중 130마리의 암쥐에게는 고지방식을, 131마리의 암쥐에게는 저지방식을 제공한 연구를 통해 얻었다. 실험 결과, 고지방식을 섭취한 암쥐에게서 태어난 새끼 가운데 54%가 생식기에 종양이 생겼지만 저지방식을 섭취한 암쥐가 낳은 새끼 중에서 그러한 종양이 생긴 것은 21%였다.
>
> 한편, 사지 중 하나 이상의 절단 수술이 심장병으로 사망할 가능성을 증가시킬 수 있다는 것이 밝혀졌다. 이것은 제2차 세계대전 중에 부상을 당한 9,000명의 군인에 대한 진료 기록을 조사한 결과이다. 이들 중 4,000명은 사지 중 하나 이상의 절단 수술을 받은 사람이었고, 5,000명은 사지 절단 수술을 받지 않았지만 중상을 입은 사람이었다. 이들에 대한 기록을 추적 조사한 결과, 사지 중 하나 이상의 절단 수술을 받은 사람이 심장병으로 사망한 비율은 그렇지 않은 사람의 1.5배였다. 즉, 사지 중 하나 이상의 절단 수술을 받은 사람 중 600명은 심장병으로 사망하였고, 그렇지 않은 사람 중 500명이 심장병으로 사망하였다.

① 발생 부위에 따른 뇌종양 증상
② 염색체 이상 유전병의 위험을 높이는 요인
③ 절단 수술과 종양의 상관관계
④ 의외의 질병 원인과 질병 사이의 상관관계

PART 6

51 **다음 빈칸에 들어갈 내용으로 가장 적절한 것은?**

> 힐링(Healing)은 사회적 압박과 스트레스 등으로 손상된 몸과 마음을 치유하는 방법을 포괄적으로 일컫는 말이다. 우리보다 먼저 힐링이 정착된 서구에서는 질병 치유의 대체 요법 또는 영적#심리적 치료 요법 등을 지칭하고 있다. 국내에서도 최근 힐링과 관련된 갖가지 상품이 유행하고 있다. 간단한 인터넷 검색을 통해 수천 가지의 상품을 확인할 수 있을 정도다. 종교적 명상, 자연 요법, 운동 요법 등 다양한 형태의 힐링 상품이 존재한다. 심지어 고가의 힐링 여행이나 힐링 주택 등의 상품도 나오고 있다. 그러나 ____________________ 우선 명상이나 기도 등을 통해 내면에 눈뜨고, 필라테스나 요가를 통해 육체적 건강을 회복하여 자신감을 얻는 것부터 출발할 수 있다.

① 힐링이 먼저 정착된 서구의 힐링 상품들을 참고해야 할 것이다.
② 많은 돈을 들이지 않고서도 쉽게 할 수 있는 일부터 찾는 것이 좋을 것이다.
③ 이러한 상품들의 값이 터무니없이 비싸다고 느껴지지는 않을 것이다.
④ 자신을 진정으로 사랑하는 법을 알아야 할 것이다.

52 다음 글의 내용으로 적절하지 않은 것은?

최근 광화문광장 국제설계공모에서 'Deep Surface(과거와 미래를 깨우다.)'가 최종 선정되었다. 당선작의 공간구상을 살펴보면, 지상은 '비움', 지하는 '채움'으로 구성된다. 지상광장은 질서 없는 구조물의 배치를 정리해 경복궁과 그 뒤 북악산의 원경을 광장 어디서든 막힘없이 볼 수 있게 하고, 다양한 이벤트가 열릴 수 있도록 비움의 공간으로 조성될 예정이다. 지하광장은 휴식, 문화, 교육, 체험 공간으로 채워진다. 지상광장 바닥에는 종묘마당의 박석포장과 다양한 모양과 크기의 원형 패턴을 적용하고, 일부 바닥표면에는 조명을 설치해 독특한 야간경관을 연출한다. 지상광장은 지하에 자연광을 유도할 수 있게 해주는 선큰공간을 통해 지하로 연결된다. 선큰공간의 방문객들은 북악산의 녹음과 광화문의 전경을 바라보며 자연스럽게 역사광장과 만나게 된다. 광장과 맞닿아 있는 주변 건물도 광장의 일부분이 된다. 광장과 건축물 사이에 테라스, 바닥분수, 미니공원 등이 다양하게 조성되고 건물 외벽 등을 활용해 독창적인 경관을 연출한다.
국제설계공모 당선자에게는 기본 및 실시 설계권이 주어진다. 서울시는 당선자와 설계범위 등에 대해 구체적으로 협의한 뒤 2월 중 설계 계약을 체결하여 연내 설계를 마무리하고 내년 초 공사에 들어가 내년 말 준공할 계획이다. 이 계획은 새로운 광화문광장의 밑그림으로, 2월 당선자와 계약을 체결한 후 본격적으로 지역주민과 시민들의 의견을 수렴하여 계획을 구체화해 나갈 예정이다.

① 광화문광장의 지상과 지하공간은 대조적 방식으로 구성될 예정이다.
② 광화문광장 주변의 건물을 제거하여 광장의 경관을 돋보이게 할 예정이다.
③ 광화문광장의 공사는 공모전의 당선작과 시민들의 의견을 고려하여 진행될 예정이다.
④ 선큰공간을 통해 방문객들은 지하에서부터 자연스럽게 광장의 경관을 접할 수 있게 될 예정이다.

※ 다음 제시된 도형의 규칙을 보고 물음표에 들어갈 도형으로 적절한 것을 고르시오. [53~55]

53

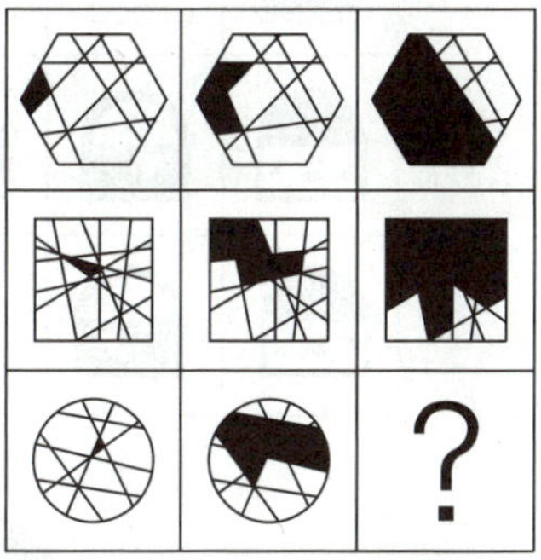

① 

② 

③ 

④ 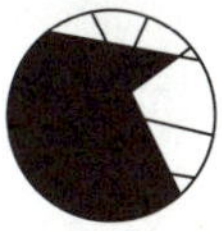

54

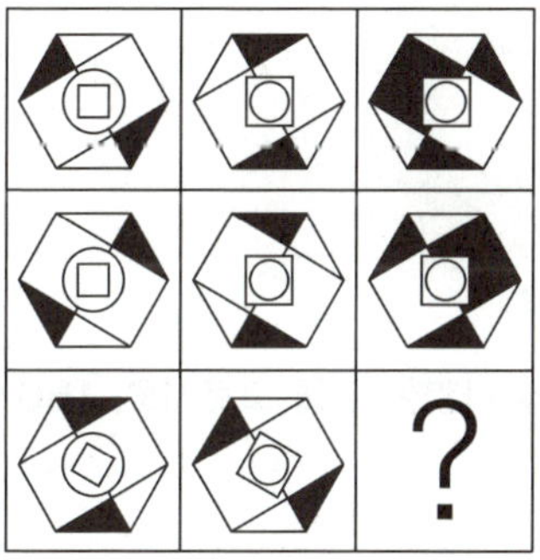

① 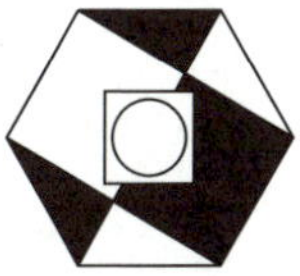

② 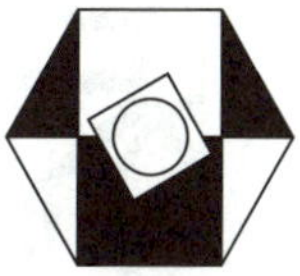

③ 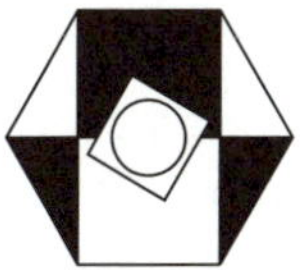

④ 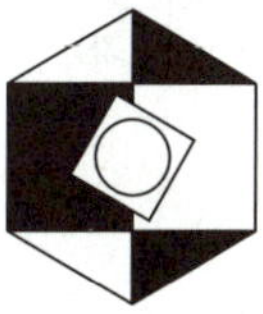

55

①

②

③

④

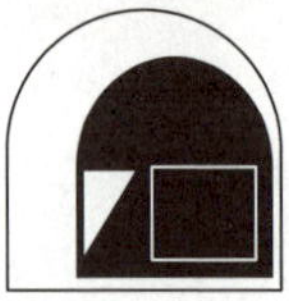

※ 다음 그림을 순서대로 바르게 나열한 것을 고르시오. [56~57]

56

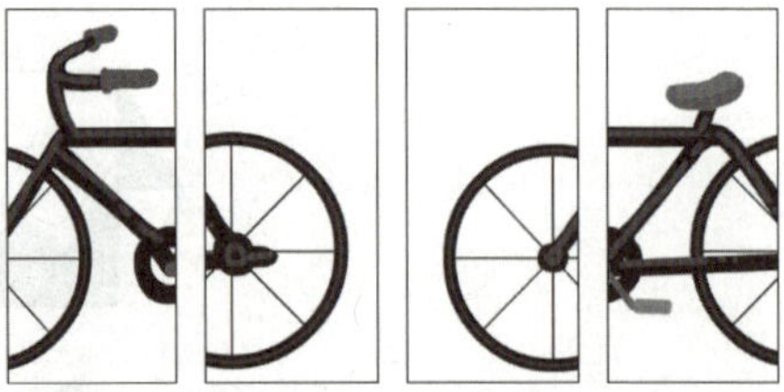

(가) (나) (다) (라)

① (다) – (나) – (가) – (라)
② (라) – (가) – (다) – (나)
③ (나) – (가) – (라) – (다)
④ (다) – (가) – (라) – (나)

57

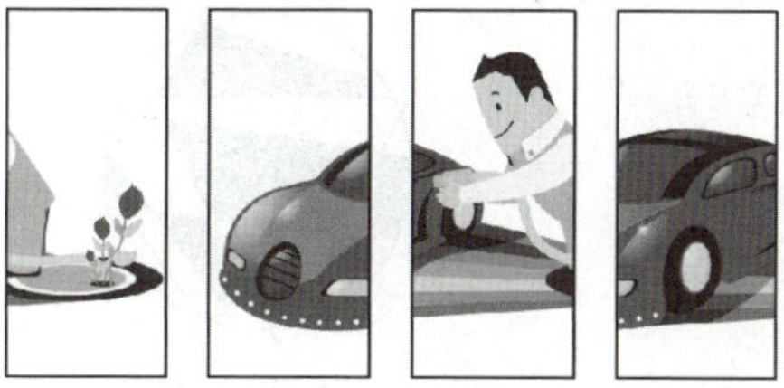

(가) (나) (다) (라)

① (가) – (라) – (다) – (나)
② (라) – (나) – (다) – (가)
③ (나) – (라) – (가) – (다)
④ (나) – (라) – (다) – (가)

※ 다음 중 제시된 도형과 같은 것을 고르시오(단, 도형은 회전이 가능하다). **[58~60]**

58

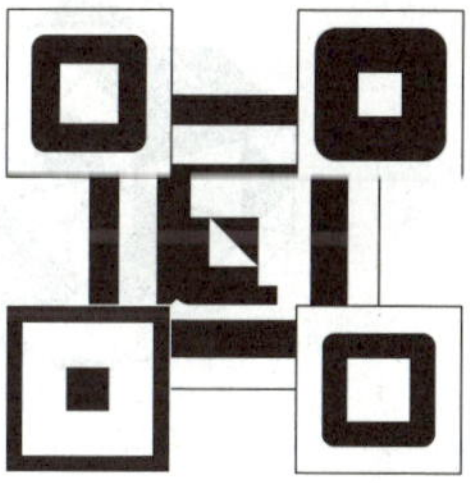

①
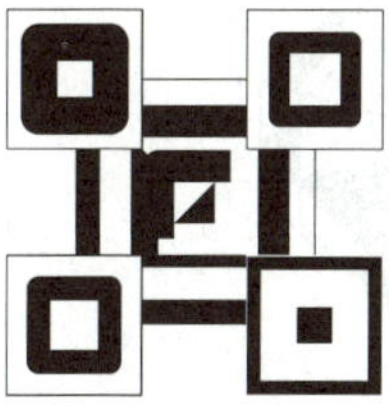

②

③

④

59

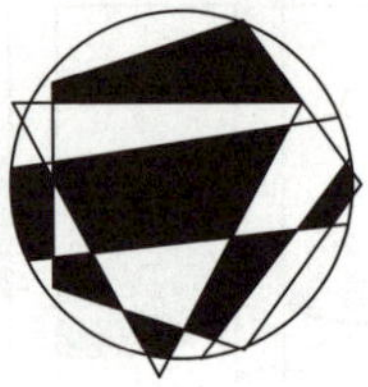

①

②

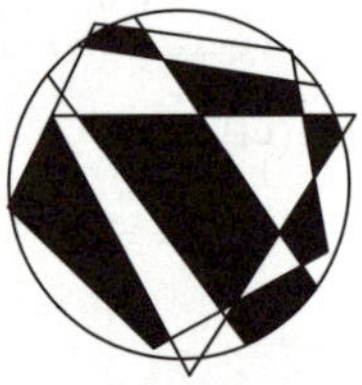

③

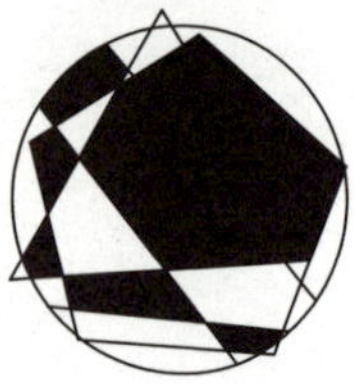

④

60

①

②

③

④

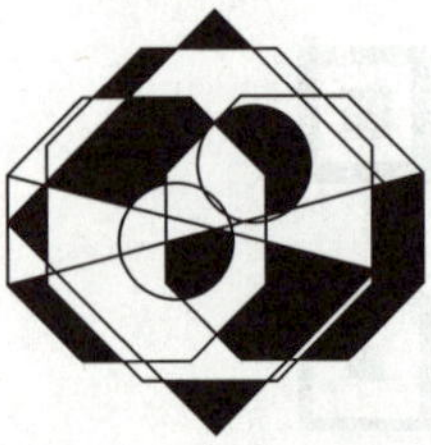

※ 다음 전개도로 정육면체를 만들 때, 만들어질 수 없는 것을 고르시오. **[61~62]**

61

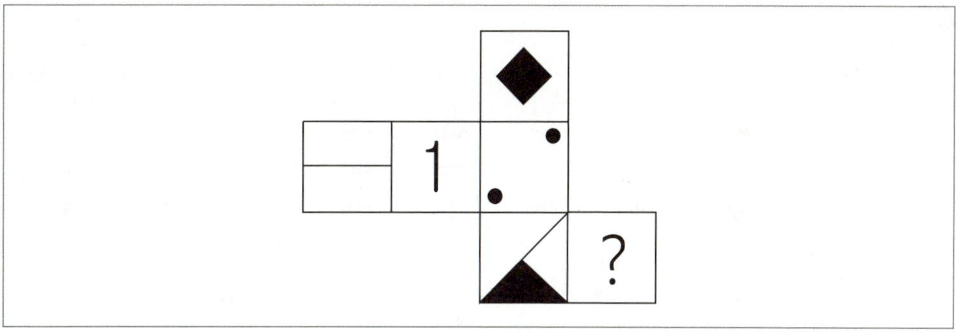

① 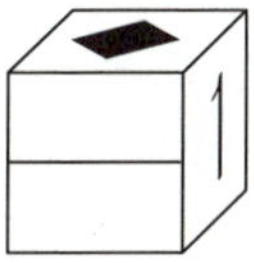

② 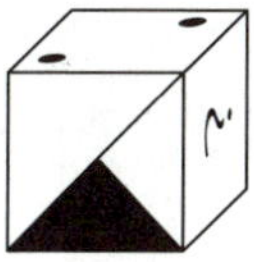

③ 

④ 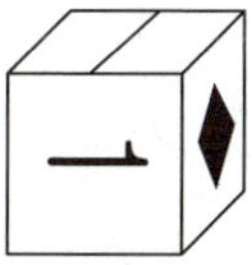

62

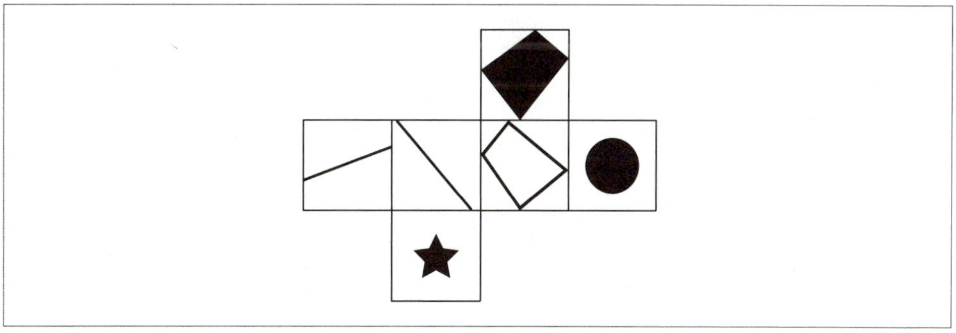

① 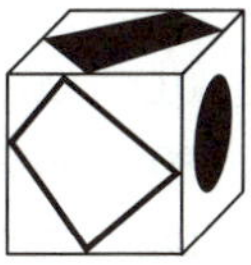

② 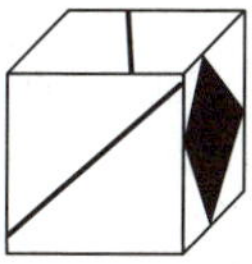

③ 

④ 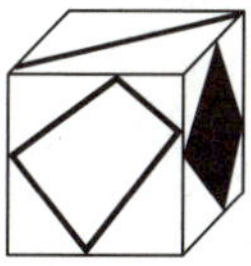

※ 다음 표에 제시된 수 또는 문자와 같은 것의 개수를 고르시오. **[63~67]**

63

천재

천지	천시	천세	천자	천채	친지	친채	전재	잔재	전세
천세	천재	전재	전세	천자	친재	잔재	전세	천재	잔재
친지	천민	전세	친지	천재	천자	친지	천세	잔재	천채

① 3개 ② 4개
③ 5개 ④ 6개

64

國

圖	四	圓	口	國	曰	日	匚	書	區	匚	四
日	匚	國	圓	口	四	圓	圖	圓	四	圓	曰
國	圓	圖	曰	日	匚	書	圖	四	圓	圖	四
四	圓	口	國	曰	日	匚	圖	書	區	四	匚

① 3개 ② 4개
③ 5개 ④ 6개

65

589

610	587	331	356	408	631	602	90	635	301	201	101
220	730	196	589	600	589	306	102	37	580	669	89
58	796	589	633	580	710	635	663	578	598	895	598
310	566	899	588	769	586	486	789	987	169	323	115

① 1개 ② 2개
③ 3개 ④ 4개

66

♨

▩	▦	☎	♨	▨	▥	▩	▤	☎	▦	▧	▨
▩	♨	▦	☎	▦	▧	▩	▤	☎	♡	♠	▤
▩	▦	☎	▦	▧	▨	▥	▩	▤	☎	♡	♠
▦	☎	▦	▧	▨	♨	▦	▧	▨	▥	▩	▤

① 2개　② 3개
③ 4개　④ 5개

67

818

610	331	601	838	811	818	848	688	881	918	998	518
306	102	37	98	81	881	668	618	718	993	523	609
109	562	640	718	266	891	871	221	105	691	860	216
881	913	571	130	164	471	848	946	220	155	676	819

① 1개　② 2개
③ 3개　④ 4개

※ 다음 표에 제시되지 않은 수 또는 문자를 고르시오. **[68~70]**

68

㎤	㎞	㎝	㎝	㎞	㎦	㎤	㎦	㎝	㎝	㎤	㎤
㎤	㎢	㎞	㎝	㎤	㎢	㎝	㎝	㎞	㎤	㎢	㎦
㎦	㎦	㎤	㎤	㎣	㎢	㎞	㎟	㎝	㎜	㎟	㎡
㎞	㎝	㎟	㎢	㎣	㎦	㎤	㎤	㎝	㎢	㎤	㎦

① ㎝　② ㎞
③ ㎠　④ ㎤

69

0.24	0.63	0.52	0.16	0.27	0.73	0.93	0.12	0.21	0.46	0.72	0.25
0.61	0.14	0.35	0.83	0.88	0.92	0.51	0.78	0.44	0.74	0.03	0.57
0.16	0.03	0.46	0.52	0.63	0.25	0.44	0.27	0.35	0.12	0.93	0.51
0.83	0.61	0.24	0.57	0.72	0.92	0.73	0.88	0.21	0.78	0.74	0.14

① 0.63 ② 0.21

③ 0.61 ④ 0.54

70

ㄲ	ㅛ	ㅃ	ㅣ	ㅍ	ㅎ	ㅠ	ㅋ	ㅉ	ㄸ	ㅗ	ㅊ
ㅌ	ㅇ	ㄹ	ㅟ	ㅂ	ㅘ	ㅅ	ㅁ	ㅒ	ㅑ	ㅈ	ㄱ
ㅊ	ㅠ	ㅂ	ㄲ	ㅉ	ㅅ	ㅒ	ㅊ	ㅃ	ㅇ	ㅍ	ㅑ
ㅛ	ㄹ	ㅣ	ㅗ	ㅎ	ㅟ	ㅈ	ㅋ	ㄱ	ㅘ	ㅁ	ㄸ

① ㅃ ② ㅍ

③ ㅠ ④ ㅝ

※ 다음 중 제시된 변환규칙과 일치하는 것을 고르시오. [71~72]

71

⊂⊃∪∩ → ☆●○★

① ∩⊂∪⊃ → ★☆●○
② ∪⊂∩⊃ → ○☆★●
③ ⊂∪⊃∩ → ☆●○★
④ ⊃∩∪⊂ → ●★☆○

72

큐켜켸캬쿄 → 뉴녀녜냐뇨

① 켜켸캬큐쿄 → 녀녜냐뇨뉴
② 켸켜쿄큐캬 → 녜녀뇨뉴냐
③ 쿄캬켸켜큐 → 뇨냐뉴녀녜
④ 캬쿄큐켸켜 → 냐녀뉴녜뇨

73 다음 설명에 해당하는 것은?

> • 우주에 가장 많이 존재하는 원소이다.
> • 양성자 1개와 전자 1개로 구성되어 있다.

① 철 ② 수소
③ 질소 ④ 탄소

74 다음 〈보기〉에서 생활 속 물리적 변화와 화학적 변화로 바르게 연결된 것은?

> 보기
> ㄱ. 나무로 가구를 만든다.
> ㄴ. 포도로 포도주스를 만든다.
> ㄷ. 포도를 발효시켜 포도주를 만든다.
> ㄹ. 못이 녹슨다.
> ㅁ. 우유로 치즈를 만든다.

	물리적 변화	화학적 변화
①	ㄱ, ㅁ	ㄴ, ㄷ, ㄹ
②	ㄷ, ㄹ	ㄱ, ㄴ, ㅁ
③	ㄴ, ㄷ, ㄹ	ㄱ, ㅁ
④	ㄱ, ㄴ	ㄷ, ㄹ, ㅁ

75 다음 중 산소(O_2)가 반응물로 참여하는 화학 변화가 아닌 것은?

① 얼음이 녹는다.
② 부탄가스가 연소된다.
③ 철제 농기구가 녹슨다.
④ 깎아놓은 사과가 갈변한다.

76 다음 중 결합 형태가 나머지와 다른 것은?

① CH_4
② C_3H_8
③ $CaCl_2$
④ NH_3

77 다음은 자석이 움직이면서 생긴 자기장 변화로 코일에 전류가 발생하는 실험을 나타낸 것이다. 이와 같은 원리를 이용하는 센서는?

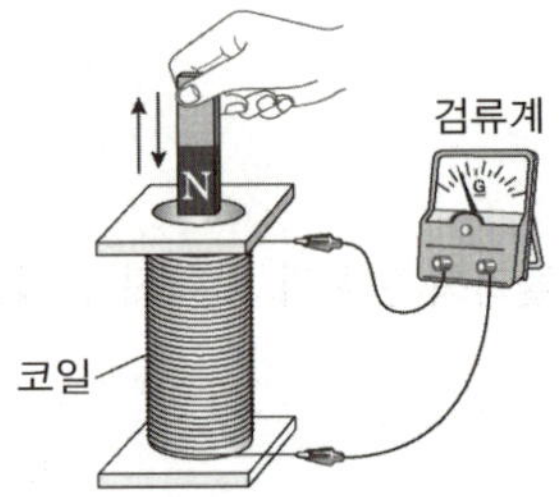

① 광센서
② 가스 센서
③ 이온 센서
④ 전자기 센서

78 다음은 같은 온도에서 세 가지 기체의 평균 속도를 나타낸 것이다. 이 기체들 중 분자량이 가장 작은 것은?

기체	산소	질소	수소	탄소
평균 속도(km/s)	0.48	0.51	1.90	0.62

① 산소
② 질소
③ 수소
④ 탄소

79 다음 중 자동차 에어백에 사용되며 물체의 속도 변화를 감지하는 센서는?

① 온도 센서
② 이온 센서
③ 화학 센서
④ 가속도 센서

80 다음과 같이 수평면 위에 정지해 있는 1kg의 물체에 수평 방향으로 4N과 8N의 힘이 서로 반대 방향으로 작용한다면, 이 물체의 가속도의 크기는?(단, 모든 마찰과 저항은 무시한다)

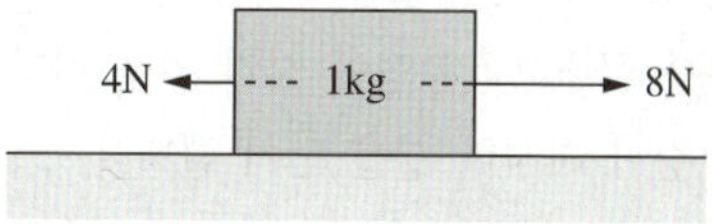

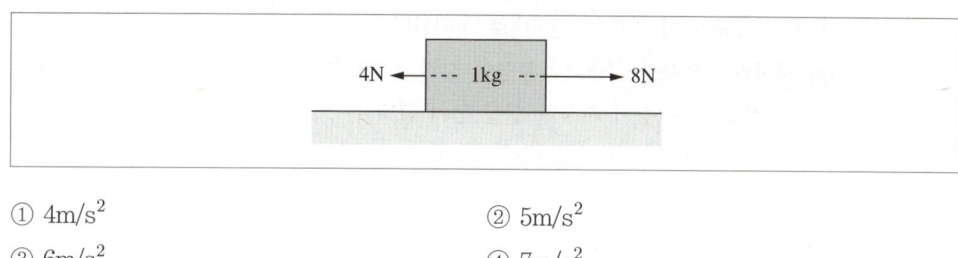

① $4m/s^2$ ② $5m/s^2$
③ $6m/s^2$ ④ $7m/s^2$

81 상반기 공채로 입사한 A사원은 B부서에 배치 받았다. 현재 B부서는 작년 하반기부터 진행해 온 프로젝트로 매우 바빠서 A사원은 아직 주 업무가 확정되지 않은 상태로 출근만 하고 있는 상황이다. 당신이 A사원이라면 어떻게 하겠는가?

① 부서장에게 본인이 할 업무에 대해 지시해줄 것을 요구한다.
② 눈치껏 다른 부서원들의 업무를 도와주며 업무지시를 기다린다.
③ 본인을 찾아 업무를 시킬 때까지 그냥 대기한다.
④ 자신이 할 일을 파악해보고 먼저 시작한다.

82 사원 A와 B는 함께 회사의 중요한 TF팀에서 일정 기간 일하게 되었다. 사원 A와 B는 비슷한 업무 분량을 각각 담당하고 있는데, A사원이 볼 때 B사원으로 인해 업무 진행속도가 떨어지는 것 같다. 당신이 A사원이라면 어떻게 하겠는가?

① 회사 차원의 중요한 업무인 만큼 B사원 업무까지 맡아서 진행한다.
② TF팀장에게 본인이 느낀 바를 솔직하게 말한다.
③ 업무 분담을 한 만큼 본인 업무에만 집중한다.
④ 다른 동료들에게 B사원의 업무태도에 관하여 험담하며 스트레스를 푼다.

83 **A대리는 B과장이 오늘까지 마치라고 지시한 업무를 하고 있었는데, B과장이 없는 사이에 C부장이 찾아와 다른 일을 신속히 해달라고 지시했다. 당신이 A대리라면 어떻게 하겠는가?**

① 업무의 경중을 따져 중요한 순서대로 처리한다.

② 먼저 지시받은 업무를 끝내고 C부장이 시킨 일을 한다.

③ 더 높은 직급인 C부장이 지시한 일을 먼저 끝낸다.

④ 즉시 C부장에게 B과장 지시에 대해 알린다.

84 **A사원과 입사 동기인 B사원은 평소 생각하는 바를 직설적이고 노골적으로 말해 상대를 불쾌하게 할 때가 있다. 다수가 모여 식사하는 자리에서 옆자리에 앉게 된 입사 후배인 C사원이 B사원이 한 말에 상처를 받은 사실을 조용히 A사원에게 털어놓았다. 당신이 A사원이라면 어떻게 하겠는가?**

① C사원의 기분이 풀릴 수 있도록 맞장구를 쳐 준다.

② B사원을 따로 불러 나무란다.

③ 사회 생활을 하다보면 있을 수 있는 일이라며 C사원에게 신경쓰지 말라고 한다.

④ B사원과 단둘이 있을 때 이 상황에 대해 얘기하며 C사원에게 사과를 권유한다.

85 **H사원은 최근에 다른 부서인 F로 이동하게 되었다. 그러나 새로운 F부서는 이전 부서와 달리 업무 분위기가 지나치게 경직되어 있다. 가령 F부서에서 회의를 진행할 때면 U부장의 입김이 너무 세서 사원들은 아이디어를 내기조차 어려운 상황이며 대리들도 사원과 다를 바 없이 U부장의 비위를 맞추기에만 혈안이 되어 있다. 이런 상황에서 당신이 H사원이라면 어떻게 할 것인가?**

① 다른 대리들처럼 U부장의 비위를 맞추기 위해 열심히 아부한다.

② 기존에 일했던 부서로 다시 이동시켜 달라고 요청한다.

③ U부장과 친한, 기존 부서의 E부장을 찾아가 조심스레 경직된 분위기를 쇄신해 달라고 요청한다.

④ F부서의 다른 사원들과 합세하여 U부장을 찾아가 부서의 전체적인 분위기에 대해 토로한다.

86 **V대리에게는 직속 후배인 W사원이 있다. W사원은 명문대 출신으로 업무 능력은 상당히 뛰어나다. 그러나 자신의 뛰어난 업무 능력만을 믿고 상사의 주의를 제대로 듣지 않은 채 제멋대로 업무를 해석하여 처리하는 경우가 있어 문제를 일으킬 때가 종종 있다. 상사로서 V대리는 W사원에 대해 적절히 주의하라고 경고하고 싶은 상황이다. 당신이 V대리라면 어떻게 할 것인가?**

① G부장을 모셔와 W사원이 따끔하게 혼날 수 있도록 한다.
② 개인적인 자리를 빌어 W사원에게 주의하라고 엄격하게 경고한다.
③ W사원이 어디까지 막 나가나 지켜보도록 한다.
④ W사원에게 커피 심부름을 계속시켜서 소심하게 복수한다.

87 **S는 최근에 새로운 R부서의 팀장으로 이동하였다. 그러나 R부서의 사원들은 새롭게 부임한 S팀장보다 부서 실무에 능통한 T대리에 의존하는 상황이다. 게다가 S팀장은 우연한 기회에 R부서의 직원들이 자신이 내린 지시보다 T대리가 내린 지시를 참고하여 업무를 수행하고 있음을 알게 되었다. 이런 상황에서 당신이 S팀장이라면 어떻게 할 것인가?**

① 개인적으로 T대리에게 주의하라고 경고한 뒤에, T대리의 도움을 받아 팀장의 역할을 다한다.
② T대리만 빼놓고 단체 회식을 해서 친목을 다진다.
③ 회의 시간에 R부서 내 사원들을 대상으로 훈계한다.
④ 자신만 없으면 잘 돌아가는 부서이므로 다른 부서로 옮기도록 한다.

88 **A사원은 거래처 Y직원과의 저녁 약속을 앞둔 상황이다. 그러나 R부장이 계속해서 A사원을 포함한 같은 부서의 모든 사원에게 추가 업무 지시를 내리고 있어 거래처 Y직원과의 약속 이전에 맡은 업무를 다 끝낼 수 있을지 불확실한 상황이다. 이런 상황에서 당신이 A사원이라면 어떻게 할 것인가?**

① 거래처 Y직원에게 전화를 걸어 약속을 일단 미루도록 한다.
② 퇴근 시간이 되면 R부장에게 거래처 약속을 들어 퇴근해버린다.
③ 동료에게 양해를 구하고 다음에 동료의 업무를 도와주기로 한다.
④ 거래처 Y직원과의 약속에 조금 늦더라도 맡은 업무는 모두 끝내도록 한다.

89 P대리가 속한 Q회사는 관행상 리베이트가 자주 이루어지는 회사이다. 그러나 얼마 전 정부에서 대대적인 리베이트 단속을 선포함에 따라 당분간 Q회사는 리베이트를 금지하는 등 회사 방침을 수정한 상황이다. 그런데 P대리가 오랫동안 담당해온 중요한 거래처에서 정부 발표나 회사 방침을 모두 무시한 채 리베이트를 요구하고 있다. 이런 상황에서 당신이 P대리라면 어떻게 할 것인가?

① 회사의 방침을 들어 리베이트 요구를 정중하게 거절한다.
② 상사인 B에게 전화를 걸어 도움을 요청한다.
③ 리베이트 요구를 거절하는 대신 거래처에 유리한 조건을 제시한다.
④ 정부 발표를 자세히 말하여 자발적으로 리베이트를 포기하도록 한다.

90 K팀장의 팀은 유난히 회의가 많은 편이다. 게다가 지나치게 길어지는 회의로 인해 어떤 날은 맡은 업무를 끝내기 곤란할 정도이다. 그러나 매일같이 회의가 길어지는 이유는 다름 아닌 농담과 잡담 때문이다. K팀장이 생각하기에는 평소에 사원들끼리 주고받는 농담과 잡담들만 줄인다면 업무에 방해받지 않을 정도로 회의 시간을 줄일 수 있을 것 같다. 이런 상황에서 당신이 K팀장이라면 어떻게 할 것인가?

① 온라인 메신저를 통해 회의를 대신할 것을 제안한다.
② 매일 회의를 진행하지 말고 특정 요일에만 회의를 진행하자고 제안한다.
③ 사무실의 책상 배치를 변경하여 항상 이야기하면서 업무를 처리하도록 한다.
④ 상벌점제를 도입하여 회의 시간에 농담하는 경우 벌점을 매기도록 한다.

91 회사가 최근에 조직개편과 인사이동을 함에 따라 M사원은 기존의 K팀을 떠나 새로운 L팀에 배치되었다. 그러나 M사원이 배치된 L팀은 이전의 K팀과 전혀 다른 업무를 담당하고 있었다. 이에 M사원은 새로이 배치된 L팀의 업무가 적성에 맞지도 않는데다가 업무의 어려움을 겪고 있다. 이런 상황에서 당신이 M사원이라면 어떻게 할 것인가?

① 인사 담당자를 찾아가 새로운 L팀에서 겪는 어려움을 이야기하고 재배치를 요구한다.
② 기존의 업무를 수행하기에 적합한 회사로 이직을 준비한다.
③ 주어진 일은 열심히 하면 익숙해지므로 최선을 다해본다.
④ 일을 망쳐서 또 다른 N팀으로 이동할 수 있도록 한다.

92 어느 날 A사원은 상사인 B부장에게 업무와는 관련이 없는 심부름을 부탁받았다. B부장이 부탁한 물건을 사기 위해 A사원은 가게를 몇 군데나 돌아다녀야 했다. 게다가 회사에서 한참이나 떨어진 가게에서 비로소 물건을 발견했지만, B부장이 말했던 가격보다 훨씬 비싸서 B부장이 준 돈 이외에도 자신의 돈을 보태서 물건을 사야 할 상황이다. 당신이 A사원이라면 어떻게 할 것인가?

① B부장에게 불만을 토로하며 다시는 잔심부름을 시키지 않을 것임을 약속하도록 한다.
② B부장의 책상 위에 영수증과 물건을 덩그러니 놓아둔다.
③ 있었던 일을 사실대로 말하고, 자신이 보탠 만큼의 돈을 다시 받도록 한다.
④ 물건을 사지 말고 그대로 돌아와 B부장에게 물건이 없었다고 거짓말한다.

93 A대리는 평소에 입사 후배인 B사원과 점심을 자주 먹곤 한다. B사원은 A대리를 잘 따르며 업무 성과도 높아서, A대리는 B사원에게 자주 점심을 사주었다. 그러나 이러한 상황이 반복되자 매번 점심을 먹을 때마다 B사원은 절대 돈을 낼 생각이 없어 보인다. A대리가 후배에게 밥을 사주는 것이 싫은 것은 아니지만 매일 B사원의 몫까지 점심값을 내려니 곤란한 것은 사실이다. 당신이 A대리라면 어떻게 하겠는가?

① B사원에게 솔직한 심정을 말하여 문제를 해결해보고자 한다.
② 선배가 후배에게 밥을 얻어먹기는 부끄러우므로 앞으로도 계속해서 밥을 산다.
③ 앞으로는 입사 선배이자 상사인 G과장에게 밥을 얻어먹기로 한다.
④ B사원을 개인적으로 불러 혼을 내고 다시는 밥을 같이 먹지 않는다.

PART 6

94 W사원은 팀에서 아이디어 뱅크로 불릴 정도로 팀 업무와 직결된 수많은 아이디어를 제안하는 편이다. 그러나 상사인 B팀장은 C부장에게 팀 업무를 보고하는 과정에 있어 W사원을 포함한 다른 사원들이 낸 아이디어를 자신이 낸 아이디어처럼 보고하는 경향이 있다. 이런 일이 반복되자 B팀장을 제외한 팀 내의 사원들의 불만이 쌓인 상황이다. 이런 상황에서 당신이 W사원이라면 어떻게 하겠는가?

① 다른 사원들과 따로 자리를 만들어 B팀장의 욕을 한다.
② B팀장이 보는 앞에서 C부장에게 B팀장에 대해 이야기한다.
③ 다른 사원들과 이야기한 뒤에 B팀장에게 조심스레 이야기를 꺼내본다.
④ 회식 자리를 빌어 C부장에게 B팀장에 대해 속상한 점을 고백한다.

95 A사원은 새로운 경력도 쌓고 색다른 경험도 해볼 겸 해외 지사 파견을 고대해왔다. 이를 위해 A사원은 평소에 어학 공부도 열심히 하고, 회사 업무도 최선을 다했다. 그러나 해외 지사 파견자 선정을 앞두고 입사 동기인 B사원이 윗선에 속 보이는 아부를 하는 것이 눈에 거슬린다. A사원이 알기에 B사원은 자신처럼 해외 지사 파견을 위해 어학 공부를 열심히 하거나 별도의 준비를 하지 않은 상황이다. 이런 상황에서 당신이 A사원이라면 어떻게 할 것인가?

① B사원을 따로 불러 단단히 경고한다.

② 회사 업무를 더욱 열심히 해서 경쟁력을 기르도록 한다.

③ 아무도 알아주지 않을 것이기 때문에 어학 공부를 중단한다.

④ B사원처럼 인사과에 찾아가 갖은 아부 작전을 펼친다.

96 회사에 대한 자부심이 상당한 M대리는 회사에 만족하며 회사 생활에 별다른 어려움 없이 승승장구하고 있다. 그러던 어느 날 M대리는 상사인 N부장과 식사를 함께하게 되었다. 상사인 N부장은 회사의 복지 혜택이나 보수에 대한 불만을 늘어놓기 시작했다. N부장은 얼마 후에 있을 인사이동에 대한 권한을 가지고 있는 상사이다. 이런 상황에서 당신이 M대리라면 어떻게 할 것인가?

① N부장이 인사이동 권한을 가지고 있기 때문에 무조건 동의한다.

② 회사를 모욕했으므로 N부장의 말을 정면으로 반박한다.

③ N부장의 기분이 상하지 않을 정도로만 말을 경청하되 지나치게 동의하진 않는다.

④ N부장보다 상사인 K이사를 몰래 찾아가 말한다.

97 D사원이 일하고 있는 팀의 팀장은 B다. 그러던 어느 날 D사원의 팀에 새로운 C팀장이 발령되어 왔다. 새 C팀장은 이전 B팀장의 업무방식을 모조리 바꾸어 팀 운영의 효율성을 높이고자 한다. 그러나 D사원이 보기에는 B팀장의 업무방식이나 C팀장의 업무방식이나 업무효율 면에서 별다른 차이가 없다. 당신이 D사원이라면 어떻게 하겠는가?

① 업무효율에 별 차이가 없으므로 기존 방식을 고수해야겠다고 생각한다.

② 업무효율에 차이가 없는 것을 팀장의 상관에게 보고해야겠다고 생각한다.

③ 팀장이 하는 것이니 그냥 시키는 대로 해야겠다고 생각한다.

④ 나의 새로운 업무방식을 보여줘야겠다고 생각한다.

98 **2년 차 A사원은 자신의 능력에 비해 직무능력이 떨어지는 부서 상관들에게 불만이 쌓여가고 있다. 회식 자리에서 부서 상관인 B가 A사원에게 회사에 대한 불만을 솔직하게 말해보라고 할 때, 당신이 A사원이라면 어떻게 하겠는가?**

① B상관이 물어온 만큼 솔직하게 직무능력에 대해 얘기해본다.
② 회식 자리인 만큼 가벼운 농담으로 응수한다.
③ 술자리에서 할 얘기가 아닌 것 같다고 하며 얼버무린다.
④ 불만보다 만족하고 있는 점을 말하면서 화제를 돌린다.

99 **평소 생선회를 즐기지 않는 신입사원 A는 부서 회식 장소가 주로 횟집으로 정해져 회식에 참석하는 것이 즐겁지 않다. 당신이 A사원이라면 어떻게 하겠는가?**

① 생선회를 싫어한다고 부서원들에게 공개적으로 말한다.
② 부서 회식인 만큼 싫어하는 음식이지만 내색하지 않는다.
③ 횟집에서 회가 아닌 다른 메뉴를 추가적으로 주문한다.
④ 꼭 필요한 회식이 아니라고 판단되면 회식 장소가 횟집일 때 회식에 불참한다.

100 **A사원의 직속상관인 B는 최근 업무상 실수를 저질렀다. B상관은 이 사실을 알고 있는 A사원에게 자신의 실수를 본인의 실수처럼 덮어쓰면 추후 승진 심사 때 보답을 하겠다고 제안했다. 당신이 A사원이라면 어떻게 하겠는가?**

① B상관의 제안을 못 이기는 척 수용한다.
② 즉시 거절한다.
③ 가장 친한 동료와 상의한다.
④ B상관의 제안을 문서화하여 보관한다.

시대에듀

M E M O

PART

7

인성검사

PART 7 인성검사

개인이 업무를 수행하면서 능률적인 성과물을 만들기 위해서는 개인의 능력과 경험 그리고 회사에서의 교육 및 훈련 등이 필요하지만, 개인의 성격이나 성향 역시 중요하다. 여러 직무분석 연구에서 나온 결과들에 따르면, 직무에서의 성공과 관련된 특성들 중 최고 70% 이상이 능력보다는 성격과 관련이 있다고 한다. 따라서 최근 기업들은 인성검사의 비중을 높이고 있는 추세이다.

현재 기업들은 인성검사를 KIRBS(한국행동과학연구소)나 SHR(에스에이치알) 등의 전문기관에 의뢰해서 시행하고 있다. 전문기관에 따라서 인성검사 방법에 차이가 있고, 보안을 위해서 인성검사를 의뢰한 기업을 공개하지 않아 특정 기업의 인성검사를 정확하게 판단할 수 없지만, 지원자들이 후기에 올린 문제를 통해 인성검사 유형을 예상할 수 있다. 본서는 KT그룹의 인성검사와 수검요령 및 검사 시 유의사항에 대해 간략하게 정리하였다. 또한 인성검사 모의연습을 통해 실제 시험 유형을 확인할 수 있도록 하였다.

01 인성검사 수검요령

인성검사는 특별한 수검요령이 없다. 다시 말하면 모범답안이 없고, 정답이 없다는 이야기이다. 국어문제처럼 말의 뜻을 풀이하는 것도 아니다. 굳이 수검요령을 말하자면, 진실하고 솔직한 내 생각이 최고의 답변이라고 할 수 있을 것이다.

인성검사에서 가장 중요한 것은 첫째, 솔직한 답변이다. 지금까지 경험을 통해서 축적한 자신의 생각과 행동을 거짓 없이 솔직하게 기재하는 것이다. 예를 들어, '나는 타인의 물건을 훔치고 싶은 충동을 느껴본 적이 있다.'란 질문에 지원자들은 많은 생각을 하게 된다. 생각해 보라. 유년기에 또는 성인이 되어서도 타인의 물건을 훔치는 일을 저지른 적은 없더라도, 훔치고 싶은 충동은 누구나 조금이라도 느껴보았을 것이다. 그런데 이 질문에 고민을 하는 사람이 간혹 있다. 이 질문에 '예'라고 대답하면 담당 검사관들이 나를 사회적으로 문제가 있는 사람으로 여기지는 않을까 하는 생각에 '아니요'라는 답을 기재하게 된다. 이런 솔직하지 않은 답변이 답변의 신뢰와 솔직함을 나타내는 타당성 척도에 좋지 않은 점수를 주게 된다.

둘째, 일관성 있는 답변이다. 인성검사의 수많은 질문 문항 중에는 비슷한 뜻의 질문이 여러 개 숨어 있는 경우가 많이 있다. 그 질문들은 지원자의 솔직한 답변과 심리적인 상태를 알아보기 위해 내포되어 있는 문항들이다. 예컨대 '나는 유년시절 타인의 물건을 훔친 적이 있다.'라는 질문에 '예'라고 대답했는데, '나는 유년시절 타인의 물건을 훔쳐보고 싶은 충동을 느껴본 적이 있다.'라는 질문에는 '아니요'라는 답을 기재한다면 어떻겠는가. 일관성 없이 '대충 기재하자.'라는 식의 심리적 무성의한 답변이 되거나, 정신적으로 문제가 있는 사람으로 보일 수 있다.

인성검사는 많은 문항을 풀어야 하므로 지원자들은 지루함과 따분함, 반복되는 비슷한 질문에 대한 인내력 상실 등을 경험할 수 있다. 인내를 가지고 솔직한 내 생각을 대답하는 것이 무엇보다 중요한 요령이다.

02 인성검사 시 유의사항

(1) 충분한 휴식으로 불안을 없애고 정서적인 안정을 취한다. 심신이 안정되어야 자신의 마음을 표현할 수 있다.

(2) 생각나는 대로 솔직하게 응답한다. 자신을 너무 과대포장하지도, 너무 비하하지도 마라. 답변을 꾸며서 하면 앞뒤가 맞지 않게끔 구성돼 있어 불리한 평가를 받게 되므로 솔직하게 답하도록 한다.

(3) 검사문항에 대해 지나치게 생각해서는 안 된다. 지나치게 몰두하면 엉뚱한 답변이 나올 수 있으므로 불필요한 생각은 삼간다.

(4) 인성검사는 문항 수가 많기에 자칫 건너뛰거나 다 풀지 못하는 경우가 있는데, 가능한 모든 문항에 답해야 한다. 응답하지 않은 문항이 많을 경우 평가자가 정확한 평가를 내리지 못해 불리한 평가를 내릴 수 있기 때문이다.

03 인성검사 모의연습

※ 인성검사는 정답이 따로 없는 유형의 검사이므로 결과지를 제공하지 않습니다.

유형 1

※ 각 문제에 대해 자신이 동의하는 정도에 따라 '① 전혀 그렇지 않다, ② 그렇지 않다, ③ 그렇다, ④ 매우 그렇다'로 응답하십시오. [1~50]

01

1. 외출할 때 날씨가 좋지 않아도 그다지 신경을 쓰지 않는다.
2. 일을 그르쳤을 때 그 원인을 알아내지 못하면 크게 불안하다.

1. ① ② ③ ④
2. ① ② ③ ④

02

1. 혼자라고 생각한 적은 한 번도 없다.
2. 모르는 사람과 이야기하는 것은 용기가 필요하다.

1. ① ② ③ ④
2. ① ② ③ ④

PART 7

03

> 1. 친구들과 영화를 보고 나서 감상평을 나누는 것을 좋아한다.
> 2. 잘하지 못하더라도 자신의 창의성을 바탕으로 끝까지 해내려 한다.

1. ① ② ③ ④
2. ① ② ③ ④

04

> 1. 내가 노력하는 만큼 상대방도 내게 정성을 보일 것이라 생각한다.
> 2. 남의 생일이나 명절 때 선물을 사러 다니는 일이 귀찮게 느껴진다.

1. ① ② ③ ④
2. ① ② ③ ④

05

> 1. 하나의 취미를 오래 지속하는 편이다.
> 2. 다른 사람들이 하지 못하는 일을 하고 싶다.

1. ① ② ③ ④
2. ① ② ③ ④

06

> 1. 쉽게 싫증을 내는 편이다.
> 2. 집에서 가만히 있으면 기분이 우울해진다.

1. ① ② ③ ④
2. ① ② ③ ④

07

1. 동작이 기민한 편이다.
2. 번잡한 인간관계를 잠시 접어두고 혼자서 여행을 떠나고 싶을 때가 자주 있다.

1. ① ② ③ ④
2. ① ② ③ ④

08

1. 부모님께 불평을 한 적이 한 번도 없다.
2. 지적 호기심이 별로 없고, 감정이 건조한 편이다.

1. ① ② ③ ④
2. ① ② ③ ④

09

1. 다른 사람이 나를 간섭하는 게 싫다.
2. 반대에 부딪혀도 자신의 의견을 끝까지 고집한다.

1. ① ② ③ ④
2. ① ② ③ ④

10

1. 막무가내라는 말을 들을 때가 많다.
2. 일을 할 때는 노력한 만큼 명시적인 결과를 내는 것이 중요하다고 생각한다.

1. ① ② ③ ④
2. ① ② ③ ④

11

> 1. 기다리는 것에 쉽게 짜증을 내는 편이다.
> 2. 지금까지 후회를 하면서 마음을 썩인 적이 거의 없다.

1. ① ② ③ ④
2. ① ② ③ ④

12

> 1. 상대에게 자신의 의견을 잘 주장하지 못한다.
> 2. 다른 사람과 몸을 많이 부딪치는 거친 운동에 도전하는 편이다.

1. ① ② ③ ④
2. ① ② ③ ④

13

> 1. 생소한 것에서 신선한 아름다움을 느끼는 편이다.
> 2. 여행을 가서 새로운 자극을 경험하는 것을 선호한다.

1. ① ② ③ ④
2. ① ② ③ ④

14

> 1. 이유도 없이 다른 사람과 부딪힐 때가 있다.
> 2. 남들이 반대해도 내 생각을 절대 바꾸지 않는다.

1. ① ② ③ ④
2. ① ② ③ ④

15

1. 휴일에도 꼼꼼한 세부 계획을 세우고 보낸다.
2. 어려움에 빠져도 좌절하지 않고 정성스럽게 행동한다.

1. ①	②	③	④
2. ①	②	③	④

16

1. 앞으로의 일을 생각하지 않으면 진정이 되지 않는다.
2. 다소 비관적이어서 좀처럼 결단을 내리지 못하는 경우가 있다.

1. ①	②	③	④
2. ①	②	③	④

17

1. 인간관계가 폐쇄적이라는 말을 듣는다.
2. 그룹 내에서는 누군가의 주도 아래 따라가는 경우가 많다.

1. ①	②	③	④
2. ①	②	③	④

18

1. 감성을 중시하며 예술에 관심이 많다.
2. 낯선 것은 다양한 변화를 이끌 가능성이 많다고 본다.

1. ①	②	③	④
2. ①	②	③	④

19

> 1. 잘하지 못해 상대방을 이기기 힘든 게임은 하지 않으려고 한다.
> 2. 남들이 내 일에 관여하면 방해를 받은 것 같아 비협조적으로 된다.

1. ① ② ③ ④
2. ① ② ③ ④

20

> 1. 여행을 가기 전에는 미리 세세한 일정을 세운다.
> 2. 계획 없이 행동을 먼저 하다가 포기할 때가 간혹 있다.

1. ① ② ③ ④
2. ① ② ③ ④

21

> 1. 어떤 일로 인해 구속감을 느낄 때가 많다.
> 2. 고민 때문에 끙끙거리며 생각할 때가 많다.

1. ① ② ③ ④
2. ① ② ③ ④

22

> 1. 번화한 곳으로 외출하는 것을 좋아한다.
> 2. 남들과의 관계가 어색해지면 입을 다무는 경우가 많다.

1. ① ② ③ ④
2. ① ② ③ ④

23

1. 색채 감각이나 미적 감각이 풍부한 편이다.
2. 현실에 만족하지 않고 변화를 추구하는 편이다.

1. ①	②	③	④
2. ①	②	③	④

24

1. 의견이 나와 다른 사람과는 별로 어울리지 않는다.
2. 자신의 감정을 솔직하게 드러내고, 타인에게 상냥하고 너그러운 편이다.

1. ①	②	③	④
2. ①	②	③	④

25

1. 나는 융통성이 없는 편이다.
2. 실행하기 전에 재확인할 때가 많다.

1. ①	②	③	④
2. ①	②	③	④

26

1. 가끔 까닭 없이 기분이 우울하다.
2. 매사에 느긋하고 차분하게 행동한다.

1. ①	②	③	④
2. ①	②	③	④

27

> 1. 모르는 사람과 이야기하는 것이 전혀 두렵지 않다.
> 2. 다른 사람에게 항상 움직이고 있다는 말을 듣는다.

1. ① ② ③ ④
2. ① ② ③ ④

28

> 1. 새롭고 참신한 아이디어를 개발하는 일에 흥미를 느낀다.
> 2. 새로운 관점에서 사건의 뒤에 숨은 본질을 분석하기를 좋아한다.

1. ① ② ③ ④
2. ① ② ③ ④

29

> 1. 스스로가 완고한 편이라고 생각한다.
> 2. 타인들에게 지적을 받은 것은 최대한 개선하려고 노력하는 편이다.

1. ① ② ③ ④
2. ① ② ③ ④

30

> 1. 하나의 취미 활동을 꾸준히 이어나가는 편이다.
> 2. 준비가 부족하다고 생각해 행동으로 옮기기까지 시간이 걸린다.

1. ① ② ③ ④
2. ① ② ③ ④

31

1. 불안감이나 우울함을 잘 느끼지 못한다.
2. 자신이 지나치게 내성적이라고 생각한다.

1. ① ② ③ ④
2. ① ② ③ ④

32

1. 인간관계를 더 이상 넓히고 싶지 않다.
2. 누구나 권력자를 동경하고 있다고 생각한다.

1. ① ② ③ ④
2. ① ② ③ ④

33

1. 현실성보다는 창의력이 성공의 원동력이라고 생각한다.
2. 새로운 물건을 만들거나 새로운 도구 사용법을 익히는 일에 관심이 있다.

1. ① ② ③ ④
2. ① ② ③ ④

34

1. 다른 사람의 의견에 전혀 휘둘리지 않는다.
2. 내가 다른 사람에게 정성을 보인 만큼 그도 나를 존중할 것이라고 생각한다.

1. ① ② ③ ④
2. ① ② ③ ④

35

1. 해야 할 일은 신속하게 처리한다.
2. 근무 태도는 모범적이지만 성과가 저조한 사람과 성과는 높지만 근무 태도가 불량한 사람 중에 후자를 선호한다.

1. ① ② ③ ④
2. ① ② ③ ④

36

1. 차분하다는 말을 자주 듣는다.
2. 실패 상황을 반면교사(反面教師)로 삼아 희망을 잃지 않는 편이다.

1. ① ② ③ ④
2. ① ② ③ ④

37

1. 나는 언제나 활력이 있다.
2. 잠을 깨면 바로 일어나 외출할 준비를 한다.

1. ① ② ③ ④
2. ① ② ③ ④

38

1. 감수성은 사물의 이치를 깨닫는 실마리를 준다고 생각한다.
2. 감정의 변화가 적고, 새로운 지식을 아는 데 적극적이지 않다.

1. ① ② ③ ④
2. ① ② ③ ④

39

1. 사안을 결단할 경우에 가장 중요한 것은 조직의 견해이다. 2. 타인과 마찰을 빚을 때 상대방을 주저 없이 비난하는 편이다.

1. ① ② ③ ④
2. ① ② ③ ④

40

1. 통찰력이 있다고 자부한다. 2. 주변 사람들로부터 융통성이 없다는 말을 들을 때가 많다.

1. ① ② ③ ④
2. ① ② ③ ④

41

1. 끝내지 못한 일로 인해 스트레스를 계속 받는다. 2. 못할 것 같아도 침착하고 담대하게 대처하면 이룰 수 있다고 생각한다.

1. ① ② ③ ④
2. ① ② ③ ④

42

1. 지휘력 있는 리더로서 인정을 받고 싶다. 2. 누군가의 의견에 따라가는 경우가 많다.

1. ① ② ③ ④
2. ① ② ③ ④

43

1. 나는 꼭 필요할 때만 내 감정을 드러낸다.
2. 익숙하지 않아 자신 없는 일도 도전적인 자세로 적극적으로 하는 편이다.

1. ① ② ③ ④
2. ① ② ③ ④

44

1. 지인들의 의견에 따라 생각을 잘 바꾸는 편이다.
2. 상관의 지시를 따라야 할 때 속으로는 거부감을 느낄 때가 많다.

1. ① ② ③ ④
2. ① ② ③ ④

45

1. 대충하는 것을 좋아한다.
2. 좋은 생각이 떠올라도 실행하기 전에 여러 번 검토한다.

1. ① ② ③ ④
2. ① ② ③ ④

46

1. 나는 참을성이 강한 편이다.
2. 상황을 낙관할 수 없는 경우에는 당황해 자신감이 사라진다.

1. ① ② ③ ④
2. ① ② ③ ④

47

1. 다소 무리를 하더라도 피로해지지 않는다. 2. 대중의 주목을 끄는 스포츠 선수가 되고 싶다고 생각할 때가 있다.

1. ① ② ③ ④
2. ① ② ③ ④

48

1. 시대에 맞지 않는 법률은 지킬 필요가 없다고 생각한다. 2. 권위자가 권위를 인정받는 것에는 다 그럴만한 이유가 있다고 생각한다.

1. ① ② ③ ④
2. ① ② ③ ④

49

1. 사안을 결단할 경우에 자기중심적일 때가 많다. 2. 처음 만난 사람과 신뢰를 쌓는 데 회의적인 편이다.

1. ① ② ③ ④
2. ① ② ③ ④

50

1. 일을 할 때는 원하는 성과를 거두는 것이 중요하다. 2. 목표에 맞춰 세운 계획에 따라 효율적으로 행동하려고 하는 편이다.

1. ① ② ③ ④
2. ① ② ③ ④

유형 2

※ 각 문제에 대해 자신이 동의하는 정도에 따라 (가)에 가까울수록 ①에 가깝게, (나)에 가까울수록 ④에 가깝게 응답하십시오. [1~50]

01

(가) 처음 만나는 사람과는 잘 이야기하지 못한다. (나) 이성적이고 냉정하다.

① ② ③ ④

02

(가) 현실에 만족하지 않고 더욱 개선하고 싶다. (나) 결심하면 바로 착수한다.

① ② ③ ④

03

(가) 불가능해 보이는 일이라도 포기하지 않고 계속한다. (나) 일을 할 때에는 꼼꼼하게 계획을 세우고 실행한다.

① ② ③ ④

04

(가) 행동하기 전에 먼저 생각한다. (나) 굳이 말하자면 활동적인 편이다.

① ② ③ ④

05

(가) 수비보다 공격하는 것에 자신이 있다.
(나) 친한 사람하고만 어울리고 싶다.

① ② ③ ④

06

(가) 쓸데없는 걱정을 할 때가 많다.
(나) 굳이 말하자면 야심가이다.

① ② ③ ④

07

(가) 활동적이라는 이야기를 자주 듣는다.
(나) 한 가지 일에 열중하는 것을 좋아한다.

① ② ③ ④

08

(가) 얌전한 사람이라는 말을 들을 때가 많다.
(나) 침착하게 행동하는 편이다.

① ② ③ ④

09

(가) 목표는 높을수록 좋다. (나) 기왕 하는 것이라면 온 힘을 다한다.

① ② ③ ④

10

(가) 계획을 중도에 변경하는 것은 싫다. (나) 호텔이나 여관에 묵으면 반드시 비상구를 확인한다.

① ② ③ ④

11

(가) 실제로 행동하기보다 생각하는 것을 좋아한다. (나) 목소리가 큰 편이라고 생각한다.

① ② ③ ④

12

(가) 지금까지 가본 적이 없는 곳에 가는 것을 좋아한다. (나) 모르는 사람과 만나는 일은 마음이 무겁다.

① ② ③ ④

13

(가) 전망이 서지 않으면 행동으로 옮기지 않을 때가 많다.
(나) 남들 위에 서서 일을 하고 싶다.

① ② ③ ④

14

(가) 운동하는 것을 좋아한다.
(나) 참을성이 강하다.

① ② ③ ④

15

(가) 다른 사람들과의 교제에 소극적인 편이라고 생각한다.
(나) 복잡한 것을 생각하는 것을 좋아한다.

① ② ③ ④

16

(가) 인생에서 중요한 것은 높은 목표를 갖는 것이다.
(나) 무슨 일이든 선수를 쳐야 이긴다고 생각한다.

① ② ③ ④

17

(가) 새로운 일을 하는 것을 망설인다. (나) 항상 앞으로의 일을 생각하지 않으면 진정이 되지 않는다.

① ② ③ ④

18

(가) 하루의 행동을 반성하는 경우가 많다. (나) 격렬한 운동도 그다지 힘들어하지 않는다.

① ② ③ ④

19

(가) 계획을 생각하기보다 빨리 실행하고 싶어 한다. (나) 어색해지면 입을 다무는 경우가 많다.

① ② ③ ④

20

(가) 신중하게 생각하는 편이다. (나) 큰일을 해보고 싶다.

① ② ③ ④

21

(가) 몸을 움직이는 것을 좋아한다. (나) 나는 완고한 편이라고 생각한다.

① ② ③ ④

22

(가) 다른 사람에게 자신이 소개되는 것을 좋아한다. (나) 실행하기 전에 재고하는 경우가 많다.

① ② ③ ④

23

(가) 능력을 살릴 수 있는 일을 하고 싶다. (나) 내 성격이 시원시원하다고 생각한다.

① ② ③ ④

24

(가) 굳이 말하자면 장거리 주자에 어울린다고 생각한다. (나) 여행을 가기 전에는 세세한 계획을 세운다.

① ② ③ ④

25

(가) 무슨 일이든 해 보지 않으면 만족하지 못한다. (나) 다소 무리를 하더라도 피로해지지 않는다.

① ② ③ ④

26

(가) 잘하지 못하는 것이라도 자진해서 한다. (나) 의견이 다른 사람과는 어울리지 않는다.

① ② ③ ④

27

(가) 세부적인 계획을 세우고 휴일을 보낸다. (나) 완성된 것보다도 미완성인 것에 흥미가 있다.

① ② ③ ④

28

(가) 스포츠 선수가 되고 싶다고 생각한 적이 있다. (나) 모두가 싫증을 내는 일도 혼자서 열심히 한다.

① ② ③ ④

29

(가) 그룹 내에서 누군가의 주도에 따라가는 경우가 많다.
(나) 차분하다는 말을 자주 듣는다.

① ② ③ ④

30

(가) 리더로서 인정을 받고 싶다.
(나) 어떤 일이 있어도 의욕을 가지고 열심히 하는 편이다.

① ② ③ ④

31

(가) 난관에 봉착해도 포기하지 않고 열심히 한다.
(나) 실행하기 전에 재확인할 때가 많다.

① ② ③ ④

32

(가) 매사에 신중한 편이라고 생각한다.
(나) 눈을 뜨면 바로 일어난다.

① ② ③ ④

33

(가) 활력이 있다. (나) 인간관계가 폐쇄적이라는 말을 듣는다.

① ② ③ ④

34

(가) 계획을 세우고 행동할 때가 많다. (나) 일에는 결과가 중요하다고 생각한다.

① ② ③ ④

35

(가) 털털한 편이다. (나) 끈기가 강하다.

① ② ③ ④

36

(가) 내성적이라고 생각한다. (나) 대충 하는 것을 좋아한다.

① ② ③ ④

37

(가) 누구나 권력자를 동경하고 있다고 생각한다. (나) 몸으로 부딪쳐 도전하는 편이다.

① ② ③ ④

38

(가) 매사에 느긋하고 차분하게 매달린다. (나) 좋은 생각이 떠올라도 실행하기 전에 여러 번 검토한다.

① ② ③ ④

PART 7

39

(가) 통찰력이 있다고 생각한다. (나) 집에서 가만히 있으면 기분이 우울해진다.

① ② ③ ④

40

(가) 막무가내라는 말을 들을 때가 많다. (나) 남과 친해지려면 용기가 필요하다.

① ② ③ ④

41

(가) 잘하지 못하는 게임은 하지 않으려고 한다. (나) 어떠한 일이 있어도 출세하고 싶다.

① ② ③ ④

42

(가) 다른 사람에게 항상 움직이고 있다는 말을 듣는다. (나) 매사에 얽매인다.

① ② ③ ④

43

(가) 모르는 사람과 이야기하는 것은 용기가 필요하다. (나) 끙끙거리며 생각할 때가 있다.

① ② ③ ④

44

(가) 다른 사람들이 하지 못하는 일을 하고 싶다. (나) 해야 할 일은 신속하게 처리한다.

① ② ③ ④

45

(가) 타인에게 간섭받는 것은 싫다.
(나) 행동으로 옮기기까지 시간이 걸린다.

① ② ③ ④

46

(가) 좀처럼 결단을 내리지 못하는 경우가 있다.
(나) 하나의 취미를 오래 지속하는 편이다.

① ② ③ ④

47

(가) 자기주장이 강하다.
(나) 자신의 의견을 상대방에게 잘 주장하지 못한다.

① ② ③ ④

48

(가) 자신의 권리를 주장하는 편이다.
(나) 부당한 일을 당해도 참고 넘어가는 편이다.

① ② ③ ④

49

(가) 반대에 부딪혀도 자신의 의견을 바꾸는 일은 없다. (나) 실행하기 전에 재확인할 때가 많다.

① ② ③ ④

50

(가) 남의 말을 호의적으로 받아들인다. (나) 칭찬을 들어도 비판적으로 생각한다.

① ② ③ ④

PART 8

면접

CHAPTER 01 면접 유형 및 실전 대책

01 면접 주요사항

면접의 사전적 정의는 면접관이 지원자를 직접 만나보고 인품(人品)이나 언행(言行) 따위를 시험하는 일로, 흔히 필기시험 후에 최종적으로 심사하는 방법이다.

최근 주요 기업의 인사담당자들을 대상으로 채용 시 면접이 차지하는 비중을 설문조사했을 때, 50 ~ 80% 이상이라고 답한 사람이 전체 응답자의 80%를 넘었다. 이와 대조적으로 지원자들을 대상으로 취업 시험에서 면접을 준비하는 기간을 물었을 때, 대부분의 응답자가 2 ~ 3일 정도라고 대답했다.

지원자가 일정 수준의 스펙을 갖추기 위해 자격증 시험과 토익을 치르고 이력서와 자기소개서까지 쓰다 보면 면접까지 챙길 여유가 없는 것이 사실이다. 그리고 서류전형과 인적성검사를 통과해야만 면접을 볼 수 있기 때문에 자연스럽게 면접은 취업시험 과정에서 그 비중이 작아질 수밖에 없다. 하지만 아이러니하게도 실제 채용 과정에서 면접이 차지하는 비중은 절대적이라고 해도 과언이 아니다.

기업들은 채용 과정에서 토론 면접, 인성 면접, 프레젠테이션 면접, 역량 면접 등의 다양한 면접을 실시한다. 1차 커트라인이라고 할 수 있는 서류전형을 통과한 지원자들의 스펙이나 능력은 서로 엇비슷하다고 판단되기 때문에 서류상 보이는 자격증이나 토익 성적보다는 지원자의 인성을 파악하기 위해 면접을 더욱 강화하는 것이다. 일부 기업은 의도적으로 압박 면접을 실시하기도 한다. 지원자가 당황할 수 있는 질문을 던져서 그것에 대한 지원자의 반응을 살펴보는 것이다.

면접은 다르게 생각한다면 '나는 누구인가'에 대한 물음에 해답을 줄 수 있는 가장 현실적이고 미래적인 경험이 될 수 있다. 취업난 속에서 자격증을 취득하고 토익 성적을 올리기 위해 앞만 보고 달려온 지원자들은 자신에 대해서 고민하고 탐구할 수 있는 시간을 평소 쉽게 가질 수 없었을 것이다. 자신을 잘 알고 있어야 자신에 대해서 자신감 있게 말할 수 있다. 대체로 사람들은 자신에게 관대한 편이기 때문에 스스로에 대해서 어떤 기대와 환상을 가지고 있는 경우가 많다. 하지만 면접은 제삼자에 의해 개인의 능력을 객관적으로 평가받는 시험이다. 어떤 지원자들은 다른 사람에게 자신을 표현하는 것을 어려워한다. 평소에 잘 사용하지 않는 용어를 내뱉으면서 거창하게 자신을 포장하는 지원자도 많다. 면접에서 가장 기본은 자기 자신을 면접관에게 알기 쉽게 표현하는 것이다.

이러한 표현을 바탕으로 자신이 앞으로 하고자 하는 것과 그에 대한 이유를 설명해야 한다. 최근에는 자신감을 향상시키거나 말하는 능력을 높이는 학원도 많기 때문에 얼마든지 자신의 단점을 극복할 수 있다.

1. 자기소개의 기술

자기소개를 시키는 이유는 면접자가 지원자의 자기소개서를 압축해서 듣고, 지원자의 첫인상을 평가할 시간을 가질 수 있기 때문이다. 면접을 위한 워밍업이라고 할 수 있으며, 첫인상을 결정하는 과정이므로 매우 중요한 순간이다.

(1) 정해진 시간에 자기소개를 마쳐야 한다.

쉬워 보이지만 의외로 지원자들이 정해진 시간을 넘기거나 혹은 빨리 끝내서 면접관에게 지적을 받는 경우가 많다. 본인이 면접을 받는 마지막 지원자가 아닌 이상, 정해진 시간을 지키지 않는 것은 수많은 지원자를 상대하기에 바쁜 면접관과 대기 시간에 지친 다른 지원자들에게 불쾌감을 줄 수 있다.
또한 회사에서 시간관념은 절대적인 것이므로 반드시 자기소개 시간을 지켜야 한다. 말하기는 1분에 200자 원고지 2장 분량의 글을 읽는 만큼의 속도가 가장 적당하다. 이를 A4 용지에 10point 글자 크기로 작성하면 반 장 분량이 된다.

(2) 간단하지만 신선한 문구로 자기소개를 시작하자.

요즈음 많은 지원자가 이 방법을 사용하고 있기 때문에 웬만한 소재의 문구가 아니면 면접관의 관심을 받을 수 없다. 이러한 문구는 시대적으로 유행하는 광고 카피를 패러디하는 경우와 격언 등을 인용하는 경우 그리고 지원한 회사의 IC나 경영이념, 인재상 등을 사용하는 경우 등이 있다. 지원자는 이러한 여러 문구 중에 자신의 첫인상을 북돋아 줄 수 있는 것을 선택해서 말해야 한다. 자신의 이름을 문구 속에 적절하게 넣어서 말한다면 좀 더 효과적인 자기소개가 될 것이다.

(3) 무엇을 먼저 말할 것인지 고민하자.

면접관이 많이 던지는 질문 중 하나가 지원동기이다. 그래서 성장기를 바로 건너뛰고, 지원한 회사에 들어오기 위해 대학에서 어떻게 준비했는지를 설명하는 자기소개가 대세이다.

(4) 면접관의 호기심을 자극해 관심을 불러일으킬 수 있게 말하라.

면접관에게 질문을 많이 받는 지원자의 합격률이 반드시 높은 것은 아니지만, 질문을 전혀 안 받는 것보다는 좋은 평가를 기대할 수 있다. 지원한 분야와 관련된 수상 경력이나 프로젝트 등을 말하는 것도 좋다. 이는 지원자의 업무 능력과 직접 연결되는 것이므로 효과적인 자기 홍보가 될 수 있다. 일부 지원자들은 자신만의 특별한 경험을 이야기하는데, 이때는 그 경험이 보편적으로 사람들의 공감대를 얻을 수 있는 것인지 다시 생각해봐야 한다.

(5) 마지막 고개를 넘기가 가장 힘들다.

첫 단추도 중요하지만, 마지막 단추도 중요하다. 하지만 왠지 격식을 따지는 인사말은 지나가는 인사말 같고, 다르게 하자니 예의에 어긋나는 것 같은 기분이 든다. 이때는 처음에 했던 자신만의 문구를 다시 한 번 말하는 것도 좋은 방법이다. 자연스러운 끝맺음이 될 수 있도록 적절한 연습이 필요하다.

2. 1분 자기소개 시 주의사항

(1) 자기소개서와 자기소개가 똑같다면 감점일까?

아무리 자기소개서를 외워서 말한다 해도 자기소개가 자기소개서와 완전히 똑같을 수는 없다. 자기소개서의 분량이 더 많고 회사마다 요구하는 필수 항목들이 있기 때문에 굳이 고민할 필요는 없다. 오히려 자기소개서의 내용을 잘 정리한 자기소개가 더 좋은 결과를 만들 수 있다. 하지만 자기소개서와 상반된 내용을 말하는 것은 적절하지 않다. 지원자의 신뢰성이 떨어진다는 것은 곧 불합격을 의미하기 때문이다.

(2) 말하는 자세를 바르게 익혀라.

지원자가 자기소개를 하는 동안 면접관은 지원자의 동작 하나하나를 관찰한다. 그렇기 때문에 바른 자세가 중요하다는 것은 우리가 익히 알고 있다. 하지만 문제는 무의식적으로 나오는 습관 때문에 자세가 흐트러져 나쁜 인상을 줄 수 있다는 것이다. 이러한 습관을 고칠 수 있는 가장 좋은 방법은 캠코더 등으로 자신의 모습을 담는 것이다. 거울을 사용할 경우에는 시선이 자꾸 자기 눈과 마주치기 때문에 집중하기 힘들다. 하지만 촬영된 동영상은 제삼자의 입장에서 자신을 볼 수 있기 때문에 많은 도움이 된다.

(3) 정확한 발음과 억양으로 자신 있게 말하라.

지원자의 모양새가 아무리 뛰어나도, 목소리가 작고 발음이 부정확하면 큰 감점을 받는다. 이러한 모습은 지원자의 좋은 점에까지 악영향을 끼칠 수 있다. 직장을 흔히 사회생활의 시작이라고 말하는 시대적 정서에서 사람들과 의사소통을 하는 데 문제가 있다고 판단되는 지원자는 부적절한 인재로 평가될 수밖에 없다.

3. 대화법

전문가들이 말하는 대화법의 핵심은 '상대방을 배려하면서 이야기하라.'는 것이다. 대화는 나와 다른 사람의 소통이다. 내용에 대한 공감이나 이해가 없다면 대화는 더 진전되지 않는다.

베스트셀러 『카네기 인간관계론』의 작가인 철학자 카네기가 말하는 최상의 대화법은 자신의 경험을 토대로 이야기하는 것이다. 즉, 살아오면서 직접 겪은 경험이 상대방의 관심을 끌 수 있는 가장 좋은 이야깃거리인 것이다. 특히, 어떤 일을 이루기 위해 노력하는 과정에서 겪은 실패나 희망에 대해 진솔하게 얘기한다면 상대방은 어느새 당신의 편에 서서 그 이야기에 동조할 것이다.

독일의 사업가이자 동기부여 트레이너인 위르겐 힐러의 연설법 중 가장 유명한 것은 '시즐(Sizzle)'을 잡는 것이다. 시즐이란, 새우튀김이나 돈가스가 기름에서 지글지글 튀겨질 때 나는 소리이다. 즉, 자신의 말을 듣고 시즐처럼 반응하는 상대방의 감정에 적절하게 대응하라는 것이다.

말을 시작한 지 10 ~ 15초 안에 상대방의 '시즐'을 알아차려야 한다. 자신의 이야기에 대한 상대방의 첫 반응에 따라 말하기 전략도 달라져야 한다. 첫 이야기의 반응이 미지근하다면 가능한 한 그 이야기를 빨리 마무리하고 새로운 이야깃거리를 생각해내야 한다. 길지 않은 면접 시간 내에 몇 번 오지 않는 대답의 기회를 살리기 위해서 보다 전략적이고 냉철해야 하는 것이다.

4. 차림새

(1) 구두

면접에 어떤 옷을 입어야 할지를 며칠 동안 고민하면서 정작 구두는 면접 보는 날 현관을 나서면서 즉흥적으로 신고 가는 지원자들이 많다. 구두를 보면 그 사람의 됨됨이를 알 수 있다고 한다. 면접관 역시 이러한 것을 놓치지 않기 때문에 지원자는 자신의 구두에 더욱 신경을 써야 한다. 스타일의 마무리는 발끝에서 이루어지는 것이다. 아무리 멋진 옷을 입고 있어도 구두가 어울리지 않는다면 전체 스타일이 흐트러지기 때문이다.

정장용 구두는 디자인이 깔끔하고, 에나멜 가공처리를 하여 광택이 도는 페이던트 가죽 소재 제품이 무난하다. 검정 계열 구두는 회색과 감색 정장에, 브라운 계열의 구두는 베이지나 갈색 정장에 어울린다. 참고로 구두는 오전에 사는 것보다 발이 충분히 부은 상태인 저녁에 사는 것이 좋다. 마지막으로 당연한 일이지만 반드시 면접을 보는 전날 구두 뒤축이 닳지는 않았는지 확인하고 구두에 광을 내 둔다.

(2) 양말

양말은 정장과 구두의 색상을 비교해서 골라야 한다. 특히 검정이나 감색의 진한 색상의 바지에 흰 양말을 신는 것은 시대에 뒤처지는 일이다. 일반적으로 양말의 색깔은 바지의 색깔과 같아야 한다. 또한 양말의 길이도 신경 써야 한다. 바지를 입을 경우, 의자에 바르게 앉거나 다리를 꼬아서 앉을 때 다리털이 보여서는 안 된다. 반드시 긴 정장 양말을 신어야 한다.

(3) 정장

지원자는 평소에 정장을 입을 기회가 많지 않기 때문에 면접을 볼 때 본인 스스로도 옷을 어색하게 느끼는 경우가 많다. 옷을 불편하게 느끼기 때문에 자세마저 불안정한 지원자도 볼 수 있다. 그러므로 면접 전에 정장을 입고 생활해보는 것도 나쁘지는 않다.

일반적으로 면접을 볼 때는 상대방에게 신뢰감을 줄 수 있는 남색 계열의 옷이나 어떤 계절이든 무난하고 깔끔해보이는 회색 계열의 정장을 많이 입는다. 정장은 유행에 따라서 색깃의 니사인이나 버든의 개수가 바뀌기 때문에 너무 오래된 옷을 입어서 다른 사람의 옷을 빌려 입고 나온 듯한 인상을 주어서는 안 된다.

(4) 헤어스타일과 메이크업

헤어스타일에 자신이 없다면 미용실에 다녀오는 것도 좋은 방법이다. 또한 자신에게 어울리는 메이크업을 하는 것도 괜찮다. 메이크업은 상대에 대한 예의를 갖추는 것이므로 지나치게 화려한 메이크업이 아니라면 보다 준비된 지원자처럼 보일 수 있다.

5. 첫인상

취업을 위해 성형수술을 받는 사람들에 대한 이야기는 더 이상 뉴스거리가 되지 않는다. 그만큼 많은 사람이 좁은 취업문을 뚫기 위해 이미지 향상에 신경을 쓰고 있다. 이는 면접관에게 좋은 첫인상을 주기 위한 것으로, 지원서에 올리는 증명사진을 이미지 프로그램을 통해 수정하는 이른바 '사이버 성형'이 유행하는 것과 같은 맥락이다. 실제로 외모가 채용 과정에서 영향을 끼치는가에 대한 설문조사에서도 60% 이상의 인사담당자들이 그렇다고 답변했다.

하지만 외모와 첫인상을 절대적인 관계로 이해하는 것은 잘못된 판단이다. 외모가 첫인상에서 많은 부분을 차지하지만, 외모 외에 다른 결점이 발견된다면 그로 인해 장점들이 가려질 수도 있다. 이러한 현상은 아래에서 다시 논하겠다.

첫인상은 말 그대로 한 번밖에 기회가 주어지지 않으며 몇 초 안에 결정된다. 첫인상을 결정짓는 요소 중 시각적인 요소가 80% 이상을 차지한다. 첫눈에 들어오는 생김새나 복장, 표정 등에 의해서 결정되는 것이다. 면접을 시작할 때 자기소개를 시키는 것도 지원자별로 첫인상을 평가하기 위해서이다. 첫인상이 중요한 이유는 만약 첫인상이 부정적으로 인지될 경우, 지원자의 다른 좋은 면까지 거부당하기 때문이다. 이러한 현상을 심리학에서는 초두효과(Primacy Effect)라고 한다.

그래서 한 번 형성된 첫인상은 여간해서 바꾸기 힘들다. 이는 첫인상이 나중에 들어오는 정보까지 영향을 주기 때문이다. 첫인상의 정보가 나중에 들어오는 정보 처리의 지침이 되는 것을 심리학에서는 맥락효과(Context Effect)라고 한다. 따라서 평소에 첫인상을 좋게 만들기 위한 노력을 꾸준히 해야만 하는 것이다.

좋은 첫인상이 반드시 외모에만 집중되는 것은 아니다. 오히려 깔끔한 옷차림과 부드러운 표정 그리고 말과 행동 등에 의해 전반적인 이미지가 만들어진다. 누구나 이러한 것 중에 한두 가지 단점을 가지고 있다. 요즈음은 이미지 컨설팅을 통해서 자신의 단점들을 보완하는 지원자도 있다. 특히, 표정이 밝지 않은 지원자는 평소 웃는 연습을 의식적으로 하여 면접을 받는 동안 계속해서 여유 있는 표정을 짓는 것이 중요하다. 성공한 사람들은 인상이 좋다는 것을 명심하자.

02 면접의 유형 및 실전 대책

1. 면접의 유형

과거 천편일률적인 일대일 면접과 달리 면접에는 다양한 유형이 도입되어 현재는 "면접은 이렇게 보는 것이다."라고 말할 수 있는 정해진 유형이 없어졌다. 그러나 대기업 면접에서는 현재까지는 집단 면접과 다대일 면접이 진행되고 있으므로 어느 정도 유형을 파악하여 사전에 대비가 가능하다. 면접의 기본인 단독 면접부터 다대일 면접 그리고 집단 면접의 유형과 그 대책에 대해 알아보자.

(1) 단독 면접

단독 면접이란 응시자와 면접관이 1대1로 마주하는 형식을 말한다. 면접위원 한 사람과 응시자 한 사람이 마주 앉아 자유로운 화제를 가지고 질의응답을 되풀이하는 방식이다. 이 방식은 면접의 가장 기본적인 방법으로 소요시간은 10～20분 정도가 일반적이다.

① 장점

필기시험 등으로 판단할 수 없는 성품이나 능력을 알아내는 데 가장 적합하다고 평가받아 온 면접방식으로 응시자 한 사람 한 사람에 대해 여러 면에서 비교적 폭넓게 파악할 수 있다. 응시자의 입장에서는 한 사람의 면접관만을 대하는 것이므로 상대방에게 집중할 수 있으며, 긴장감도 다른 면접방식에 비해서는 적은 편이다.

② 단점

면접관의 주관이 강하게 작용해 객관성을 저해할 소지가 있으며, 면접 평가표를 활용한다 하더라도 일면적인 평가에 그칠 가능성을 배제할 수 없다. 또한 시간이 많이 소요되는 것도 단점이다.

단독 면접 준비 Point

단독 면접에 대비하기 위해서는 평소 1대1로 논리 정연하게 대화를 나눌 수 있는 능력을 기르는 것이 중요하다. 그리고 면접장에서는 면접관을 선배나 선생님 혹은 아버지를 대하는 기분으로 면접에 임하는 것이 부담도 훨씬 적고 실력을 발휘할 수 있는 방법이 될 것이다.

(2) 다대일 면접

다대일 면접은 일반적으로 가장 많이 사용되는 면접방법으로 보통 2 ~ 5명의 면접관이 1명의 응시자에게 질문하는 형태의 면접방법이다. 면접관이 여러 명이므로 다각도에서 질문을 하여 응시자에 대한 정보를 많이 알아낼 수 있다는 점 때문에 선호하는 면접방법이다.

하지만 응시자의 입장에서는 질문도 면접관에 따라 각양각색이고 동료 응시자가 없으므로 숨 돌릴 틈도 없게 느껴진다. 또한 관찰하는 눈도 많아서 조그만 실수라도 지나치는 법이 없기 때문에 정신적 압박과 긴장감이 높은 면접방법이다. 따라서 응시자는 긴장을 풀고 한 시험관이 묻더라도 면접관 전원을 향해 대답한다는 기분으로 또박또박 대답하는 자세가 필요하다.

① 장점

면접관이 집중적인 질문과 다양한 관찰을 통해 응시자가 과연 조직에 필요한 인물인가를 완벽히 검증할 수 있다.

② 단점

면접시간이 보통 10 ~ 30분 정도로 좀 긴 편이고 응시자에게 지나친 긴장감을 조성하는 면접방법이다.

다대일 면접 준비 Point

질문을 들을 때 시선은 면접위원을 향하고 다른 데로 돌리지 말아야 하며, 대답할 때에도 고개를 숙이거나 입속에서 우물거리는 소극적인 태도는 피하도록 한다. 면접위원과 대등하다는 마음가짐으로 편안한 태도를 유지하면 대답도 자연스러운 상태에서 좀 더 충실히 할 수 있고, 이에 따라 면접위원이 받는 인상도 달라진다.

(3) 집단 면접

집단 면접은 다수의 면접관이 여러 명의 응시자를 한꺼번에 평가하는 방식으로 짧은 시간에 능률적으로 면접을 진행할 수 있다. 각 응시자에 대한 질문내용, 질문횟수, 시간배분이 똑같지는 않으며, 모두에게 같은 질문이 주어지기도 하고, 각각 다른 질문을 받기도 한다.

또한 어떤 응시자가 한 대답에 대한 의견을 묻는 등 그때그때의 분위기나 면접관의 의향에 따라 변수가 많다. 집단 면접은 응시자의 입장에서는 개별 면접에 비해 긴장감은 다소 덜한 반면에 다른 응시자들과의 비교가 확실하게 나타나므로 응시자는 몸가짐이나 표현력·논리성 등이 결여되지 않도록 자신의 생각이나 의견을 솔직하게 발표하여 집단 속에 묻히거나 밀려나지 않도록 주의해야 한다.

① 장점

집단 면접의 장점은 면접관이 응시자 한 사람에 대한 관찰시간이 상대적으로 길고, 비교 평가가 가능하기 때문에 결과적으로 평가의 객관성과 신뢰성을 높일 수 있다는 점이며, 응시자는 동료들과 함께 면접을 받기 때문에 긴장감이 다소 덜하다는 것을 들 수 있다. 또한 동료가 답변하는 것을 들으며 자신의 답변 방식이나 자세를 조정할 수 있다는 것도 큰 이점이다.

② 단점

응답하는 순서에 따라 응시자마다 유리하고 불리한 점이 있고, 면접위원의 입장에서는 각각의 개인적인 문제를 깊게 다루기가 곤란하다는 것이 단점이다.

집단 면접 준비 Point

너무 자기 과시를 하지 않는 것이 좋다. 대답은 자신이 말하고 싶은 내용을 간단명료하게 말해야 한다. 내용이 없는 발언을 한다거나 대답을 질질 끄는 태도는 좋지 않다. 또 말하는 중에 내용이 주제에서 벗어나거나 자기중심적으로만 말하는 것도 피해야 한다. 집단 면접에 대비하기 위해서는 평소에 설득력을 지닌 자신의 논리력을 계발하는 데 힘써야 하며, 다른 사람 앞에서 자신의 의견을 조리 있게 개진할 수 있는 발표력을 갖추는 데에도 많은 노력을 기울여야 한다.

- 실력에는 큰 차이가 없다는 것을 기억하라.
- 동료 응시자들과 서로 협조하라.
- 답변하지 않을 때의 자세가 중요하다.
- 개성 표현은 좋지만 튀는 것은 위험하다.

(4) 집단 토론식 면접

집단 토론식 면접은 집단 면접과 형태는 유사하지만 질의응답이 아니라 응시자들끼리의 토론이 중심이 되는 면접방법으로 최근 들어 급증세를 보이고 있다. 이는 공통의 주제에 대해 다양한 견해들이 개진되고 결론을 도출하는 과정, 즉 토론을 통해 응시자의 다양한 면에 대한 평가가 가능하다는 집단 토론식 면접의 장점이 널리 확산된 데 따른 것으로 보인다. 사실 집단 토론식 면접을 활용하면 주제와 관련된 지식 정도와 이해력, 판단력, 설득력, 협동성은 물론 리더십, 조직 적응력, 적극성과 대인관계 능력 등을 쉽게 파악할 수 있다.

토론식 면접에서는 자신의 의견을 명확히 제시하면서도 상대방의 의견을 경청하는 토론의 기본자세가 필수적이며, 지나친 경쟁심이나 자기 과시욕은 접어두는 것이 좋다. 또한 집단 토론의 목적이 결론을 도출해 나가는 과정에 있다는 것을 감안하여 무리하게 자신의 주장을 관철시키기보다 오히려 토론의 질을 높이는 데 기여하는 것이 좋은 인상을 줄 수 있다는 점을 알아야 한다. 취업 희망자들은 토론식 면접이 급속도로 확산되는 추세임을 감안해 특히 철저한 준비를 해야 한다. 평소에 신문의 사설이나 매스컴 등의 토론 프로그램을 주의 깊게 보면서 논리 전개방식을 비롯한 토론 과정을 익히도록 하고, 친구들과 함께 간단한 주제를 놓고 토론을 진행해 볼 필요가 있다. 또한 사회·시사문제에 대해 자기 나름대로의 관점을 정립해두는 것도 꼭 필요하다.

(5) PT 면접

PT 면접, 즉 프레젠테이션 면접은 최근 들어 집단 토론 면접과 더불어 그 활용도가 점차 커지고 있다. PT 면접은 기업마다 특성이 다르고 인재상이 다른 만큼 인성 면접만으로는 알 수 없는 지원자의 문제해결 능력, 전문성, 창의성, 기본 실무능력, 논리성 등을 관찰하는 데 중점을 두는 면접으로, 지원자 간의 변별력이 높아 대부분의 기업에서 적용하고 있으며 확산되는 추세이다.

면접 시간은 기업별로 차이가 있지만, 전문지식, 시사성 관련 주제를 제시한 다음, 보통 20~50분 정도 준비하여 5분가량 발표할 시간을 준다. 면접관과 지원자의 단순한 질의응답식이 아닌, 주제에 대해 일정 시간 동안 지원자의 발언과 발표하는 모습 등을 관찰하게 된다. 정확한 답이나 지식보다는 논리적 사고와 의사표현력이 더 중시되기 때문에 자신의 생각을 어떻게 설명하느냐가 매우 중요하다.

PT 면접에서 같은 주제라도 직무별로 평가요소가 달리 나타난다. 예를 들어, 영업직은 설득력과 의사소통 능력에 중점을 둘 수 있겠고, 관리직은 신뢰성과 창의성 등을 더 중요하게 평가한다.

PT 면접 준비 Point

- 면접관의 관심과 주의를 집중시키고, 발표 태도에 유의한다.
- 모의 면접이나 거울 면접을 통해 미리 점검한다.
- PT 내용은 세 가지 정도로 정리해서 말한다.
- PT 내용에는 자신의 생각이 담겨 있어야 한다.
- 중간에 자문자답 방식을 활용한다.
- 평소 지원하는 업계의 동향이나 직무에 대한 전문지식을 쌓아둔다.
- 부적절한 용어 사용이나 무리한 주장 등은 하지 않는다.

2. 면접의 실전 대책

(1) 면접 대비사항

① 지원 회사에 대한 사전지식을 충분히 준비한다.

필기시험에서 합격 또는 서류전형에서의 합격통지가 온 후 면접시험 날짜가 정해지는 것이 보통이다. 이때 수험자는 면접시험을 대비해 사전에 자기가 지원한 계열사 또는 부서에 대해 폭넓은 지식을 준비할 필요가 있다.

지원 회사에 대해 알아두어야 할 사항

- 회사의 연혁
- 회장 또는 사장의 이름, 출신학교, 관심사
- 회장 또는 사장이 요구하는 신입사원의 인재상
- 회사의 사훈, 사시, 경영이념, 창업정신
- 회사의 대표적 상품, 특색
- 업종별 계열회사의 수
- 해외지사의 수와 그 위치
- 신 개발품에 대한 기획 여부
- 자기가 생각하는 회사의 장단점
- 회사의 잠재적 능력개발에 대한 제언

② 충분한 수면을 취한다.

충분한 수면으로 안정감을 유지하고 첫 출발의 상쾌한 마음가짐을 갖는다.

③ 얼굴을 생기 있게 한다.

첫인상은 면접에 있어서 가장 결정적인 당락요인이다. 면접관에게 좋은 인상을 줄 수 있도록 화장하는 것도 필요하다. 면접관들이 가장 좋아하는 인상은 얼굴에 생기가 있고 눈동자가 살아 있는 사람, 즉 기가 살아 있는 사람이다.

④ 아침에 인터넷 뉴스를 읽고 간다.

그날의 뉴스가 질문 대상에 오를 수가 있다. 특히 경제면, 정치면, 문화면 등을 유의해서 볼 필요가 있다.

출발 전 확인할 사항

이력서, 자기소개서, 성적증명서, 졸업(예정)증명서, 지갑, 신분증(주민등록증), 손수건, 휴지, 볼펜, 메모지, 예비스타킹 등을 준비하자.

(2) 면접 시 옷차림

면접에서 옷차림은 간결하고 단정한 느낌을 주는 것이 가장 중요하다. 색상과 디자인 면에서 지나치게 화려한 색상이나, 노출이 심한 디자인은 자칫 면접관의 눈살을 찌푸리게 할 수 있다. 단정한 차림을 유지하면서 자신만의 독특한 멋을 연출하는 것, 지원하는 회사의 분위기를 파악했다는 센스를 보여주는 것 또한 코디네이션의 포인트이다.

복장 점검

- 구두는 잘 닦여 있는가?
- 옷은 깨끗이 다려져 있으며 스커트 길이는 적당한가?
- 손톱은 길지 않고 깨끗한가?
- 머리는 흐트러짐 없이 단정한가?

(3) 면접요령

① 첫인상을 중요시한다.

상대에게 인상을 좋게 주지 않으면 어떠한 얘기를 해도 이쪽의 기분이 충분히 전달되지 않을 수 있다. 예를 들어, '저 친구는 표정이 없고 무엇을 생각하고 있는지 전혀 알 길이 없다.'처럼 생각되면 최악의 상태이다. 우선 청결한 복장, 바른 자세로 침착하게 들어가야 한다. 건강하고 신선한 이미지를 주어야 하기 때문이다.

② 좋은 표정을 짓는다.

얘기를 할 때의 표정은 중요한 사항의 하나다. 거울 앞에서 웃는 연습을 해본다. 웃는 얼굴은 상대를 편안하게 하고, 특히 면접 등 긴박한 분위기에서는 천금의 값이 있다 할 것이다. 그렇다고 하여 항상 웃고만 있어서는 안 된다. 자기의 할 얘기를 진정으로 전하고 싶을 때는 진지한 얼굴로 상대의 눈을 바라보며 얘기한다. 면접을 볼 때 눈을 감고 있으면 마이너스 이미지를 주게 된다.

③ 결론부터 이야기한다.

자기의 의사나 생각을 상대에게 정확하게 전달하기 위해서 먼저 무엇을 말하고자 하는가를 명확히 결정해 두어야 한다. 대답을 할 경우에는 결론을 먼저 이야기하고 나서 그에 따른 설명과 이유를 덧붙이면 논지(論旨)가 명확해지고 이야기가 깔끔하게 정리된다.

한 가지 사실을 이야기하거나 설명하는 데는 3분이면 충분하다. 복잡한 이야기라도 어느 정도의 길이로 요약해서 이야기하면 상대도 이해하기 쉽고 자기도 정리할 수 있다. 긴 이야기는 오히려 상대를 불쾌하게 할 수가 있다.

④ 질문의 요지를 파악한다.

면접 때의 이야기는 간결성만으로는 부족하다. 상대의 질문이나 이야기에 대해 적절하고 필요한 대답을 하지 않으면 대화는 끊어지고 자기의 생각도 제대로 표현하지 못하여 면접자로 하여금 수험생의 인품이나 사고방식 등을 명확히 파악할 수 없게 한다. 무엇을 묻고 있는지, 무슨 이야기를 하고 있는지 그 요점을 정확히 알아내야 한다.

면접에서 고득점을 받을 수 있는 성공요령

1. 자기 자신을 겸허하게 판단하라.
2. 지원한 회사에 대해 100% 이해하라.
3. 실전과 같은 연습으로 감각을 익히라.
4. 단답형 답변보다는 구체적으로 이야기를 풀어나가라.
5. 거짓말을 하지 말라.
6. 면접하는 동안 대화의 흐름을 유지하라.
7. 친밀감과 신뢰를 구축하라.
8. 상대방의 말을 성실하게 들으라.
9. 근로조건에 대한 이야기를 풀어나갈 준비를 하라.
10. 끝까지 긴장을 풀지 말라.

CHAPTER 02 SK그룹 실제 면접

SK그룹은 구성원의 지속적 행복과 VWBE를 통한 SUPEX(Super Excellent Level, 인간의 능력으로 도달할 수 있는 최고의 수준) 추구라는 경영철학에 따라 인재를 채용하고 있다. 구성원 전체 행복을 지속적으로 키워나가면 구성원 개인의 행복이 더 커질 수 있다는 것을 믿고 실천할 때 구성원은 자발적(Voluntarily)이고 의욕적(Willingly)인 두뇌활용(Brain Engagement)을 하게 된다는 것이다. 이러한 경영철학을 바탕으로 SK그룹은 구성원이 자발적 · 의욕적으로 자신의 능력을 최대한으로 발휘할 수 있도록 인사관리의 모든 제도와 정책을 수립하고 있다.

SK그룹의 면접전형은 지원자의 가치관과 성격, 특성, 보유역량의 수준을 종합적으로 검증하기 위하여 그룹, 토론, 심층 면접 등의 다양한 면접방식을 활용하고 있다. 비록 각 계열사마다 원하는 인재상에 따라 면접의 유형에 있어서 어느 정도의 차이는 있으나 그룹 토의 면접, 심층 면접 등 심도 있는 면접과정을 거쳐 지원자의 역량을 철저히 검증하고 있다. 다만 이는 채용 과정에 따라 유동적으로 변할 수 있으니 자신이 지원하고자 하는 계열사의 채용공고를 반드시 확인한 후에 면접을 대비할 필요가 있다.

1. 면접 주요사항

(1) 토론 면접

지원자 6명이 한 팀을 이루어 토론을 하게 된다. 토론 면접은 일반적으로 진행되는 찬반 토론이 아니라 지원자 각각에게 서로 다른 양의 정보를 주고 해결책 또는 답을 찾는 토론으로 진행된다. 서로 다른 정보를 가지고 토론을 하기 때문에 해결책이나 답을 찾기 위해서는 각자가 가진 정보를 공유하는 등의 커뮤니케이션을 더욱 많이 하게 되는 토론 방식이다. 이 과정에서 지원자의 커뮤니케이션 능력과 창의력을 평가받게 되며, 다른 사람의 의견을 경청하고 얼마나 정확하고 빠르게 판단을 내리는지도 평가받게 된다. 더불어 참신한 아이디어를 통해 결론을 도출해낸다면 더욱 좋은 평가를 받을 수 있다.

(2) 실무진 면접

2 ~ 5명의 면접관과 1명의 지원자로 구성되어 면접이 진행된다. 대략 15 ~ 20분 정도의 시간이 소요되며, 자기소개서를 바탕으로 한 질문이 주를 이룬다. 질문은 꼬리에 꼬리를 무는 형식으로 주어지기 때문에 다음에 주어질 수 있는 질문을 예상한 뒤 답을 하는 것이 중요하다. 따라서 사전에 기출질문을 충분히 검토한 후 예상 답변을 만들어 보는 것도 하나의 방법일 수 있다. 자기소개서를 바탕으로 질문을 하는 면접의 경우, 지원자의 가치관, 성향, 인생관 등을 파악하려는 의도가 담겨 있으므로 솔직하면서도 자신감이 묻어나는 답변을 할 수 있어야 한다.

(3) 임원진 면접

2 ~ 5명의 면접관과 1 ~ 3명의 지원자로 구성되어 면접이 진행된다. 실무진 면접과 마찬가지로 자기소개서를 바탕으로 한 질문이 주어지며, 이슈가 되었던 사회문제, 시사상식, 회사에 관련된 질문들이 추가

적으로 주어지고, 영어로 간략하게 자기소개를 시키는 경우도 있다. 실무진 면접과 다른 점은 좀 더 전문적인 인재를 구별해내기 위한 추가 질문들이 주어진다는 점으로 회사와 관련된 신문기사들을 평소에 꾸준히 읽는 것이 큰 도움이 된다.

2. 기출 질문

(1) SK케미칼

① 실무진 면접

- 지원 직무에 대해 구체적으로 설명해 보시오.
- 평소에 스트레스 관리는 어떻게 하는가?
- 백신과 바이오 시밀러의 차이점에 대해 말해 보시오.
- 갈등 상황을 어떻게 대처하는지 말해 보시오.
- 남산을 옮기는 데 걸리는 시간은?
- 우리 회사가 본인을 뽑아야 하는 이유는 무엇인가?
- 전공이 다른데 왜 이 분야에 지원했는가?
- 자신의 장단점에 대해 말해 보시오.
- 회사에서 돌발 상황 발생 시 대처 방법을 말해 보시오.
- 체력은 좋은가?
- 운동을 하고 있는가?
- 셀 컬처를 해본 경험이 있다면 말해 보시오.
- 회사 내에 맞지 않는 사람이 있을 경우 원만하게 일할 수 있겠는가?

② 임원면접

자기소개서를 바탕으로 하는 질문들이 주를 이루며, 꼬리에 꼬리를 무는 형식으로 질문이 주어지므로 다음 질문을 충분히 예상한 뒤 답변을 해야 한다.

- 증류탑에서 환류비의 의미가 무엇인가?
- 지원한 다른 회사가 있으면 어디인지 이야기해 보시오.
- SK케미칼에 지원하게 된 동기를 말해 보시오.
- SK케미칼의 사업분야에 대해 말해 보시오.
- 해외지사 파견에 대해 어떻게 생각하는가?
- 우리 회사가 본인을 뽑아야 하는 이유를 말해 보시오.
- 직무에 대해 아는 점을 말해 보시오.
- 토익 점수가 높은데, 토익스피킹 점수는 왜 낮은가?
- 우리 회사 외에 다른 회사에도 지원하였는가? 그 결과는 어떻게 되었는가?
- SK케미칼의 매출에 대해 말해 보시오.
- 제2외국어 자격증을 가지고 있는가? 대화도 가능한가?
- 여행 간 지역은 어디이고, 그곳에 왜 갔는지, 무엇이 감명 깊었는지 말해 보시오.
- 인적성 검사 결과 좋지 않았던 부분이 있는데 그에 대해 설명해 보시오.
- 기독교인이라고 했는데 일요일에 출근이 가능한가? 교리상 불가능하지 않는가?

(2) SK가스

- 만약 상사와 갈등이 있다면 어떻게 해결할 것인가?
- 관련 회사에서 경험이나 실습을 한 적이 있는가?
- 기업의 사회적 책임에 대한 지원자의 생각은?
- SK가스의 PDH 사업에 대해 설명해 보시오.
- 근무시간은 정해진 것이 좋은가 아니면 유동적인 것이 좋은가?
- 의미 없어 보이는, 하찮은 일을 열심히 해서 성과를 낸 경험이 있는가?
- 여러 정보들(경쟁사, 입지, 자금, 고객정보)을 바탕으로 매출이 하락하는 호텔의 수영장 개발에 대해 발표해 보시오.
- SK가스의 SWOT분석을 해 보시오.
- 현재 원유 가격이 어떤지 알고 있는가? 혹은 1년 전 가격은 알고 있는가?
- 셰일가스에 대해 말해 보시오.
- 브렌트유와 텍사스유, 두바이유의 차이는 무엇인가?
- 지원자 본인은 조직 내에서 리더형 인간인가? 아니면 팔로워형 인간인가?
- 당사에 지원하기 위하여 본인이 수행한 활동은 무엇인가?
- 옆 지원자에게 질문해 보시오.
- 계획적인 성격이라고 했는데 계획대로 일이 안될 경우 어떻게 하겠는가?
- 동료와 의견 충돌이 있을 때 어떻게 해결하는가?
- 똑똑하고 게으른 상사와 똑똑하고 부지런한 상사, 멍청하면서 게으른 상사, 멍청하면서 부지런한 상사 중 어떤 타입이 좋을 것 같은가?
- 현재 SK가스의 충전소는 총 몇 개인가?
- 현재 SK가스의 지사는 총 몇 개인가?
- LPG의 저장방법에 대해 설명해 보시오.
- SK가스가 정확히 어떤 일을 하는 곳인지 설명해 보시오.
- LPG와 LNG의 차이점에 대해 설명해 보시오.

(3) SK실트론

- 상사의 잘못이 있을 때 부하 직원으로서 어떻게 해결할 것인가?
- 이직 이유가 무엇인가? 우리 회사에서 무엇을 만드는지 아는가?
- 공유압 실린더의 구성요소를 말해 보시오.
- PLC제어에 대하여 설명해 보시오.
- 다양한 조직생활 경험이 있다고 했는데, 그중 가장 열심히 한 것은 무엇인가?
- 친구들과 모임이 있을 때는 리드하는 편인가?
- 본인 인생의 최종 목표는 무엇인가?
- 가장 자존심이 상했던 적은 언제인가?
- 본인이 지원한 직무에서 중요하다고 생각하는 역량은 무엇인가?
- 웨이퍼가 무엇인지 설명해 보시오.
- 주어진 영어문장 중 하나를 선택해서 읽어 보시오.
- 주량은 어느 정도인가?
- 가장 최근에 읽은 책에 대해 설명해 보시오.

- 평소에 롤 모델로 삼고 있는 인물과 그 이유에 대해 설명해 보시오.
- 고교생활 중 가장 기억에 남는 것은 무엇인가?
- 난류와 층류에 대하여 설명해 보시오.
- 우산의 용도를 3개 이상 말해 보시오.
- 반도체 공정을 설명해 보시오.
- 자신의 단점에 대해 말해 보시오.
- 자신이 가진 경쟁력에 대해 말해 보시오.
- 가장 최근에 본 영화는? 감상은 어땠는가?
- 직장일과 개인적으로 급한 일이 겹쳤을 때 어떤 것을 우선하겠는가? 그 이유는?
- SK실트론의 인재상에 대해 설명해 보시오.
- 10만 원으로 회사를 홍보한다면 어떤 식으로 할 것인가?
- 공모전 경험을 소개해 보시오.

(4) SK머티리얼즈

- 기억에 남는 프로젝트가 있는가?
- 영어는 어느 정도 하는가?
- 자기소개서를 보니 굉장히 다양한 경험을 했다. 단순한 취미인가? 아니면 역량을 개발하기 위한 것인가?
- 대외활동이나 사회활동을 한 경험이 있는가? 있다면 그중에 장을 맡아본 적이 있는가?
- 지원자들 중에서 당신을 가장 뽑지 말아야 할 이유를 말해 보시오.
- 공백기간에는 주로 무엇을 했는가?
- 분리공정에서 증류와 추출, 그리고 그 외의 공정에 대해 설명해 보시오.
- 자격증을 취득한 이유는 무엇인가?
- 학생회 활동에서 주로 어떠한 일을 했는지 설명해 보시오.
- 이전 직장에서 타 부서와 협업하며 힘든 점은 없었는가?
- 타지에서 거주했던 경험이 있는가?
- SK머티리얼즈의 주요 업무에 대해 설명해 보시오.
- SK머티리얼즈에 관심을 가지게 된 계기를 이야기해 보시오.

시대에듀

MEMO

답안채점 • 성적분석 서비스

모바일 OMR

1. 도서 내 모의고사 우측 상단에 위치한 QR코드 찍기 → 2. 로그인 하기 → 3. '시작하기' 클릭 → 4. '응시하기' 클릭 → 5. 나의 답안을 모바일 OMR 카드에 입력 → 6. '성적분석 & 채점결과' 클릭 → 7. 현재 내 실력 확인하기

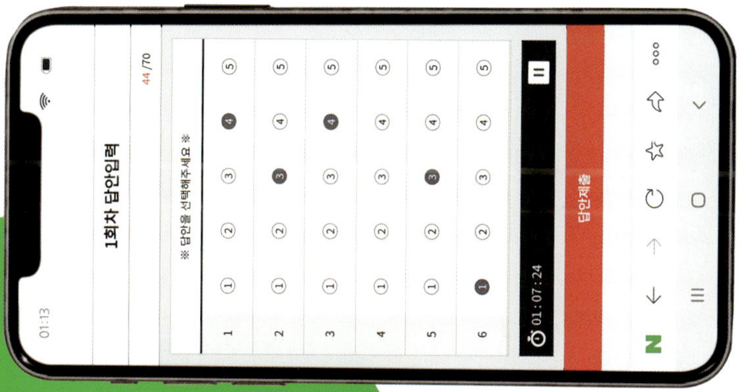

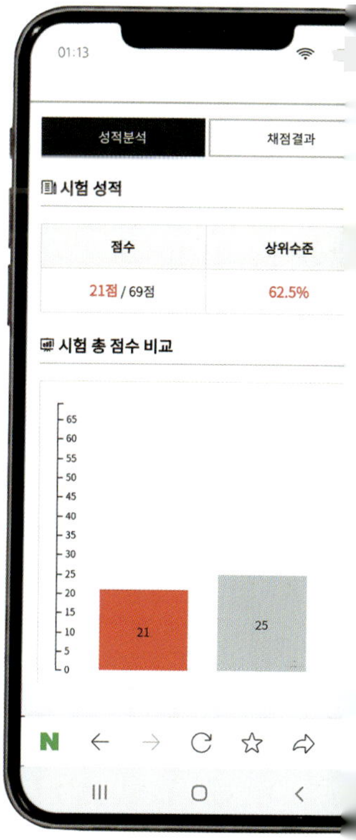

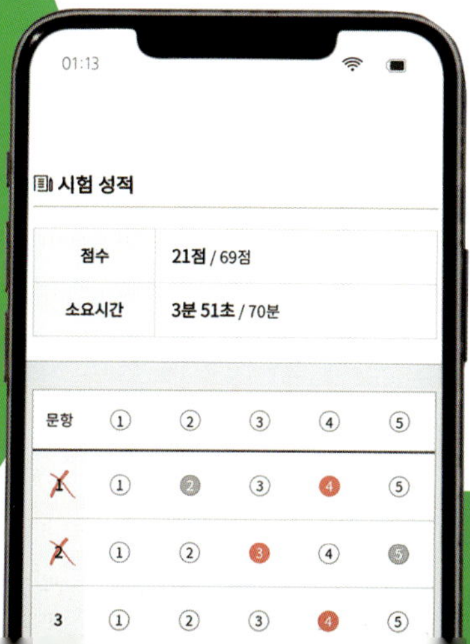

도서에 수록된 모의고사에 대한 객관적인 결과(정답률, 순위)를 종합적으로 분석하여 제공합니다.

※OMR 답안채점 / 성적분석 서비스는 등록 후 30일간 사용 가능합니다.

2026

전면개정판

SK그룹 생산직

SK가스 · SK케미칼 · SK실트론

고졸/전문대졸 필기시험

통합기본서

편저 | SDC(Sidae Data Center)

정답 및 해설

판매량 1위

YES24 SK그룹 생산직 부문

유형분석 및 모의고사로 최종합격까지

한 권으로 마무리!

SDC

SDC는 시대에듀 데이터 센터의 약자로 약 30만 개의 NCS · 적성 문제 데이터를 바탕으로 최신 출제경향을 반영하여 문제를 출제합니다.

시대에듀

PART 1

기초지식

CHAPTER 01 영어 적중예상문제

01	02	03	04	05	06	07	08	09	10
①	②	③	①	④	①	③	③	②	③
11	12	13	14	15	16	17	18	19	20
②	①	④	②	③	③	②	④	①	③
21	22	23	24	25	26	27	28	29	30
①	②	②	②	②	④	①	④	④	④
31	32	33	34	35	36	37	38	39	40
④	③	③	③	④	②	②	③	①	③
41	42	43							
③	④	②							

01

정답 ①

district와 area 모두 '구역'을 의미한다.

오답분석

② 대화
③ 신뢰
④ 공원

02

정답 ②

intelligent와 clever 모두 '똑똑한'을 의미한다.

오답분석

① 빛나는
③ 기회
④ 대회

03

정답 ③

제시된 단어의 의미는 '흔한'으로, 이와 같은 의미를 가진 단어는 ③이다.
③ 보편적인

오답분석

① 시끄러운
② 부당한
④ 외국의

04

정답 ①

제시된 단어의 의미는 '풍부한'이며, 이와 같은 의미를 가진 단어는 ①이다.
① 풍요로운, 부유한, 돈 많은

오답분석

② 끝내다, 마치다
③ 충실한, 신의 있는, 믿을 수 있는
④ 고마움, 감사, 사의

05

정답 ④

제시된 단어의 의미는 '공유하다'로, 이와 반대되는 '독점하다'의 의미를 가진 단어는 ④이다.

오답분석

① 사과하다
② 허락하다
③ 모방하다

06

정답 ①

제시된 단어의 의미는 '줄이다'로, 이와 반대되는 '늘리다'의 의미를 가진 단어는 ①이다.

오답분석

② 나타나다
③ 소비하다
④ 충전하다

07

정답 ③

제시된 단어의 의미는 '밤'으로, 이와 반대되는 '낮'의 의미를 가진 단어는 ③이다.

오답분석

① 지구
② 밝은
④ 언쟁을 하다

08

정답 ③

제시된 단어의 의미는 '얕은'으로, 이와 반대되는 '깊은'의 의미를 가진 단어는 ③이다.

오답분석

① 키가 큰
② 뚱뚱한
④ 커다란

09

정답 ②

제시된 단어는 '지친, 기진맥진한, 고갈된'을 의미한다.

10

정답 ③

제시된 단어는 '소홀히 하다, 방치하다, 도외시하다'를 의미한다.

11

정답 ②

①・③・④는 동물이나 ②는 식물인 '민들레'라는 의미이므로 나머지 셋과 다르다.

오답분석

① 얼룩말, ③ 토끼, ④ 악어

12

정답 ①

②・③・④는 장소를 나타내나 ①은 '보석'이라는 의미이므로 나머지 셋과 다르다.

오답분석

② 사무실, ③ 동물원, ④ 미술관

13

정답 ④

동의문의 문법적 형태를 고르는 문제이다.
'나도 그렇다.'는 뜻의 동의문은 긍정문일 때는 'so+동사+주어', 부정문일 때는 'neither+동사+주어'의 형태로 쓴다. 제시된 문장은 부정문이므로 뒤에 오는 동의문도 부정의 형태인 'neither can I'가 된다.

| 해석 |

서진이는 스키를 잘 못 타. 그리고 나도 그래.

오답분석

③ 'neither am I'는 앞 문장에서 조동사 can이 쓰였으므로 뒤에 오는 동의문에 be동사가 올 수 없다.

14

정답 ②

불가능한 경우를 가정하는 가정법 미래 시제이므로, 조건절의 동사는 were to가 와야 한다.

| 어휘 |

- signer : (헌법) 제정자
- the Constitution : 미 합중국 헌법
- return to life : 다시 살아나다
- opinion : 의견, 견해
- amendment : (헌법) 수정안

| 해석 |

만일 헌법 제정자 중 누가 단 하루라도 다시 살아 돌아온다면, 우리의 수정안에 대한 그의 견해는 흥미로울 것이다.

15

정답 ③

'It ~ for+목적격 to부정사'이므로 빈칸에는 목적격인 me가 와야 한다.

| 해석 |

나의 숙제를 언니의 도움 없이 하는 것은 어렵다.

16

정답 ③

빈칸은 선행사를 포함하는 관계대명사가 와야 하므로 what이 들어가야 한다.

| 해석 |

그것이 내가 말하고자 한 것이다.

오답분석

① and는 관계대명사이므로 사용할 수 없다.
② 관계대명사 that 앞에는 선행사가 와야 한다.
④ 관계대명사 which 앞에는 선행사가 와야 한다.

17

정답 ②

As soon as가 이끄는 절에서 빈칸은 목적어가 나와야 하는 자리인데, finish는 동명사를 목적어로 취하는 동사이므로 eating이 들어가야 한다.

| 해석 |

그녀는 밥을 다 먹자마자 학교로 출발했다.

오답분석

① 동사원형은 목적어로 사용될 수 없다.
③ to부정사는 finish의 목적어가 될 수 없다.
④ 빈칸은 동사가 아닌 목적어 자리이다.

18

정답 ④

④ 후회하는

| 해석 |

A : 모자를 사는 게 아니었어.
B : 그 모자를 좋아하지 않는다는 뜻이니?
A : 난 모자가 필요하지 않아. 나는 돈을 쓸 때 좀 더 신중해야 했어.

오답분석

① 지루해 하는
② 기뻐하는
③ 겁먹은

19

정답 ①

그림의 가격을 묻는 질문과 가격을 알려주는 답변을 통하여 고객과 점원의 관계임을 알 수 있다.

| 어휘 |

• painting : 그림
• good eye : 안목

| 해석 |

A : 저 그림이 마음에 들어요. 얼마죠?
B : 안목이 좋으시네요! 200달러입니다.
A : 네? 가격이 그렇게 비쌀 줄은 생각하지 못했어요.

20

정답 ③

1인용 객실을 예약하고자 하는 B에게 며칠 동안 머무를 것인지 묻는 A의 모습을 통해 호텔 직원과 고객의 관계임을 알 수 있다.

| 해석 |

A : 안녕하세요. 제가 도와드릴까요?
B : 예. 1인용 객실을 하나 예약하려고 전화했습니다.
A : 그렇군요. 얼마 동안이나 머무르고 싶으신가요?
B : 6일 동안이요.

21

정답 ①

| 어휘 |

• take : (시간이) 걸리다.

| 해석 |

A : 은행까지 얼마나 걸립니까?
B : 걸어서 6분정도 걸립니다.

22

정답 ②

| 어휘 |

• look around : 둘러보다, 이것저것 고려하다

| 해석 |

A : 도와드릴까요?
B : 아니오. 그냥 구경 중입니다. 아마도 나중에 도움이 필요할 거예요.
A : 그럼 천천히 둘러보세요. 위층에 더 많은 물건이 있습니다.

23

정답 ②

| 해석 |

어떤 클럽에 가입할 거니?
(B) 마술 클럽에 가입하고 싶어.
(A) 왜 그 클럽을 좋아하니?
(C) 마술 묘기들을 배우고 싶기 때문이야.

24

정답 ②

| 해석 |

> 당신은 얼마나 오래 머무를 계획입니까?
> (A) 단 10일이요.
> (C) 당신의 여행 목적은 무엇입니까?
> (B) 나는 관광하러 왔습니다.

25

정답 ②

2명 또는 2명의 파트너 선수를 위한 운동이면서 그물을 가로질러 공을 치는 운동은 테니스이다.

| 어휘 |

- back and forth : 앞뒤[좌우]로의, 여기저기의, 오락가락하는

| 해석 |

> 그것은 2명 또는 2명의 파트너 선수들[단식(1:1), 복식(2:2)]에 의한 스포츠 게임의 한 종류이다. 그것은 운동장에서 행해진다. 선수들은 낮은 그물을 가로질러 앞뒤로 작은 공을 치기 위하여 라켓을 사용한다.

26

정답 ④

| 해석 |

> 훌륭한 작가는 주제를 선택하는 데 있어서 현명하고, 자료를 모으는 데 있어 철저하다. 훌륭한 작가는 자기 자신과 생각에 있어 압도적인 확신을 가져야만 한다. 훌륭한 작가들은 대량의 정보들에서 중요한 사실들을 캐내는 방법을 알아야만 한다. 작가에게 있어서 가장 어려운 것은 그의 상상력의 활기와 풍부함을 유지하는 것이다. 대부분의 작가들은 단지 그들이 순수한 작가로서의 필수적인 자질이 부족하다는 점 때문에 실패한다. 그들은 아주 편견에 사로잡혀 있다. 교육을 받았음에도 불구하고 그들의 시각은 아주 좁다.

27

정답 ①

Newton을 예로 들어 창의적인 사람이 되려면 Newton이 했듯이 창의적 연결고리를 만들라는 내용이다. 밑줄 친 'the same thing'은 Newton과 같은 사고방식이지 달과 사과를 연관 짓는 그 자체를 의미하는 것은 아니다.
① 사과와 달을 연관시키기

| 어휘 |

- beyond : 넘어서
- take ~ for granted : ~를 당연시하다
- on one's own : 자력으로, 혼자서

| 해석 |

> 모든 사람이 Newton처럼 될 수 있는 것은 아니다. 그러나 우리는 그의 전례로부터 배울 수는 있다. 그는 떨어지는 사과를 달과 연관 지었다. 천재는 사물을 보는 데 옛 방식들을 좋아하지 않는다. 천재는 구식의 아이디어를 넘어서서 창의적인 연결을 만든다. 창의적으로 되기 위해서 우리는 반드시 그와 같은 것을 해야 한다. 그 어떤 것이라도 당연시하지 마라. 당신은 Newton과 같은 천재로 태어나지 않았지만, 스스로 훌륭한 발견들을 해낼 수 있다.

오답분석

② 낡은 사고방식 없애기
③ 주어진 대로 받아들이지 않기
④ 사물들 사이에 새로운 상상력 있는 연결고리 만들기

28

정답 ④

마지막 문장에서 'No children allowed(어린이 이용 불가).'라고 제시되어 있다.

| 어휘 |

- available : 가능한
- at once : 한번에, 한 때
- allowed : 허락되는, 허용되는

| 해석 |

> 공중목욕탕
> 열탕과 냉탕, 사우나, 운동실, 독서실 있음. 무료 수건 있음. 한번에 450명 이용 가능. 여탕은 오후 10시까지만 이용 가능. 어린이 이용 불가.

29

정답 ④

Soy는 언니가 아닌 친구에게서 Kevin의 주소를 얻었다.

| 어휘 |

- freshman : 신입생
- nervous : 불안한, 초조한

| 해석 |

> Kevin에게
> 안녕. 내 이름은 Jeong Soy이고, 여자 고등학교 신입생이야. 난 네 친구가 되고 싶어. 친구에게서 네 주소를 얻었어. 이건 내가 처음 영어로 써 보는 편지야. 그래서 지금 약간은 긴장돼. 네가 이해해주길 바라.

30

정답 ④

transact(거래하다)와 account(계좌)를 통해 은행의 텔러임을 유추할 수 있다.

| 해석 |

고객이 창구에 오면 "안녕하세요."라고 말하는 것이 내가 할 일이다. 그들이 나에게 올 때 나는 대개 "무엇을 도와드릴까요?"라고 묻고, 그들의 계좌에 입금하거나 출금하는 일을 한다.

31

정답 ④

마지막 문장에서 배우의 risky acts(위험한 연기)를 막는다는 내용을 통해 스턴트맨이 정답임을 알 수 있다.

| 해석 |

이 사람은 영화나 텔레비전에서 위험한 연기를 수행하는 사람이다. 그는 배우의 나이가 많아 신체 활동이 제한되거나 배우가 위험한 연기를 하는 것이 계약상 금지되었을 때 활동한다.

32

정답 ③

'you should refresh yourself regularly(주기적으로 자신의 활력을 되찾게 해야 한다).'라는 문장을 통해 중심 내용을 알 수 있다.

| 해석 |

녹초가 되었다고 느낄 때마다, 하루 이틀 정도 쉬어야 한다. 다시 말해서, 더 나은 삶을 위해 주기적으로 당신 자신의 생기를 되찾게 해야 한다. 예를 들어, 주말에 책을 읽거나 친구들과 담소를 나눌 수 있다. 그러면 당신의 에너지가 증가하는 것을 느낄 수 있고, 당신 자신이 생기를 되찾았음을 느낀다.

33

정답 ③

어떤 사람들은 어린이들은 어른과 프로 리그에서 사용하는 딱딱한 공과 달리 부드러운 공을 사용해야 한다고 주장한다. 하지만 글에서는 부드러운 공도 어린이들에게 위험이 될 수 있음을 설명하고 있다. 따라서 '어린이에게는 어떤 종류의 야구공도 위험할 수 있다.'는 것이 이 글의 중심 내용이다.

| 해석 |

어떤 사람들은 아이들의 야구 리그가 어른과 프로 리그에서 사용되는 것들보다 더 부드러운 야구공을 사용해야 한다고 주장한다. 그러나 두 종류의 공들은 각각 위험들을 갖고 있다. 만약 어린이들의 머리에 공을 빠른 속도로 맞더라도 더 부드러운 공은 해를 끼칠 가능성은 적다. 그러나 어린이들의 가슴에 쳤을 때 두 공 모두 갑작스러운 심장 정지를 야기할 수 있다. 사실 연구에서 부드러운 공도 또한 심정지를 야기할 수 있다고 밝혔다. 더욱이 몇몇 상황에서 부드러운 공은 단단한 공이 그런 것보다 심지어 더 적지만 위험한 반응을 일으킨다. 게다가 부드러운 공은 눈 손상에 대해서는 같은 위험을 끼친다. 부드러운 공은 심각한 머리 부상은 방지하지만 어떤 종류건 빠르게 움직이는 공은 심각하게 눈에 상처를 주며 눈을 둘러싼 기관에 손상을 입힐 수 있다.

34

정답 ③

Jane과 Mary는 어머니에게 편지를 쓴 것이 아니고, 선물을 준 숙모에게 감사의 편지를 썼다.

| 어휘 |

- living room : 거실
- aunt : (외)숙모, 이모, 고모
- immediately : 즉시, 당장

| 해석 |

어느 일요일 아침, Jane과 그녀의 여동생 Mary는 거실에서 크리스마스에 대해 이야기하고 있었다. 그때 그들의 어머니가 상자 하나를 가지고 방으로 들어왔다. 그것은 매우 큰 상자였다.
"이 상자는 서울에 계신 너희 숙모한테서 온 선물이란다."하고 그녀는 말했다. 거기에는 2개의 예쁜 한국 인형이 들어 있었다. Mary는 "우리는 정말 행복해!"하고 외쳤다. 그들의 어머니는 Jane과 Mary에게 "즉시 그녀에게 편지를 쓰도록 하렴."이라고 말했다.

35

정답 ④

어둠을 밝히기 위해 불을 사용했다는 내용은 알 수 없다.

| 어휘 |

- the old days : 옛 시대, 고대
- reason : 이유
- frighten : 놀라게 하다
- wild : 야생의
- taste : (~한) 맛이 나다

| 해석 |

고대의 사람들에게 불은 3가지 이유로 매우 중요했다. 그것은 그들을 따뜻하게 해주었다. 그것은 또한 야생 동물들을 놀라게 했다. 그들(야생 동물들)은 사람들이 불 가까이에 있으면 사람들 가까이로 오지 않았다. 그리고 또 한 가지가 발견되었다. 음식을 (불에) 익혀 먹으면 맛이 훨씬 더 좋다는 것이다.

36

정답 ②

| 어휘 |

- volunteer : 자원봉사자
- activities : 활동, 행사

| 해석 |

우리 사회 봉사단은 여러분들을 위해 많은 좋은 활동들을 벌이고 있다. 이러한 활동들은 여러분들이 다른 사람들을 돕도록 기회를 준다. 우리는 당신이 우리와 함께 하기를 바란다.

37

정답 ②

제시문은 동화의 필요 요소에 대해 설명하는 글로, 동화는 아이들에게 행복을 느끼게 만들어 주어야 한다고 하였다. 글은 이러한 내용을 지시하고 있으므로, ②가 적절하다.

| 해석 |

아이들이 이야기를 너무 진지하게 받아들이고 현실이라고 믿기 때문에 작가는 슬픈 결말이 정말 타당한지 신중을 기해야 한다. 삶과 세계의 요소뿐 아니라 독자를 고려한 것이 좋은 동화이다. 그것은 삶과 현실이 어떤지, 어떻게 문제가 해결되는지를 보여 주거나, 가르쳐 주거나, 편안함을 주거나, 영감을 주거나, 즐거움을 줄 수 있다. 그러나 이 모든 목적도 독자가 책을 다 읽었을 때 활력을 얻지 못한다면 전혀 달성되지 않는다. 행복하지 않은 것은 아이에게는 문제가 된다. 아이에게는 이야기가 마치 미완결된 것처럼 느껴질 수도 있다: 이것은 아이에게 혼동을 줄 수도 있고 심지어 좌절하게 할 수도 있다. 동화는 이야기가 끝난 후에도 주인공들의 삶이 계속해서 좋게 이어질 것이라는 확신을 아이들에게 심어 줄 수 있어야 한다.

38

정답 ③

제시문은 TV 쇼에서 노래를 부르며 환자들에게 의학적 충고를 해주는 의사에 대한 설명이다.

오답분석

① 글의 내용을 유추할 수 없는 너무 광범위한 범위의 주제이다.

| 해석 |

의사 Smith씨는 그의 환자들에게 좋은 의학적 충고를 해준다. 하지만 그는 환자들에게 단순히 어찌해야 하는지를 말하지 않는다. 그는 또한 TV에서 그들에게 의학적 조언을 해준다. 매주 있는 그의 TV 쇼에서는 그가 노래를 하고, 의학적 조언을 해준다. 그리고 난 뒤, 그는 또 다른 노래를 부른다.

39

정답 ①

제시문은 출생의 시간과 장소, 인종 등 우연적인 요소가 사람이 어떤 직업을 선택할지를 결정하는 데 중요한 역할을 한다고 언급하고 있다.

| 어휘 |

- sociologist : 사회학자
- accidental : 우연한, 우발적인

| 해석 |

Theodore Caplow라는 한 사회학자에 의하면 출생의 우연은 종종 사람이 어떠한 직업을 선택할지를 결정하는 데 중요한 역할을 한다고 한다. 아이들은 부모의 직업을 따른다. 즉, 농부들은 농부의 자손에게서, 교사들은 교사의 자녀들에게서 재생산된다. 부모는 자녀들에게 직업을 물려준다. 게다가 출생의 시간과 장소, 인종, 국적, 사회계급 그리고 부모의 기대와 같은 요인들은 모두 우발적이다. 다시 말해, 계획되거나 통제되지 않는다. 그것들은 모두 직업 선택에 영향을 미친다.

40

정답 ③

글의 필자는 삶의 즐거움과 기쁨은 인간이 추구하는 자연적인 목표이지만, 자연은 모든 종들의 행복을 추구하기에 서로가 서로의 행복을 위해 돕고 살 수 있기를 바라며, 자신의 이익을 위해 타인의 이익을 희생시키지 않길 바란다고 주장하고 있다.

| 어휘 |

- anxious : 불안해하는
- welfare : 복지, 후생
- pursue : 추구하다
- expense : 비용이 드는, 경비

| 해석 |

삶의 즐거움과 기쁨은 모든 인간이 노력하는 자연적인 목표이다. 하지만 자연은 다른 이의 즐거운 삶을 위해 서로가 돕기를 바란다. 또한 그녀는 모든 종들의 행복을 갈망하고 있다. 그래서 그녀는 우리들에게 다른 이들의 이익을 희생시키면서까지 자신의 이익을 추구하지 않도록 하라고 말한다.

41

정답 ③

소년은 40센트의 참외를 구입하지 못해서 4센트로 덜 익은 참외를 구입하여 한두 주 후에 참외를 가져가기 위해 참외 줄기를 자르지 말아달라고 이야기하고 있다. 이는 참외가 더 커졌을 때 가져가려고 하기 위해서이다.

| 어휘 |

- vine : 줄기, 덩굴

| 해석 |

한 소년이 어느 농부의 참외밭으로 걸어 들어갔다. 그 농부는 "뭘 도와줄까?"하고 물었다. 소년은 크고 좋은 참외의 가격이 얼마냐고 물었다. 40센트라고 농부가 말하자 소년은 4센트밖에 없다고 말했다. 농부는 아주 작고 덜 익은 참외를 가리키며 "이건 어때?" 하고 미소 지으며 말했다. "좋아요, 이걸로 하겠어요." 그 유머러스한 소년은 말했다. "하지만 덩굴을 자르지는 마세요. 한두 주 후에 가지러 오겠습니다."

42

정답 ④

제인 구달은 대학도서관 사서가 아니라 비서로 일했다.

| 어휘 |

- grew up : 자라다
- secretary : 비서

| 해석 |

어렸을 때, 제인 구달은 모든 종류의 동물을 사랑했다. 그녀는 자라면서, 과학자가 되어 야생동물들을 연구하기 위해 아프리카로 가길 원했다. 그녀의 부모님이 가난해서 그녀는 대학에 들어갈 수 없었다. 그래서 그녀는 대신 비서가 되었다.

43

정답 ②

마지막 문장인 'Here are some various recipes for tomatoes.'를 통해 바로 뒤에 '토마토의 요리법'이 나온다는 것을 알 수 있다.

| 해석 |

오늘날, 토마토는 세계에서 가장 흔한 음식 중 하나이다. 토마토는 단독으로 제공되기도 하고 피자와 스파게티 등 당신이 선호하는 음식과 함께 제공되기도 한다. 여기 다양한 토마토 요리법이 있다.

CHAPTER 02 수학 적중예상문제

01	02	03	04	05	06	07	08	09	10
④	③	②	④	④	①	①	①	①	③
11	12	13	14	15	16	17	18	19	20
④	②	③	①	②	③	②	③	③	③
21	22	23	24	25	26	27	28	29	30
①	④	①	①	④	③	④	②	④	④
31	32	33	34	35	36	37	38	39	40
③	②	①	②	②	③	①	①	④	③
41	42	43	44	45	46				
④	②	②	③	④	②				

01

정답 ④

$35.4 \div 4 + 0.05 \times 3 = 8.85 + 0.15 = 9$

02

정답 ③

$0.342 + 0.465 + 0.646 - 1.242 = 1.453 - 1.242 = 0.211$

03

정답 ②

$0.28 + 2.4682 - 0.9681 = 2.7482 - 0.9681 = 1.7801$

04

정답 ④

$2{,}620 + 1{,}600 \div 80 = 2{,}620 + 20 = 2{,}640$

05

정답 ④

$565 \div 5 + 44 \times 3 = 113 + 132 = 245$

06

정답 ①

$4.7 + 22 \times 5.4 - 2 = 4.7 + 118.8 - 2 = 121.5$

07

정답 ①

$493 - 24 \times 5 = 493 - 120 = 373$

08

정답 ①

$(984 - 216) \div 48 = 768 \div 48 = 16$

09

정답 ①

$(48+48+48+48) \times \frac{11}{6} \div \frac{16}{13} = 48 \times 4 \times \frac{11}{6} \times \frac{13}{16}$

$= 2 \times 11 \times 13 = 286$

10

정답 ③

$27 \times \frac{12}{9} \times \frac{1}{3} \times \frac{3}{2} = 3 \times 12 \times \frac{1}{3} \times \frac{3}{2} = 3 \times 6 = 18$

11

정답 ④

$41 + 42 + 43 = 126$

④ $3 \times 2 \times 21 = 126$

오답분석

① $6 \times 6 \times 6 = 216$

② $5 \times 4 \times 9 = 20 \times 9 = 180$

③ $7 \times 2 \times 3 = 7 \times 6 = 42$

12

정답 ②

$(178 - 302) \div (-1) = (-124) \div (-1) = 124$

② $95 + 147 - 118 = 242 - 118 = 124$

오답분석

① $571 + 48 - 485 = 619 - 485 = 134$

③ $78 \times 2 - 48 \div 2 = 156 - 24 = 132$

④ $36 + 49 + 38 = 85 + 38 = 123$

13
정답 ③

$3\times8\div2=24\div2=12$

③ $3\times9-18+3=27-18+3=12$

오답분석

① $7+6=13$

② $77\div7=11$

④ $1+2+3+4=10$

14
정답 ①

$8-5\div2+2.5=8-2.5+2.5=8$

오답분석

② $14-5\times2=14-10=4$

③ $10\div4+3\div2=2.5+1.5=4$

④ $6\times2-10+2=12-10+2=4$

15
정답 ②

$\frac{17}{15}\fallingdotseq1.133$

② $1.138>(\ 1.133\ )>1.119$

오답분석

① $\frac{16}{13}\fallingdotseq1.231$

③ $\frac{19}{17}\fallingdotseq1.118$

④ $\frac{21}{20}=1.05$

16
정답 ③

$\frac{7}{9}\fallingdotseq0.78$

오답분석

① $\frac{2}{3}\fallingdotseq0.67$

② $\frac{5}{8}=0.625$

④ $\frac{8}{13}\fallingdotseq0.62$

17
정답 ②

$\frac{1}{5}<(\quad)<\frac{5}{7}$

$\rightarrow \frac{7}{35}=0.2<(\quad)<\frac{25}{35}\fallingdotseq0.71$

오답분석

① $\frac{1}{7}=\frac{5}{35}$

③ $\frac{21}{25}=0.84$

④ $\frac{1}{6}\fallingdotseq0.17$

18
정답 ③

$a\diamond b=\begin{cases}a-b(a\ge b)\\a+b(a<b)\end{cases}$이므로

$6\diamond2=6-2=4\ (\because\ 6\ge2)$

$2\diamond6=2+6=8\ (\because\ 2<6)$

$\therefore\ (6\diamond2)\diamond(2\diamond6)=4\diamond8=4+8=12\ (\because\ 4<8)$

19
정답 ③

1kg=1,000g, 1t=1,000kg이므로

2.58t=2,580kg=2,580,000g이다.

20
정답 ③

$A\cap B=\{2,\ 5\}$이므로 $A=\{2,\ 3,\ x^2+4\}$에서

$x^2+4=5$

$\rightarrow x^2=1$

$\therefore\ x=\pm1$

(i) $x=1$일 때

$A=\{2,\ 3,\ 5\},\ B=\{2,\ 4,\ 5\}$

$\therefore\ A\cap B=\{2,\ 5\}$ → 성립

(ii) $x=-1$일 때

$A=\{2,\ 3,\ 5\},\ B=\{0,\ 4,\ 1\}$

$\therefore\ A\cap B=\phi$ → 모순

따라서 (i), (ii)에서 $A\cap B=\{2,\ 5\}$를 만족하는 실수 x의 값은 1이다.

21
정답 ①

$49\times0.393=19.257$

22

정답 ④

$5\div200=0.025$

23

정답 ①

시침은 1시간에 30°, 1분에 0.5°씩 움직이고, 분침은 1분에 6°씩 움직인다.
현재 시각이 7시 20분이므로 다음과 같다.

- 시침이 움직인 각도 : $30\times7+0.5\times20=210+10=220°$
- 분침이 움직인 각도 : $6\times20=120°$

따라서 7시 20분의 작은 각의 각도는 (시침의 각도)−(분침의 각도)이므로 $220-120=100°$이다.

24

정답 ①

일주일은 7일이므로 $30\div7=4\cdots2$이다.
따라서 나머지가 2이므로 월요일에서 이틀 뒤인 수요일이다.

25

정답 ④

각각의 신호등이 다시 켜지는 시간은 다음과 같다.

- A신호등 : $8+4=12$
- B신호등 : $13+5=18$
- C신호등 : $15+9=24$

따라서 세 신호등이 동시에 켜질 때까지 걸리는 시간은 12, 18, 24의 최소공배수인 72초이다.

26

정답 ③

3대의 버스 배차시간은 30분, 60분, 80분으로 첫차 시간 오전 7시 이후에 다시 같이 만나는 시각은 배차시간의 최소공배수를 구하면 된다.
배차시간의 최소공배수는 $10\times3\times2\times4=240$분으로 $240\div60=4$시간마다 3대의 버스가 같이 출발한다.
따라서 오전 7시 다음에 같은 정류장에서 만나는 시각은 $7+4=11$시(오전)이다.

27

정답 ④

서울과 부산 사이의 거리는 연수와 민호가 각각 이동한 거리의 합과 같다.
따라서 서울과 부산 사이의 거리는 $(80\times2)+(100\times2)=360$km이다.

28

정답 ②

철수와 영희가 처음 만날 때까지 걸린 시간을 x분이라고 하면 x분 동안 철수와 영희의 이동거리는 각각 $70x$m, $30x$m이므로 다음 식이 성립한다.
$70x+30x=1,000(\because 1\text{km}=1,000\text{m})$
$\therefore x=10$
따라서 두 사람이 처음 만날 때까지 걸린 시간은 10분이다.

29

정답 ④

강을 거슬러 올라가는 데 걸리는 시간을 a시간, 내려오는 데 걸리는 시간을 b시간이라고 하면 다음 식이 성립한다.

- $a=\frac{5}{2}b\cdots$ ㉠
- $a+b=\frac{7}{4}\cdots$ ㉡

㉠, ㉡을 연립하면 $a=\frac{5}{4}$, $b=\frac{1}{2}$이다.
정지한 물에서의 배의 속력을 시속 $x$km, 강물의 속력을 시속 $y$km라고 하면 다음 식이 성립한다.

- $\frac{5}{4}(x-y)=10\cdots$ ㉢
- $\frac{1}{2}(x+y)=10\cdots$ ㉣

㉢, ㉣을 연립하면 $x=14$, $y=6$이다.
따라서 정지한 물에서의 배의 속력은 14km/h이다.

30

정답 ④

가족 평균 나이는 $132\div4=33$세이므로 어머니의 나이는 $33+10=43$세이다.
나, 동생, 아버지의 나이를 각각 x세, y세, z세라고 하자.
$x+y=41\cdots$ ㉠
$z=2y+10\cdots$ ㉡
$z=2x+4\cdots$ ㉢
㉡, ㉢을 연립하여 정리하면 다음과 같다.
$x-y=3\cdots$ ㉣
㉠, ㉣을 연립하여 정리하면 다음과 같다.
$x=22$, $y=19$
따라서 동생의 나이는 19세이다.

31

정답 ③

아버지의 나이가 아들의 나이의 3배가 되는 때를 x년 후라고 하면 다음 식이 성립한다.

$45+x=3(13+x)$

$\rightarrow 2x=6$

$\therefore x=3$

따라서 3년 후에는 아버지의 나이가 아들의 나이의 3배가 된다.

32

정답 ②

신입이 들어오기 전 팀원 수를 x명이라고 하면 다음 식이 성립한다.

$\frac{30\times x+25}{x+1}=29$

$\rightarrow 30\times x+25=29(x+1)$

$\rightarrow 30x+25=29x+29$

$\therefore x=4$

따라서 신입이 들어오기 전 팀원 수는 4명이다.

33

정답 ①

벤치의 수를 x개라고 하자. 벤치 1개에 5명씩 앉으면 12명이 남으므로 사람 수는 $(5x+12)$명이다.

6명씩 앉으면 7개의 벤치가 남는다고 하였으므로 사람이 앉아 있는 마지막 벤치에는 최소 1명에서 최대 6명이 앉을 수 있다.

즉, $6(x-8)+1\leq 5x+12\leq 6(x-8)+6$

- $6(x-8)+1\leq 5x+12$
  $\rightarrow 6x-47\leq 5x+12$
  $\therefore x\leq 59$
- $5x+12\leq 6(x-8)+6$
  $\rightarrow 5x+12\leq 6x-42$
  $\therefore x\geq 54$

따라서 $54\leq x\leq 59$이므로 벤치의 개수가 될 수 없는 것은 ①이다.

34

정답 ②

물건 한 개의 가격을 x원이라 하면 다음 식이 성립한다.

$3x\times(1-0.1)=5,400$

$\rightarrow 2.7x=5,400$

$\therefore x=2,000$

35

정답 ②

정가를 x원이라고 하면 다음 식이 성립한다.

$0.8x-4,000=4,000\times 0.05$

$\therefore x=5,250$

36

정답 ③

처음 가지고 있던 금액을 x원이라 하면 다음 식이 성립한다.

$\frac{x-1,300}{2}-300=300$이다.

$\therefore x=2,500$

따라서 A씨가 처음 가지고 있던 금액은 2,500원이다.

37

정답 ①

(정가)−(원가)=(이익)이므로 다음 식이 성립한다.

$10,000\times(1+0.3)\times(1-0.2)=10,000\times 1.04=10,400$

따라서 이익은 $10,400-10,000=400$원이다.

38

정답 ①

A, B, C가 하루 동안 할 수 있는 일의 양은 각각 $\frac{1}{15}$, $\frac{1}{10}$, $\frac{1}{30}$이다.

$\left(\frac{1}{15}+\frac{1}{10}+\frac{1}{30}\right)\times x=1$

$\rightarrow \frac{1}{5}\times x=1$

$\therefore x=5$

따라서 총 5일이 걸린다.

39

정답 ④

전체 일의 양을 1이라고 하면 갑이 하루에 할 수 있는 일의 양은 $\frac{1}{12}$이고, 을이 하루에 할 수 있는 일의 양은 $\frac{1}{10}$이다.

둘이 같이 일한 날을 x일이라고 하면 다음 식이 성립한다.

$\left(\frac{1}{12}+\frac{1}{10}\right)\times x+\frac{1}{12}\times(7-x)=1$

$\rightarrow 11x+5(7-x)=60$

$\therefore x=\frac{25}{6}=4\frac{1}{6}$

따라서 둘이 같이 일한 날은 5일이다.

40

정답 ③

수도 A, B가 1분 동안 채울 수 있는 물의 양은 각각 $\frac{1}{15}$L, $\frac{1}{20}$L이다.

수도 A, B를 동시에 틀어 놓을 경우 1분 동안 채울 수 있는 물의 양은 $\frac{1}{15}+\frac{1}{20}=\frac{7}{60}$L이므로 30분 동안 $\frac{7}{60}\times 30=3.5$L의 물을 받을 수 있고, 물통은 3개를 채울 수 있다.

41

정답 ④

9% 소금물 200g에 들어있는 소금의 양은 $\frac{9}{100}\times200=18$g 이므로, 100g에 들어있는 소금의 양은 9g이고, 4% 소금물 150g에 들어있는 소금의 양은 $\frac{4}{100}\times150=6$g이다.

따라서 그릇 B에 들어있는 소금물의 농도는

$\frac{9+6}{100+150}\times100=6$%이다.

42

정답 ②

증발시키는 물의 양을 xg이라고 하자. 증발시키기 전과 후의 소금의 양은 같으므로

$\frac{8}{100}\times300=\frac{12}{100}(300-x)$

→ $2,400=12(300-x)$

→ $12x=1,200$

∴ $x=100$

따라서 100g의 물을 증발시키면 된다.

43

정답 ②

증발된 물의 양을 xg이라고 하자. 증발되기 전과 후의 설탕의 양은 동일하므로

$\frac{4}{100}\times400=\frac{8}{100}\times(400-x)$

→ $1,600=3,200-8x$

→ $8x=1,600$

∴ $x=200$

띠리시 남아있는 물은 200g이다.

44

정답 ③

A가 문제를 풀 확률은 $\frac{1}{5}$이므로 A가 문제를 풀지 못할 확률은 $\frac{4}{5}$이고, B가 문제를 풀 확률은 $\frac{1}{4}$이므로 B가 문제를 풀지 못할 확률은 $\frac{3}{4}$이다.

- A만 문제를 풀 확률 : $\frac{1}{5}\times\frac{3}{4}=\frac{3}{20}$
- B만 문제를 풀 확률 : $\frac{4}{5}\times\frac{1}{4}=\frac{1}{5}$

따라서 한 사람만 문제를 풀 확률은 $\frac{3}{20}+\frac{1}{5}=\frac{3}{20}+\frac{4}{20}=\frac{7}{20}$이다.

45

정답 ④

- 4개의 숟가락 중 2개가 겹치는 경우 : $\frac{4!}{2!}=12$가지
- 4개의 젓가락 중 2개가 2번 겹치는 경우 : $\frac{4!}{2!\times2!}=6$가지

∴ $12\times6=72$

따라서 구하고자 하는 경우의 수는 72가지이다.

46

정답 ②

5명이 노란색 원피스 2벌, 파란색 원피스 2벌, 초록색 원피스 1벌 중 1벌씩 선택하여 사는 경우의 수를 구하기 위해 먼저 5명을 2명, 2명, 1명으로 이루어진 3개의 팀으로 나누어 구하도록 한다.

${}_5C_2\times{}_3C_2\times{}_1C_1\times\frac{1}{2!}=\frac{5\times4}{2}\times3\times1\times\frac{1}{2}=15$

따라서 원피스 색깔 중 2벌인 색은 노란색과 파란색 2가지이므로 선택할 수 있는 경우의 수는 $15\times2=30$가지이다.

CHAPTER 03 한자성어 적중예상문제

01	02	03	04	05	06	07	08	09	10
④	①	②	①	①	②	③	②	②	①
11	12	13	14	15	16	17	18	19	20
③	③	②	④	④	①	③	④	④	②

01

정답 ④

포복절도(抱腹絶倒) : 몹시 우스워서 배를 잡고 몸을 가누지 못할 정도로 웃음

02

정답 ①

근면성실(勤勉誠實) : '부지런히 힘써 일하며 정성스럽고 참됨'을 뜻함

03

정답 ②

위편삼절(韋編三絶) : '공자가 만년에 주역에 심취하여 이를 읽다가 끈이 세 차례나 끊어졌다.'에서 비롯된 말로, 독서(讀書)에 열중함을 뜻함

04

정답 ①

천재일우(千載一遇) : '천 년에 한 번 만날 만한 기회'라는 의미로, 좀처럼 만나기 어려운 좋은 기회를 뜻함

05

정답 ①

상전벽해(桑田碧海) : '뽕나무 밭이 푸른 바다로 변한다.'는 의미로, 세상이 몰라볼 정도로 변함을 비유함

06

정답 ②

- 금의야행 : 성공은 했지만 아무런 효과를 내지 못하는 것을 이름
- 금지옥엽 : 아주 귀한 집안의 소중한 자식이라는 뜻

07

정답 ③

- 십벌지목 : 열 번 찍어 안 넘어 가는 나무 없다.
- 십시일반 : 열이 어울려 밥 한 그릇이 된다.

08

정답 ②

- 교우이신 : 벗을 사귀기를 믿음으로써 한다.
- 군신유의 : 임금과 신하는 의가 있어야 한다.

09

정답 ②

- 망극지은 : 다함이 없는 임금이나 부모의 큰 은혜
- 백골난망 : 백골이 된 후에도 잊을 수 없는 크나큰 감사

10

정답 ①

- 수원수구 : 남을 원망하거나 탓할 것이 없다.
- 구태의연 : 예나 지금이나 조금도 다름이 없다.

11

정답 ③

등화가친(燈火可親) : '등불을 가까이할만 하다.'는 의미로, 가을밤에 등불을 가까이하여 글 읽기에 좋은 계절임을 뜻함

오답분석

① 천고마비(天高馬肥) : '하늘이 높고 말이 살찐다.'는 의미로, 하늘이 맑아 높푸르게 보이고 온갖 곡식이 익어가는 가을철을 뜻함
② 형설지공(螢雪之功) : 반딧불과 눈빛으로 책을 읽어서 이룬 공으로 고생을 하면서 공부하여 얻은 보람을 뜻함
④ 위편삼절(韋編三絶) : 공자가 읽었던 책 끈이 세 번이나 끊어졌다는 이야기에서 유래되어 열심히 공부하는 것을 뜻함

12

정답 ③

고진감래(苦盡甘來) : '쓴 것이 다하면 단 것이 온다.'는 의미로, 고생 끝에 즐거움이 오는 것을 뜻함

오답분석

① 순망치한(脣亡齒寒) : '입술이 없으면 이가 시리다.'는 의미로, 서로 의지하고 있어서 한쪽이 사라지면 다른 한쪽도 온전하기 어렵다는 것을 뜻함
② 당구풍월(堂狗風月) : '서당개 삼 년이면 풍월을 읊는다.'는 의미로, 그 분야에 전문성이 없는 사람도 오래 있으면 지식과 경험을 얻는 것을 뜻함
④ 조삼모사(朝三暮四) : '아침에는 세 개, 저녁에는 네 개'라는 말로, 간사한 꾀로 남을 속이는 것을 뜻함

13

정답 ②

망우보뢰(亡牛補牢) : '소 잃고 외양간 고친다.'는 의미로, 실패한 후에 일을 대비함을 뜻함

오답분석

① 와신상담(臥薪嘗膽) : '불편한 섶에서 자고, 쓴 쓸개를 맛본다.'는 의미로, 마음먹은 일을 이루기 위하여 온갖 괴로움을 무릅씀을 뜻함
③ 분서갱유(焚書坑儒) : '학업을 억압하는 것'이라는 의미로, 진나라 시황제가 정부를 비방하는 언론을 봉쇄하기 위하여 서적을 불사르고 선비를 생매장한 일을 뜻함
④ 조족지혈(鳥足之血) : '새발의 피'란 의미로, 극히 적은 분량(分量)을 뜻함

14

정답 ④

잘 침(寢) → 14획

오답분석

① 모을 찬(纂) → 20획
② 칼 검(劍) → 15획
③ 분별할 변(辨) → 16획

15

정답 ④

으뜸 원(元) – 멀 원(遠)

오답분석

① 셈 수(數) – 달릴 주(走)
② 일만 만(萬) – 얼굴 면(面)
③ 소 우(牛) – 낮 오(午)

16

정답 ①

적자생존(適者生存)은 생존경쟁의 결과, 그 환경에 맞는 것만이 살아남고 그렇지 못한 것은 차차 쇠퇴, 멸망해가는 자연도태의 현상을 일컫는 말이다.

- 중과부적(衆寡不敵) : 적은 사람으로는 많은 사람을 이기지 못한다.

17

정답 ③

견문발검(見蚊拔劍)은 '모기를 보고 칼을 뺀다.'는 의미로, 보잘것없는 작은 일에 지나치게 큰 대책을 세움 또는 조그만 일에 화를 내는 소견이 좁은 사람을 말이다.

- 견강부회(牽强附會) : 이치에 맞지 않는 말을 억지로 끌어 붙여 자기주장의 조건에 맞도록 하다.

18

정답 ④

교육(敎育) : 가르칠 교, 기를 육

19

정답 ④

막역(莫逆) : 없을 막, 거스를 역

20

정답 ②

공경(恭敬) : 공손할 공, 공경 경

CHAPTER 04 회사상식 적중예상문제

01	02	03	04	05	06	07	08	09	10
④	①	④	②	②	①	③	②	④	③
11	12	13	14	15	16	17	18	19	20
①	②	③	①	①	①	④	②	②	④

01

정답 ④

파이낸셜 스토리의 사업 방향성은 첨단소재, 에너지, 바이오, 디지털이다.

02

정답 ①

SKC는 세계 최초 상업화에 성공한 LiBS(리튬 이온배터리 분리막) 생산기업으로 전기차·배터리 산업을 전문으로 하고 있다.

03

정답 ④

한국고등교육재단은 세계수준의 학자를 양성하여 학술발전을 통한 국가발전을 촉진하기 위해 1974년 설립된 비영리 공익법인이다. 사회과학, 자연과학, 동양학, 정보통신 분야에서 727여 명의 박사학위자를 배출하였으며 다양한 프로그램을 통해 학문에 힘쓰고 있다.

04

정답 ②

SUPEX추구협의회는 SK그룹 경영의 공식적인 최고 협의 기구로, '따로 또 같이'의 효과적인 실행을 위하여 주요 관계사들이 체결한 상호협력방안 실행을 위한 협약에 기반한다.

전략 위원회	그룹 차원의 전략을 수립, 실행을 지원하며 그룹 차원의 성장기회를 발굴하고 투자하여 실행을 지원함
에너지·화학 위원회	SK의 에너지·화학사업을 성장·발전시키기 위해 관계사의 성장 지원 및 역량응집 촉진
ICT 위원회	SK의 ICT사업을 성장·발전시키기 위한 유관 관계사 간 협력 촉진
Global 성장위원회	SK의 글로벌 비즈니스 파트너들과 우호적 협력관계 유지 및 에너지신사업 추진
Communication 위원회	SK 대내외 이해관계자들과의 원활한 커뮤니케이션 업무 수행
인재육성 위원회	SK기업문화의 근간인 SKMS를 바탕으로 미래경영자 발굴 및 육성 집중
Social Value 위원회	지속 가능한 행복의 창출 및 분배를 위한 사회적 가치 창출 및 Bis–파트너와의 동반성장 매진

05

정답 ②

'따로 또 같이' 경영은 SK그룹을 구성하는 각 기업이 이사회를 중심으로 자율·책임 경영을 실천해 나가며, 상호 협력을 구체적으로 실현하기 위해 공동 협약에 따른 협의회를 운영하고 자율적으로 참여하는 경영 방식이다.

06

정답 ①

SK그룹은 1953년 한국전쟁의 폐허 속에서 선경(鮮京) 직물을 인수, 1976년에는 상호를 선경그룹으로 변경하였으며, 1998년 선경그룹에서 SK그룹으로 그룹명을 변경하였다.

07

정답 ③

장학퀴즈는 대한민국의 고등학생을 대상으로 하는 퀴즈 프로그램이다. 1973년 MBC에서 방송을 시작해 1996년 잠시 방송을 중단했으나 1997년 EBS로 방송국을 옮겨 재개했다. 장학퀴즈는 SK그룹의 전신인 대한석유공사와 선경그룹에서 지원을 시작했으며 사명을 변경한 현재까지도 제작을 후원하고 있다.

08

정답 ②

SK스포츠는 SK그룹에서 운영하는 스포츠단으로 현재 프로농구단인 SK 나이츠와 축구단인 제주 유나이티드 FC, 핸드볼팀인 SK 슈가글라이더즈와 SK 호스크, 프로게임단인 SKT T1을 운영 중이며 그 외에 골프선수 최경주, 이보미, 김한별을 후원하고 있다. 과거에는 SK케미칼 여자 배구단을 운영하였으나 1998년 슈퍼리그 준우승을 마지막으로 해체되었다.

09

정답 ④

SUPEX는 이론적 절대치를 구할 수 있는 경우에는 그 절대치를, 이론적 절대치를 구할 수 없는 경우에는 더 이상의 높은 수준은 없는가를 따져, '인간의 능력으로 도달할 수 있는 최고의 수준'이라는 의미에 가장 충실한 수준을 뜻한다. 다만 SUPEX Company를 지향하되 곧바로 도달하는 것은 현실적으로 어려우므로 한 단계 높은 수준의 회사인 Better Company를 목표로 설정, 이를 반복적으로 달성하여 SUPEX Company를 구현해 나간다.

10

정답 ③

SK의 집단경영체제인 SUPEX추구협의회는 2016년 윤리경영위원회가 폐지되었으며 과거 출범 초기 존재했지만 에너지화학위원회가 생기면서 폐지되었던 전략위원회가 신설되어 총 7개의 위원회로 유지되고 있다.

11

정답 ①

SK그룹 경영철학의 VWBE는 '자발적(Voluntarily)이고 의욕적(Willingly)인 두뇌활용(Brain Engagement)'의 약칭이다.

12

정답 ②

제시된 현상은 J턴 현상이다. 출신지로 돌아가는 U턴 현상과 달리 출신지에서의 고용기회가 적어 일자리가 없는 경우 이러한 현상이 발생할 가능성이 높다.

13

정답 ③

퍼플칼라에 대한 설명이다.

오답분석

① 골드칼라 : 아이디어 노동자
② 화이트칼라 : 사무직 노동자
④ 논칼라 : 컴퓨터작업 세대를 일컫는다.

14

정답 ①

매몰비용은 어떤 재화의 여러 가지 종류의 용도 중 한 가지만을 선택한 경우, 나머지 포기한 용도에서 얻을 수 있는 이익의 평가액을 의미한다.

15

정답 ①

레몬마켓은 저급품만 유통되는 시장으로, 불량품이 넘쳐나면서 소비자의 외면을 받게 된다.

오답분석

④ 피치마켓 : 고품질의 상품이나 우량의 재화·서비스가 거래되는 시장을 의미한다.

16

정답 ①

오답분석

② 바이럴 마케팅 : 전파 가능한 매체를 통해 기업이 아닌 소비자가 자발적으로 어떤 기업이나 기업의 제품을 홍보하는 마케팅 기법
③ 브랜디드 엔터테인먼트 마케팅 : 기업의 제품이나 브랜드를 영화·뮤직비디오·음악 등 엔터테인먼트적인 요소에 접목시켜 소비자의 관심을 유도하는 마케팅 기법
④ 니치 마케팅 : '틈새시장'이란 뜻으로, 시장의 빈틈(Niche)을 공략해 새로운 상품을 출시하는 마케팅 기법

17

정답 ④

디드로 효과는 하나의 상품을 구입함으로써 그 상품과 연관된 제품을 연속적으로 구입하게 되는 현상을 뜻한다.

18

정답 ②

트랜슈머(Transumer)란 '움직이는 소비자'라는 의미로, '이동'을 뜻하는 'Transition'과 '소비자'를 뜻하는 'Consumer'의 합성어이다. 현재는 그 의미가 확장되어 한정된 시간을 활용하고 새로운 취미를 추구하는 소비자를 통틀어서 가리킨다.

19

정답 ②

근로기준법에 따르면 15세 미만인 자(초·중등교육법에 따른 중학교에 재학 중인 18세 미만인 자를 포함한다)는 근로자가 되지 못한다.

20

정답 ④

직장폐쇄는 노동조합의 쟁의행위에 대한 대항수단이므로 노동조합이 쟁의행위를 개시한 이후에만 할 수 있다.

시대에듀

M E M O

PART 2

언어이해

CHAPTER 01 언어추리 적중예상문제

01	02	03	04	05	06	07	08	09	10
①	③	①	③	①	③	③	①	①	①
11	12	13	14	15	16	17	18	19	20
①	③	①	①	②	①	③	③	④	②
21	22	23	24	25	26	27	28	29	30
④	③	②	②	④	②	①	④	②	③
31	32	33	34	35	36	37	38	39	
②	④	②	③	①	②	③	③	②	

01

정답 ①

E는 C의 형이며, D는 E의 아들이다. 따라서 C는 D의 삼촌이다.

02

정답 ③

A를 주문한 손님 중에서 일부는 C를 주문했지만, B를 주문한 손님 중에서는 C를 주문하는 손님이 있었는지 아닌지 주어진 조건만으로는 알 수 없다.

03

정답 ①

1등은 갑이고, 2등은 을이 아니고 병이 정과 무보다 빠르므로 병이다. 을은 3등, 4등 또는 5등이므로 병보다 늦게 들어왔다고 할 수 있다.

04

정답 ③

사람이 다른 사람과 교제를 할 때, 상대방에 대한 자신의 인상을 관리하려는 속성이 있다는 것이지 타인에 의해 자신의 인상이 관리된다는 내용은 제시문에 나와 있지 않다.

05

정답 ①

광고 혹은 내가 다른 사람의 눈에 어떻게 보일 것인가 하는 점에서 20세기 대중문화는 새로운 인간형을 탄생시켰다.

06

정답 ③

해당 내용은 제시문에 나와 있지 않으므로 알 수 없다.

07

정답 ③

미희는 매주 수요일마다 요가 학원에 가고, 요가 학원에 가면 항상 9시에 집에 온다. 그러나 미희가 9시에 집에 오는 날은 수요일일 수도 또는 다른 요일일 수도 있으므로 알 수 없다.

08

정답 ①

비판적 사고를 하는 사람은 반성적 사고를 하고, 반성적 사고를 하면 창의적 사고를 하기 때문에 비판적 사고를 하는 사람은 창의적 사고도 한다.

09

정답 ①

미세먼지 가운데 $2.5\mu m$ 이하의 입자는 초미세먼지이고, 초미세먼지는 호흡기에서 걸러낼 수 없기 때문에 $2.4\mu m$입자의 초미세먼지는 호흡기에서 걸러낼 수 없다.

10

정답 ①

부모에게 칭찬을 많이 받으면 인간관계가 원만하고, 인간관계가 원만하면 긍정적으로 사고하기 때문에 부모에게 칭찬을 많이 받은 주영이는 사고방식이 긍정적이다.

11

정답 ①

주어진 명제를 정리하면 다음과 같다.

- A : 다리가 아픈 사람
- B : 계단을 빨리 오르지 못하는 사람
- C : 평소에 운동을 하지 않는 사람

A → B, B → C이며, 대우는 각각 ~B → ~A, ~C → ~B이다. 따라서 ~C → ~B → ~A이므로 ~C → ~A이다.
그러므로 '평소에 운동을 하는 사람은 다리가 아프지 않다.'는 참이 된다.

12
정답 ③

노화가 온 사람은 귀가 잘 들리지 않아 큰 소리로 이야기한다. 그러나 큰 소리로 이야기하는 사람 중 노화가 온 사람은 전부 또는 일부일 수도 있으므로 알 수 없다.

13
정답 ①

- a : 바이올린을 연주할 수 있는 사람
- b : 피아노를 연주할 수 있는 사람
- c : 플루트를 연주할 수 있는 사람
- d : 트럼펫을 연주할 수 있는 사람

a → b, c → d, ~b → ~d로 ~b → ~d의 대우는 d → b이므로 c → d → b에 따라 c → b가 성립한다.
따라서 [제시문 B]는 참이 된다.

14
정답 ①

- a : 독감에 걸리다.
- b : 열이 난다.
- c : 독감 바이러스가 발견된다.
- d : 기침을 한다.

a → b, ~c → ~b, ~a → ~d로 두 번째와 세 번째 명제의 대우는 각각 b → c, d → a이다. d → a → b → c에 따라 d → c가 성립한다.
따라서 [제시문 B]는 참이 된다.

15
정답 ②

매출액이 많은 순서대로 나열하면 'D – C – B – A'이므로 B 가게의 매출액은 세 번째로 많다.

16
정답 ①

가격이 높은 순서대로 나열하면 '파프리카 – 참외 – 토마토 – 오이'이므로 참외는 두 번째로 비싸다.

17
정답 ③

오늘 정은이는 커피 한 잔, 슬기는 커피 세 잔을 마셨으며, 은주는 커피 세 잔을 마신 슬기보다 적게 마셨음을 알 수 있다. 따라서 오늘 슬기가 커피를 가장 많이 마신 것을 알 수 있다. 한편, 제시된 사실만으로는 은주가 오늘 정은이보다 커피를 많이 마셨는지 알 수 없다.

18
정답 ③

깜둥이>바둑이>점박이, 얼룩이로 바둑이는 네 형제 중 둘째임을 알 수 있으며, 제시된 사실만으로는 점박이와 얼룩이의 출생 순서를 알 수 없다.

19
정답 ④

지후의 키는 178cm, 시후의 키는 181cm, 재호의 키는 176cm로, 키가 큰 순서대로 나열하면 '시후 – 지후 – 재호'의 순이다.

20
정답 ②

키는 원숭이>기린이고, 몸무게는 원숭이>기린>하마이므로 원숭이가 가장 무겁다.
따라서 '원숭이는 하마보다 몸무게가 더 나간다.'가 적절하다.

오답분석

① 원숭이와 하마의 키 관계는 알 수 없다.
③ 기린과 하마의 키 관계는 알 수 없다.
④ 하마는 기린보다 가볍다.

21
정답 ④

데스크탑>노트북>만년필>손목시계 순서로 가격이 형성된다. 따라서 '데스크탑과 만년필의 가격 사이에는 노트북의 가격이 형성되어 있다.'가 적절하다.

22
정답 ③

- a : 닭이 크다.
- b : 달걀이 크다.
- c : 껍데기가 두껍다.
- d : 건강한 병아리가 태어난다.

a → ~b, b → c, c → d이므로 a → ~b, b → c → d가 성립한다.
따라서 '달걀이 클수록 건강한 병아리가 태어난다.'가 적절하다.

23
정답 ②

- a : 창조적인 기업
- b : 융통성이 있다.
- c : 오래가는 기업
- d : 건실하다.

a → b, c → d, c → ~b로 마지막 명제의 대우는 b → ~c이므로 a → b → ~c가 성립한다.
따라서 '창조적인 기업이 오래 갈지 아닐지 알 수 없다.'가 적절하다.

24
정답 ②

'매일 자전거를 타다.'를 A, '폐활량이 좋아진다.'를 B, '주말에 특별한 일이 있다.'를 C라고 하면 첫 번째 명제는 A → B, 두 번째 명제는 ~C → A이다. 삼단논법에 의해 ~C → A → B가 성립하므로 세 번째 명제는 ~C → B나 ~B → C이다. 따라서 빈칸에 들어갈 내용으로 적절한 것은 '주말에 특별한 일이 없으면 폐활량이 좋아진다.'이다.

25
정답 ④

'겨울이 온다. → 곰은 잔다. → 까치가 날아온다.'이므로 '겨울이 온다. → 까치가 날아온다.'임을 알 수 있다.

26
정답 ②

'하루에 두 끼를 먹는 어떤 사람도 뚱뚱하지 않다.'를 다르게 표현하면 '하루에 두 끼를 먹는 모든 사람은 뚱뚱하지 않다.'이다.

- a : 하루에 두 끼를 먹는 사람
- b : 뚱뚱하지 않다.
- c : 아침을 먹는 사람

a → b, c → a이므로 c → a → b가 성립한다.
따라서 빈칸에는 '아침을 먹는 모든 사람은 뚱뚱하지 않다.'가 적절하다.

27
정답 ①

- a : 축구를 좋아하는 사람
- b : 기자이다.
- c : 고등학생이다.

a → b, c → a이므로 c → a → b가 성립한다.
따라서 빈칸에는 '고등학생 중에는 기자도 있다.'가 적절하다.

28
정답 ④

모든 미술가는 피카소를 좋아하지만, 미술가가 아닌 사람(나)이 피카소를 좋아하는지 아닌지는 알 수 없다.
따라서 빈칸에는 '내가 피카소를 좋아하는지 좋아하지 않는지 알 수 없다.'가 적절하다.

29
정답 ②

- a : 어떤 고양이
- b : 참치를 좋아한다.
- c : 낚시를 좋아한다.

a → b, b → c이므로 a → c가 성립한다.
따라서 빈칸에는 '어떤 고양이는 낚시를 좋아한다.'가 적절하다.

30
정답 ③

철수와 민종이의 몸무게와 하늘이와 숙희의 몸무게의 비교는 불가능하다.
따라서 빈칸에는 '네 사람의 몸무게는 같은지 알 수 없다.'가 적절하다.

31
정답 ②

하루살이는 인생보다 짧고, 인생은 예술보다 짧다.
따라서 빈칸에는 '하루살이는 예술보다 짧다.'가 적절하다.

32
정답 ④

- 갑의 점수 : 을의 점수−15점
- 병의 점수 : 갑의 점수+5점

즉, 수학 점수는 을>병>갑 순서이다.
따라서 빈칸에는 '갑의 점수가 가장 낮다.'가 적절하다.

33
정답 ②

미정은 거북이, 현아는 강아지, 강희는 고양이, 예원은 햄스터를 좋아한다.

- A : 예원은 햄스터를 좋아하므로 틀리다.
- B : 현아는 강아지를 좋아하므로 거북이를 좋아하지 않는다.

34
정답 ③

비싼 순으로 나열하면 소고기>오리고기>돼지고기>닭고기 순임을 알 수 있다.
따라서 A와 B 모두 옳은 내용이다.

35
정답 ①

- A : 뇌세포가 일정 비율 이상 활동하지 않으면 잠이 잘 오고, 잠이 잘 오면 얕게 자지 않아 다음 날 쾌적하게 된다(대우는 성립한다).
- B : 세 번째 명제의 대우인 '뇌세포가 일정 비율 이상 활동하지 않으면 잠이 잘 온다.'를 첫 번째 명제와 두 번째 명제를 결합시키는 용도로 사용해도, '뇌세포가 일정 비율 이상 활동하지 않으면 잠이 잘 와서 얕게 자지 않아 다음 날 쾌적하게 된다.'만이 도출되고, 그 사이에 '집중력이 떨어진다.'라는 명제는 들어갈 여지가 없다.

36

정답 ②

명제를 다음과 같이 네 가지의 경우로 정리할 수 있다.

경우 1	A, C	B, D	E
경우 2	A, C	B, E	D
경우 3	A, D	B, E	C
경우 4	A, E	B, D	C

- A : B와 D가 우산을 함께 쓴 경우는 경우 1과 경우 4로, 경우 1에서는 E가 우산을 혼자 썼다.
- B : A와 D가 함께 우산을 쓴 경우는 경우 3이다. 이때, C는 우산을 혼자 썼다.

37

정답 ③

- a : 설사 등의 증세가 일어난다.
- b : 생활에 나쁜 영향을 준다.
- c : 몸의 수분 비율이 일정 수치 이하로 떨어진다.
- d : 탈수 현상이 발생한다.

a → b, c → d, ~a → ~d로 마지막 명제의 대우는 d → a이므로 c → d → a → b가 성립한다.

따라서 A, B 모두 옳다.

38

정답 ③

왼쪽부터 순서대로 나열하면 '소설 – 잡지 – 외국 서적 – 어린이 도서'이다.

따라서 A, B 모두 옳다.

39

정답 ②

- A : 키위와 딸기의 가격은 비교할 수 없으므로 딸기가 제일 비싼지는 알 수 없다.
- B : 가격을 알 수는 없지만 조건에 따라 참외가 가장 싸다는 것을 알 수 있다.

PART 2

CHAPTER 02 언어유추 적중예상문제

01	02	03	04	05	06	07	08	09	10
②	④	③	②	③	④	②	①	③	④
11	12	13	14	15	16	17	18	19	20
④	①	④	④	②	③	④	②	②	④
21	22	23	24	25	26	27	28	29	30
④	④	④	②	②	①	④	④	③	②
31	32	33	34	35	36	37	38	39	40
②③	①③	③①	②④	③②	①①	④②	①③	①①	①③

01

정답 ②

제시된 단어는 결과와 원인의 관계이다.
'늦잠'을 자면 '지각'을 하게 되고, '더우면' '땀'이 나게 된다.

02

정답 ④

'교사'와 '의사'는 직업의 한 종류이며, '바이올린'은 현악기의 한 종류이다. 따라서 현악기에 해당하는 '가야금'이 빈칸에 들어가야 한다.

03

정답 ③

제시된 단어는 부분 관계이다.
'방아쇠'는 '총'의 부분어이며, '바퀴'는 '자동차'의 부분어이다.

04

정답 ②

제시된 단어는 반의 관계이다.
'독점'의 반의어는 '공유'이고, '창조'의 반의어는 '모방'이다.

05

정답 ③

제시된 단어는 구성 관계이다.
'바퀴'는 '자동차'의 이동을 돕는 구성성분이며, '다리'는 '사람'의 이동을 돕는 신체의 일부분이다.

06

정답 ④

제시된 단어는 용도의 유사성에 대한 관계이다.
'지도'와 '내비게이션'은 길을 찾는 데 이용하며, '마차'와 '자동차'는 이동수단이다.

07

정답 ②

제시된 단어는 주술 관계이다.
'꽃'은 '만개하다'라는 서술어가 적절하고, '수증기'는 '자욱하다'라는 서술어가 적절하다.

08

정답 ①

제시된 단어는 제철 과일에 대한 관계이다.
'가을'에는 '사과'가 제철 과일이고, '여름'에는 '수박'이 제철 과일이다.

09

정답 ③

제시된 단어는 국가와 국화의 관계이다.
'대한민국'의 국화는 '무궁화'이고, '네덜란드'의 국화는 '튤립'이다.

10

정답 ④

제시된 단어는 반의 관계이다.
'수평'의 반의어는 '수직'이며, '기립'의 반의어는 '착석'이다.

11

정답 ④

제시된 단어는 반의 관계이다.
'사실'의 반의어는 '허구'이며, '유명'의 반의어는 '무명'이다.

12

정답 ①

제시된 단어는 원인과 결과의 관계이다.
'바이러스'로 인해 '병'이 생기고, '부상'으로 인해 '상처'가 생긴다.

13

정답 ④

제시된 단어는 포함 관계이다.
'클래식'은 '음악'의 한 장르에 포함되고, '팝아트'는 '미술'의 한 장르에 포함된다.

14

정답 ④

제시된 단어는 유의 관계이다.
'고집'은 '집념'의 유의어이고, '가을'은 '추계'의 유의어이다.

15

정답 ②

제시된 단어는 기능 관계이다.
'부채'와 '선풍기'는 바람을 내는 기능을 가지며, '인두'와 '다리미'는 옷을 다리는 기능을 가진다.

16

정답 ③

제시된 단어는 순화어 관계이다.
'플래카드'의 순화어는 '현수막'이고, '스테이플러'의 순화어는 '찍개'이다.

17

정답 ④

제시된 단어는 작동 원리에 대한 관계이다.
'엔진'은 '자동차'에 동력을 공급하고, '배터리'는 '휴대전화'에 동력을 공급한다.

18

정답 ②

제시된 단어는 유의 관계이다.
'근심'은 '걱정'의 유의어이며, '안면'은 '얼굴'의 유의어이다.

19

정답 ②

제시된 단어는 반의 관계이다.
'긴장'의 반의어는 '이완'이고, '거대'의 반의어는 '왜소'이다.

20

정답 ④

제시된 단어는 유의 관계이다.
'말다'의 유의어는 '그만두다'이며, '야물다'의 유의어는 '익다'이다.

21

정답 ④

제시된 단어는 원인과 결과의 관계이다.
'치통'의 원인은 '충치'이고, '수질오염'의 원인은 '폐수'이다.

22

정답 ④

제시된 단어는 포함 관계를 나타낸다.
'새'는 '매'의 상위어이고, '꽃'은 '개나리'의 상위어이다.

23

정답 ④

제시된 단어는 유의 관계이다. '희망'의 유의어는 '염원'이고, '이바지'의 유의어는 '공헌'이다.

24

정답 ②

'자립'과 '의존'은 반의 관계이고, '심야'와 '백주'도 반의 관계이다.

25

정답 ②

'미술'은 '감상'하는 것이고, '드라마'는 '시청'하는 것이다.

26

정답 ①

제시된 단어의 관계는 도시와 그 도시를 상징하는 랜드마크이다.

27

정답 ④

두 단어가 결합하여 하나의 단어로 된 합성어 관계이다.

28

정답 ④

속담과 관련된 문제이다.
- 소 닭 보듯, 닭 소 보듯
- 망둥이가 뛰면 꼴뚜기도 뛴다.

29

정답 ③

'이불'은 '덮고', '버스'는 '탄다'.

30 정답 ②

제시된 단어는 유의 관계이다.
'설명하다'의 유의어는 '해설하다'이고, '분류하다'의 유의어는 '구별하다'이다.

오답분석

- 설비하다 : 필요한 것을 베풀어서 갖추다.
- 평론하다 : 사물의 가치, 우열, 선악 따위를 평가하여 논하다.
- 분간하다 : 사물이나 사람의 옳고 그름, 좋고 나쁨 따위와 그 정체를 구별하거나 가려서 알다.

31 정답 ②③

제시된 단어는 포함 관계이다.
'포도'는 '과일'에 포함되고, '운동화'는 '신발'에 포함된다.

32 정답 ①③

제시된 단어는 역할의 관계이다.
'기자'는 '취재'를 하고, '작가'는 '집필'을 한다.

33 정답 ③①

제시된 단어는 반의 관계이다.
'가뭄'의 반의어는 '장마'이며, '환희'의 반의어은 '비애'이다.

34 정답 ②④

제시된 단어는 포함 관계이다.
'장롱'은 '가구'에 포함되며, '개구리'는 '양서류'에 포함된다.

35 정답 ③②

제시된 단어는 필요 관계이다.
'택배' 발송에는 '송장'이 필요하고, '상처' 치료에는 '연고'가 필요하다.

36 정답 ①①

제시된 단어는 목적어와 동사의 관계이다.
'비밀'을 '감추'고, '약속'을 '지킨'다.

37 정답 ④②

제시된 단어는 포함 관계이다.
'소설'은 '문학' 양식 중 하나이며, '바로크'는 '건축' 양식 중 하나이다.

38 정답 ①③

제시된 단어는 주술 관계이다.
'별'이 '빛나'고, '해'가 '뜬다'.

39 정답 ①①

제시된 단어는 포함 관계이다.
'양서'는 '서적'에 포함되며, '냉장고'는 '가전'에 포함된다.

- 양서(良書) : 내용이 교훈적이거나 건전한 책
- 서적(書籍) : 일정한 목적, 내용, 체재에 맞추어 사상, 감정, 지식 따위를 글이나 그림으로 표현하여 적거나 인쇄하여 묶어 놓은 것≒책

40 정답 ①③

제시된 단어는 포함 관계이다.
'한옥'은 '건물'에 포함되고, '김치'는 '음식'에 포함된다.

CHAPTER 03 언어논리 적중예상문제

01	02	03	04	05	06	07	08	09	10
①	①	①	②	①	④	②	④	④	④
11	12	13	14	15	16	17	18	19	20
③	④	④	③	③	②	②	②	②	④
21	22	23	24	25	26	27	28	29	30
④	②	④	④	③	④	④	④	②	③

01

정답 ①

제시문은 인공광의 필요성과 한계점, 부정적 측면에 대해 설명하고 있는 글이다. 따라서 (다) 인공광의 필요성 – (라) 인공광의 단점 – (나) 간과할 수 없는 인공광의 부정적 영향 – (가) 인공광의 부정적 영향을 간과할 수 없는 이유 순으로 나열하는 것이 적절하다.

02

정답 ①

제시문은 도덕적 선택의 순간에 직면했을 때 상대방에게 개인적 선호를 드러내는 행동의 정당성 여부에 대해 설명하는 글이다. 따라서 (다) 도덕적 선택에서 정당성 여부에 대한 의문 제시 – (나) 도덕적 정당화의 조건과 공평주의자들의 관점 – (마) 모든 인간은 신체와 생명, 복지와 행복에 있어서 동일한 가치를 지님 – (가) 개인에 대해 행위자의 선호를 표현하는 도덕적 선택은 결코 정당화될 수 없음 – (라) 공평주의자들은 사람들 간의 차별을 인정하지 않기 때문에 개인이 처해 있는 상황에 따라 행동을 결정해야 한다고 말함의 순으로 나열하는 것이 적절하다.

03

정답 ①

제시문은 환경 영향 평가 제도에 대한 개념과 도입된 원인에 대한 내용의 글이다. 따라서 (가) 환경 영향 평가 제도는 부정적인 환경 영향을 줄이는 방안을 마련하는 수단 – (다) 개발로 인한 환경오염과 생태계가 파괴되어 해결이 어려워짐 – (나) 이러한 이유로 환경 영향 평가 제도가 도입됨 – (라) 환경 영향 평가 제도는 환경 보전에 대한 인식 제고와 개발과 보전 사이의 균형을 맞추는 역할을 수행함 순서로 연결되어야 한다.
따라서 (가) – (다) – (나) – (라) 순으로 나열하는 것이 적절하다.

04

정답 ②

제시문은 우리나라 여성의 고용 비율이 남성보다 낮기 때문에 여성의 고용에 대한 배려가 필요하다는 글이다. 따라서 (다) 우리나라는 남성에 비해 여성의 고용 비율이 현저히 낮음 – (가) 남녀 고용 평등의 확대를 위한 채용 목표제의 강화 필요 – (마) 역차별이라는 주장과 현실적인 한계 – (나) 대졸 이상 여성의 고용 비율이 OECD 국가 중 최하위인 대한민국의 현실 – (라) 강화된 법규가 준수될 수 있도록 정부의 계도와 감독 기능이 강화 순으로 연결되어야 한다.
따라서 (다) – (가) – (마) – (나) – (라) 순으로 나열하는 것이 적절하다.

05

정답 ①

제시문은 세종대왕이 한글을 창제하고 반포하는 과정을 설명하고 있다. (가) 세종대왕이 글을 읽고 쓰지 못하는 백성들을 안타깝게 여김 – (라) 훈민정음을 만들었지만 신하들의 반대에 부딪힘 – (다) 훈민정음을 세상에 알림 – (나) 훈민정음의 해설서인 『훈민정음 해례본』과 『용비어천가』를 펴냄 순서로 연결되어야 한다.
따라서 (가) – (라) – (다) – (나) 순으로 나열하는 것이 적절하다.

06

정답 ④

제시된 단락 다음에는 청바지의 시초에 대한 내용이 나와야 하므로 (가)가 적절하다. 그다음에는 '비록 시작은 그리하였지만'으로 받는 (다)가 위치해야 하며, 패션 아이템화의 각론으로서 한국에서의 청바지를 이야기하는 (나)가 와야 한다. 청바지의 역사, 패션 아이템으로서의 청바지라는 청바지의 기능에 관해 설명하는 부분에서 떨어져나와 (라)는 청바지가 가지고 있는 단점과 그 해결을 설명하는 것이므로 마지막에 오는 것이 타당하다.
따라서 (가) – (다) – (나) – (라) 순으로 나열하는 것이 적절하다.

PART 2

07

정답 ②

제시문은 '원님재판'이라 불리는 죄형전단주의의 정의와 한계, 그리고 그와 대립되는 죄형법정주의의 정의와 탄생, 그리고 파생원칙에 대하여 설명하고 있다. 첫 단락에서는 '원님재판'이라는 용어의 원류에 대해 설명하고 있으므로 이어지는 문단으로는 원님재판의 한계에 대해 설명하고 있는 (다)가 오는 것이 적절하다. 그러므로 (다) 원님재판의 한계와 죄형법정주의 – (가) 죄형법정주의의 정의 – (라) 죄형법정주의의 탄생 – (나) 죄형법정주의의 정립에 따른 파생원칙의 등장의 순서로 연결되어야 한다.

따라서 (다) – (가) – (라) – (나) 순으로 나열하는 것이 적절하다.

08

정답 ④

'시간적인 사이를 두고서 가끔씩'이라는 의미의 부사는 '간간이'이다.

- 간간히[1] : 간질간질하고 재미있는 마음으로
- 간간히[2] : 입맛 당기게 약간 짠 듯이
- 간간히[3] : 꼿꼿하고 굳센 성품으로
- 간간히[4] : 기쁘고 즐거운 마음으로
- 간간히[5] : 매우 간절하게

오답분석

① 쉬이 : 어렵거나 힘들지 아니하게
② 소홀히 : 대수롭지 아니하고 예사롭게 또는 탐탁하지 아니하고 데면데면하게
③ 깊숙이 : 위에서 밑바닥까지 또는 겉에서 속까지의 거리가 멀고 으슥하게

09

정답 ④

'만'은 횟수를 나타내는 말 뒤에 쓰여 '앞말이 가리키는 횟수를 끝으로'의 뜻을 나타내는 의존 명사이므로 '한 번 만에'와 같이 띄어 써야 한다.

오답분석

① '들'은 두 개 이상의 사물을 나열할 때, 그 열거한 사물 모두를 가리키거나 그 밖에 같은 종류의 사물이 더 있음을 나타내는 의존 명사이므로 앞말과 띄어 쓴다.
② 용언의 관형사형 뒤에 나타나는 '뿐'은 다만 어떠하거나 어찌할 따름이라는 뜻을 나타내는 의존 명사이므로 앞말과 띄어 쓴다.
③ 체언 바로 뒤에 붙어 나타나는 '–만큼'은 앞말과 비슷한 정도나 한도임을 나타내는 격조사이므로 붙여 쓴다.

10

정답 ④

'또아리'는 잘못된 표기로, '둥글게 빙빙 틀어 놓은 것. 또는 그런 모양'을 의미하는 '똬리'가 올바른 표기이다.

오답분석

① 어간 '익–'에 '–히'가 붙어서 부사로 된 '익히'는 어간의 원형을 밝혀 적으므로 올바른 표기이다.
②·③ 명사 뒤에 '–이' 이외의 모음으로 시작된 접미사가 붙어서 된 말은 그 명사의 원형을 밝혀 적지 않으므로 '이파리'와 '끄트머리'는 올바른 표기이다.

11

정답 ③

'어찌 된'의 뜻을 나타내는 관형사는 '웬'이므로, '어찌 된 일로'라는 함의를 가진 '웬일'이 맞는 말이다.

오답분석

① 메다 : 어떤 감정이 북받쳐 목소리가 잘 나지 않음
② 치다꺼리 : 남의 자잘한 일을 보살펴서 도와줌
④ 베다 : 날이 있는 연장 따위로 무엇을 끊거나 자르거나 가름

12

정답 ④

깍정이는 깍쟁이의 잘못된 표현으로, '이기적이고 인색한 사람, 아주 약빠른 사람'을 일컫는 말은 '깍정이'가 아니라, '깍쟁이'이다.

13

정답 ④

ⓡ 찍던지 → 찍든지

- 던지 : 막연한 의문이 있는 채로 그것을 뒤 절의 사실이나 판단과 관련시키는 데 쓰는 연결 어미 예 얼마나 춥던지 손이 곱아 펴지지 않았다.
- 든지 : 나열된 동작이나 상태, 대상들 중에서 어느 것이든 선택될 수 있음을 나타내는 연결 어미 예 사과든지 배든지 다 좋다.

14

정답 ③

'투영하다'는 '어떤 상황이나 자극에 대한 해석, 판단, 표현 따위에 심리 상태나 성격을 반영하다.'의 의미로, '투영하지'가 적절한 표기이다.

오답분석

① 문맥상 '(내가) 일을 시작하다.'의 관형절로 '시작한'으로 수정해야 한다.
② '못' 부정문은 주체의 능력을 부정하는 데 사용된다. 문맥상 단순 부정의 '안' 부정문이 사용되어야 하므로 '않았다'로 수정해야 한다.

④ '칠칠하다'는 '성질이나 일 처리가 반듯하고 야무지다.'는 의미를 가지므로 문맥상 '칠칠하다'의 부정적 표현인 '칠칠하지 못한'으로 수정해야 한다.

15

정답 ③

앞뒤 문장이 서로 반대되는 내용이므로 역접의 접속부사인 '그러나'가 적절하다.

16

정답 ②

- 갱신(更新) : 법률관계의 존속 기간이 끝났을 때 그 기간을 연장하는 일
- 일절(一切) : 아주, 전혀, 절대로의 뜻으로 부인하거나 금지할 때 쓰는 말
- 계발(啓發) : 슬기나 재능, 사상 따위를 일깨워 줌

오답분석

- 경신(更新) : 종전의 기록을 깨뜨림
- 일체(一切) : 모든 것, 전부를 나타내는 말
- 개발(開發) : 지식이나 재능 따위를 발달하게 함

17

정답 ②

첫 번째 문장에서는 신비적 경험이 살아갈 수 있는 힘으로 밝혀진다면 그가 다른 방식으로 살아야 한다고 주장할 근거는 어디에도 없다고 하였으며, 이어지는 내용은 신비적 경험이 신비주의자들에게 살아갈 힘이 된다는 근거를 제시하고 있다. 따라서 빈칸에 들어갈 내용으로는 '신비주의자들의 삶의 방식이 수정되어야 할 불합리한 것이라고 주장할 수는 없다.'가 가장 적절하다.

18

정답 ②

빈칸의 앞 문장이 '땅집에서는 모든 것이 자기 나름의 두께와 깊이를 가진다. ~ 집 자체가 인간과 마찬가지의 두께와 깊이를 가진다.'이다. 앞 부분에서 강조하는 어구가 '인간'이므로 '인간'이 들어간 ②가 답이다.

19

정답 ②

빈칸 뒤에서는 고전 미학과 근대 미학이 각각 추구하는 이념과 대상에 대해 예를 들어 설명하고 있다.
따라서 빈칸에는 미학이 추구하는 이념과 대상도 시대에 따라 다름을 언급하는 내용이 들어가야 한다.

20

정답 ④

빈칸 뒤에 나오는 내용을 살펴보면, 양안시에 대해 설명하면서 양안시차를 통해 물체와의 거리를 파악한다고 하였으므로 빈칸에는 거리와 관련된 내용이 나왔음을 짐작할 수 있다.

21

정답 ④

개요의 '1, 2, 3, 4' 항목을 통해 발표문은 청소년의 국제 교류 활성화에 문제점이 있으므로 이를 해결하기 위해 노력해야 한다는 내용임을 알 수 있다.
따라서 빈칸에는 청소년 국제 교류 활성화 방안을 강조하면서도 '3. 청소년 국제 교류 활성화 방안'에서 제시하는 내용을 모두 포괄할 수 있는 ④가 가장 적절하다.

오답분석

①·② '재정 지원'과 '민간 지원 시스템'은 구체적인 해결안이 될 수는 있으나, 내용 전체를 포괄하는 주제가 되기 어렵다.
③ '국제화 시대의 인재 양성'과 '청소년들의 의식 전환'은 제시된 개요와 무관하다.

22

정답 ②

지문은 베토벤의 9번 교향곡에 관해 설명하고 있으며, 보기는 9번 교향곡이 '합창 교향곡'이라는 명칭이 붙은 이유에 대해 말하고 있다. 지문의 세 번째 문장까지는 교향곡에 대해 설명을 하고 있으며, 네 번째 문장부터는 교향곡에 대한 현대의 평가 및 가치에 대해 설명을 하고 있다. 따라서 보기는 교향곡에 대한 설명과 교향곡에 성악이 도입되었다는 설명을 한 다음 문장인 (나)에 들어가는 것이 가장 적절하다.

23

정답 ④

(라)의 앞부분에서는 위기 상황을 제시하고, 뒷부분에서는 인류의 각성을 촉구하는 내용을 다루고 있다. 각성의 당위성을 이끌어내는 내용인 보기가 (라)에 들어가면 앞뒤의 내용을 논리적으로 연결할 수 있다.

24

정답 ④

아이들이 따뜻한 구들에 누워 자는 것이 습관이 되어 사지의 활동량이 적어 발육이 늦어진 것이지, 체온을 높였기 때문에 발육이 늦어진 것은 아니다.

오답분석

①·③ 두 번째 문단 두 번째 줄에서 확인할 수 있다.
② 두 번째 문단 세 번째 줄을 통해 알 수 있다.

25

정답 ③

두 번째 문단을 통해 로렌츠 곡선의 가로축은 누적 인구 비율을, 세로축은 소득 누적 점유율임을 알 수 있다.

26

정답 ④

오답분석

① 조성은 음악에서 화성이나 멜로디가 하나의 음 또는 하나의 화음을 중심으로 일정한 체계를 유지하는 것이다.
② 무조 음악은 조성에서 벗어나 자유롭게 표현하고자 한 것이므로, 발전한 형태라고 말할 수 없다.
③ 무조 음악은 한 옥타브 안의 음 각각에 동등한 가치를 두었다.

27

정답 ④

'서도(書道)라든가 다도(茶道)라든가 꽃꽂이라든가 하는 일을 과외로 즐길 줄 아는 사람을 우리는 생활의 멋을 아는 사람이라고 말한다.'의 문장을 통해 알 수 있다.

오답분석

① 언급되지 않은 내용이다.
② 값비싸고 화려한 복장을 한 사람이라고 해서 공리적 계산을 하는 사람은 아니다.
③ 소탈한 생활 태도는 경우에 따라 멋있게 생각될 수 있을 뿐, 가장 중요한 것은 아니다.

28

정답 ④

오답분석

① 은 왕조의 옛 도읍지는 허난성이다.
② 용골에는 은 왕조의 기록이 있었다.
③ 제시문에 없는 내용이다.

29

정답 ②

시민은 민주사회의 구성원으로서 공공의 정책 결정에 주체적으로 참여하여 권리와 의무를 함께 행해야 한다.

30

정답 ③

수면 패턴은 휴일과 평일 모두 일정하게 지키는 것이 성장하는 아이들의 수면 리듬을 유지하는 데 좋다.
따라서 휴일에 늦잠을 자는 것은 적절하지 않다.

PART

3

패턴이해

CHAPTER 01 도형추리 적중예상문제

01	02	03	04	05	06	07	08	09	10	11	12	13	14	15	16	17	18	19	20
①	①	④	②	①	②	④	③	②	①	①	③	②	④	③	③	②	①	④	④
21	22	23	24	25	26	27	28	29	30										
③	③	④	①	③	③	④	①	④	③										

01

정답 ①

규칙은 세로로 적용된다.
첫 번째 도형을 4등분 한 후 왼쪽 아래의 도형이 두 번째 도형이다.
두 번째 도형을 윗변을 기준으로 뒤집은 후 오른쪽 방향으로 펼친 것이 세 번째 도형이다.

02

정답 ①

규칙은 세로로 적용된다.
첫 번째 도형을 상하 반전시키면 두 번째 도형이다.
두 번째 도형을 시계 반대 방향으로 90° 돌리면 세 번째 도형이다.

03

정답 ④

규칙은 가로로 적용된다.
첫 번째 도형과 두 번째 도형의 색이 칠해진 부분을 합친 것이 세 번째 도형이다.

04

정답 ②

규칙은 세로로 적용된다.
첫 번째 도형과 두 번째 도형을 합쳤을 때, 겹치는 부분을 제외한 도형이 세 번째 도형이다.

05

정답 ①

규칙은 세로로 적용된다.
첫 번째 도형과 두 번째 도형의 꼭짓점 수를 합하면 마지막 도형의 꼭짓점 수가 된다.

06

정답 ②

규칙은 가로로 적용된다.
첫 번째 도형에서 수직으로 반을 자른 후 왼쪽 부분이 두 번째 도형이고, 두 번째 도형에서 수평 방향으로 반을 자른 후 아래쪽 부분이 세 번째 도형이다.

07

정답 ④

규칙은 세로로 적용된다.
위쪽 도형과 가운데 도형의 색칠된 부분을 합치면 아래쪽 도형이 된다.

08

정답 ③

규칙은 가로로 적용된다.
첫 번째 도형을 수직으로 반을 잘랐을 때의 왼쪽 도형이 두 번째 도형이고, 두 번째 도형을 수평으로 반을 잘랐을 때의 위쪽 도형이 세 번째 도형이다.

09

정답 ②

규칙은 세로로 적용된다.
각 칸의 2×2칸 안에 있는 도형들(▲, △, ●, ○, ▽)이 시계 방향으로 한 칸씩 이동하고 있다.

10

정답 ①

규칙은 세로로 적용된다.
첫 번째 도형과 두 번째 도형의 같은 위치를 비교했을 때, 모양이 서로 같으면 ○, 다르면 ◇로 나타낸 도형이 세 번째 도형이다.

11

정답 ①

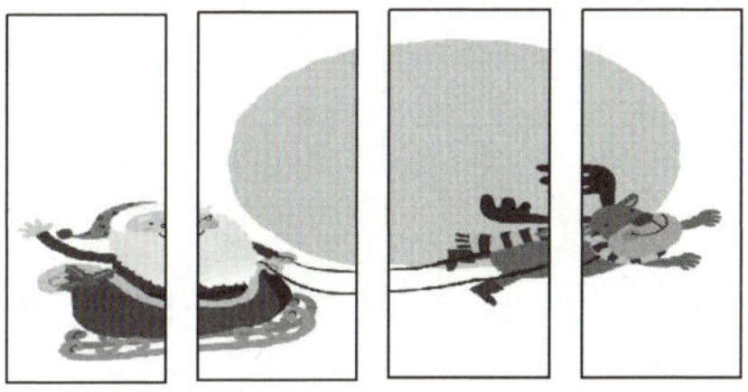

(나) (가) (라) (다)

12

정답 ③

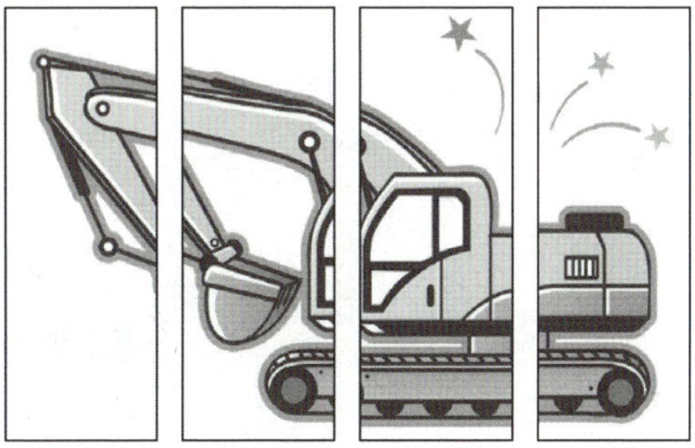

(라) (가) (다) (나)

13

정답 ②

(가) (라) (다) (나)

14

정답 ④

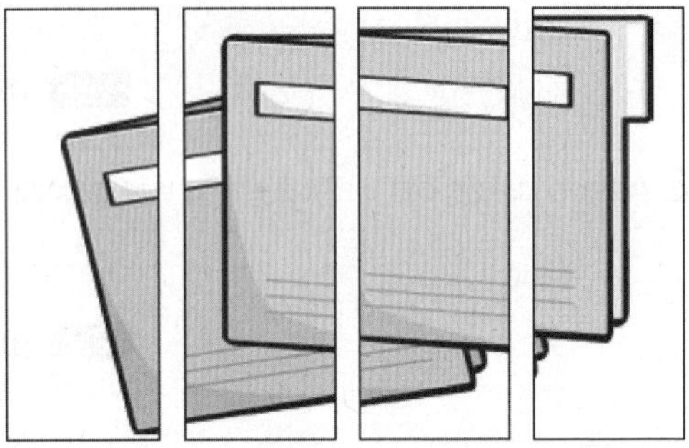

(나) (라) (가) (다)

15

정답 ③

(마) (라) (나) (가) (다)

16

정답 ③

제시된 도형을 시계 반대 방향으로 90° 회전한 것이다.

17

정답 ②

제시된 도형을 180° 회전한 것이다.

18

정답 ①

제시된 도형을 시계 방향으로 90° 회전한 것이다.

19

정답 ④

제시된 도형을 180° 회전한 것이다.

20

정답 ④

별도의 회전 없이 제시된 도형과 같음을 확인할 수 있다.

21

정답 ③

제시된 도형을 시계 반대 방향으로 90° 회전한 것이다.

22

정답 ③

별도의 회전 없이 제시된 도형과 같음을 확인할 수 있다.

23

정답 ④

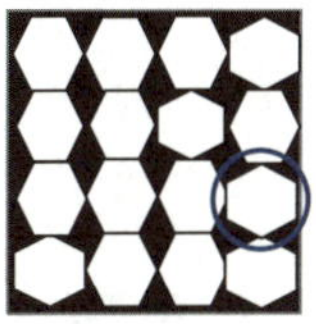

24

정답 ①

25

정답 ③

26

정답 ③

27

정답 ④

28

정답 ①

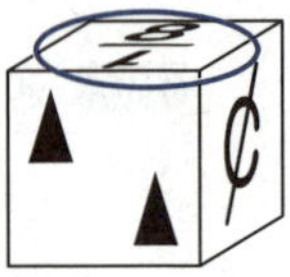

29

정답 ④

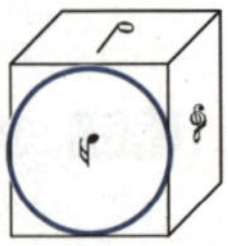

30

정답 ③

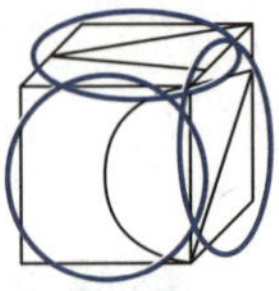

CHAPTER 02 지각속도 적중예상문제

01	02	03	04	05	06	07	08	09	10	11	12	13	14	15	16	17	18	19	20
④	②	④	③	②	④	④	③	①	③	③	③	③	④	④	①	③	②	①	②
21	22	23	24	25	26	27	28	29	30										
②	②	①	②	②	③	③	①	③	①										

01

정답 ④

巖	癌	庵	菴	闇	岩	唵	音	陰	飮	吟	淫
長	場	張	裝	將	障	暗	帳	壯	臟	匠	蔭
癌	淫	飮	巖	腸	音	張	菴	將	岩	暗	壯
張	闇	暗	障	庵	場	匠	臟	唵	陰	暗	吟

02

정답 ②

재음	처음	체응	처응	재흠	저음	점음	정음	처읍	저응
자움	무음	처읍	처음	자흥	처음	모음	장음	제읍	저읍
재움	차음	처음	자읍	처응	체응	자음	차음	자음	처을

03

정답 ④

☺	😐	😐	☹	☺	☹	☹	☹	☹	☺	😐	☺
😐	☺	😐	☺	😐	😐	☺	☹	😐	😐	☹	😐
☹	☺	☺	☹	😐	☺	☹	😐	😐	☹	😐	☹
☺	😐	☹	☹	☺	☺	☹	😐	☺	☺	☺	☺

04

정답 ③

夊	大	尢	夊	力	女	又	夂	女	夊	夊	尢
大	夂	力	尢	又	夊	大	又	尢	大	夂	又
夂	又	夊	又	大	尢	尢	夊	女	又	夊	大
女	尢	大	夂	女	夊	女	力	大	尢	又	夊

05

정답 ②

bait	beat	bear	bare	bean	beak	bald	back	blow	bare	beat	bare
beak	back	bean	beat	back	blow	bean	bald	bear	bean	back	bear
bean	bear	beak	bald	bare	bear	bald	beat	blow	beak	bait	beak
bare	bald	back	bait	bald	back	bare	blow	bean	bear	bald	beat

06

정답 ④

2.39	6.42	7.32	5.26	8.25	2.32	6.37	8.34	2.39	8.32	7.12	2.39
3.51	8.36	2.39	8.23	7.43	9.16	3.73	5.35	8.34	2.67	6.78	3.67
8.23	2.46	5.26	7.12	5.35	8.34	8.36	7.32	6.78	2.39	2.32	4.25
6.42	9.16	6.37	3.51	3.73	2.67	2.57	1.56	8.25	7.43	9.16	2.39

07

정답 ④

姿	炙	姉	再	載	恣	栽	指	祉	資	州	珠
宙	炷	趙	恣	操	兆	組	朝	存	諍	裝	匠
掌	恣	棧	進	唇	袗	諮	只	廚	恣	種	從
悰	仲	徵	集	什	雜	戰	殿	顫	瑛	咨	茨

08

정답 ③

앙	앎	언	의	올	웅	앞	엔	양	옅	얘	없
일	월	얇	옛	앵	욘	율	엄	융	왈	윙	앓
완	올	없	율	언	융	옅	월	욘	앞	얇	왈
앎	앵	양	앙	얇	의	옛	윙	웅	엄	엔	얘

09

정답 ①

5664	5684	5884	5664	5686	5685	5664	5686	5664	5686	5685	5664
5686	5689	5686	5634	5884	5634	5686	5685	5634	5685	5884	5686
5689	5884	5685	5686	5685	5689	5684	5884	5686	5664	5634	5664
5884	5686	5689	5664	5884	5686	5664	5685	5634	5689	5686	5884

10

정답 ③

Ⓗ	㉥	㉬	⑤	Ⓤ	㉥	Ⓙ	Ⓐ	Ⓝ	㉫	Ⓤ	Ⓕ
Ⓐ	**Ⓗ**	Ⓡ	㉫	Ⓓ	㉨	Ⓝ	Ⓛ	**Ⓗ**	㉬	㉥	Ⓝ
Ⓝ	Ⓤ	㉦	Ⓒ	㉨	Ⓨ	㉬	Ⓕ	Ⓨ	Ⓐ	㉨	㉬
㉥	Ⓧ	Ⓕ	Ⓛ	Ⓒ	Ⓝ	Ⓩ	㉫	Ⓤ	Ⓛ	**Ⓗ**	Ⓕ

11

정답 ③

경망	**지망**	**조망**	도망	시망	**희망**	전망	잔망	절망	요망	초망	패망
투망	가망	멸망	열망	제망	소망	고망	명망	기망	실망	다망	비망
열망	명망	절망	다망	조망	패망	가망	잔망	소망	비망	전망	실망
요망	도망	고망	투망	기망	가망	경망	지망	멸망	희망	제망	초망

12

정답 ③

☞	€	¶	♬	**Σ**	®	€	♬	®	¶	☎	☞
¶	♬	♣	☎	♣	♪	☎	♣	**☜**	♪	€	¶
㏇	**♨**	♪	㏇	☞	♣	☞	¶	€	☞	㏇	☎
☎	®	☞	€	♬	¶	㏇	®	☎	®	♬	€
♪	㏇	€	♬	㏇	☎	€	♪	€	♬	☎	Ⓚ

13

정답 ③

stir	ear	call	lay	july	**joy**	lie	bowl	star	hat	soul	full
seal	ivy	hall	**cow**	bye	mile	wild	tall	save	pull	take	roll
say	bee	jay	pie	ball	hot	saw	mall	row	make	sock	wind
coat	**see**	cold	hill	mow	year	bay	car	soy	cap	meal	tear

14

정답 ④

욜로	울루	울라	알래	욜로	알래	얄라	일리	얄라	얼라	**얼로**	욜로
알리	**얼러**	**알라**	엘레	엘르	**얼로**	앨래	앨레	욜로	일라	월래	열러
알려	올려	율려	울루	엘릐	열라	**알라**	얄라	얄라	일라	욜로	알롸
울려	을르	앨래	앨리	앨레	울루	울라	알래	일롸	울라	을라	을래

PART 3

15

정답 ④

413	943	483	521	253	653	923	653	569	**467**	532	952
472	753	958	551	956	538	416	567	955	282	**568**	954
483	571	462	933	457	353	442	482	668	533	382	682
986	959	853	492	957	558	955	453	913	**531**	963	421

16

정답 ①

ラ	ザ	ギ	ヤ	コ	チ	ラ	レ	ザ	ギ	ラ	コ
ギ	レ	ラ	チ	レ	**ト**	ギ	コ	ヤ	ネ	ヘ	ザ
ザ	**ナ**	コ	ザ	ギ	コ	ヤ	ヘ	ラ	ザ	ギ	**ア**
ヤ	チ	ヤ	レ	ザ	ラ	ネ	ザ	レ	チ	ヤ	オ

17

정답 ③

기	**리**	히	니	**리**	**지**	비	티	**리**	**시**	니
리	히	비	**시**	니	비	니	**리**	니	비	히
지	키	니	티	히	디	**시**	디	**지**	**리**	디
피	티	히	**리**	피	**시**	피	디	니	**시**	**리**

18

정답 ②

b	e	b	w	t	n	u	h	m	p	**g**	r
r	k	t	i	z	v	s	z	e	o	q	f
d	o	p	s	h	m	**c**	w	x	f	j	v
n	q	i	x	j	l	l	k	m	y	z	u

19

정답 ①

57	73	33	66	81	80	02	39	53	05	92	78
32	19	56	46	**64**	34	72	76	41	68	42	50
65	**31**	82	74	29	54	84	**79**	66	51	36	43
32	83	42	55	62	75	67	86	35	77	54	82

20

정답 ②

★	□	●	▼	★	□	◇	▼	◎	□	□	★
●	◇	**☆**	○	△	○	●	★	◇	△	◇	○
△	◎	◇	★	◎	▼	△	●	○	**◆**	●	◎
▲	○	◎	●	□	**▽**	◇	▼	□	▼	△	★

21

정답 ②

1141049657 – 1141048657

22

정답 ②

교환및환불시영수증지참 – 교환밑환불시영수증지참

23

정답 ①

제시된 문자열 같음

24

정답 ②

!*$^◇;&^–#$@! – !*$^◇;&^=#$@!

25

정답 ②

idbdueyhdqdiek – idbduewhdqdiek

26

정답 ③

決定過程의 透明姓과 公正性

27

정답 ③

346778956231

28

정답 ①

bkqwqavyumnz

29

정답 ③

3412 – bcad

30

정답 ①

♥♧♡♠♤ – ↔↔⟷↑↓

PART 3

시대에듀

MEMO

PART

5

기초과학

CHAPTER 01 화학 적중예상문제

01	02	03	04	05	06	07	08	09	10
④	③	③	④	③	①	④	②	②	②
11	12	13	14	15	16	17	18	19	20
①	①	③	①	①	④	②	②	②	②
21	22	23	24	25	26	27	28	29	30
④	①	③	②	①	①	③	③	④	①

01
정답 ④

오답분석

① A는 원자핵이다.
② B는 양성자이다.
③ C는 전자이며 음성을 띤다.

02
정답 ③

흑연은 탄소로 이루어진 비금속광물이지만 예외적으로 전기 전도성이 커서 전극, 배터리와 같은 전자 제품에 쓰인다.

03
정답 ③

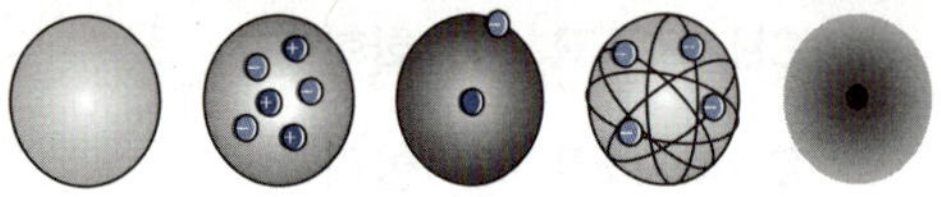

ⓜ 돌턴 → ⓒ 톰슨 → ⓛ 러더퍼드 → ⓡ 보어 → ㉠ 현대과학

04
정답 ④

전자는 높은 전자껍질로 올라가기 위해 에너지를 흡수한다. 반대로 에너지를 방출하면 에너지 준위가 낮은 전자껍질로 내려간다.

05
정답 ③

순수한 물은 전기가 거의 흐르지 않으므로 수산화나트륨을 넣어서 전해질 용액으로 바꿔준다. 물의 전기분해 알짜 화학 반응식은 $2H_2O(l) \rightarrow 2H_2(g)+O_2(g)$이다.
그림에서 보이는 바와 같이 시험관 A보다 시험관 B의 기체부피가 더 크므로 시험관 B에는 계수가 큰 수소 기체인 것을 알 수 있다. 또한 양이온인 수소가 전자를 얻기 위해 (−)극으로 가고, 음이온인 산소 기체는 전자를 내놓기 위해 (+)극으로 이동한다.
따라서 시험관 A는 산소 기체, 시험관 B는 수소 기체가 생성된다.

06
정답 ①

물을 전기분해할 때, 전해질이 필요하다. 전해질에는 수산화나트륨, 황산나트륨이 있으며, 그밖에 염화나트륨과 황산칼륨 등 물보다 전기분해 되기 쉬운 물질을 넣으면 된다.

07
정답 ④

분자량이 작은 분자가 반복적으로 결합하여 고분자 물질을 생성하는 것을 중합 반응이라고 하며, 첨가 중합 반응이란 두 개의 단위체가 결합할 때 기존 결합이 변형되어 서로 결합하는 중합으로 폴리에틸렌이 이에 해당한다.

08
정답 ②

이온화 경향이 큰 금속이 이온화하면서 전자를 방출해 (−)극이 된다.

09
정답 ②

그래프에서 a : Na^+, b : Cl^-, c : OH^-, d : H^+이다.
ⓛ d는 중화점 이후 수용액 속에 이온이 사라지므로 묽은 염산의 수소이온이 된다.
ⓒ 수소이온과 수산화이온이 반응하여 물이 되므로 a가 아닌 c와 d가 반응해야 한다.

오답분석

㉠ a와 b는 구경꾼 이온이다.
ⓡ 중화점 이후 수소이온이 없으므로 수산화이온인 c가 증가할 수밖에 없다.

10

정답 ②

몰 부피는 0℃, 1기압에서 22.4L로 일정하다.

11

정답 ①

각 반응에 영향을 끼친 요인은 촉매 반응이다.

12

정답 ①

불꽃 반응은 화합물의 양이온을 알아보는 실험이므로 각각 물질의 양이온에 따른 불꽃 반응색을 알아야 한다.
따라서 나트륨(Na)은 노란색, 칼륨(K)은 보라색, 구리(Cu)는 청록색을 나타낸다.

13

정답 ③

화학적 진단이란 체내 화학 물질을 분석하여 질병의 종류와 정도를 진단하는 것이다. 소변 검사는 요 검사지의 색깔 변화나 성분 분리를 통하여 질병을 검사한다.

14

정답 ①

톰슨의 실험은 (−)극에서 (+)극으로 흐르는 빛, 음극선을 이용하여 전자를 발견한 실험이다. 원자핵의 발견은 러더퍼드의 α입자 산란실험에서 알 수 있다.

15

정답 ①

플라스틱은 열에 의한 성질에 따라 열가소성 수지와 열경화성 수지로 나눌 수 있다.
열가소성 수지는 주로 첨가 중합 반응에 의해 생성되며 사슬 구조를 이루고 있어 열에 의해 쉽게 변형된다. 비닐장갑, 투명 용기, 수도관 등에 쓰인다.
열경화성 수지는 주로 축합 중합 반응에 의해 생성되며 그물 구조를 이루고 있어 열에 의해 쉽게 변형되지 않는다. 플러그, 다리미 손잡이, 냄비 손잡이, 절연재, 식기 등에 쓰인다.

16

정답 ④

질소는 원자가 전자수가 5개로 3쌍의 공유 전자쌍을 가짐으로써 옥텟 규칙을 만족한다. 따라서 N_2는 2개의 질소 원자 사이에 3쌍의 공유 전자쌍이 존재하는 삼중 결합으로 이루어져 있으며, NH_3는 1개의 질소 원자와 3개의 수소 원자 사이에 각각 1쌍의 전자쌍이 존재하는 단일 결합으로 이루어져 있다.

17

정답 ②

(가) : 현재 인류가 가장 많이 사용하는 금속은 철이다. 철은 반응성이 커서 자연 상태에서 주로 산소와 결합한 산화철의 형태로 존재한다. 산화철에 코크스를 섞고 가열하여 철을 얻는 기술이 개발되면서 본격적으로 철이 사용되기 시작하였다.

(나) : 하버와 보슈에 의해 수소 기체와 질소 기체의 반응으로 암모니아를 공업적으로 합성하는 방법이 개발되었다. 이를 통해 질소 비료의 대량 생산이 가능해지면서 농업 생산력은 비약적으로 발전하였고 인류의 식량 문제를 해결하게 되었다.

18

정답 ②

모든 원자가 한 평면에 있는 분자는 직선형 구조인 $BeCl_2$와 CO_2, 굽은형 구조인 H_2S, 평면 삼각형 구조인 BCl_3이다. 정사면체형 구조인 CCl_4는 입체 구조이므로 모든 원자가 한 평면에 있지 않다. 중심 원자가 옥텟 규칙을 만족하는 분자는 공유 전자쌍이 4쌍인 CO_2, CCl_4와 2쌍의 공유 전자쌍과 2쌍의 비공유 전자쌍을 가진 H_2S이다. $BeCl_2$와 BCl_3은 비공유 전자쌍이 없고 공유 전자쌍이 각각 2쌍, 3쌍이므로 중심 원자가 옥텟 규칙을 만족하지 않는다. 따라서 두 기준을 동시에 만족하는 분자는 H_2S와 CO_2 2개이다.

19

정답 ②

A ~ D의 전자 배치는 각각 K(1), K(2)L(7), K(2)L(8)M(1), K(2)L(8)M(3)이다.

ㄷ. B와 D의 안정한 이온(B^-, D^{3+})의 전자 배치는 모두 K(2)L(8)이다.

오답분석

ㄱ. A는 수소(H)로 비금속 원소이다.

ㄴ. 원자에서 전자 수=양성자 수=원자 번호이므로 C의 원자 번호는 11이다.

20

정답 ②

A : 역반응의 활성화 에너지
B : 정반응의 활성화 에너지
C : 반응열
D : 활성화 상태일 때의 에너지
㉠ C는 반응열이므로 옳다.
㉣ 촉매는 반응열에 영향을 주지 않는다.

PART 5

21

정답 ④

A : 지구 탄생 이후 급격히 감소하는 A는 이산화탄소로 원시 바다에 대량 녹아들어갔다.

B : 현재 대기를 구성하는 기체 중 가장 많은 조성비를 차지하는 기체는 질소이므로, B는 질소이다.

C : 광합성 진핵 생물 등장 이후 증가하는 경향을 보이므로 광합성에 의해 생성되는 산소이다.

22

정답 ①

연소 반응, 침전 반응, 중화 반응, 기체 발생 반응은 반응속도가 빠르다.
따라서 ㉠, ㉤은 연소반응, ㉡은 수소기체 발생 반응으로 빠른 반응에 속하지만, ㉢과 ㉣은 느린 반응에 속한다.

23

정답 ③

A는 원자 번호가 1번인 수소(H)이다. B는 총 전자 수가 8개인 원소로 원자 번호가 8번인 산소(O)이다. D는 B와 최외각 전자 수가 같으므로 같은 족 원소인 황(S)이다. E는 전자껍질이 2개이며 단원자 분자인 네온(Ne)이다. C는 E보다 양성자의 수가 1개 적으므로 플루오린(F)이다.

주기 \ 족	1	2	13	14	15	16	17	18
1	A							
2						B	C	E
3						D		

24

정답 ②

산화마그네슘의 질량은 '(마그네슘의 질량)+(산소의 질량)'이므로 실험 Ⅰ·Ⅱ·Ⅲ에서의 산소의 질량은 10g, 16g, 30g이다.
실험 Ⅰ에서 마그네슘과 산소의 질량비가 3 : 2이므로 마그네슘 36g이 연소하면 산소가 24g 반응한다는 것을 알 수 있다. 따라서 생성되는 산화마그네슘은 이를 합한 60g이다.

25

정답 ①

화학 반응식에서 (계수 비)=(분자수 비)이다.
(가)에서 생성된 C와 D의 분자수 비가 1 : 2임을 알 수 있다. (나)에서 B의 분자수를 (가)보다 2배로 증가시켜 반응시켰을 때 생성물의 분자수가 2배로 증가한다. (다)에서 B의 분자수를 (나)보다 더 증가시켜 반응시켰을 때 생성물의 분자수가 (나)와 같으므로 A와 B는 1 : 2의 분자수 비로 반응한다. 따라서 분자수 비 A : B : C : D=1 : 2 : 1 : 2가 되므로 화학 반응식은 A+2B → C+2D이다.

26

정답 ①

산소 농도가 높을수록 반응 속도도 빠르다.

27

정답 ③

㉠ (가)와 (나)는 한 종류의 원소로 이루어진 홑원소 물질이고, (다)는 2가지의 원소로 이루어진 화합물이다.

㉡ (나)의 분자는 대칭 구조이며, 무극성이다.

오답분석

㉢ (라)는 (가), (나), (다)의 입자가 섞인 혼합물이다.

28

정답 ③

주어진 화학 반응식은 질소와 수소가 반응하여 암모니아를 생성하는 화학식으로 항상 반응 전후의 원자 수는 같게 된다.

29

정답 ④

끓는점은 물질의 양이 많아져도 변하지 않는 세기 성질이다. 다른 조건이 같을 때 외부 압력이 높으면 끓는점이 높고, 외부 압력이 낮을수록 끓는점은 낮아진다. 또한 용액의 농도가 진할수록 끓는점은 높아지므로 소금물이 물보다 끓는점이 높다. 따라서 끓는점은 (나)>(가)>(다)이다.

30

정답 ①

㉠ 반응 전 실린더 속에는 A분자 5개와 B분자 9개가 존재하였으나, 반응 후 실린더 속에는 A분자 2개가 반응하지 않고 남았으며 생성물로 C분자 6개가 생성되었다.
따라서 A분자 3개와 B분자 9개가 반응하여 C분자 6개가 생성되므로 화학 반응식은 A+3B → 2C이다.

오답분석

㉡ A분자 1개와 B분자 3개의 질량의 합=C분자 2개의 질량

따라서 (C의 분자량)=$\frac{(\text{A의 분자량})+3\times(\text{B의 분자량})}{2}$

이다.

㉢ 질량 보존의 법칙에 의해 반응 전과 후의 실린더 속 혼합 기체의 질량은 일정하다. 그러나 반응 후 실린더 부피가 감소하므로 기체의 밀도$\left(=\frac{\text{질량}}{\text{부피}}\right)$는 증가한다.

CHAPTER 02 물리 적중예상문제

01	02	03	04	05	06	07	08	09	10
③	④	③	④	①	②	③	①	④	②
11	12	13	14	15	16	17	18	19	20
①	①	③	②	④	①	②	①	④	④
21	22	23	24	25	26	27	28	29	30
②	③	①	④	③	①	②	②	②	③

01

정답 ③

오답분석

① 지구의 만유인력과 자전에 의한 원심력을 합한 힘
② 전기나 자기에 바탕을 둔 힘의 총칭
④ 핵의 붕괴에서 나타나는 짧은 거리에서 작용하는 힘

02

정답 ④

인체 내로 초음파를 보내어 반사된 음파의 주파수를 분석함으로써 생체 내에서 운동하는 장기나 태아의 진단에 사용한다.

03

정답 ③

회로에서의 전체저항은 $\frac{20}{2}=10\Omega$이다.

따라서 $8+\frac{1}{\frac{1}{4}+\frac{1}{R_A}}=10\Omega \rightarrow \frac{1}{4}+\frac{1}{R_A}=\frac{1}{2}$이므로 A의 전체저항은 $R_A=4\Omega$이다.

04

정답 ④

④의 합력은 오른쪽으로 1N이다.

오답분석

① 오른쪽 방향으로 4N
②·③ 오른쪽 방향으로 2N

05

정답 ①

속력 – 시간 그래프의 기울기는 가속도를 나타낸다. 등가속도는 기울기가 일정해야 하므로 정답은 ①이다.

오답분석

④ 기울기가 0인 그래프이다.

06

정답 ②

교류는 승압과 감압이 용이하여 전력 손실이 직류 송전에 비해 적은 것이 특징이다.

07

정답 ③

파동은 에너지를 이동시키며 물체는 그 자리에서 위·아래만 움직인다.
따라서 다음 배 지점의 물결파는 밑으로 내려가므로 배도 아래쪽으로 움직인다.

08

정답 ①

정류 작용은 통전 방향에 따라 전류가 잘 흐르는 정도가 달라지는 성질로, 좁은 의미로 한쪽 방향으로는 전류가 잘 흐르지만 반대 방향으로는 전류가 흐르지 않게 하는 성질을 말한다.

09

정답 ④

㉠ 우주 공간은 진공 상태로, 소리를 전달할 매질이 없기 때문에 두 우주인은 대화를 나눌 수 없다. 하지만 헬멧을 맞대면 소리가 전달되므로 대화를 나눌 수 있다.
㉡·㉢ 소리는 고체, 액체, 기체 속에서 모두 전달이 되지만, 진공 상태에서는 전달되지 않는다.

10

정답 ②

행성의 공전 속도는 태양과 가까워지면 빨라지고 멀어지면 느려지므로 이 행성의 공전 속도는 B에서 가장 빠르고, D에서 가장 느리다.

PART 5

11
정답 ①

철새가 날갯짓을 하면 날개 뒤쪽으로 변형된 공기의 흐름인 보텍스(Votex)가 형성된다. 새의 날갯짓으로 형성된 보텍스는 날개 바깥쪽으로 상승하는 공기의 흐름을 만든다.
따라서 공기가 상승하는 곳에 위치하면 보다 적은 날갯짓으로 공중에 떠 있을 수 있어 에너지를 최소화할 수 있다.

12
정답 ①

(전력량)=[전력(w)]×[시간(h)]
A는 225Wh, B는 600Wh, C는 64Wh, D는 225Wh이므로 답은 ①이다.

13
정답 ③

역학적 에너지 보존으로 감소한 운동 에너지는 증가한 위치 에너지와 같다.
따라서 mgh=2×9.8×3=58.8J이다.

14
정답 ②

열효율이 50%이므로 2,000J의 열에너지를 공급할 때 얻을 수 있는 최대의 일은 2,000×0.5=1,000J이다.

15
정답 ④

저항은 도선의 길이에 비례하고, 도선의 단면적에 반비례한다. 길이가 1cm이고 단면적이 1mm^2인 금속의 저항을 R로 가정하여 각각의 조건에 따른 저항을 나타내면
① $\frac{1}{4}$R, ② $\frac{2}{3}$R, ③ $\frac{3}{2}$R, ④ 4R이다.
따라서 저항값이 가장 큰 것은 ④이다.

16
정답 ①

$Q=cm\Delta T$에서, 열용량은 열량을 온도변화로 나눈 값이다. 그런데 셋 모두 같은 물질인 물이므로 비열량이 같으므로, 열용량은 질량에 비례한다.
따라서 열용량이 가장 작은 A가 질량이 가장 작다.

17
정답 ②

공은 A지점으로부터 3m 밑으로 떨어졌으므로 줄어든 위치 에너지는 5×9.8×3=147J이다.

18
정답 ①

8초 후 속도는 5+4×8=37m/s이며
평균 속도는 $\frac{(\text{처음속도})+(\text{나중속도})}{2}=\frac{5+37}{2}=21\text{m/s}$이다.

19
정답 ④

반도체는 도체와 부도체의 중간 정도의 전기적 성질을 가지며, 규소(Si)와 저마늄(Ge) 등이 대표적인 반도체이다.

20
정답 ④

추의 무게는 지구가 추를 당기는 힘이다. 이의 반작용은 추가 지구를 당기는 힘이다.

작용 · 반작용의 법칙
한 물체가 다른 물체에 힘(작용)을 가하면, 힘을 받은 물체도 힘을 가한 물체에 크기는 같고 방향이 반대인(반작용) 힘을 가한다.

21
정답 ②

$R=\frac{V}{I}=\frac{8}{4}=2\Omega$

22
정답 ③

포물선 궤도로 떨어지는 야구공과 바람이 안 부는 날 떨어지는 빗방울 모두 크기가 방향이 일정한 힘을 받는 등가속도 운동을 한다. 하지만 지구 주위를 공전하는 인공위성은 작용하는 방향이 매시간 바뀌는 원운동이다.

23
정답 ①

물체에 힘이 작용할 때, 가속도는 힘의 크기에 비례하고 질량에 반비례하므로 $\frac{4}{2}=2\text{m/s}^2$이다.

24
정답 ④

소비 전력(P)는 (전류)×(전압)이므로 배전관 퓨즈에 흐르는 전류는 (220+400+900+1,560+1,100)/220=19A이다.

25

정답 ③

$$E=-N\frac{d\Phi}{dt}=-500\times\frac{0.01}{0.1}=-50V$$

렌츠의 법칙

N회 감은 코일에서 t초 동안 자속이 Φ만큼 변할 때 유도되는 기전력은 다음과 같다.

$$E=-N\frac{d\Phi}{dt}$$

이때, 음의 부호는 유도기전력의 방향은 자속의 변화와 반대 방향의 자기장을 형성한다는 의미이다(렌츠의 법칙).

26

정답 ①

막대의 중점은 15cm지점이므로 받침점에서 5cm 떨어진 지점이다. 왼쪽 힘과 오른쪽 힘의 균형은 40×10=(막대무게)×5cm+10×20이므로 막대무게는 40N임을 알 수 있다.

27

정답 ②

(에너지 효율)=(유용하게 사용된 에너지의 양)÷(공급한 에너지의 양)

- A : $\frac{5}{20}\times100=25\%$
- B : $\frac{10}{20}\times100=50\%$
- C : $\frac{5}{40}\times100=12.5\%$
- D : $\frac{10}{40}\times100=25\%$

28

정답 ②

속력 – 시간 그래프에서 넓이는 물체가 이동한 거리를 나타낸다.

따라서 (3×2×0.5)+(3×4)=15m이다.

29

정답 ②

$$E_k=\frac{1}{2}mv^2=\frac{1}{2}\times2\times5^2=25J$$

에너지와 일은 전환이 가능하므로 ②가 답이다.

30

정답 ③

기상 현상의 근본적인 에너지원은 태양 에너지이다. 수증기의 대류, 증발, 응결에 의한 태양 에너지의 흡수는 대기와 물의 순환으로 기상현상을 일으킨다.

M E M O

PART

6

최종점검 모의고사

제1회 최종점검 모의고사

01	02	03	04	05	06	07	08	09	10	11	12	13	14	15	16	17	18	19	20
②	③	②	②	④	④	④	④	③	③	①	②	③	②	①	①	③	②	②	④
21	22	23	24	25	26	27	28	29	30	31	32	33	34	35	36	37	38	39	40
④	③	②	④	④	②	④	①	③	②	④	②	③	①	③	①	④	③	②	④
41	42	43	44	45	46	47	48	49	50	51	52	53	54	55	56	57	58	59	60
③	③	③	④	②	④	①	②	②	③	④	①	①	④	①	①	④	④	③	①
61	62	63	64	65	66	67	68	69	70	71	72	73	74	75	76	77	78	79	80
①	④	④	④	④	④	④	④	①	③	③	③	③	①	③	③	③	②	④	②

01

정답 ②

①·③·④는 교통수단이다.

② 덫

오답분석

① 버스

③ 기차

④ 비행기

02

정답 ③

①·②·④는 방송과 관련된 직업이다.

③ 변호사

오답분석

① 아나운서

② 배우

④ 연출가

03

정답 ②

①·③·④는 식물이다.

② 얼룩말

오답분석

① 민들레

③ 단풍나무

④ 선인장

04

정답 ②

제시된 단어의 의미는 '거절하다'로, 이와 반대되는 '받아들이다'의 의미를 가진 단어는 ②이다.

오답분석

① 거절하다
③ 집행하다
④ 보장하다

05

정답 ④

제시된 단어의 의미는 '모으다'로, 이와 반대되는 '흩뿌리다'의 의미를 가진 단어는 ④이다.

오답분석

① 모으다
② 완료하다
③ 결론을 내리다

06

정답 ④

제시된 단어의 의미는 '충성스러운'으로, 이와 반대되는 '불충한'의 의미를 가진 단어는 ④이다.

오답분석

① 불변의
② 헌신적인
③ 짜증난

07

정답 ④

제시된 단어의 의미는 '비평하다'로, 이와 같은 의미를 가진 단어는 ④이다.

오답분석

① 칭찬하다
② 기부하다
③ 소모하다

08

정답 ④

제시된 단어의 의미는 '성취하다'로, 이와 같은 의미를 가진 단어는 ④이다.

오답분석

① 설립하다
② 개선하다
③ 향상시키다

09

정답 ③

제시된 단어의 의미는 '합의'로, 이와 같은 의미를 가진 단어는 ③이다.

오답분석

① 영구적인
② 유명한
④ 저명한

10

정답 ③

'옷을 입다'라고 할 때 'try the dress on'을 쓴다.

| 해석 |

판매원은 나를 아래위로 쳐다보더니 내가 그 옷을 사지 않을 거라 생각했기 때문에 그 옷을 입어 보지 말라고 이야기했다.

11

정답 ①

내재적 가치에 관해 동물들이 인간보다 내재적 가치를 적게 가졌을 것이라고 주장하는 사람들을 깨우치는(Enlighten) 내용이다. 글의 내용에 따르면 보통의 인간, 지적 능력이 부족한 인간 그리고 동물 모두 내재적 가치를 동등하게 가지고 있다.

| 해석 |

아마도 어떤 사람들은 우리보다 적을 뿐 동물들도 내재적 가치를 갖고 있다고 주장할 것이다. 하지만 이러한 관점을 옹호하려는 시도들은 이성적인 타당한 근거가 결여된 것처럼 보일 수 있다. 우리가 동물들보다 내재적 가치를 더 많이 가지고 있다는 근거는 무엇인가? 동물들의 합리성 혹은 자율성이나 지성이 결여되었기 때문인가? 유사하게 결여된 사람들에 관해 말하자면 우리는 같은 판단을 내릴 수 있을 것이다. 하지만 예를 들어 학력 발달이 더딘 아이나 정신적 장애가 있는 사람들이 우리보다 적은 내재적 가치를 가졌다는 것은 사실이 아니다. 그러면 우리는 또한 삶에 대한 경험의 주체라는 점에 있어서 그런 사람들과 같은 동물들이 더 적은 내재적 가치를 가지고 있다는 관점을 이성적으로 뒷받침할 수 없다. 내재적인 가치를 가진 모든 것은, 그들이 인간이라는 동물이든지 아니든지 간에, 내재적 가치를 동등하게 지니고 있는 것이다.

12

정답 ②

'come back up to the surface slowly and don't hold your breath'는 '천천히 수면 위로 올라와서 숨을 참지 마라.'이므로 'Scuba diving'이 가장 적절하다.

오답분석

① 자동차 운전
③ 등산
④ 승마

13

정답 ③

대화의 맥락상 본인의 사이즈를 모르기 때문에 입어봐도 되는지 물어보는 ③이 빈칸에 들어가는 것이 적절하다.

| 해석 |

A : 무엇을 도와드릴까요?
B : 드레스 셔츠를 사려구요.
A : 어떤 사이즈를 입으세요?
B : 제 사이즈를 몰라서요. 입어봐도 되나요?
A : 물론입니다.

14

정답 ②

계산 장애를 가진 사람들처럼 기억력이 안 좋은 사람들도 현대 기술의 도움을 받을 수 있다는 내용이다. 빈칸의 앞뒤는 같은 종류의 예시를 들고 있으므로 '똑같이, 비슷하게'라는 의미를 가진 'Likewise'가 정답이다.

| 해석 |

현대 기술은 정보를 얻고 스스로를 표현하는 대안책에 대한 접근을 학습자들에게 제공함으로써 많은 학습 장애를 거의 없애 버렸다. 철자에 서툰 사람들은 철자 점검기를 이용할 수 있고 판독하기 어려운 필체를 가진 사람들은 정돈된 원고를 만들기 위해 워드프로세서를 이용할 수 있다. 계산 장애를 가진 사람들은 수학 문제가 생길 때 간편한 소형 계산기를 가짐으로써 도움을 얻는다. 마찬가지로, 기억력이 나쁜 사람들은 강의와 토론과 대화를 테이프에 담을 수 있다. 불완전한 시각화 기술을 가진 사람들은 화면에서 3차원의 물체들을 조작할 수 있도록 해 주는 컴퓨터 이용 설계(CAD) 소프트웨어 프로그램을 사용할 수 있다.

15

정답 ①

남성과 여성이라는 생물학적인 요인으로 인하여 부모들이 자녀들과 대화하는 방식이 달라진다는 내용이다. 따라서 빈칸에는 '생물학적'이라는 뜻을 가진 'biological'이 와야 한다.

| 어휘 |

- descriptive : 설명적인, 묘사적인
- interestingly : 흥미롭게도
- vocalize : 발음하다
- respond : 반응하다, 응답하다
- apparently : 분명히
- factor : 요인
- determine : 결정하다

| 해석 |

부모들은 딸과 이야기할 때 조금 더 묘사적인 언어를 사용하고, 세부적인 것들을 다룬다. 대부분의 부모들은 이것을 알고 놀라곤 한다. 그러면 그들은 왜 그럴까? 흥미롭게도 그것은 아이가 갓난아기일 때부터 시작된다. 출생 시 남성들이 여성들보다 약간 덜 발달된다는 것은 잘 알려진 사실이다. 그들은 여자아이들만큼 입으로 소리를 내어 표현하지 않고 눈도 많이 마주치지 않는다. 여자아이들은 입으로 소리를 내고 부모를 바라본다. 그 결과는? 부모님은 여자아이들에게 더 많이 말하면서 반응한다. 분명 생물학적 요인이 부모님들이 사용하는 언어의 양을 결정한다.

16

정답 ①

주어진 식에서 ×는 +로, −는 ÷로 쓰였다.

$\therefore (12\times8)-4=20\div4=5$

17

정답 ③

10과 15의 최소공배수는 30이다.

따라서 200 이하의 자연수 중 30의 배수는 총 6개가 있다.

18

정답 ②

1에서 200까지의 숫자 중 소수인 수는 약수가 2개이다.

따라서 소수의 제곱은 약수가 3개이므로 2, 3, 5, 7, 11, 13의 제곱인 4, 9, 25, 49, 121, 169 총 6개이다.

PART 6

19

정답 ②

전체 일의 양을 1이라고 하면, A연구원과 B연구원이 각각 하루 동안 할 수 있는 일의 양은 $\frac{1}{8}$, $\frac{1}{14}$이다.

처음 이틀과 보고서 제출 전 이틀 총 4일은 같이 연구하고, 나머지는 B연구원 혼자 연구하였다.
B연구원 혼자 연구한 기간을 x일이라고 하면, 다음 식이 성립한다.

$4\times\left(\frac{1}{8}+\frac{1}{14}\right)+\frac{x}{14}=1$

$\rightarrow \frac{1}{2}+\frac{2}{7}+\frac{x}{14}=1$

$\rightarrow 7+4+x=14$

$\therefore x=3$

따라서 B연구원이 혼자 3일 동안 연구하므로 보고서를 제출할 때까지 총 3+4=7일이 걸렸다.

20

정답 ④

주사위 A, B, C의 각 주사위의 윗면과 뒷면의 합은 7이므로 세 주사위의 윗면과 뒷면의 합은 $7\times3=21$이다.
이때, 주사위 윗면의 합이 13이므로 밑면의 합은 $21-13=8$이다.

21

정답 ④

두 자연수의 합이 최대가 되기 위해 일의 자리 숫자가 9가 되고, 십의 자리 수도 9가 되어야 하므로 B는 99, A는 89가 됨을 알 수 있다.
따라서 A+B의 최댓값은 89+99=188이다.

22

정답 ③

학생, 어른의 입장료를 각각 x원, $2x$원이라고 하자.

$5x+6\times2x=51,000$

$\therefore x=3,000$

따라서 어른 한 명의 입장료는 $2x=6,000$원이다.

23

정답 ②

$20,000\times1.2\times0.8=19,200$

따라서 현재 판매가는 19,200원이다.

24

정답 ④

5곳의 배송지에 배달을 할 때, 첫 배송지와 마지막 배송지 사이에는 4번의 이동이 있다. 총 80분(=1시간 20분)이 걸렸으므로 1번 이동 시에 평균적으로 20분이 걸린다.
따라서 12곳에 배달을 하려면 11번의 이동을 해야 하므로 $20\times11=220$=3시간 40분이 걸릴 것이다.

25

정답 ④

A기차의 길이를 xm라고 하자. 기차가 터널을 완전히 빠져나갈 때까지의 이동거리는 (기차의 길이)+(터널의 길이)이므로 다음과 같은 식이 성립한다.

$680+x=30\times30$

$\rightarrow x=900-680$

$\therefore x=220$

따라서 A기차의 길이는 220m이다.

26

정답 ②

용질이 녹아있는 용액의 농도는 다음과 같이 구한다.

$(\text{농도})=\frac{(\text{용질의 양})}{(\text{용액의 양})}\times100$

(농도)=25%이고, 코코아 분말이 녹아있는 코코아용액은 700mL이므로

코코아 분말의 양=$700\times0.25=175$

따라서 코코아 분말은 175g이 들어 있음을 알 수 있다.

27

정답 ④

A, B, C 세 사람이 가위바위보를 할 때의 나올 수 있는 모든 경우는 $3\times3\times3=27$가지이다. A만 이기는 경우를 순서쌍으로 나타내면 (보, 바위, 바위), (가위, 보, 보), (바위, 가위, 가위)로 3가지가 나온다.

따라서 A만 이길 확률은 $\frac{3}{27}=\frac{1}{9}$이다.

28

정답 ①

1시간에 60페이지를 읽는 것은 1분에 책을 1페이지 읽는 것과 같다. 4시간(=240분) 동안 40분씩 독서를 한 뒤 5분간 휴식을 한다고 했으므로 총 휴식시간은 25분이며 읽은 페이지 수는 $(240-25)\times1=215$페이지이다.

29

정답 ③

전체 작업량을 1로 둘 때, 6명이 5시간 만에 청소를 완료하므로 직원 한 명의 시간당 작업량은 $\frac{1}{30}$이다.

따라서 3시간 만에 일을 끝마치기 위한 직원의 수를 x명이라 하면 $\frac{x}{30}\times3=1 \rightarrow x=10$이므로 계산 결과에 따라 총 10명의 직원이 필요하며, 추가로 필요한 직원의 수는 4명이다.

30

정답 ②

구입한 제품 A의 수를 a개, 제품 B의 개수를 b개라고 하자(a, $b\geq0$).

$600a+1{,}000b=12{,}000$

$3a+5b=60$

a와 b를 $(a,\ b)$의 순서쌍으로 나타내면 다음과 같다.

(0, 12), (5, 9), (10, 6), (15, 3), (20, 0)

따라서 모두 5가지의 방법이 있다.

PART 6

31

정답 ④

이길 승(勝)의 반대의 의미를 가진 한자는 패할 패(敗)이다.

오답분석

① 苦(괴로울 고)
② 休(쉴 휴)
③ 建(세울 건)

32

정답 ②

모일 사(社), 힘쓸 무(務)

오답분석

① 사격(射擊)
③ 직무(職務)
④ 사유(事由)

33

정답 ③

제시된 명제를 정리하면 다음과 같다.

- 속도 : 자동차 > 마차, 비행기 > 자동차
- 무게 : 자동차 > 마차

속도에서 '비행기 > 자동차 > 마차' 순이며, 무게에서 '자동차 > 마차' 순이다. 하지만 비행기에 대한 무게는 나와 있지 않아서 비행기가 가장 무거운지는 알 수 없다.

34

정답 ①

보건용 마스크의 'KF' 뒤 숫자가 클수록 미세입자 차단 효과가 더 크므로 KF80보다 KF94 마스크의 미세입자 차단 효과가 더 크다. 또한 모든 사람들은 미세입자 차단 효과가 더 큰 마스크를 선호하므로 '민호는 KF80의 보건용 마스크보다 KF94의 보건용 마스크를 선호한다.'는 참이 된다.

35

정답 ③

게으른 사람은 항상 일을 미루고 목표를 달성하지 못한다. 그러나 목표를 달성하지 못한 사람 중 게으른 사람은 전부 또는 일부일 수도 있으므로 알 수 없다.

36

정답 ①

- A : 현아의 신발 사이즈가 230mm라면 소영이는 225mm, 지영이는 235mm이므로 보미의 신발 사이즈는 240mm 혹은 245mm로 두 번째로 크다고 할 수 있다.
- B : 보미의 신발 사이즈가 240mm라면 현아의 신발 사이즈는 230mm 혹은 245mm가 된다. 둘 중 현아의 신발 사이즈가 230mm일 때만 소영이의 신발 사이즈가 225mm임을 확신할 수 있으므로 B는 옳은지 틀린지 판단할 수 없다.

37

정답 ④

p='도보로 걸음', q='자가용 이용', r='자전거 이용', s='버스 이용'이라고 하면 $p \to \sim q$, $r \to q$, $\sim r \to s$이며, 두 번째 명제의 대우인 $\sim q \to \sim r$이 성립함에 따라 $p \to \sim q \to \sim r \to s$가 성립한다.
따라서 '도보로 걷는 사람은 버스를 탄다.'는 명제는 반드시 참이다.

38

정답 ③

성준이는 볼펜을 좋아하고, 볼펜을 좋아하는 사람은 수정테이프를 좋아한다.
따라서 '성준이는 수정테이프를 좋아한다.'는 참인 명제이다.

39

정답 ②

제시된 낱말은 결과와 원인의 관계이다. 늦잠을 자면 지각을 하게 되고, 더우면 땀이 나게 된다.

40

정답 ④

제시된 단어는 유의 관계이다.
'간섭'은 '다른 사람의 일에 참견함'을 뜻하고, '참견'은 '자기와 별로 관계없는 일이나 말 따위에 끼어들어 쓸데없이 아는 체하거나 이래라저래라 함'을 뜻한다. 따라서 '간절히 바라고 구함'의 뜻인 '갈구'와 유의관계인 단어는 '열렬하게 바람'의 뜻인 '열망'이다.

오답분석

① 관여 : 어떤 일에 관계하여 참여함
② 개입 : 자신과 직접적인 관계가 없는 일에 끼어 듦
③ 경외 : 공경하면서 두려워함

41

정답 ③

제시된 단어는 반의 관계이다.
'참여'는 '어떤 일에 끼어들어 관계함'을 뜻하고, '이탈'은 '어떤 범위나 대열 따위에서 떨어져 나오거나 떨어져 나감'을 뜻한다. 따라서 '일을 끝냄'의 뜻인 '종결'과 반의 관계인 단어는 '어떤 일에 손을 댐'의 뜻인 '착수'이다.

오답분석

① 귀결 : 어떤 결말이나 결과에 이름
② 소외 : 어떤 무리에서 기피하여 따돌리거나 멀리함
④ 단락 : 일이 어느 정도 다 된 끝

42

정답 ③

제시된 단어는 도구와 결과물의 관계이다.
'선풍기'로 '바람'을 만들고, '제빙기'로 '얼음'을 만든다.

43

정답 ③

제시된 단어는 상하 관계이다.
'구기종목'의 하위어는 '농구'이며, '집'의 하위어는 '아파트'이다.

44

정답 ④

'채소를 좋아한다.'를 A, '해산물을 싫어한다.'를 B, '디저트를 싫어한다.'를 C라고 하면 전제는 A → B로 표현할 수 있다. 다음으로 결론은 ~C → ~A로 표현할 수 있고 이의 대우 명제는 A → C이다. 따라서 중간에는 B → C가 나와야 하므로 이의 대우 명제인 ④가 적절하다.

45

정답 ②

'공부를 열심히 한다.'를 A, '지식을 함양하지 않는다.'를 B, '아는 것이 적다.'를 C, '인생에 나쁜 영향이 생긴다.'를 D로 놓고 보면 첫 번째 명제는 C → D, 세 번째 명제는 B → C, 네 번째 명제는 ~A → D이므로 네 번째 명제가 도출되기 위해서는 ~A → B가 필요하다. 따라서 대우 명제인 ②가 답이 된다.

46

정답 ④

제시문은 이글루가 따듯해질 수 있는 원리에 대해 설명하고 있다. 따라서 (나) 에스키모는 이글루를 연상시킴 – (라) 이글루는 눈으로 만든 집임에도 불구하고 따듯함 – (가) 눈 벽돌로 이글루를 만들고 안에서 불을 피움 – (마) 온도가 올라가면 눈이 녹으면서 벽의 빈틈을 메우고 눈이 녹으면 출입구를 열어 물을 얼림 – (다) 이 과정을 반복하면서 눈 벽돌집은 얼음집으로 변하여 내부가 따듯해짐 순으로 나열하는 것이 적절하다.

47

정답 ①

제시문은 사회서비스에 대한 정의와 다양한 방식을 소개하며, 이를 통해 알 수 있는 사회서비스의 의의를 알리고 있다. 따라서 (라) 사회서비스의 정의 – (가) 사회서비스의 다양한 방식 – (다) 최근 사회서비스의 경향 – (나) 이를 통해 알 수 있는 사회서비스의 의의 순으로 나열하는 것이 적절하다.

48

정답 ②

빈칸 뒤에서 민화는 필력보다 소재와 그것에 담긴 뜻이 더 중요한 그림이었다고 설명하고 있으므로, 민화는 작품의 기법보다 작품의 의미를 중시했음을 알 수 있다. 따라서 빈칸에 들어갈 내용으로 가장 적절한 것은 ②이다.

49

정답 ②

제시문은 사회보장제도가 무엇인지 정의하고 있으므로 제목으로는 '사회보장제도의 의의'가 가장 적절하다.

오답분석

① 두 번째 문단에서만 사회보험과 민간보험의 차이점을 언급하고 있다.
③ 우리나라만의 사회보장에 대한 설명은 아니다.
④ 대상자를 언급하고 있지만 글 내용의 일부로 글의 전체적인 제목으로는 적절하지 않다.

50

정답 ③

오답분석

① 일일히 → 일일이
② 맟대고 → 맞대고
④ 흐터지면 → 흩어지면

51

정답 ④

글쓴이는 동물들이 사용하는 소리는 단지 생물학적인 조건에 대한 반응 또는 본능적인 감정 표현의 수단일 뿐, 사람의 말과 동물의 소리에 근본적인 차이가 존재한다고 말한다. 즉, 동물들이 나름대로 가지고 있는 본능적인 의사소통능력은 인간의 것과 다르다는 것이다. 따라서 글쓴이의 주장으로 소리를 내는 동물의 행위는 대화나 토론 · 회의 같이 서로 의미를 주고받는 인간의 언어활동으로 볼 수 없다는 ④가 가장 적절하다.

52

정답 ①

저작권법에 의해 보호받을 수 있는 저작물은 최소한의 창작성을 지니고 있어야 하며, 남의 것을 베낀 것이 아닌 저작자 자신의 것이어야 한다.

53

정답 ①

규칙은 가로 방향으로 적용된다.
첫 번째 도형 안쪽의 선을 좌우 반전하여 합친 것이 두 번째 도형이다.
두 번째 도형을 상하 반전하여 합친 것이 세 번째 도형이다.

54

정답 ④

규칙은 세로 방향으로 적용된다.
첫 번째 도형을 y축 기준으로 대칭 이동한 것이 두 번째 도형, 이를 시계 방향으로 $120°$ 회전한 것이 세 번째 도형이다.

55

정답 ①

규칙은 가로 방향으로 적용된다.
첫 번째 도형을 시계 방향으로 $60°$ 회전한 것이 두 번째 도형, 이를 시계 반대 방향으로 $90°$ 회전한 것이 세 번째 도형이다.

56

정답 ①

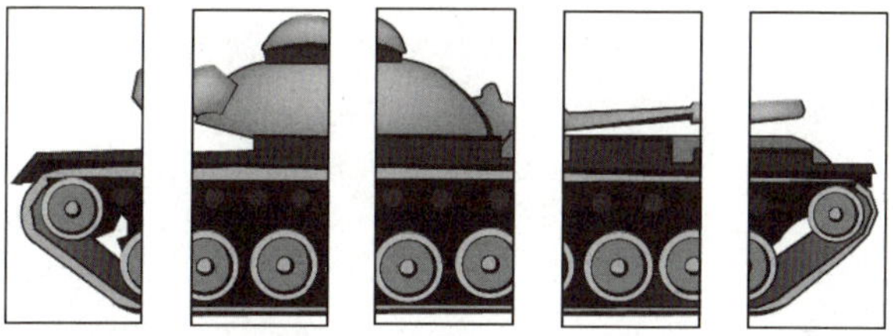

(다) (마) (나) (가) (라)

57

정답 ④

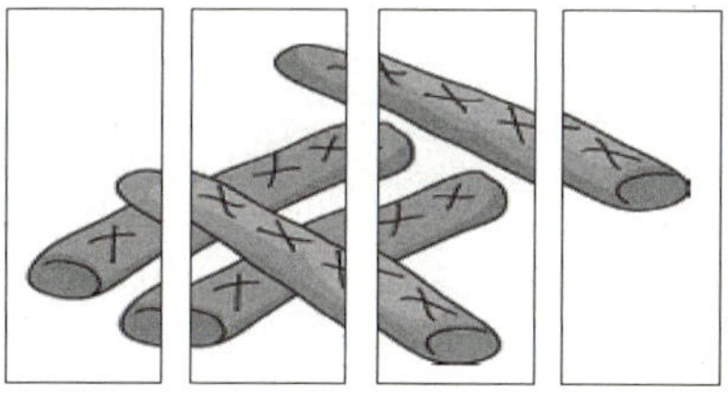

(나) (라) (다) (가)

58

정답 ④

④는 제시된 도형을 $180°$ 회전한 것이다.

PART 6

59

정답 ③

오답분석

①

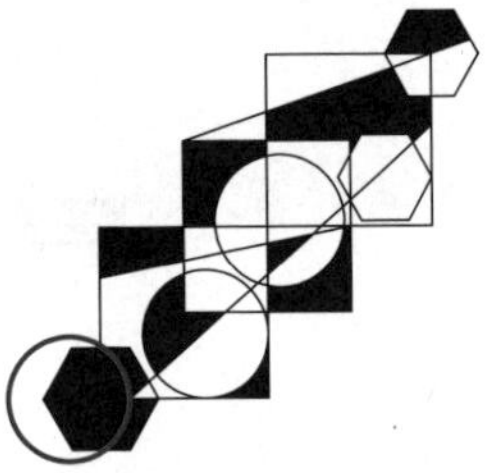

②

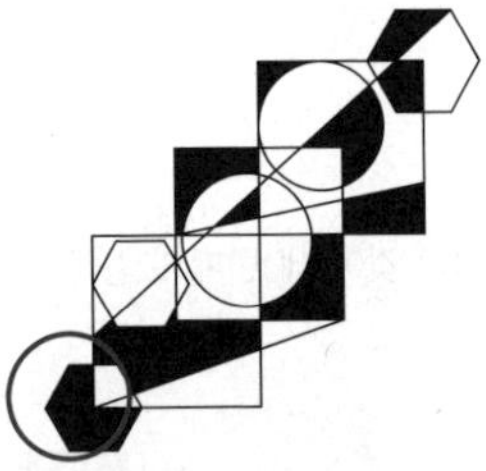

④

60

정답 ①

오답분석

②

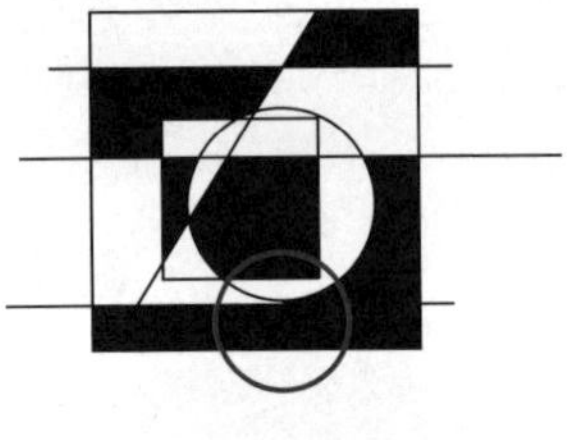

③

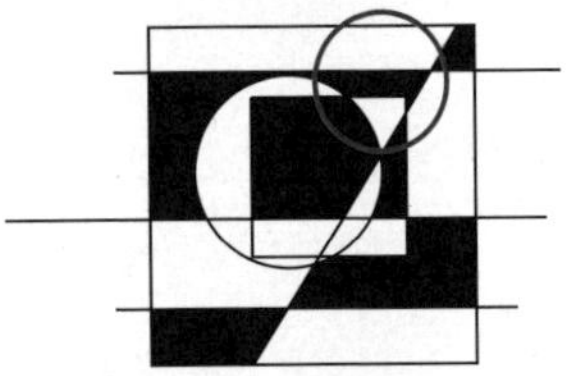

④

61

정답 ①

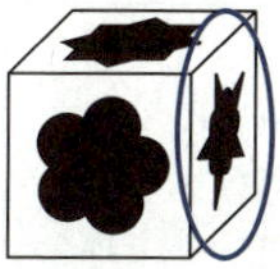

62

정답 ④

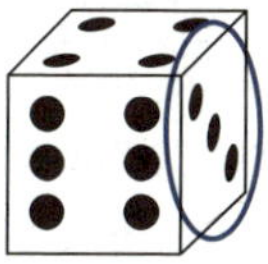

63

정답 ④

643	721	128	625	687	354	**643**	644	783	543	764	**643**
473	623	**643**	641	489	**643**	123	926	965	**643**	699	611
524	567	238	346	925	563	593	645	987	789	613	642
243	741	644	**643**	923	453	**643**	645	653	217	265	**643**

64

정답 ④

신효	심호	**신호**	심호	실호	**신호**	신효	산호	선효	**신호**
신호	진호	심효	짐호	신효	실효	심호	실후	선휴	신후
신후	실효	진후	**신호**	실호	식후	심후	신후	**신호**	식후

65

정답 ④

라익	마임	라암	사임	라익	나임	**라임**	자임	라암	라앰	**라임**	라오
라엠	하임	자임	**라임**	다임	마임	하임	라오	라엄	나임	리임	하임
라오	자임	나임	리임	라앰	라엄	다임	라암	사임	다임	마임	라익
마임	라익	사임	라암	다임	라오	라앰	리임	**라임**	라엄	라암	나임

66

정답 ④

♬♩	♩♪	♬♪	♪♪	♩♪	♬♩	**♪♬**	♬♩	♬♪	♬♩	**♪♬**	♩♪
♪♬	♩♬	♪♪	♬♩	♬♪	♬♬	♩♬	**♪♬**	♪♪	♩♬	♬♬	♬♪
♩♬	♬♩	**♪♬**	♪♪	♪♪	♬♩	♩♩	♬♩	♪♩	♩♪	♬♪	**♪♬**
♬♪	♩♬	♪♪	♩♬	♬♩	♩♪	♪♪	♬♬	♬♪	♪♪	♬♩	♩♬

67

정답 ④

㉴	㉱	㉯	㉰	㉯	㉲	㉴	㉱	㉯	㉮	㉯	㉲
㉱	㉴	㉱	㉲	**㉳**	㉰	㉱	㉮	㉲	㉰	**㉳**	㉴
㉳	㉰	㉲	㉴	㉱	㉴	㉲	㉴	㉰	㉴	㉰	㉰
㉱	㉲	**㉳**	㉮	㉲	㉯	㉯	㉰	**㉳**	㉱	㉮	**㉳**

68

정답 ④

385	325	265	254	795	356	683	357	354	865	346	253
648	**368**	**547**	879	354	124	436	568	976	768	436	674
436	875	352	457	254	**547**	769	897	567	**322**	212	325
876	564	463	473	659	**322**	357	789	437	574	323	289

69

정답 ①

구리	이리	금리	**고리**	의리	도리	궁리	부리	박리	장리	다리	젤리
주리	**예리**	지리	자리	교리	**보리**	파리	절리	피리	생리	경리	수리
지리	교리	박리	경리	**고리**	자리	피리	도리	파리	이리	수리	생리
금리	주리	**예리**	궁리	젤리	의리	구리	**보리**	장리	절리	부리	다리

70

정답 ③

☜	☆	**◎**	▲	◁	♤	♭	♣	⊙	▦	♥	□
▤	♭	♨	★	⊙	▲	☆	♪	▲	♪	◁	○
○	☜	♩	♀	▦	▥	☞	○	**◇**	♤	♩	□
♣	♥	☎	→	¤	**♬**	★	♧	☎	☆	♡	□

71

정답 ③

☆□▽◎○ → iii ii vi v iv

72

정답 ③

오답분석

① pzyrq → djhfe

② ypzqr → hdjef

④ rzqpy → fjedh

73

정답 ③

숯은 나무를 불완전 연소시켜 만든 것으로 스펀지보다 더 많은 미세한 구멍들이 있어 흡입력이 강한 것이 특징이다. 숯은 실내에 두었을 때 습도가 높다면 습기를 흡수하고, 반대로 실내가 건조하다면 수분을 내보내는 가습·제습 기능과 함께 미세구멍으로 물 속 이물질을 빨아들이고 미생물의 번식을 막아 물을 깨끗하게 정화하는 정수 기능을 지니고 있어 정수기에 활용되기도 한다.

74

정답 ①

조력 발전은 밀물과 썰물로 인한 해수면의 높이 차이를 이용해 전기를 생산하는 방식이다. 조력 발전은 환경오염과 자원 고갈 문제를 해결할 수 있는 발전 기술이다.

75

정답 ③

원자력 발전은 핵에너지를 이용한 것으로 핵분열을 통해 에너지를 발생시킨다. 이로 인해 방사성 폐기물이 발생하게 된다.

76

정답 ③

그래프에서 세 물체에 같은 크기의 힘을 가할 때 속도가 가장 빠른 것은 A, 가장 느린 것은 C이다. 그러므로 질량이 가장 큰 것은 C이다.

77

정답 ③

석회석은 탄산칼슘을 주성분으로 하는 퇴적암으로 비금속광물이다. 금속 광물은 금속 원소가 주성분인 광물로 철, 구리, 알루미늄, 주석, 금, 은, 리튬 등이 있다.

78

정답 ②

반응 속도에 영향을 주는 요인 중 농도와 관련된 실험이다.
삼각 플라스크에 향의 불씨를 넣었을 때 불꽃이 환하게 타오르는 것은 산소의 농도가 높은 삼각 플라스크 안에서 반응이 더 빨리 일어났기 때문이다.

오답분석

ㄱ. 향이 연소할 때 산소가 반응하여 소모되므로 산소는 반응물이다.
ㄷ. 여름철이 겨울철에 비해 음식이 쉽게 상하는 현상은 온도가 반응 속도에 미치는 영향으로 설명할 수 있다.

79

정답 ④

탄소는 4개의 전자가 결합에 참여하여, 4개의 공유 전자쌍을 만든다. 탄소의 결합 형태에서 각각의 탄소는 4개의 결합선을 갖고 있어야 한다.

80

정답 ②

멘델레예프는 원자량에 따라 원소들을 배열하였다.

PART 6

제2회 최종점검 모의고사

01	02	03	04	05	06	07	08	09	10	11	12	13	14	15	16	17	18	19	20
④	④	③	①	②	①	②	①	②	④	①	③	③	③	②	②	②	①	③	④
21	22	23	24	25	26	27	28	29	30	31	32	33	34	35	36	37	38	39	40
④	②	④	①	④	④	④	④	③	②	④	④	②	②	①	①	③	③	④	①
41	42	43	44	45	46	47	48	49	50	51	52	53	54	55	56	57	58	59	60
③	②	②	④	④	②	③	④	④	④	②	②	①	③	①	④	④	②	②	③
61	62	63	64	65	66	67	68	69	70	71	72	73	74	75	76	77	78	79	80
②	②	①	②	③	②	①	③	④	④	②	②	②	④	①	③	④	③	④	①

01

정답 ④

①・②・③은 과일이다.
④ 벼룩

오답분석

① 배
② 자두
③ 복숭아

02

정답 ④

①・②・③은 문학 장르이다.
④ 화학

오답분석

① 시
② 소설
③ 수필

03

정답 ③

제시된 단어의 의미는 '결핍'으로, 이와 반대되는 '풍부'의 의미를 가진 단어는 ③이다.

오답분석

① 선반
② 무더기
④ 비용

04

정답 ①

제시된 단어의 의미는 '나타나다'로, 이와 반대되는 '사라지다'의 의미를 가진 단어는 ①이다.

오답분석

② 남다
③ 함유하다
④ 요구하다

05

정답 ②

제시된 단어의 의미는 '명백한'으로, 이와 반대되는 '명백하지 않은'의 의미를 가진 단어는 ②이다.

오답분석

① 뚜렷한
③ 확실한
④ 보수적인

06

정답 ①

제시된 단어의 의미는 '빠른'으로, 이와 같은 의미를 가진 단어는 ①이다.

오답분석

② 가난한
③ 간단한
④ 갑작스러운

07

정답 ②

제시된 단어의 의미는 '실용적인'으로, 이와 같은 의미를 가진 단어는 ②이다.

오답분석

① 기치 없는
③ 실제의
④ 확실한

08

정답 ①

제시된 단어의 의미는 '설득하다'로, 이와 같은 의미를 가진 단어는 ①이다.

오답분석

② 거절하다
③ 숙고하다
④ 배치하다

09

정답 ②

제시된 단어의 의미는 '해외의'이다.

오답분석

① horizontal
③ internal
④ urban

10

정답 ④

남자가 여자보다 수학을 잘한다는 것이 고정관념임을 밝히고 바로 역접 접속사 but이 나오므로, 뒤에는 이와 상반되는 내용이 나와야 함을 알 수 있다. 즉 '믿을만한(확실한) 증거가 거의 없다.'는 내용이 드러나야 하므로 빈칸에는 solid(단단한, 확실한)가 들어가는 것이 적절하다. 또한 빈칸 앞의 little이 부정 부사이므로 ②·③은 오답임을 파악할 수 있다.

오답분석

① 동시의
② 의심스러운, 수상쩍은
③ 불안정한

| 어휘 |

• stereotype : 고정관념

| 해석 |

남자가 수학에 있어 여자보다 우월하다는 것은 전형적인 고정관념이다. 그러나 이를 설명할 확실한 증거는 거의 없었다.

11

정답 ①

빈칸에 들어갈 말은 역접의 연결어 'but'으로 추론 가능하다. but의 앞내용은 남부 인도인이 거무스름한 피부를 가졌다고 하는데, 과학자들이 인도인은 백인이 가진 특성을 지녀서 그들을 흑인 아프리카인과 구별하기 힘들다는 내용이므로 빈칸에는 reluctant(주저하는)이 들어가는 것이 적절하다.

오답분석

② 반가운, 환영하다
③ 다른
④ 기꺼이 하는

| 어휘 |

• caucasoid : 코카서스 인종(의)[백색인종]

| 해석 |

남부 인도의 많은 사람들은 까무잡잡한 피부를 가졌다. 그러나 과학자들은 그들의 백색인종의 얼굴 특징들과 모발 형태 때문에 그들을 아프리카계 흑인으로 분류하기를 주저해 왔다.

12

정답 ③

제시문은 비행기에서 승객들을 위한 매우 중요한 사람을 이야기하고 있으므로 스튜어디스가 적절하다.

| 어휘 |

- passenger : 승객
- comfortable : 안락한
- pillow : 베개
- blanket : 담요
- point out : 지적하다, 언급하다

| 해석 |

그녀는 비행기에서 매우 중요한 사람이다. 그녀는 승객들이 편안하도록 도와준다. 그녀는 사용을 원하는 사람들을 위해 베개, 담요, 신문을 가지고 있다. 그녀는 승객들을 찾아다니며 비행기가 날고 있는 재미있는 곳들을 언급해 준다.

13

정답 ③

제시문에서 wonderful, brightly, delightful과 같은 느낌의 형용사와 부사가 사용된 것으로 보아 흥겨운 분위기임을 유추할 수 있다. 나머지 선택지들은 밝은 분위기를 표현하고 있는 제시문과는 어울리지 않는다.

| 어휘 |

- be filled with : ~로 가득한
- each other : 서로, 함께

| 해석 |

멋있는 파티였다. 홀은 손님들로 가득했다. 그들은 모두 밝게 미소 지었고, 신나는 음악에 맞추어 함께 춤을 추었다.

PART 6

14

정답 ③

부정의문문에 대한 대답도 긍정표현일 때는 'yes+긍정문', 부정표현일 때는 'No+부정문' 형태이나, 번역은 우리말과 반대로 해야 한다.

15

정답 ②

수영하러 가자는 A의 제안에 B의 답변으로 적절한 것은 선택지 중에서 ②뿐임을 알 수 있다.

| 해석 |

A : 우리 수영하러 가자. 넌 어떠니?
B : <u>그래 좋아</u>.

16

정답 ②

$36^5=(2^2\times3^2)^5=2^{10}\times3^{10}$

② $144=2^4\times3^2$

오답분석

① $121=11^2$

③ $169=13^2$

④ $225=3^2\times5^2$

17

정답 ②

2.5m+3,250mm=250cm+325cm=575cm

18

정답 ①

두 수에서 각각 나머지를 빼면 30과 35이며, 이 두 수의 최대공약수는 5이다.
따라서 자연수 B는 5가 된다.

19

정답 ③

배의 속력을 $x$km/h, 강물의 유속을 $y$km/h라고 하면 다음과 같은 식이 성립한다.

$5(x-y)=30 \rightarrow x-y=6 \cdots$ ㉠

$3(x+y)=30 \rightarrow x+y=10 \cdots$ ㉡

㉠, ㉡을 연립하면 $x=8$, $y=2$이다.

따라서 흐르지 않는 물에서 배의 속력은 8km/h이다.

20

정답 ④

i) 국류, 나물류를 하나씩 선택하는 경우 : 5×4=20가지

ii) 국류, 볶음류를 하나씩 선택하는 경우 : 5×3=15가지

iii) 나물류, 볶음류을 하나씩 선택하는 경우 : 4×3=12가지

따라서 서로 다른 메뉴를 두 개 선택하여 각각 하나씩 고르는 경우의 수는 20+15+12=47가지이다.

21

정답 ④

흰색 카드에서 숫자 9를 두 번 뽑고, 빨간색 숫자 중 4를 뽑아 가장 큰 3자리 수인 994를 만들고, 흰색 카드에서 숫자 1을 2번, 빨간색에서 2를 뽑으면 가장 작은 수인 112가 된다.

따라서 가장 큰 수와 작은 수의 차이는 994−112=882이다.

22

정답 ②

연속하는 세 자연수를 각각 $x-2$, $x-1$, x라고 하면 다음과 같다.

$x-2+x-1+x=123$

$3x=126$

$\therefore x=42$

23

정답 ④

전체 직원 중 운동을 좋아하는 비율=여자 사원 중 운동을 좋아하는 비율+남자 사원 중 운동을 좋아하는 비율

$$\left(\frac{6}{10}\times\frac{25}{100}\right)+\left(\frac{4}{10}\times\frac{85}{100}\right)=\frac{15}{100}+\frac{34}{100}=\frac{49}{100}$$

따라서 전체 직원 중 운동을 좋아하는 비율은 49%이다.

24

정답 ①

두 사람이 함께 일을 하는 데 걸리는 기간을 x일이라고 하고 전체 일의 양을 1이라고 하자.

대리가 하루에 진행하는 업무의 양은 $\frac{1}{16}$, 사원이 하루에 진행하는 업무의 양은 $\frac{1}{48}$이므로

$\left(\frac{1}{16}+\frac{1}{48}\right)x=1$

$\therefore\ x=12$

따라서 두 사람이 함께 일을 하는 데 걸리는 기간은 12일이다.

25

정답 ④

최소공배수를 묻는 문제이다. 18과 15의 최소공배수는 90이므로, 톱니의 수가 15개인 B톱니바퀴는 6바퀴를 회전해야 한다.

26

정답 ④

농도가 15%인 소금물의 양을 xg이라고 가정하고, 소금의 양에 대한 방정식을 세우면 다음과 같다.

$0.1\times200+0.15\times x=0.13\times(200+x)$

$\rightarrow 20+0.15x=26+0.13x$

$\rightarrow 0.02x=6$

$\therefore\ x=300$

따라서 농도가 15%인 소금물은 300g이 필요하다.

27

정답 ④

물의 중량을 xg이라고 하면 다음과 같은 식이 성립한다.

$\frac{75}{75+x}\times100=15$

$\rightarrow x+75=\frac{75}{15}\times100$

$\therefore\ x=500-75=425\text{g}$

따라서 425g의 물에 식염을 넣어야 한다.

28

정답 ④

평균점수가 40점이므로 각각 편차를 구하면 가영이는 30−40=−10점, 태림이는 40−40=0점, 한일이는 45−40=+5점이다.
편차의 합이 0이 되어야 하므로 규현이의 편차는 +5점임을 알 수 있다.
따라서 규현이의 점수는 40+5=45점이 된다.

29

정답 ③

두 수의 곱이 짝수인 경우는 (짝수, 홀수), (홀수, 짝수), (짝수, 짝수)이고, 두 수의 곱이 홀수인 경우는 (홀수, 홀수)이다.

a, b의 곱이 짝수일 확률은 $1-(a,\ b$의 곱이 홀수일 확률$)$이다.

따라서 a와 b의 곱이 짝수일 확률은 $1-\left(\frac{1}{3}\times\frac{2}{5}\right)=\frac{13}{15}$이다.

30

정답 ②

A씨가 준비한 박스의 수를 x개라 하고, 이를 방정식으로 나타내면 다음과 같다.

$4(x-1)+2=10(x-2)$

→ $4x-2=10x-20$

→ $6x=18$

∴ $x=3$

따라서 A씨가 준비한 박스의 수는 3개이다.

31

정답 ④

나머지는 모두 음이 '구'이다.

④ 집 궁(宮)

오답분석

① 나눌 구(區)

② 갖출 구(具)

③ 궁구할 구(究)

32

정답 ④

• 탁구(卓球) : 높을 탁, 공 구

탁구는 제시문의 밑줄 친 단어에 없는 한자이다.

오답분석

① 축구(蹴球) : 찰 축, 공 구

② 야구(野球) : 들 야, 공 구

③ 수영(水泳) : 물 수, 헤엄칠 영

33

정답 ②

D는 다른 세 사람과 서로 다른 급수이므로 1급이거나 3급이다. A는 B, C와 서로 다른 급수이므로, D가 1급인 경우 A는 3급이고, D가 3급인 경우 A는 1급이어야 한다. 따라서 B, C는 2급이다.

34

정답 ②

'청렴을 택하지 않는 사람은 탐욕을 택한다.'에 대하여 '탐욕을 택하지 않는 사람은 청렴을 택한다.'의 대우가 성립하므로 '탐욕을 택하지 않는 사람은 청렴을 택하지 않는다.'는 거짓이다.

35

정답 ①

• A : 야구를 좋아함

• B : 여행을 좋아함

• C : 그림을 좋아함

• D : 독서를 좋아함

[제시문 A]를 간단히 나타내면 A → B, C → D, ~B → ~D이다. 따라서 A → B와 C → D → B가 성립하므로 C → B도 참이다.

36

정답 ①

• A : 디자인을 잘하면 편집을 잘하고, 편집을 잘하면 영업을 잘한다. 영업을 잘하면 기획은 못한다.
• B : 편집을 잘하면 영업을 잘하고, 영업을 잘하면 기획을 못한다.

37

정답 ③

달리기를 잘한다. → 영어를 잘한다. → 부자이다.
따라서 달리기를 잘하는 '나는 부자이다.'는 타당하다.

38

정답 ③

마지막 명제와 첫 번째, 두 번째 대우를 통해서 고기를 좋아하는 사람은 소시지를 좋아하지만 과일은 좋아하지 않는 것과 소를 좋아하는 사람은 치즈와 소시지를 좋아하지 않고, 치즈와 소시지를 좋아하지 않는 사람은 우유와 고기를 좋아하지 않는 것을 알 수 있다.
따라서 '소를 좋아하는 사람은 우유와 고기를 좋아하지 않는다.'는 타당하다.

39

정답 ④

제시된 낱말은 물건과 용도의 관계이다.
풀은 접착하는 데 쓰이고, 악기는 연주하는 데 쓰인다.

40

정답 ①

제시된 단어는 유의 관계이다.
'가끔'과 '이따금'은 유사한 의미를 가지며, '죽다'는 '숨지다'와 유사한 의미를 가진다.

41

정답 ③

제시된 단어는 반의 관계이다.
'상승'은 '하강'의 반의어이고, '질서'의 반의어는 '혼돈'이다.

42

정답 ②

제시된 단어는 유의 관계이다.
'옥수수'는 '강냉이'와 유사한 의미를 가지며, '샛별'은 '금성'과 유사한 의미를 가진다.

43

정답 ②

제시된 단어는 국가와 건축물의 관계이다.
'네덜란드'에는 '풍차'가 있고, '프랑스'에는 '에펠탑'이 있다.

44

정답 ④

'어휘력이 좋다.'를 A, '책을 많이 읽다.'를 B, '글쓰기 능력이 좋다.'를 C라고 하면 전제1은 ~A → ~B, 전제2는 ~C → ~A이다. 삼단논법에 의해 ~C → ~A → ~B가 성립하므로 결론은 ~C → ~B나 B → C이다. 따라서 빈칸에 들어갈 내용으로 적절한 것은 '글쓰기 능력이 좋지 않으면 책을 많이 읽지 않은 것이다.'이다.

45

정답 ④

'좋은 자세로 공부한다.'를 A, '허리의 통증이 약해진다.'를 B, '공부를 오래 하다.'를 C, '성적이 올라간다.'를 D라고 하면, 첫 번째 명제는 ~B → ~A, 두 번째 명제는 C → D, 마지막 명제는 ~D → ~A이므로 마지막 명제가 도출되기 위해서는 세 번째 명제에 ~C → ~B가 필요하다. 따라서 대우 명제인 ④가 답이 된다.

46

정답 ②

제시된 글은 일본의 라멘과 한국 라면의 차이점을 서술하는 글이다. '한국의 라면은 그렇지 않다.'라고 서술하는 (가) 뒤에는 한국의 라면에 대한 설명이 나와야 하므로, (라)가 적합하다. 또한 '일본의 라멘이 어떠한 맛을 추구하고 있는지에 대해서 생각해보면 알 수 있다.'라고 서술하는 (라) 뒤에는 일본의 라멘 맛에 관해서 서술하는 (나)가 적절하고, 그 뒤를 이어 라면의 독자성에 관해서 서술하는 (다)가 제일 마지막에 오는 것이 타당하다.

47

정답 ③

제시문은 시집과 철학책이 이해하기 어려운 이유와 그들이 지닌 의의에 대하여 설명하고 있다. 따라서 (마) 다른 글보다 이해하기 어려운 시집과 철학책 – (나) 시와 철학책이 이해하기 어려운 이유 – (라) 시와 철학책이 이해하기 힘든 추상적 용어를 사용하는 이유 – (가) 시와 철학이 낯선 표현 방식을 사용함으로써 얻을 수 있는 효과 – (다) 낯선 세계를 우리의 친숙한 삶으로 불러들이는 시와 철학의 의의 순으로 나열하는 것이 적절하다.

48

정답 ④

'물, 가스 따위가 흘러나오지 않도록 차단하다.' 등의 뜻을 가진 동사는 '잠그다'이다. '잠구다'는 '잠그다'의 잘못된 표현으로 '잠구다'의 활용형인 '잠궈' 역시 틀린 표기이다. '잠그다'의 올바른 활용형은 '잠가'이다. 따라서 '사용 후 수도꼭지는 꼭 잠가 주세요.'가 옳은 문장이다.

49

정답 ④

제시문에서는 자기 과시의 사회적 현상을 통해 등장한 신조어 '있어빌리티'와 '있어빌리티'를 활용한 마케팅 전략에 관해 설명하고 있다.

50

정답 ④

첫 번째 문단은 임신 중 고지방식 섭취로 인한 자식의 생식기에 종양 발생 가능성에 대한 연구결과를 이야기하고 있고, 두 번째 문단은 사지 절단 수술로 인해 심장병으로 사망할 가능성에 대한 조사 결과를 이야기하고 있다. 따라서 제시문의 주제는 '의외의 질병 원인과 질병 사이의 상관관계'이다.

51

정답 ②

빈칸의 전후 문장을 통해 내용을 파악해야 한다. 우선 '그러나'를 통해 빈칸에는 앞의 내용에 상반되는 내용이 오는 것임을 알 수 있다. 따라서 수천 가지의 힐링 상품이나, 고가의 상품들을 참고하는 것과는 상반된 내용을 찾으면 된다. 또한 빈칸 뒤의 내용이 주위에서 쉽게 할 수 있는 힐링 방법을 통해 자신감을 얻는 것부터 출발해야 한다는 내용이므로, 빈칸에는 많은 돈을 들이지 않고도 쉽게 할 수 있는 일부터 찾아야 한다는 내용이 담긴 문장이 오는 것이 적절하다.

52

정답 ②

건물 외벽 등을 활용하여 독창적인 경관을 연출하는 등 광장과 맞닿아 있는 주변 건물도 광장의 일부분으로 활용하므로 주변의 건물을 제거하는 것은 적절하지 않다.

오답분석

① 광화문광장의 지상은 '비움'의 공간으로 구성되지만, 지하는 이와 대조적으로 '채움'의 공간으로 구성된다.
③ 광화문광장의 공사는 당선자와 계약을 체결한 후 지역주민과 시민들의 의견을 수렴하여 계획을 구체화해 나갈 예정이다.
④ 지하에 자연광을 유도하는 선큰공간을 통해 지상광장과 지하가 연결되므로 선큰공간의 방문객들은 지하에서부터 북악산의 녹음과 광화문의 전경을 바라볼 수 있다.

53

정답 ①

규칙은 가로 방향으로 적용된다.
첫 번째 도형의 검정색 부분과 꼭지점이 맞닿은 부분이 검정색으로 변한 것이 두 번째 도형이다.
두 번째 도형에서 세 번째 도형도 같은 규칙이 적용된다.

54

정답 ③

규칙은 세로 방향으로 적용된다.
첫 번째 도형을 y축 기준으로 대칭 이동한 것이 두 번째 도형, 이를 시계 반대 방향으로 60° 회전한 것이 세 번째 도형이다.

55

정답 ①

규칙은 세로 방향으로 적용된다.
첫 번째 도형을 색 반전한 것이 두 번째 도형, 이를 y축 기준으로 대칭 이동한 것이 세 번째 도형이다.

56

정답 ④

(다) (가) (라) (나)

57

정답 ④

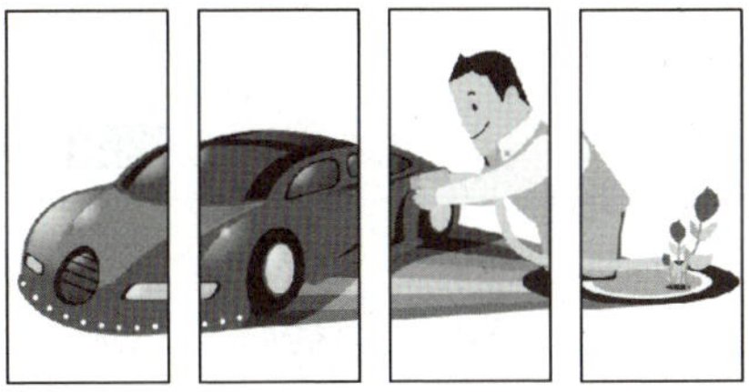

(나) (라) (다) (가)

PART 6

58

정답 ②

②는 제시된 도형을 시계 방향으로 90° 회전한 것이다.

59

정답 ②

오답분석

①

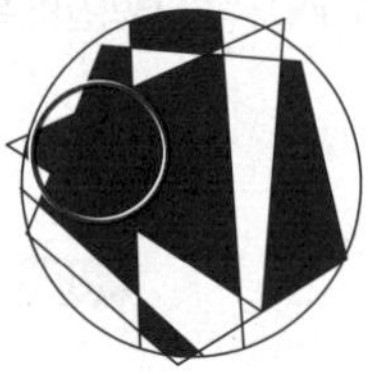

③

④

60

정답 ③

오답분석

①

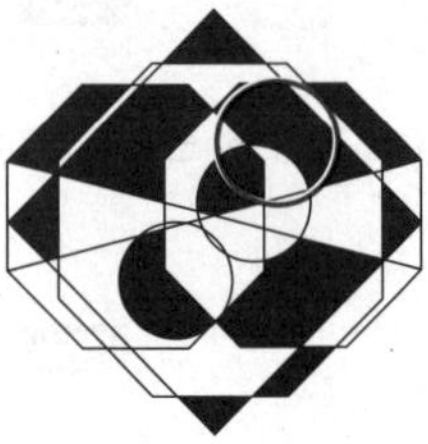

②

④

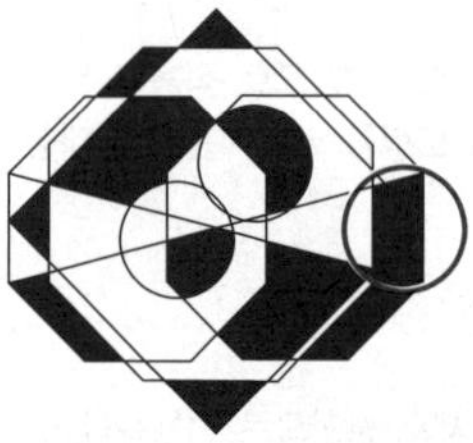

61

정답 ②

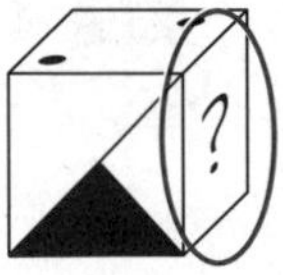

62

정답 ②

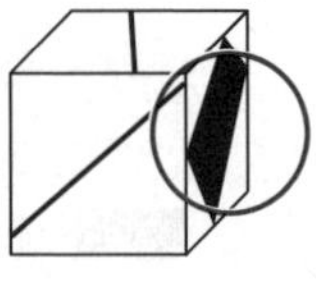

63

정답 ①

천지	천시	천세	천자	천채	친지	친채	전재	잔재	전세
천세	천재	전재	전세	천자	친재	잔재	전세	천재	잔재
친지	천민	전세	친지	천재	천자	친지	천세	잔재	천채

64

정답 ②

圖	四	圓	口	國	日	日	匚	書	區	匚	四
日	匚	國	圓	口	四	圓	圖	圓	四	圓	日
國	圓	圖	日	日	匚	書	圖	四	圓	圖	四
四	圓	口	國	日	日	匚	圖	書	區	四	匚

65

정답 ③

610	587	331	356	408	631	602	90	635	301	201	101
220	730	196	589	600	589	306	102	37	580	669	89
58	796	589	633	580	710	635	663	578	598	895	598
310	566	899	588	769	586	486	789	987	169	323	115

66

정답 ②

▩	▦	☎	♨	▨	▥	▩	▤	☎	▦	▧	▨
▩	♨	▦	☎	▦	▧	▩	▤	☎	♡	♠	▤
▩	▦	☎	▦	▧	▨	▥	▩	▤	☎	♡	♠
▦	☎	▦	▧	▨	♨	▦	▧	▨	▥	▩	▤

67

정답 ①

610	331	601	838	811	818	848	688	881	918	998	518
306	102	37	98	81	881	668	618	718	993	523	609
109	562	640	718	266	891	871	221	105	691	860	216
881	913	571	130	164	471	848	946	220	155	676	819

68

정답 ③

㎤	㎞	㎝	㎝	㎞	㎦	㎤	㎦	㎝	㎝	㎤	㎤
㎤	㎢	㎞	㎝	㎤	㎢	㎝	㎝	㎞	㎤	㎢	㎦
㎦	㎦	㎤	㎤	㎣	㎢	㎞	㎟	㎝	㎜	㎟	㎡
㎞	㎝	㎟	㎢	㎣	㎦	㎤	㎤	㎝	㎢	㎤	㎦

69

정답 ④

0.24	0.63	0.52	0.16	0.27	0.73	0.93	0.12	0.21	0.46	0.72	0.25
0.61	0.14	0.35	0.83	0.88	0.92	0.51	0.78	0.44	0.74	0.03	0.57
0.16	0.03	0.46	0.52	0.63	0.25	0.44	0.27	0.35	0.12	0.93	0.51
0.83	0.61	0.24	0.57	0.72	0.92	0.73	0.88	0.21	0.78	0.74	0.14

70

정답 ④

ㄲ	ㅛ	ㅃ	ㅣ	ㅍ	ㅎ	ㅠ	ㅋ	ㅉ	ㄸ	ㅗ	ㅊ
ㅌ	ㅇ	ㄹ	ㅟ	ㅂ	ㅘ	ㅅ	ㅁ	ㅒ	ㅑ	ㅈ	ㄱ
ㅊ	ㅠ	ㅂ	ㄲ	ㅉ	ㅅ	ㅒ	ㅊ	ㅃ	ㅇ	ㅍ	ㅑ
ㅛ	ㄹ	ㅣ	ㅗ	ㅎ	ㅟ	ㅈ	ㅋ	ㄱ	ㅘ	ㅁ	ㄸ

71

정답 ②

오답분석

① ∩⊂∪⊃ → ★☆<u>○●</u>

③ ⊂∪⊃∩ → ☆<u>○●</u>★

④ ⊃∩∪⊂ → ●★<u>○☆</u>

72

정답 ②

오답분석

① 켜계캬큐쿄 → 녀녜냐<u>뉴뇨</u>

③ 쿄캬계켜큐 → 뇨냐<u>녜</u>녀<u>뉴</u>

④ 캬쿄큐계켜 → 냐<u>뇨</u>뉴녜<u>녀</u>

73

정답 ②

수소는 양성자 1개, 전자 1개로 구성된 원소로 우주상 가장 많이 존재한다.

74

정답 ④

화학적 변화는 원래 물질과는 성질이 다른 물질이 생성되는 변화이고, 물리적 변화는 물질 자체는 변하지 않고 물질의 상태나 모양 등이 변하는 변화이다.

ㄱ, ㄴ은 화학적 성질은 변하지 않고, 형태만 바뀌어 물리적 변화에 속하고, ㄷ, ㄹ, ㅁ은 발효와 부식, 부패로 인한 화학적 변화이다.

75

정답 ①

화학 변화는 물질이 원래의 물질과는 성질이 다른 새로운 물질로 변하는 현상으로, 얼음이 물이 되는 것은 대표적인 물리 변화의 예이다.

76

정답 ③

$CaCl_2$는 Ca원소의 전자 2개가 Cl원소 2개에 각각 이동하여 1개의 Ca^{2+}와 2개의 Cl^-가 되어 이들이 결합하여 형성된 분자로, 금속 원소의 이온결합 중 하나이다.

오답분석

①·②·④ 비금속 간 원소끼리 공유결합으로 형성된 분자이다.

77

정답 ④

그림은 자기장의 변화로 전류를 발생시키는 것이다. 전자기 센서는 금속 탐지기, 지하철 출입문 등이 그 예인데, 자기장의 영향으로 물질의 성질이 변하는 것을 이용하여 자기장을 측정하는 센서이므로 그림과 같은 원리라고 할 수 있다.

78

정답 ③

분자의 상대적 질량이 작은 기체일수록 분자의 평균 운동 속력이 크다. 분자량이 가장 작으면 평균 속도가 가장 크므로, 평균 속도가 가장 큰 수소가 분자량이 가장 작다.

79

정답 ④

가속도 센서는 이동하는 물체의 가속도나 충격의 세기를 측정하는 센서로, 자동차, 선박, 기차 등 각종 운송 수단, 공장자동화 및 로봇 등의 제어시스템에 사용된다.

80

정답 ①

가속도는 시간에 대한 속도 변화의 비율을 나타내는 양으로, 질량을 m, 가속도를 a, 힘을 F라고 하면 운동 방정식 $F=ma$가 성립한다. 그림에서 질량은 1kg이고, 서로 반대 방향으로 힘이 작용하므로 알짜힘은 $8-4=4$N이고 힘의 방향은 오른쪽이다.

$4=1\times a$

$\therefore a=4$

따라서 가속도의 크기는 $4m/s^2$이다.

PART 6

시대에듀

M E M O

※ 절취선을 따라 분리하여 실제 시험과 같이 사용하면 더욱 효과적입니다.

SK그룹 생산직 필기시험 답안지

고사장

성 명

수 험 번 호						
⓪	⓪	⓪	⓪	⓪	⓪	⓪
①	①	①	①	①	①	①
②	②	②	②	②	②	②
③	③	③	③	③	③	③
④	④	④	④	④	④	④
⑤	⑤	⑤	⑤	⑤	⑤	⑤
⑥	⑥	⑥	⑥	⑥	⑥	⑥
⑦	⑦	⑦	⑦	⑦	⑦	⑦
⑧	⑧	⑧	⑧	⑧	⑧	⑧
⑨	⑨	⑨	⑨	⑨	⑨	⑨

감독위원 확인
㉧ 인

문번	1	2	3	4	문번	1	2	3	4	문번	1	2	3	4	문번	1	2	3	4	문번	1	2	3	4
1	①	②	③	④	21	①	②	③	④	41	①	②	③	④	61	①	②	③	④	81	①	②	③	④
2	①	②	③	④	22	①	②	③	④	42	①	②	③	④	62	①	②	③	④	82	①	②	③	④
3	①	②	③	④	23	①	②	③	④	43	①	②	③	④	63	①	②	③	④	83	①	②	③	④
4	①	②	③	④	24	①	②	③	④	44	①	②	③	④	64	①	②	③	④	84	①	②	③	④
5	①	②	③	④	25	①	②	③	④	45	①	②	③	④	65	①	②	③	④	85	①	②	③	④
6	①	②	③	④	26	①	②	③	④	46	①	②	③	④	66	①	②	③	④	86	①	②	③	④
7	①	②	③	④	27	①	②	③	④	47	①	②	③	④	67	①	②	③	④	87	①	②	③	④
8	①	②	③	④	28	①	②	③	④	48	①	②	③	④	68	①	②	③	④	88	①	②	③	④
9	①	②	③	④	29	①	②	③	④	49	①	②	③	④	69	①	②	③	④	89	①	②	③	④
10	①	②	③	④	30	①	②	③	④	50	①	②	③	④	70	①	②	③	④	90	①	②	③	④
11	①	②	③	④	31	①	②	③	④	51	①	②	③	④	71	①	②	③	④	91	①	②	③	④
12	①	②	③	④	32	①	②	③	④	52	①	②	③	④	72	①	②	③	④	92	①	②	③	④
13	①	②	③	④	33	①	②	③	④	53	①	②	③	④	73	①	②	③	④	93	①	②	③	④
14	①	②	③	④	34	①	②	③	④	54	①	②	③	④	74	①	②	③	④	94	①	②	③	④
15	①	②	③	④	35	①	②	③	④	55	①	②	③	④	75	①	②	③	④	95	①	②	③	④
16	①	②	③	④	36	①	②	③	④	56	①	②	③	④	76	①	②	③	④	96	①	②	③	④
17	①	②	③	④	37	①	②	③	④	57	①	②	③	④	77	①	②	③	④	97	①	②	③	④
18	①	②	③	④	38	①	②	③	④	58	①	②	③	④	78	①	②	③	④	98	①	②	③	④
19	①	②	③	④	39	①	②	③	④	59	①	②	③	④	79	①	②	③	④	99	①	②	③	④
20	①	②	③	④	40	①	②	③	④	60	①	②	③	④	80	①	②	③	④	100	①	②	③	④

※ 절취선을 따라 분리하여 실제 시험과 같이 사용하면 더욱 효과적입니다.

SK그룹 생산직 필기시험 답안지

고사장

성 명

수 험 번 호						
⓪	⓪	⓪	⓪	⓪	⓪	⓪
①	①	①	①	①	①	①
②	②	②	②	②	②	②
③	③	③	③	③	③	③
④	④	④	④	④	④	④
⑤	⑤	⑤	⑤	⑤	⑤	⑤
⑥	⑥	⑥	⑥	⑥	⑥	⑥
⑦	⑦	⑦	⑦	⑦	⑦	⑦
⑧	⑧	⑧	⑧	⑧	⑧	⑧
⑨	⑨	⑨	⑨	⑨	⑨	⑨

감독위원 확인
㊞

문번	1	2	3	4	문번	1	2	3	4	문번	1	2	3	4	문번	1	2	3	4	문번	1	2	3	4
1	①	②	③	④	21	①	②	③	④	41	①	②	③	④	61	①	②	③	④	81	①	②	③	④
2	①	②	③	④	22	①	②	③	④	42	①	②	③	④	62	①	②	③	④	82	①	②	③	④
3	①	②	③	④	23	①	②	③	④	43	①	②	③	④	63	①	②	③	④	83	①	②	③	④
4	①	②	③	④	24	①	②	③	④	44	①	②	③	④	64	①	②	③	④	84	①	②	③	④
5	①	②	③	④	25	①	②	③	④	45	①	②	③	④	65	①	②	③	④	85	①	②	③	④
6	①	②	③	④	26	①	②	③	④	46	①	②	③	④	66	①	②	③	④	86	①	②	③	④
7	①	②	③	④	27	①	②	③	④	47	①	②	③	④	67	①	②	③	④	87	①	②	③	④
8	①	②	③	④	28	①	②	③	④	48	①	②	③	④	68	①	②	③	④	88	①	②	③	④
9	①	②	③	④	29	①	②	③	④	49	①	②	③	④	69	①	②	③	④	89	①	②	③	④
10	①	②	③	④	30	①	②	③	④	50	①	②	③	④	70	①	②	③	④	90	①	②	③	④
11	①	②	③	④	31	①	②	③	④	51	①	②	③	④	71	①	②	③	④	91	①	②	③	④
12	①	②	③	④	32	①	②	③	④	52	①	②	③	④	72	①	②	③	④	92	①	②	③	④
13	①	②	③	④	33	①	②	③	④	53	①	②	③	④	73	①	②	③	④	93	①	②	③	④
14	①	②	③	④	34	①	②	③	④	54	①	②	③	④	74	①	②	③	④	94	①	②	③	④
15	①	②	③	④	35	①	②	③	④	55	①	②	③	④	75	①	②	③	④	95	①	②	③	④
16	①	②	③	④	36	①	②	③	④	56	①	②	③	④	76	①	②	③	④	96	①	②	③	④
17	①	②	③	④	37	①	②	③	④	57	①	②	③	④	77	①	②	③	④	97	①	②	③	④
18	①	②	③	④	38	①	②	③	④	58	①	②	③	④	78	①	②	③	④	98	①	②	③	④
19	①	②	③	④	39	①	②	③	④	59	①	②	③	④	79	①	②	③	④	99	①	②	③	④
20	①	②	③	④	40	①	②	③	④	60	①	②	③	④	80	①	②	③	④	100	①	②	③	④

※ 절취선을 따라 분리하여 실제 시험과 같이 사용하면 더욱 효과적입니다.

SK그룹 생산직 필기시험 답안지

고사장

성 명

수 험 번 호						
⓪	⓪	⓪	⓪	⓪	⓪	⓪
①	①	①	①	①	①	①
②	②	②	②	②	②	②
③	③	③	③	③	③	③
④	④	④	④	④	④	④
⑤	⑤	⑤	⑤	⑤	⑤	⑤
⑥	⑥	⑥	⑥	⑥	⑥	⑥
⑦	⑦	⑦	⑦	⑦	⑦	⑦
⑧	⑧	⑧	⑧	⑧	⑧	⑧
⑨	⑨	⑨	⑨	⑨	⑨	⑨

감독위원 확인
㉧ 인

문번	1	2	3	4	문번	1	2	3	4	문번	1	2	3	4	문번	1	2	3	4	문번	1	2	3	4
1	①	②	③	④	21	①	②	③	④	41	①	②	③	④	61	①	②	③	④	81	①	②	③	④
2	①	②	③	④	22	①	②	③	④	42	①	②	③	④	62	①	②	③	④	82	①	②	③	④
3	①	②	③	④	23	①	②	③	④	43	①	②	③	④	63	①	②	③	④	83	①	②	③	④
4	①	②	③	④	24	①	②	③	④	44	①	②	③	④	64	①	②	③	④	84	①	②	③	④
5	①	②	③	④	25	①	②	③	④	45	①	②	③	④	65	①	②	③	④	85	①	②	③	④
6	①	②	③	④	26	①	②	③	④	46	①	②	③	④	66	①	②	③	④	86	①	②	③	④
7	①	②	③	④	27	①	②	③	④	47	①	②	③	④	67	①	②	③	④	87	①	②	③	④
8	①	②	③	④	28	①	②	③	④	48	①	②	③	④	68	①	②	③	④	88	①	②	③	④
9	①	②	③	④	29	①	②	③	④	49	①	②	③	④	69	①	②	③	④	89	①	②	③	④
10	①	②	③	④	30	①	②	③	④	50	①	②	③	④	70	①	②	③	④	90	①	②	③	④
11	①	②	③	④	31	①	②	③	④	51	①	②	③	④	71	①	②	③	④	91	①	②	③	④
12	①	②	③	④	32	①	②	③	④	52	①	②	③	④	72	①	②	③	④	92	①	②	③	④
13	①	②	③	④	33	①	②	③	④	53	①	②	③	④	73	①	②	③	④	93	①	②	③	④
14	①	②	③	④	34	①	②	③	④	54	①	②	③	④	74	①	②	③	④	94	①	②	③	④
15	①	②	③	④	35	①	②	③	④	55	①	②	③	④	75	①	②	③	④	95	①	②	③	④
16	①	②	③	④	36	①	②	③	④	56	①	②	③	④	76	①	②	③	④	96	①	②	③	④
17	①	②	③	④	37	①	②	③	④	57	①	②	③	④	77	①	②	③	④	97	①	②	③	④
18	①	②	③	④	38	①	②	③	④	58	①	②	③	④	78	①	②	③	④	98	①	②	③	④
19	①	②	③	④	39	①	②	③	④	59	①	②	③	④	79	①	②	③	④	99	①	②	③	④
20	①	②	③	④	40	①	②	③	④	60	①	②	③	④	80	①	②	③	④	100	①	②	③	④

※ 절취선을 따라 분리하여 실제 시험과 같이 사용하면 더욱 효과적입니다.

SK그룹 생산직 필기시험 답안지

고사장

성 명

수 험 번 호						
⓪	⓪	⓪	⓪	⓪	⓪	⓪
①	①	①	①	①	①	①
②	②	②	②	②	②	②
③	③	③	③	③	③	③
④	④	④	④	④	④	④
⑤	⑤	⑤	⑤	⑤	⑤	⑤
⑥	⑥	⑥	⑥	⑥	⑥	⑥
⑦	⑦	⑦	⑦	⑦	⑦	⑦
⑧	⑧	⑧	⑧	⑧	⑧	⑧
⑨	⑨	⑨	⑨	⑨	⑨	⑨

감독위원 확인
인

문번	1	2	3	4	문번	1	2	3	4	문번	1	2	3	4	문번	1	2	3	4	문번	1	2	3	4
1	①	②	③	④	21	①	②	③	④	41	①	②	③	④	61	①	②	③	④	81	①	②	③	④
2	①	②	③	④	22	①	②	③	④	42	①	②	③	④	62	①	②	③	④	82	①	②	③	④
3	①	②	③	④	23	①	②	③	④	43	①	②	③	④	63	①	②	③	④	83	①	②	③	④
4	①	②	③	④	24	①	②	③	④	44	①	②	③	④	64	①	②	③	④	84	①	②	③	④
5	①	②	③	④	25	①	②	③	④	45	①	②	③	④	65	①	②	③	④	85	①	②	③	④
6	①	②	③	④	26	①	②	③	④	46	①	②	③	④	66	①	②	③	④	86	①	②	③	④
7	①	②	③	④	27	①	②	③	④	47	①	②	③	④	67	①	②	③	④	87	①	②	③	④
8	①	②	③	④	28	①	②	③	④	48	①	②	③	④	68	①	②	③	④	88	①	②	③	④
9	①	②	③	④	29	①	②	③	④	49	①	②	③	④	69	①	②	③	④	89	①	②	③	④
10	①	②	③	④	30	①	②	③	④	50	①	②	③	④	70	①	②	③	④	90	①	②	③	④
11	①	②	③	④	31	①	②	③	④	51	①	②	③	④	71	①	②	③	④	91	①	②	③	④
12	①	②	③	④	32	①	②	③	④	52	①	②	③	④	72	①	②	③	④	92	①	②	③	④
13	①	②	③	④	33	①	②	③	④	53	①	②	③	④	73	①	②	③	④	93	①	②	③	④
14	①	②	③	④	34	①	②	③	④	54	①	②	③	④	74	①	②	③	④	94	①	②	③	④
15	①	②	③	④	35	①	②	③	④	55	①	②	③	④	75	①	②	③	④	95	①	②	③	④
16	①	②	③	④	36	①	②	③	④	56	①	②	③	④	76	①	②	③	④	96	①	②	③	④
17	①	②	③	④	37	①	②	③	④	57	①	②	③	④	77	①	②	③	④	97	①	②	③	④
18	①	②	③	④	38	①	②	③	④	58	①	②	③	④	78	①	②	③	④	98	①	②	③	④
19	①	②	③	④	39	①	②	③	④	59	①	②	③	④	79	①	②	③	④	99	①	②	③	④
20	①	②	③	④	40	①	②	③	④	60	①	②	③	④	80	①	②	③	④	100	①	②	③	④

※ 절취선을 따라 분리하여 실제 시험과 같이 사용하면 더욱 효과적입니다.

SK그룹 생산직 필기시험 답안지

고사장

성 명

수 험 번 호						
⓪	⓪	⓪	⓪	⓪	⓪	⓪
①	①	①	①	①	①	①
②	②	②	②	②	②	②
③	③	③	③	③	③	③
④	④	④	④	④	④	④
⑤	⑤	⑤	⑤	⑤	⑤	⑤
⑥	⑥	⑥	⑥	⑥	⑥	⑥
⑦	⑦	⑦	⑦	⑦	⑦	⑦
⑧	⑧	⑧	⑧	⑧	⑧	⑧
⑨	⑨	⑨	⑨	⑨	⑨	⑨

감독위원 확인
㊞

문번	1	2	3	4	문번	1	2	3	4	문번	1	2	3	4	문번	1	2	3	4	문번	1	2	3	4
1	①	②	③	④	21	①	②	③	④	41	①	②	③	④	61	①	②	③	④	81	①	②	③	④
2	①	②	③	④	22	①	②	③	④	42	①	②	③	④	62	①	②	③	④	82	①	②	③	④
3	①	②	③	④	23	①	②	③	④	43	①	②	③	④	63	①	②	③	④	83	①	②	③	④
4	①	②	③	④	24	①	②	③	④	44	①	②	③	④	64	①	②	③	④	84	①	②	③	④
5	①	②	③	④	25	①	②	③	④	45	①	②	③	④	65	①	②	③	④	85	①	②	③	④
6	①	②	③	④	26	①	②	③	④	46	①	②	③	④	66	①	②	③	④	86	①	②	③	④
7	①	②	③	④	27	①	②	③	④	47	①	②	③	④	67	①	②	③	④	87	①	②	③	④
8	①	②	③	④	28	①	②	③	④	48	①	②	③	④	68	①	②	③	④	88	①	②	③	④
9	①	②	③	④	29	①	②	③	④	49	①	②	③	④	69	①	②	③	④	89	①	②	③	④
10	①	②	③	④	30	①	②	③	④	50	①	②	③	④	70	①	②	③	④	90	①	②	③	④
11	①	②	③	④	31	①	②	③	④	51	①	②	③	④	71	①	②	③	④	91	①	②	③	④
12	①	②	③	④	32	①	②	③	④	52	①	②	③	④	72	①	②	③	④	92	①	②	③	④
13	①	②	③	④	33	①	②	③	④	53	①	②	③	④	73	①	②	③	④	93	①	②	③	④
14	①	②	③	④	34	①	②	③	④	54	①	②	③	④	74	①	②	③	④	94	①	②	③	④
15	①	②	③	④	35	①	②	③	④	55	①	②	③	④	75	①	②	③	④	95	①	②	③	④
16	①	②	③	④	36	①	②	③	④	56	①	②	③	④	76	①	②	③	④	96	①	②	③	④
17	①	②	③	④	37	①	②	③	④	57	①	②	③	④	77	①	②	③	④	97	①	②	③	④
18	①	②	③	④	38	①	②	③	④	58	①	②	③	④	78	①	②	③	④	98	①	②	③	④
19	①	②	③	④	39	①	②	③	④	59	①	②	③	④	79	①	②	③	④	99	①	②	③	④
20	①	②	③	④	40	①	②	③	④	60	①	②	③	④	80	①	②	③	④	100	①	②	③	④

※ 절취선을 따라 분리하여 실제 시험과 같이 사용하면 더욱 효과적입니다.

SK그룹 생산직 필기시험 답안지

고사장

성 명

수 험 번 호						
⓪	⓪	⓪	⓪	⓪	⓪	⓪
①	①	①	①	①	①	①
②	②	②	②	②	②	②
③	③	③	③	③	③	③
④	④	④	④	④	④	④
⑤	⑤	⑤	⑤	⑤	⑤	⑤
⑥	⑥	⑥	⑥	⑥	⑥	⑥
⑦	⑦	⑦	⑦	⑦	⑦	⑦
⑧	⑧	⑧	⑧	⑧	⑧	⑧
⑨	⑨	⑨	⑨	⑨	⑨	⑨

감독위원 확인
㉑ 인

문번	1	2	3	4	문번	1	2	3	4	문번	1	2	3	4	문번	1	2	3	4	문번	1	2	3	4
1	①	②	③	④	21	①	②	③	④	41	①	②	③	④	61	①	②	③	④	81	①	②	③	④
2	①	②	③	④	22	①	②	③	④	42	①	②	③	④	62	①	②	③	④	82	①	②	③	④
3	①	②	③	④	23	①	②	③	④	43	①	②	③	④	63	①	②	③	④	83	①	②	③	④
4	①	②	③	④	24	①	②	③	④	44	①	②	③	④	64	①	②	③	④	84	①	②	③	④
5	①	②	③	④	25	①	②	③	④	45	①	②	③	④	65	①	②	③	④	85	①	②	③	④
6	①	②	③	④	26	①	②	③	④	46	①	②	③	④	66	①	②	③	④	86	①	②	③	④
7	①	②	③	④	27	①	②	③	④	47	①	②	③	④	67	①	②	③	④	87	①	②	③	④
8	①	②	③	④	28	①	②	③	④	48	①	②	③	④	68	①	②	③	④	88	①	②	③	④
9	①	②	③	④	29	①	②	③	④	49	①	②	③	④	69	①	②	③	④	89	①	②	③	④
10	①	②	③	④	30	①	②	③	④	50	①	②	③	④	70	①	②	③	④	90	①	②	③	④
11	①	②	③	④	31	①	②	③	④	51	①	②	③	④	71	①	②	③	④	91	①	②	③	④
12	①	②	③	④	32	①	②	③	④	52	①	②	③	④	72	①	②	③	④	92	①	②	③	④
13	①	②	③	④	33	①	②	③	④	53	①	②	③	④	73	①	②	③	④	93	①	②	③	④
14	①	②	③	④	34	①	②	③	④	54	①	②	③	④	74	①	②	③	④	94	①	②	③	④
15	①	②	③	④	35	①	②	③	④	55	①	②	③	④	75	①	②	③	④	95	①	②	③	④
16	①	②	③	④	36	①	②	③	④	56	①	②	③	④	76	①	②	③	④	96	①	②	③	④
17	①	②	③	④	37	①	②	③	④	57	①	②	③	④	77	①	②	③	④	97	①	②	③	④
18	①	②	③	④	38	①	②	③	④	58	①	②	③	④	78	①	②	③	④	98	①	②	③	④
19	①	②	③	④	39	①	②	③	④	59	①	②	③	④	79	①	②	③	④	99	①	②	③	④
20	①	②	③	④	40	①	②	③	④	60	①	②	③	④	80	①	②	③	④	100	①	②	③	④

2026 최신판 시대에듀 All-New SK그룹 생산직 필기시험 통합기본서

개정14판1쇄 발행	2025년 11월 20일 (인쇄 2025년 10월 27일)
초 판 발 행	2012년 06월 20일 (인쇄 2012년 05월 22일)
발 행 인	박영일
책 임 편 집	이해욱
편 저	SDC(Sidae Data Center)
편 집 진 행	안희선 · 오하연
표지디자인	김도연
편집디자인	김경원 · 장성복
발 행 처	(주)시대고시기획
출 판 등 록	제10-1521호
주 소	서울시 마포구 큰우물로 75 [도화동 538 성지 B/D] 9F
전 화	1600-3600
팩 스	02-701-8823
홈 페 이 지	www.sdedu.co.kr

I S B N	979-11-434-0217-2 (13320)
정 가	24,000원

SK그룹 생산직

SK가스 · SK케미칼 · SK실트론

고졸/전문대졸 필기시험

통합기본서

최신 출제경향 전면 반영

고졸 / 전문대졸 취업 기초부터 합격까지! 취업의 문을 여는 **Master Key!**

고졸/전문대졸 필기시험 시리즈

포스코그룹
생산기술직 / 직업훈련생

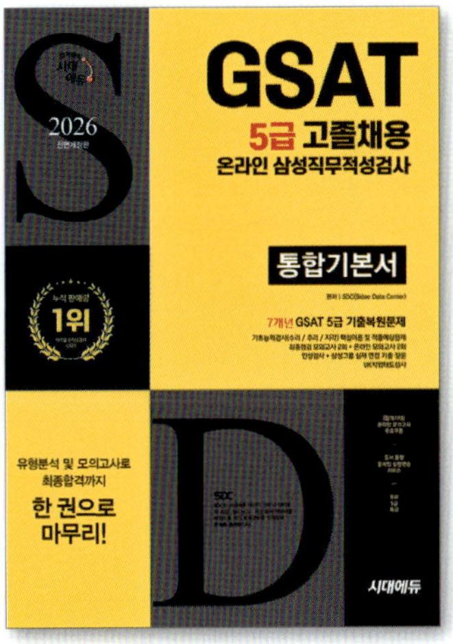

삼성
GSAT 5급

현대자동차
생산직 / 기술인력

SK그룹 생산직
고졸 / 전문대졸

SK이노베이션
생산직 / 기술직 / 교육 · 훈련생

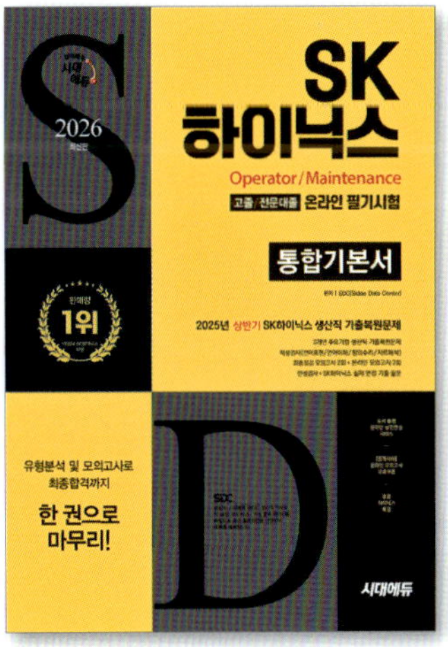

SK하이닉스
고졸 / 전문대졸

※ 도서의 이미지 및 구성은 변동될 수 있습니다.

NEXT STEP
시대에듀가 합격을 준비하는
당신에게 제안합니다.
성공의 기회
시대에듀를 잡으십시오.
시대에듀
기회란 포착되어 활용되기 전에는 기회인지조차 알 수 없는 것이다.
– 마크 트웨인 –